퇴계학파의 심성론

■ **著者 略歷**

안유경 安琉鏡

경북 안동 출생
경북대 중문과, 성균관대학교 대학원 동양철학과 졸업(철학박사)
현 안동대학교 퇴계학연구소 연구교수

* 주요 저 · 역서
『葛庵 李玄逸의 철학사상』
『理의 철학』
『유가의 형이상학』
『동아시아 유교경전 해석학』
『유교는 종교인가(1 · 2)』
『주역전해(상 · 하)』
『성리학이란 무엇인가』 외 다수

퇴계학파의 심성론

초판 1쇄 발행일 2016년 06월 30일

지은이 | 안유경
발행인 | 최원필
발행처 | 심산출판사
주　소 | 서울시 은평구 불광동 219-7 예은 101호
전　화 | 02-357-0633
팩시밀리 | 02-357-0631
E-mail | simsan@korea.com
등록번호 | 제1-2114호(1996년 11월 28일)

ISBN 978-89-94844-40-4 93150

* 책값은 뒤표지에 표시되어 있습니다.

퇴계학파의 심성론

안유경 지음

심산

● 서문

필자는 「갈암 이현일의 성리학 연구」라는 박사 논문을 시작으로, 한국철학 중에서도 특히 퇴계학파의 주요 인물들의 성리학 연구에 집중해왔다. 물론 퇴계를 알기 위해서는 주자의 성리학에 대한 이해가 있어야 하고, 주자를 정확히 알기 위해서는 선진유학인 공자와 맹자의 심성론에 대한 이해가 전제되어야 한다. 때문에 짬짬이 그들에 관한 연구도 함께 진행하였다. 지금까지의 연구 성과를 보면 주로 17~18세기 퇴계학파의 주요 인물들의 연구가 주를 이루고 있지만, 앞으로는 19~20세기 이후로까지 그 연구 범위를 확장해나갈 것이다. 그리하여 퇴계학파 전반에 대한 연구를 전개함으로써 한국유학사 속에서 퇴계학파의 사상사적 위치를 분명히 밝혀나갈 것이다. 물론 퇴계학파의 사상적 특징을 분명히 부각하기 위해서는 율곡학파와의 비교연구도 아울러 겸행되어야 할 것이다. 그 또한 앞으로의 연구 과제에 포함된다. 한국철학과 인연을 맺은 지도 어언 25년의 세월이 지났다. 이 책은 그동안 필자가 공부한 학문적 역정에 대한 기록물로 평가하고 싶다. 이 책에 대한 출판을 계기로 앞으로도 더 많은 연구 성과를 다짐해본다.

이 책의 내용을 간략히 정리하면 다음과 같다.

1부에서는 유학 심성론의 이론적 형성 배경을 고찰하였다. 공자 · 맹자 · 순자 등을 중심으로 하는 중국 고대의 유학사상, 그리고 중세의 유학사상에 해당하는 주자 성리학의 성립과정 및 중국 근세 유학사상의 흐름과 유학의 한국적 전개과정 등을 개괄적으로 정리하였다. 그리고 주자 성리학의 이론적 배경인 〈맹자 성선론의 이론적 근거〉를 고찰하였으며, 또한 주자의 심성론에 대한 세부적인 분석을 맹자의 심성론과 대비적으로 고찰하였다.

2부에서는 퇴계학파의 심성론이라는 주제로 내용을 전개하였다. 먼저 기존의 퇴계학파의 연구현황을 성리설 중심으로 분석하였으며, 이어서 양촌 · 하서 · 추만 · 퇴계로 이어지는 천명도설의 내용을 통해 성리학의 심성론적 구조를 고찰하였다. 사단칠정논쟁의 서두를 연 퇴계와 고봉의 사단칠정론을 대비적으로 고찰함으로써 그들 사단칠정론의 이론적 차이를 분명히 밝혔으며, 퇴계학파의 사단칠정론과 율곡학파의 사단칠정론의 전개양상을 〈퇴계학파와 율곡학파의 사단칠정론 변증〉이라는 주제로 고찰하였다. 그리고 퇴계의 핵심개념인 理發說에 대한 퇴계학파의 다양한 해석을 세기별로 구분하여 정리하였다.

3부에서는 퇴계의 학설을 변호하고 율곡의 학설을 배척함으로써 퇴계학파 형성에 주도적 역할을 한 대표적인 퇴계학파의 일원인 갈암(이현일)과 우담(정시한)을 중심으로 그들의 심성론을 고찰하였다. 갈암과 우담은 각각 「栗谷李氏論四端七情書辨」과 「四七辨證」을 지어 퇴계의 사단칠정론을 리기로 해석한 율곡의 異見을 비판하였는데, 〈율곡 성리설에 대한 갈암과 우담의 비판이론〉이라는 주제에서는 율곡에 대한 비판 내용을 중심으로 그들 성리설의 이론적 차이를 고찰하였다. 그리고 이들의 인물성동이론을 고찰하였는데, 이것은 18세기 초부터 활발하게 일어난 기호학파의 '인물성동이논쟁'과 비교하면 그 논쟁의 범위나 규모는 작았지만 쟁점의 논리적 전개는 분명히 드러냈다고 평가할 수 있다. 또한 퇴계학파의 일원이며 사제 관계에 있던 갈암과 극재(신익황)의 사단칠정론을 대비적으로 고찰하였으며, 결국 이 글을 통해 퇴계와 율곡의 사단칠정론의 이론적 차이를 재확인할 수 있었다. 왜냐하면 갈암은 퇴계의 관점에서 사단칠정론을 전개하였으며 극재는 율곡의 관점에서 사단칠정론을 전개하였기 때문이다. 그리고 갈암과 우담의 인심도심론을 고찰함으로써 그들 인심도심론의 이론적 차이를 확인하였으며, 퇴계의 『성학십도』 중에서 가장 예민한 철학적 쟁점을 내포한 제6도 「심통성정도」가 퇴계 이후 퇴계학파에서 어떻게 해석하였는지 그 해석상의 전개양상을 졸재(류원지)와 우담을 중심으로 고찰하였으며, 마지막으로 갈암과 우담이 주고받은 왕복 서신의 내용을 중심으로 그들 성리설의 이론적 차이를 분석하였다. 이상의 내용을 종합해 볼 때, 퇴계 이후 퇴계의 학문을 계승한 퇴계학파에서는 같은 퇴계학파에 속하면서도 학자마다 서로 다른 다양한 해석을 전개하였음을 알 수 있다. 퇴계학파의 학문적 흐름은 크게 두 가지로 구분될 수 있는데, 하나는 퇴계의 학문을 이론적으로 강화시켜 나간 학자들도 있고 다른 하나는 퇴계의 학문이 갖는 이론적 결함을 재해석한 학자들도 있다. 결국 이들은 모두 퇴계 학문의 이론적 발전양상의 한 측면으로 해석할 수 있을 것이다.

끝으로 필자가 한국철학에 입문한 이래, 언제나 한결같은 가르침으로 이끌어주신 성균관대학교 한국철학과 최영진 교수님께 감사의 마음을 전한다. 또한 연로하신 부모님과 바르게 잘 자라주는 두 아들 준우와 민우에게도 이 기회를 빌려 고마운 마음을 전한다.

2016년 5월 17일

안유경

目次

2부: 퇴계학파의 심성론

1부

유학의 심성론

河西의 天命圖

1장

유학 심성론의 형성과 전개

1. 유학의 성립

유학은 孔子(기원전 551~기원전 479)가 당시까지 전승되어 온 문화와 사상을 집대성하여 체계화함으로써 성립된 것으로, 공자의 가르침을 근본으로 삼는 학문을 말한다. 이 말은 『사기』「오종세가」의 "하간헌왕 劉德이 …… 유학을 좋아하였다"[1]라는 기사에서 처음으로 나타난다. 통상 유교와 같은 뜻으로 해석되는데, 유학은 유교를 학문이라는 관점에서 이름 붙인 말이다. 유교라고 했을 때 이를 불교나 기독교와 같은 종교로 볼 것인가 하는 문제에 대해서는 여러 견해가 엇갈리고 있다. 그렇지만 비록 유교에 종교성이 전혀 없는 것은 아니라 하더라도, 주안점이 이들 종교와는 달리 철저히 현세의 윤리도덕에 있다는 점에서, 이 유교는 공자를 중심으로 한 유학자의 가르침이라고 보는 것이 훨씬 설득력이 있다. 이러한

1) 『史記』, 「五宗世家」, "河間獻王德 …… 好儒學."

유학은 실천적인 도의에 입각하여 修身·齊家·治國·平天下의 실현을 목적으로 하고 仁義禮智를 기본 덕목으로 삼고 있다. 기본 경전으로는 『論語』·『孟子』·『大學』·『中庸』의 四書와 『詩經』·『書經』·『易經』·『禮記』·『春秋』의 五經이 있다.

유학 형성의 연원은 공자 이전으로 소급된다. 이 점은 『중용』의 "공자는 요임금과 순임금을 조술하시고 문왕과 무왕을 본받으셨다"[2]라는 기록에서 확인할 수 있다. 요임금과 순임금은 기원전 2000년경의 인물로 추정되며, 문왕과 무왕은 기원전 1120년경에 성립된 주나라의 군주들이다. 동북아에서는 상고시대부터 중원지역 漢族 중심의 문화와 '夷'라고 불리는 주변 동부지역의 문화가 상호 교섭하면서 발전하여 왔다. 이와 같은 관점에서 『맹자』에 수록된 "순임금은 동이의 사람이다"[3]라는 기록이 주목된다. 그리고 『논어』의 다음과 같은 기록도 매우 중요한 사실을 전해주고 있다.

> 공자가 九夷 지역에 살고 싶어 하셨다. 어떤 사람이 "누추한 곳인데 어떻게 사시겠습니까?"라고 물으니, 이에 공자가 "군자가 살고 있는데 무슨 누추함이 있겠는가?"라고 말하셨다.[4]

이 기록은 기원전 6세기경 구이지역에 공자가 '군자가 살고 있는 곳'이라고 평가할 만한 문화권이 형성되어 있었다는 사실을 분명히 알려준다. 그 구이 문화권에 한국 역사상 최초의 국가인 고조선이 위치한다. 유학이 상고시대부터 전승되어 온 문화를 집대성하여 이루어진 것이고, 그 문화

2) 『中庸』, 第30章, "仲尼祖述堯舜, 憲章文武."
3) 『孟子』, 「離婁(下)」, "舜生於諸馮, 遷於負夏, 卒於鳴條, 東夷之人也."
4) 『論語』, 「子罕」, "子欲居九夷. 或曰, 陋, 如之何! 子曰, 君子居之, 何陋之有?"

는 한족과 주변 구이족과의 교섭과정을 통하여 형성되었다. 그런데 구이 문화권의 중심에 고조선이 위치하고 있다. 이와 같은 사실은 유교가 단순히 중국에서 유래된 외래사상이 아니라, 그 형성의 연원이 한민족과 밀접하게 연관되어 있다는 사실을 시사해주고 있다.

2. 중국 고대의 유학사상

『논어』「미자」편에 다음과 같은 일화가 기록되어 있다. 공자가 길을 가다가 제자인 자로를 시켜 長沮와 桀溺에게 나루터가 어디에 있는지를 묻게 하였다. 이들은 공자가 주유천하하는 것을 비웃으며 "도도한 물결에 천하가 다 휩쓸려 가는데 그대는 누구와 함께 세상을 바꾸려고 하는가?" 라고 물었다. 자로가 그 말을 공자에게 전하자, 공자는 "새나 짐승과 함께 무리 지어 살 수는 없으니 내가 이 사람들과 더불어 살지 않는다면 누구와 함께 살겠는가? 천하에 도가 있으면 내가 세상을 바꾸려고 하지 않을 것이다"[5]라고 탄식하였다. 권력자들과 갈등을 빚고 은자들의 조롱을 받으면서 공자가 이 세상을 바꾸어 새롭게 만들려고 한 사회는 어떠한 것이었을까. 그리고 공자를 비웃는 은자들이 꿈꾸었던 세상은 어떤 것이었을까.

공자가 '인간은 인간과 더불어 살 수밖에 없는 존재'라고 간파하였듯이, 우리는 공동체를 구성하고 그 구성원의 일부로서 살아간다. 그러나 구성원들의 가치관과 이해관계가 서로 다르므로 욕구와 욕구가 충돌하게

---

5) 『論語』, 「微子」, "長沮, 桀溺耦而耕, 孔子過之, 使子路問津焉. …… 桀溺曰, 滔滔者天下皆是也, 而誰以易之? 且而與其從辟人之士也, 豈若從辟世之士哉? 子路行以告. 夫子憮然曰, 鳥獸不可與同羣, 吾非斯人之徒與而誰與? 天下有道, 丘不與易也."

되며, 이를 방치할 경우 그 공동체는 와해되고 만다. 그러므로 공동체를 유지하고 구성원들의 역량을 결집하여 발전시키기 위해서는 공동체 구성원들이 지켜야 할 규칙과 리더십이 요구된다. 유가의 경전에 나타나는 통치자의 리더십에는 힘으로 피통치자를 복종시키는 '以力服人'과 덕으로 감복시키는 '以德服人'이라는 두 가지 유형이 있다. 이것은 『논어』「위정」편의 다음 구절에서 확인할 수 있다.

> 법으로써 다스리고 형벌로써 질서를 유지하면 백성들이 형벌을 면할 수는 있으나 부끄러움이 없을 것이다. 그러나 덕으로써 다스리고 예로써 질서를 유지하면 백성들은 잘못을 부끄러워할 것이고 또한 바르게 될 것이다.[6]

이 글에서 공자는 사회를 운영하는 방법에는 두 가지가 있다고 말하고 있다. 하나는 '법과 형벌'로써 다스리는 것이며, 다른 하나는 '덕과 예'로써 다스리는 것이다. 법은 백성들을 강제적으로 규율하는 공동체의 법규이다. 그래서 법을 어기는 공동체의 구성원에게는 폭력적인 형벌이 가해진다. 즉 힘으로 구성원을 통제하는 것이다. 공자는 이러한 방법으로 사회를 이끌어갈 때 발생하는 가장 큰 문제는 '부끄러움(恥)'을 마비시키는 것이라고 진단한다. 부끄러움이 마비되면 외적으로 형벌이 두려워 악한 일을 하지는 못하지만, 내면적으로 악한 마음이 없어지는 것은 결코 아니다. 이렇게 되면 자신의 잘못을 부끄러워하지 않고 다음에도 같은 잘못을 저지르고 법을 빠져나갈 것만을 생각한다. 또한 법은 외적 행위만을 따지므로 백성들은 잘못을 해도 법에 걸리지만 않으면 된다고 생각하기가 쉽다. 법과 형벌은 마음을 감화시킬 수가 없기 때문이다. 그러므로 사회를

---

6) 『論語』, 「爲政」, "子曰, 道之以政, 齊之以刑, 民免而無恥. 道之以德, 齊之以禮, 有恥且格."

유지하고 이끌어가기 위해서는 더욱 강도 높은 법령과 형벌이라는 강압적인 수단을 요구하게 되는 악순환에 빠지고 만다.

이것과 반대되는 방법이 덕과 예로써 다스리는 것이다. 이 방법으로 공동체를 운영할 경우 그 구성원들은 잘못을 범하면 '부끄러움'을 느끼고 선하게 감화된다는 것이 공자의 생각이다. '덕'은 인간이 선험적으로 본유하고 있는 보편적인 도덕적 마음이다. 그것은 '선을 실천하고 불선을 싫어하는 마음(정감)'으로 구체화된다. 그리고 예는 吉禮·凶禮·軍禮·賓禮·嘉禮와 같은 五禮를 가리킨다. 이것은 공동체 내부의 위계질서를 유지하기 위하여 전승되어 온 제도이며, 인륜에 근거한 행위규범이다.

이처럼 덕과 예로써 사회를 이끌어 가면 그 구성원들이 사회의 규율을 위반할 경우 '선을 지향하고 악을 미워하는 선험적인 도덕정감'이 발동하여 스스로 부끄러움을 느끼게 된다. 그래서 '덕으로 백성을 다스리고 예로써 백성을 다스리면 백성들은 스스로 부끄러워하는 마음을 갖게 되고 바르게 된다'고 말한 것이다. 이것을 德治主義라고 하며, 이상적인 정치는 백성을 형벌로 다스리는 것이 아니라 통치자의 덕성과 예로 교화하는 데 있다고 보는 것으로써, 이후에 맹자에 의해 王道政治로 발전하게 된다.

공자는 이러한 선험적 도덕정감으로 仁이라는 개념을 제시한다. 사람이면 누구나 '인'을 가지고 있으니 '인'을 자각하고 실천하는 것은 전적으로 자신에게 달려있다고 설명한다. 어느 날 공자의 가장 아끼는 제자 顔淵이 공자에게 '인'에 관해 물었을 때, 공자는 "자기를 극복해서 예로 돌아가는 것을 '인'이라 한다. 하루라도 자기의 사욕을 이기고 예에 따라 행동할 수 있으면 천하가 모두 인으로 돌아갈 것이다. 인을 행하는 것은 자기로부터 시작되는 것이지 다른 사람에게서 시작되는 것이 아니다"[7)]라

7) 『論語』, 「顔淵」, "顔淵問仁. 子曰, 克己復禮爲仁, 一日克己復禮, 天下歸仁焉. 爲仁由己, 而由人乎哉."

고 하였다. 자기의 사적인 욕망을 극복하고 모든 사람들이 동의할 수 있는 올바른 규범에 따라 행동할 수 있으면 '인'이다. '인'은 밖에 있는 것이 아니라 자신의 내면에 있는 것이므로 인을 실현할 수 있는지는 완전히 자기 자신에게 달려있다. 그래서 또 말하기를, "인이 멀리 있는 것인가? 내가 인하고자 하면 곧 인이 나에게 이르는 것이다"[8]라고 하였다. '인'은 인간이면 누구나 가지고 있는 것이므로, 이것을 자각하고 실현하고자 노력하면 모두가 인에 도달할 수 있다. 다시 말하면 '인'은 태어날 때부터 지닌 인간의 고유한 속성, 즉 인간의 본성이라는 말이다. 그러므로 인은 인간이면 누구에게나 주어지는 것이고, 이것을 자각하여 실천하면 누구나 인을 완성하게 된다.

이처럼 공자가 추구하는 살기 좋은 사회는 사회 구성원들이 각각 '인'이라는 선천적인 도덕적 정감에 따라 자율적으로 공동체의 질서를 준수하고 공공의 선을 실현해 나가는 '도덕적 공동체'라고 말할 수 있다.

그렇다면 인간에게 '도덕적 정감'이 발동하는 이유는 무엇인가? 그것은 인간의 본성이 선하기 때문이라고 孟子(기원전 371~기원전 289)는 주장한다. 이것을 '性善說'이라고 하는데, 여기에서 '성'은 인간이 타고난 본성 또는 성품을 가리킨다. 본성의 선함을 구체적으로 말하면 仁義禮智 네 가지 덕목으로 나눌 수 있다. 인은 사랑, 의는 정의, 예는 질서, 지는 지혜의 원리라고 말할 수 있다.

맹자는 인간은 누구나 '다른 사람에게 나쁜 짓을 차마 하지 못하는 마음(不忍人之心)'을 타고나는데 이것이 '성선'의 증거라고 주장한다. 그 구체적인 예를 다음과 같이 제시하고 있다.

---

8) 『論語』, 「述而」, "仁遠乎哉. 我欲仁, 斯仁至矣."

> 지금 사람들이 갑자기 어린아이가 우물에 빠지려는 것을 보면 모두 두려워하고 불쌍히 여기는 마음을 갖게 된다. 그것은 어린아이의 부모와 교분을 맺으려는 것도 아니고, 향당의 친구들에게 칭찬을 받으려는 것도 아니며, 〈어린아이를 구하지 않았다는〉 비난의 소리를 듣기 싫어해서 그러한 것도 아니다.[9]

인간은 누구나 선천적으로 선량한 마음을 가지고 있는데, 우물에 빠지려는 어린아이를 보는 순간 인간의 내면에서 선량한 마음이 저절로 드러난다는 것이다. 어린아이가 우물에 빠지려는 것을 보면 누구나 모두 깜짝 놀라거나 불쌍히 여기는 감정이 생겨나는데, 맹자는 이로써 불쌍히 여기는 측은지심이 사람마다 가지고 있는 고유한 것이고 밖에서 주어진 것이 아니라는 것을 증명한다. 이러한 도덕적 정감, 즉 '다른 사람에게 나쁜 짓을 차마 하지 못하는 마음'은 惻隱之心과 아울러 羞惡之心, 辭讓之心, 是非之心 등 네 가지가 있다. '측은지심'은 仁의 단서로서 사랑의 원리가 발현된 정감이며, '수오지심'은 義의 단서로서 정의의 원리가 발현된 정감이며, '사양지심'은 禮의 단서로서 질서의 원리가 발현된 정감이며, '시비지심'은 智의 단서로서 지혜의 원리가 발현된 정감이다. 이것을 四端이라 한다.[10]

이어서 맹자는 이러한 인의예지가 밖에서 나에게 녹아드는 것이 아니라 나의 고유한 것이라고 설명한다.[11] 이것은 도덕을 성취하려는 일체의 근거가 모두 나에게 구비되어 있다는 말이다. 따라서 인간은 누구나 가르쳐 주지 않아도 스스로 선악을 구분하고 판단할 수 있는 능력을 본성 안

9) 『孟子』, 「公孫丑(上)」, "今人乍見孺子將入於井, 皆有怵惕惻隱之心. 非所以內交於孺子之父母也, 非所以要譽於鄕黨朋友也, 非惡其聲而然也."

10) 『孟子』, 「公孫丑(上)」, "惻隱之心, 仁之端也, 羞惡之心, 義之端也, 辭讓之心, 禮之端也, 是非之心, 智之端也."

11) 『孟子』, 「公孫丑(上)」, "仁義禮智, 非由外鑠我也, 我固有之也."

에 이미 구비하고 있는 존재이다. 맹자는 이러한 도덕적 정감을 가지고 세상을 다스려야 한다고 주장한다. 이와 같은 정치를 맹자는 '다른 사람에게 나쁜 짓을 차마 하지 못하는 마음에 토대를 둔 정치(不忍人之政)'라고 불렀다.[12)]

그렇다면 인간에게는 어째서 인의예지의 마음이 내재해 있는가? 맹자는 "하늘이 나에게 부여하였기 때문이다"[13)]라고 설명한다. 인의예지의 근원을 하늘로 소급해서 하늘을 그 근거로 간주하였던 것이다. 인의예지는 하늘이 인간에게 부여한 것이므로 인간의 본성은 선하다는 것이다. 왜냐하면 하늘은 선한 존재이고, 인간이 하늘의 선함을 자신의 내면으로 부여받았기 때문이다. 이렇게 볼 때, 인간의 도덕적 행위는 자신이 본래부터 가지고 있는 선한 본성을 따르면 되는 것이다. 또한 맹자는 다음과 같은 시를 인용하여 이 점을 좀 더 구체적으로 논증하고 있다.

> 하늘이 많은 백성(사람)을 낳으시니 사물이 있으면 법칙이 있는 것이다. 사람들은 항상 변치 않는 본성을 가지고 있어서 아름다운 덕을 좋아한다.[14)]

인간은 변하지 않는 속성을 선천적으로 갖고 태어나는데, 그것은 바로 '아름다운 덕을 좋아한다'는 것이다. 여기에서 말하는 '아름다움(懿)'이란 선을 위시한 모든 가치어를 포괄하는 개념이다. 이 구절은 인간이란 선천적으로 도덕적 가치를 지향하는 속성을 가지고 있다는 의미로 해석할 수 있다. 『중용』의 다음 구절도 동일한 맥락에서 이해할 수 있다.

---

12) 『孟子』, 「公孫丑(上)」, "人皆有不忍人之心. 先王有不忍人之心, 斯有不忍人之政矣. 以不忍人之心, 行不忍人之政, 治天下可運之掌上."

13) 『孟子』, 「告子(上)」, "此天之所與我者."

14) 『詩經』, 「大雅」, 〈烝民〉, "天生烝民, 有物有則, 民之秉彝, 好是懿德."

하늘이 명한 것을 性이라 하고, 성을 따르는 것을 道라 하며, 도를 닦는 것을 敎라 한다.[15)]

본성은 하늘이 부여하였기 때문에 여기에 근거하여 인간이 마땅히 준수해야 할 도리가 정립될 수 있다는 것이다. '하늘이 명한 것이 성이다'라는 명제는 본성과 하늘이 동일한 속성, 즉 절대선을 갖고 있다는 사실을 비유적으로 표현한 것이다.

이처럼 인간의 본성은 하늘에서 부여받았기 때문에 하늘과 동일한 절대선을 가지며 이것이 발현된 마음이 '不忍人之心(사단)'이며 이것을 실천하는 정치가 '不忍人之政'이다. 그러므로 '하늘=성=불인인지심(사단)=불인인지정'은 가치론적으로 동일하다. 이것을 도표화하면 다음과 같다.

天 → 性 → 不忍人之心(四端) → 不忍人之政

이와 같은 학설과 대립하는 것이 荀子(기원전 313~기원전 238)의 '性惡說'이다. 그는 다음과 같이 주장한다.

사람의 본성은 태어날 때부터 이익을 좋아하는데, 이것을 따르기 때문에 쟁탈이 생기고 사양하는 마음이 없는 것이다. 사람은 태어날 때부터 질투하고 미워하는 마음이 있는데, 이것을 따르기 때문에 남을 해치는 일이 생기고 진실함과 믿음이 없는 것이다. 태어날 때부터 귀와 눈의 욕망이 있어 아름다운 소리와 여색을 좋아하는데, 이것을 따르기 때문에 음란한 마음이 생기고 예의와 규범이 없어지는 것이다. 그래서 사람의 본성을 따르고 사람의 감정을 좇으면 반

15) 『中庸』, 第1章, "天命之謂性, 率性之謂道, 修道之謂敎."

드시 쟁탈이 생기고, 분수를 어기고 이치를 어지럽혀서 포악하게 된다. 그러므로 반드시 스승의 교화와 예의의 법도가 있은 뒤에 사양하는 마음이 생겨나고 규범에 들어맞아 다스려지게 된다. 이로써 보면 인간의 본성이 악한 것은 분명하며, 선하다는 것은 인위적인 것이다.[16)]

순자는 인간의 감각적 욕망이나 본능적 욕구를 본성으로 간주한다. 인간은 태어나면서 이익을 좋아하고, 질투하고 미워하는 마음을 가지고 있는 욕망의 존재이다. 그러므로 본성을 그대로 따르면 남을 해치거나 포악하게 되어 사회적 질서가 혼란에 빠지게 된다. 따라서 올바른 인간생활을 하기 위해서는 반드시 스승의 가르침이나 예의와 같은 규범을 통해서만이 선한 모습으로 바뀔 수 있다. 즉 사회를 선하게 교화하기 위해서는 후천적인 교정이 필요하다는 것이다. 이처럼 순자는 인간의 타고난 욕망을 그대로 인간의 본성으로 정의하고 실제로 그러한지를 비유를 들어 설명한다.

지금 시험 삼아 군주의 세력을 버리고, 예의의 교화를 없애며, 올바른 법도의 다스림을 없애고, 형벌에 의한 금지를 없애고, 가만히 서서 세상 사람들이 서로 어떻게 사는지를 보도록 하자. 그러면 강자는 약자를 해치고 빼앗을 것이고, 다수는 소수에게 난폭하게 굴고 짓밟을 것이니, 온 세상이 이치에 어긋나고 혼란에 빠져 기다릴 것도 없이 잠깐 사이에 망할 것이다. 이로써 본다면 사람의 본성이 악한 것이 분명하다.[17)]

---

16) 『荀子』, 「性惡」, "今人之性, 生而有好利焉, 順是, 故爭奪生而辭讓亡焉. 生而有疾惡焉, 順是, 故殘賊生而忠信亡焉. 生而有耳目之欲, 有好聲色焉, 順是, 故淫亂生而禮義文理亡焉. 然則從人之性, 順人之情, 必出於爭奪, 合於犯分亂理而歸於暴. 故必將有師法之化禮義之道, 然後出於辭讓, 合於文理而歸於治. 用此觀之, 然則人之性惡明矣, 其善者僞也."

이것은 인간의 본성을 선하다고 본 맹자의 성선설을 비판한 글이다. 사람의 본성이 선하다면 국가의 권력, 예의의 교화, 법도의 다스림이 없어도 세상은 평화롭게 잘 다스려져야 할 것이다. 그러나 지금 사람의 본성이 선하다고 하여 예의와 같은 제도를 없애거나 형벌을 금지하면 세상은 바로 혼란에 빠져 망하게 된다. 강자는 약자의 것을 빼앗고, 다수는 소수를 짓밟을 것이니 이렇게 볼 때 사람의 본성이 악하다는 것이 분명하다. 사람은 선천적으로 본성이 악하므로 예의 규범이나 법을 만들어 사회질서를 유지해야 한다는 것이다.

이처럼 사람의 본성에는 처음부터 예의라는 것이 없으므로 사회질서를 유지하기 위해서는 애써 예의와 법을 배우고 알아야 한다. 예의를 배우지 않고 인간의 본성에 그대로 맡겨두면 사회가 혼란에 빠지게 된다. 때문에 성인이 예의와 법도를 만들어낸 것이다. 이러한 예의를 배우고 알아가는 과정이 인위(僞)에 해당한다. 僞는 사람 인(人)과 할 위(爲)를 합쳐 놓은 글자로 사람이 하는 것, 즉 인위적인 노력과 실천을 의미한다. 이러한 인간의 노력을 제도화한 것이 예이고 법이다. 예란 악한 본성을 교화하고 개조하는 방법이며 사회의 질서를 유지하기 위한 규범이다.

순자가 강조하는 후천적 교정의 틀이 바로 스승 · 법 · 예의라는 외재적 규범이다. 이것은 마치 구부러진 나무를 교정목을 사용하여 곧게 펼 때 그 '곧음'이 나무의 내부에 있는 것이 아니라 외재적인 교정목에 있는 것과 같다. 예의와 법도의 성립 근거에 대해서도 순자는 경험적인 학습에 둔다. 학문을 통하지 않으면 예의와 법도를 알 수 없기 때문이다. 『순자』 책의 첫 편에 「勸學」이라는 학문을 권장하는 글을 실은 것도 이러한 맥락

17) 『荀子』, 「性惡」, "今當試去君上之埶, 無禮義之化, 去法正之治, 無刑罰之禁, 倚而觀天下民人之相與也. 若是, 則夫彊者害弱而奪之, 衆者暴寡而譁之, 天下之悖亂而相亡不待頃也. 用此觀之, 然則人之性惡明矣."

에서 이해할 수 있다. 순자에게 있어 善과 美 등의 가치는 사회적 규범을 인식하고 실천하여 체계화함으로써 획득되는 것이다. 그는 "본성이란 본시 질박한 바탕이며 인위는 형식과 꾸밈이 융성한 것이다. 본성이 없으면 인위를 가할 바가 없고, 인위가 없으면 본성은 스스로 아름다워지지 않는다"[18]라고 하여 '아름다움'이라는 가치가 인위적 교정의 소산임을 분명히 하고 있다. 때문에 가치 그 자체는 외재하는 사회적 규범이 된다. 이처럼 인간의 내면적 본성에서 도덕적 행위의 근거를 찾았던 맹자와 달리, 순자는 예의 같은 외재적 규범을 통해서 도덕적 행위의 근거를 규정하고자 하였다.

지금까지 검토한 바와 같이, 고대 유가사상은 공자에 의하여 시작되어 가치의 근거를 내재적으로 파악하는 맹자와 외재적으로 파악하는 순자의 사상체계로 발전해나갔음을 알 수 있다.

3. 중국 중세와 근세의 유학사상

중국은 기원전 221년 진나라에 의해 하나의 통일국가를 이룩하지만, 유학은 진시황의 焚書로 말미암아 큰 타격을 받고 經書도 거의 망실하게 된다. 기원전 202년 劉邦이 한나라를 건국한 뒤, 한무제 때는 董仲舒의 건의를 받아들여 국가를 통치하기 위한 이념으로 유학을 채택하며, 그 이후 청나라가 멸망할 때까지 유학은 정치 · 행정 · 교육 등 주로 실용적인 분야에서 관학으로 기능한다.

그러나 한나라가 멸망한 후 위진남북조에서 수 · 당에 걸친 시기에는

18) 『荀子』, 「禮論」, "性者, 本始材朴也, 僞者, 文理隆盛也. 無性則僞之無所加, 無僞則性不能自美."

비록 훈고학적인 유학 경전의 연구나 사장학적 유학이 없었던 것은 아니지만, 전반적으로 불교와 도교가 번성하고 유학은 크게 진작되지 못한다. 당나라는 陸德明 · 顔師古 · 孔穎達 등의 유학자들이 나왔지만 학문은 주로 訓詁에 치중한다.

송대에 성리학이 성립하면서 유학이 획기적으로 발전한다. 성리학은 남송시대의 朱熹(1130~1200)가 북송시대 유학자들의 학설을 종합하여 유학을 새롭게 재구성한 것이다. 주자는 윤리적 성격이 강한 유학에 형이상학적 근거를 부여하고 리기론이라는 체계로 인간과 사회와 자연을 통일적으로 해석한다. 이와 같은 이론체계는 이전 시대의 유학에서 찾아볼 수 없기 때문에 서양학자들은 이를 '신유학(Neo-confucianism)'이라고 불렀다.

새로운 유학인 신유학, 즉 성리학은 周敦頤(염계)에 의해 개척되고 張載(횡거)와 邵雍(강절)을 거쳐 程顥(명도)와 程頤(이천) 두 형제로 발전된 宋學, 즉 북송의 흐름을 남송의 주희가 집대성한 학문체계를 말한다. 이들을 北宋五子라고 부른다. 성리학은 북송오자의 사상을 기본으로 한다. 물론 다섯 사상가가 모두 같은 방향으로 나갔던 것은 아니다. 주돈이는 물질세계에서 일어나는 변화의 근원으로 無極而太極을 제시한다. 물론 '무극이태극'이라는 표현을 두고 다양한 해석이 전개되지만, 주돈이는 우주생성의 근원을 태극에 두고 이것이 음양을 낳고 음양이 점차 분화되어 만물을 형성한다고 설명한다. 장재에게 물질세계의 기본적인 요소는 氣이다. 기에는 모이고 흩어지는 두 가지 운동형태가 있는데 그것에 의해 만물이 생성되고 소멸된다는 것이다. 특히 형체를 갖추기 이전의 기의 바탕이 되는 본체로서의 기를 太虛라고 부른다. 소옹은 數를 그 기본적인 요소로 간주한다. 우주의 근원은 수를 발생시키는 어떤 존재에 근거하며, 수는 다시 형태를 발생시키고, 형태는 구체적 사물들을 발생시킨다고 설명한다.

정씨 형제는 리를 최고 범주로 삼는다. 『주역』의 「계사전」에는 "한번 음이 되고 한번 양이 되는 것을 도라 한다(一陰一陽之謂道)"라는 구절이 있는데, 이에 대해 정이는 "도는 음양이 아니다. 한번 음이 되고 한번 양이 되게 하는 소이가 도이다(道非陰陽也, 所以一陰一陽者道也)"라고 말한다. 『주역』에서 한번 음이 되고 한번 양이 되는 음양의 운동을 '도'로 해석하는 것과는 달리, 정이는 음양의 운동 자체가 도(리)가 아니고 한번 음이 되고 한번 양이 되게 하는 이유나 근거를 도(리)라고 본 것이다. 주희는 기를 물질세계의 근원으로 간주하는 장재의 기본 입장을 받아들이지 않고 정씨 형제의 리를 자기 철학의 최고 범주로 삼는다. 그리하여 정씨 형제의 이론은 주희 리기론의 기본 모델이 된다. 주희는 정씨 형제의 '리' 이론에 근거하여 우주 자연의 문제, 인간 심성의 문제, 그리고 사회정치의 문제가 하나로 어우러지는 거대한 사상체계를 형성한다. 때문에 주희를 신유학의 집대성자라고 부른다.

성리학은 공자와 맹자를 대표로 하는 선진유학을 정통으로 계승하고 있으나 실제로는 선진유학과는 상당한 차이를 보인다. 선진유학인 공자와 맹자는 仁과 禮를 중심으로 윤리적인 실천을 강조하였다. 그래서 '인'을 통해 사람을 사랑할 것을 가르쳤으며 '예'를 통해 상하의 위계질서를 유지하는 가운데 부모를 섬기고 어른을 공경하는 일을 가르쳤다. 그러나 성리학은 선진유학의 이러한 실천적 윤리적 문제에서 한 걸음 더 나아가 세계의 근원과 인간의 본질적인 문제에 관심을 가진다. '우주만물은 어떻게 구성되어 있는가?'에서부터 '인간은 왜 도덕적인 삶을 살아야 하는가?' 등 보다 근원적인 문제에 관심을 갖는다. 그래서 성리학은 자연현상을 현상으로 파악하지 않고 그 현상 이면의 본질 내지 원인을 탐구함으로써 모든 사물을 현상과 본질이라는 이원적 구조 속에서 설명한다. 리와 기라는 개념을 통해 현상에서 본질로 파악해 들어가고, 이러한 구조 속에서 인간의 심성 문제가 다루어지고 가치의 문제가 다루어지는 것이 송대 성리학의 내용이라 할 수 있다.

성리학은 이러한 '리'가 인간 속에 본성으로 내재되어 있다고 보는 데서 출발한다. 이것은 성리학의 핵심인 '性卽理'라는 개념으로 나타나서 인간을 도덕적 완성이라는 과제에 결부시킨다. 주희는 '성즉리'라는 개념으로 맹자가 주장한 '성선'에 대한 형이상학적 근거를 확립한다.

성리학은 사람이든 사물이든 존재하는 모든 것을 리와 기의 결합으로 설명한다. 기라는 질료적인 것이 형체를 만들면 리가 그 기의 원리로서 부여된다. 인간의 경우도 리에 의한 인간존재의 원리가 주어지는데, 이것이 바로 性이다. 리는 우주의 질서이며 동시에 가치의 근원이기 때문에 절대선을 의미한다. 이 성을 하늘로부터 주어진 '리'와 연결하는 것은 이 존재원리의 절대성을 말하기 위한 것임은 물론이다. 天人合一이라고 하여 하늘의 이치를 인간의 근거로 삼는 동양의 사유구조가 여기에서 성립된다. 이로써 주희는 인간의 본성이 선하다는 의미를 '性卽理'라는 개념으로 규정한다.

그러면서도 현실 세계에 존재하는 악의 요소를 설명하기 위해 성을 다시 本然之性과 氣質之性으로 구분하고, 현실세계의 다양성과 차별성을 기질지성으로 설명함으로써 맹자 성선설이 갖는 이론적 결점을 보충한다. 그리고 혼탁해진 기질지성을 잘 정화해 순수하고 선한 본연지성을 드러내면 누구나 성인이 될 수 있다고 설명한다. 이에 본연지성을 회복하는 방법으로서의 格物窮理와 居敬涵養과 같은 다양한 수양공부를 강조하게 된다. 이것이 바로 주희의 리기론이 심성론의 이론적 근거가 되는 이유이다.

명대에는 王守仁(1472~1528)이 心卽理를 주장하여 성리학을 비판하고 새로운 이론체계인 心學을 수립한다. '심즉리'란 인간의 본성이 바로 이치라는 말이 아니라 마음이 바로 이치라는 말이다. 여기서의 이치란 바로 절대선을 의미한다. 다시 말하면 인간의 본성이 선하다는 것이 아니라 인간의 마음이 선하다는 말이다. 이것은 주희가 體用의 관점에서 마음을 性인 체와 情인 용의 두 부분으로 구분하고, 그 가운데 성에 해당하는 부분만을 리로써 해석한 것과 달리, 왕수인은 마음 전체를 리로써 해석한 것이다. 이것은 사람의 마음에는 하늘이 부여해준 리가 온전히 갖추어져 있다는 말이다. 그리고 내 마음속에 갖추어져 있는 리를 良知라고 불렀다. 이 양지는 선천적으로 내 마음속에 내재해 있기 때문에 배움이나 학습이 필요하지 않다. 따라서 내 마음속에 갖추어진 양지를 분명히 깨닫고 이 마음을 잘 확충해나갈 것을 강조한다. 그래서 왕수인은 주희와 달리, 마음 밖의 사물에 나아가서 리를 궁구하는 格物窮理에 반대한다. 사람의 타고난 본래 마음을 잘 깨닫기만 하면 되지 독서와 강학과 같은 공부는 필요 없다는 것이다. 그러나 주희는 마음의 구조를 리와 기가 결합한 불완전한 것으로 보았기 때문에 독서를 통하여 외부세계의 이치를 널리 탐구하고, 이것에 근거하여 내 마음속의 리를 완전한 것으로 만들어 나가자고 하였다. 그래서 독서를 강조하고, 이러한 독서 가운데 가장 중시한 것으로서 四書를 중심으로 유가의 경전을 읽을 것을 권장하였다.

청대에는 실학적 사유가 크게 발전하여 黃宗羲 · 顧炎武 · 王夫之 · 戴震 등에 의해 氣철학이 정립되고 실증적인 고증학이 발달한다. 이들은 성리학의 사변적인 성격을 비판하면서, 한편으로는 經書의 의미를 밝히는 데 힘을 기울이고 다른 한편으로는 經世致用의 실학을 추구한다. 청의 통치가 약화되고 서구의 침략이 노골화되면서는 이러한 정세에 맞추어 학문의 개혁을 통해 서구사상에 대처하고자 한나라 초기의 今文經學의 전통을 이어받은 公羊學이 나타난다.

중화민국이 성립된 후 5 · 4 신문화운동을 거치면서 봉건체제의 이념으로서 역할을 하던 유학은 철저한 비판의 대상이 된다. 그 후 蔣介石의 국민당 정부는 중국 공산당의 유학비판에 대한 반동에서 유학의 이념을 부활시키기도 한다. 毛澤東의 사회주의 이념에 의해 통일된 뒤 중국에서 유학은 철저한 비판의 대상이 된다. 그 극치를 이룬 시기는 1960년대에서 1970년대 중반에 걸친 문화대혁명 기간이다. 문화대혁명의 구호는 바로 '批孔', 즉 공자로 대표되는 유학에 대한 비판이다. 그러나 모택동 사후 중국의 개방화가 진행되면서 유학은 그 끈질긴 생명력으로 다시 논의의 대상이 되고 있다.

4. 유학의 한국적 전개

중국에서는 주자 이후 성리학이 이론적으로 크게 발전하지 못하였으나, 반면에 한국에서는 고려 말부터 본격적으로 성리학을 수용하고 조선시대에 획기적인 이론체계를 구축한다. 성리학은 고려 충렬왕 때에 원나라로부터 安珦(1243~1306)이 들여온 것으로 기록되어 있다. 고려 말에는 불교의 폐단으로 말미암아 사회가 혼란과 침체를 면하지 못하였다. 따라서 국가적 차원에서 새로운 학풍의 진작이 요구되었다. 그 후 白頤正 · 權溥 · 李穡 · 鄭夢周 · 吉再와 같은 뛰어난 유학자들이 연이어 나와 성리학을 발전시켰으며, 이들 유학자들은 불교에서 현실의 인간윤리를 도외시하는 약점이 있다고 보았다. 성리학은 점차 고려 말 사대부들의 이념이 되었으며, 조선 왕조가 개국하면서 조선 왕조 500년의 역사 · 문화 · 정치 · 교육을 이끄는 원동력이 되었다.

이 시기는 유학사상적 시각에서 볼 때 3단계로 구분할 수 있다. 1단계는 고려 말 사대부가 구법파와 신법파로 분화되어 대립하는 시기이다. 이 시기는 주자학을 수용하여 현실정치에 적용하는 과정이다. 그 중심인물은 李穡 · 鄭夢周 · 鄭道傳 등이다. 이색은 고려왕조를 유지하면서도 전면적인 개혁이 가능하다고 보았으나 정도전은 왕조가 교체되지 않으면 당대의 모순을 해결할 수 없다고 진단하였다. 2단계는 조선 건국(1392)에서부터 16세기 퇴계 이황(1501~1570) 이전까지이다. 鄭道傳 · 徐敬德 · 李彦迪 등이 대표적인 학자이다. 이들에 의하여 불교와 도가철학에 대한 비판이론이 체계적으로 구축되는데, 이것은 조선성리학 정립을 위한 정지작업이라고 볼 수 있다. 3단계는 퇴계(李滉)와 고봉(奇大升), 율곡(李珥)과 우계(成渾)의 논변을 통하여 사단칠정론이라는 새로운 이론이 창출되는 시기이다.

주자는 인간의 마음 가운데 '性'을 주제로 삼아 그 형이상학적 근거를 확립하는 데 중점을 두었는데, 사단칠정론은 '情'을 주제로 삼아 리기론을 가지고 도덕정감의 형이상학적 근거를 설명한 것이다. 이 이론은 중국 유학에서는 찾아볼 수 없는 한국의 독자적인 학설로서, 성리학을 한 단계 발전시키고 송대의 성리학을 조선의 성리학으로 토착화시키는 기반을 형성한다. 퇴계는 '사단은 리가 발현함에 기가 그것을 따르고 칠정은 기가 발동함에 리가 그것을 타고 있는 것(理發而氣隨之 氣發而理乘之)'이라고 하여 사단의 선함은 본성과 동일한 절대 가치를 갖고 있다는 점을 강조한다. 반면 율곡은 사단과 칠정은 모두 '기가 발동함에 리가 그것을 타고 있는 것(氣發而理乘之)'이라고 주장하여 인간은 칠정 하나이며 사단은 칠정 가운데 순선한 부분만을 가리킨다고 간주한다. 퇴계와 율곡의 성리설은 조선 후기 성리학 논쟁의 이론적 기초를 이룬다.

1645년 중국에서 명나라가 멸망하면서 청으로 왕조가 교체된다. 그리고 일본에서는 1603년 에도 막부정권이 성립되는 등 동북아시아 지역에 커다란 지각변동이 일어난다. 조선도 이에 상응하는 변화를 겪게 된다.

임진왜란(1592~1596)을 계기로, 조선을 건국하고 정국을 주도해온 훈구파에서 성리학 이념에 보다 충실한 사림파로 정권이 교체되며, 경제적으로도 토지 생산성이 높아지면서 사유개념이 확산된다. 이 시기 조선에는 '국가를 다시 만들자'라는 國家再造論이 대두할 만큼 질적인 사회변동이 일어난다. 그러므로 17세기 이후 조선 후기를 근대사회의 태동기로 규정하는 경우도 있다. 16세기 퇴계와 율곡에 의하여 정립된 조선성리학은 이 시기를 이끌어갈 지도이념으로 기능하게 된다. 그리고 성리학 이외에 양명학과 실학 등 다양한 유학사상이 등장하여 사상계가 다변화한다. 물론 이 시기에도 학계와 정계 등 사회 전반을 주도한 것은 성리학이다. 특히 학계가 수도권과 지방으로 분별되는 시기와 맞물려 발생한 湖洛논쟁을 통하여 새로운 성리학 이론이 창출된다. 이 논쟁의 주제는 '마음이 아직 발동하지 않았을 때에 마음을 구성하고 있는 기가 맑고 순수한가, 아니면 청탁이 있는가', '성인의 본심과 범인의 본심은 같은가 다른가', '인간과 금수초목의 본연지성은 같은가 다른가' 등이다. 낙론은 '같음(同)'의 논리를 기반으로 하고 호론은 '다름(異)'의 논리를 기반으로 하여 이론을 구축하고 상호 논쟁을 통하여 유학의 심성론을 더욱 정밀하게 발전시킨다. 이 논쟁은 율곡의 학통을 계승한 기호학파 내부에서 발생한 것으로, 이를 계기로 노론은 수도권 중심의 낙론과 충청권 중심의 호론으로 분열된다. 이 가운데 낙론은 북학파의 실학사상으로 연계되며, 그리고 19세기 기호학파에서는 호론과 낙론의 대립적인 학설을 종합하여 새로운 성리학 이론이 창출된다.

퇴계의 학통을 계승한 영남학파에서는 17세기 후반 李玄逸이 율곡의 학설을 비판하고 퇴계의 학설을 변호하여 그 정통성을 확립하였으며, 19세기 李震相은 율곡학파의 종지인 '心是氣'를 비판하고 '心卽理'설을 제창하는데 田愚(艮齋)가 다시 이를 비판하면서 심설논쟁이 야기된다. 낙론과 한주학파의 心論이 기존 학설의 범위를 넘어 '심학화'하는 경향을 띠면서 조선성리학은 질적으로 변용을 이룬다.

이처럼 조선성리학은 세 차례의 집단적이고 지속적인 논쟁을 통하여 형성되고 발전·심화된다. 16세기의 '사단칠정논쟁', 18세기의 '호락논쟁', 19세기의 '심설논쟁'이 그것이다. 이 논쟁들을 통해서 새로운 이론이 창출되어 중국의 주자학과 구별되는 조선의 성리학이 정립된 것이다. 이와 같은 대규모 논쟁은 중국이나 일본에서 찾아볼 수 없다.

또한 근세 전기가 성리학 일변도였다면, 이 시기에는 성리학파에 속하는 유학자들의 학적 관심분야가 양명학과 실학 그리고 도가철학에까지 확대되었다는 점이 특징이다. 조선 중기에 전래된 양명학은 퇴계가 비판한 이후 수면 아래로 잠복되었다. 이 시기에 이르러 서인이 노론과 소론으로 분화되면서 주류에서 소외된 소론 학자 일부가 양명학을 연구하여 '한국적 양명학'을 수립하고 학파를 형성한다. 대표적인 인물로는 鄭齊斗를 들 수 있다.

조선 후기 학계의 최대 성과는 실학의 성립이다. 실학은 '虛學'의 대립 개념으로서 실천적·실용적·실증적인 학문을 말한다. 이들은 성리학이 강조하는 내적 수양이나 도덕적 이념보다는 현실의 구체적인 민생문제에 관심을 집중한다. 실학은 조선성리학을 비판적으로 발전시켜 질적으로 새로운 학풍을 형성한 것이다. 기호남인계보와 노론계보(낙론)의 북학사상으로 나눌 수 있다. 許穆·尹鑴 등 기호남인학파의 사상은 탈주자학적 성격을 띠고 있으며, 이들의 학맥을 계승한 성호학파에 이르러 실학이 체계를 갖추게 되고 다산학이 성립된다. 북학사상은 18세기 이후 정국을 주도한 낙론계열의 진보적 학자 그룹에 의하여 성립된 것으로 후에 개화사상으로 발전한다.

이 시기 한국철학사에서 획기적인 사건은 중국을 통하여 서양의 과학

기술과 천주교, 곧 '西學'이 전래되었다는 사실이다. 한역된 서학 책들은 조선의 지식인들에게 기존의 우주관과 세계관에서 벗어날 수 있는 새로운 패러다임을 제공한다. 실학사상 형성의 외래적 요인이라고 볼 수 있다. 丁若鏞은 천주교를 수용하여 유가경전을 새로운 관점에서 해석하였으며, 崔漢綺는 서양과학을 수용하여 기학을 제창한다.

조선은 개항 이후 세계 자본주의 경제체제의 일부로 편입되면서 전근대사회로부터 근대사회로 이행된다. 그러나 조선의 근대화는 타율적이며 종속적인 '일그러진 근대화'였다. 조선의 근대는 '西勢東漸', 즉 서구 제국주의의 무력과 문명의 충격으로부터 시작되었던 것이다. 이는 동북아시아 유교문화권에서 일찍이 경험해보지 못한 사건이다. 서구의 충격에 대한 당시 지식인들의 대응양상은 다양하게 나타난다. 衛正斥邪派는 기존의 성리학을 굳건하게 지키고 자본주의와 가톨릭 교리 등 서구문명을 배척함으로써 전통적 가치와 체제를 수호하고자 진력한다. 東道西器論者들은 전통문화와 사상을 기반으로 서구문명을 탄력적으로 취사선택하려고 시도한다. 그러나 文明開化論者들은 유교는 타도되어야 하며, 그 대안으로 서구의 과학·기술과 제도는 물론 종교와 가치관까지도 받아들여야 한다고 주장한다. 이와 같은 주장은 1884년 갑신정변을 일으킨 金玉均과 朴泳孝 등에게서 뚜렷하게 나타난다. 이 당시 척사위정론이 힘을 잃어가면서 지식인 사회의 관심사는 동도서기론을 취할 것인가, 아니면 문명개화론을 취할 것인가라는 문제에 있었다. 문명개화론자들은 서양문화를 새로운 '보편문화'로 받아들이고 기독교를 포함한 서양문화의 전면적 수용을 통해 개화를 이루어야 한다고 간주한다. 동도서기론과 문명개화론의 대립과 유사한 구도는 중국에 있어서 中體西用論者들과 陳獨秀와 胡適 등 『新青年』을 중심으로 한 학자들 사이에서도 나타난다.

1900년대 일부 지식인 그룹은 서양의 사회진화론을 수용하고 서구 비판과 국권 회복을 위한 '강한 나라 만들기(自强)' 운동을 전개한다. 朴殷植은 여기에서 한 걸음 더 나아가 양명학의 이론을 재구성하여 야만적 근대성에 대한 비판 이론을 창출한다.

약 1세기 전 나라가 일제에 패망하자 그 책임이 조선 500년 동안 지배 이념이었던 유교에 돌려졌다. 유교는 타도되어야 하며, 그 대안으로 서구의 과학 · 기술과 제도는 물론 종교와 가치관까지도 받아들여야 한다고 주장하였다.[19] 그러나 반대로 망국의 원인은 유교를 올바르게 실현하지 못한 데에 있으므로 유교를 재건하고 발흥시켜야 한다고 주장하는 일군의 학자들이 있었다. 張志淵은 「儒教辨」에서 조선이 유교 국가였음에도 불구하고 쇠망하게 된 것은 '眞儒를 쓰지 않은 연고'라고 지적하였다. 徐炳斗의 「儒教勃興論」과 박은식의 「儒教求新論」 등도 같은 맥락에서 논지를 전개하고 있다.[20]

'유교망국론'과 '유교발흥론'의 대립이라는 낯익은 구도의 재현은 유교가 여전히 우리 사회를 분석하는 데에 유용한 패러다임이라는 사실을 확인시켜 주었다. 그러나 일본강점기 이후 1980년대까지 유교에 대한 평가는 지극히 부정적이거나 아예 관심의 대상조차 되지 못하였다. 玄相允이 『조선유학사』속의 「조선유학의 조선사상사에 미친 영향」에서 '모화사상' · '가족주의' 등이 유교의 죄라고 비판한 것이 부정적 견해의 대표적인 실례이다.[21]

그러나 나라가 폐망한 지 불과 1세기 만에 우리가 '산업화'와 '민주화'라는 두 마리의 토끼를 잡게 되자, 유교에 대한 재평가가 진행되고 있다.

---

19) 한국역사연구회, 『한국사상사의 과학적 이해를 위해』, 청년사, pp.144-146 참조
20) 권중달, 「한국에서의 유교와 근대화」, 『중국근세사상사연구』, 중대출판부, 1998, pp.571-579 참조
21) 현상윤, 『조선유학사』, 민중서관, 1977, pp.6-9

그리하여 '유교자본주의'라는 틀로 한국사회를 진단하고 유교의 정치사상에서 민주주의의 가능성을 탐색하고 있다. 아울러 서구의 개인주의·물질만능주의 등 근대사상의 한계를 유교에서부터 모색하는 작업도 시도되고 있다.

현대 한국사회에서 '종교'로서의 유교의 위상은 높지 못한 것이 현실이다. 그러나 한국은 동아시아 한자문화권 가운데에서 유교적 전통이 가장 강하게 전승된 사회임은 분명하다. 한국인의 가치관과 정서의 밑바닥에는 유교가 여전히 작동하고 있는 것이다.

2장

맹자 성선론의 이론적 근거

맹자는 사람이 선천적으로 선의 요소를 가지고 있다고 보았다. 그러나 이러한 선의 요소는 가능성으로만 주어진 것이기 때문에 스스로 선의 요소를 잘 길러 나가지 않으면 선한 사람이 될 수가 없다. 그래서 맹자는 사람마다 인의예지의 단서, 즉 측은 · 수오 · 사양 · 시비지심이 있으므로 이것을 잘 확충시켜 나가면 인의예지의 완성을 이루고 완전한 성선으로 발전할 수 있다고 설명한다. 이렇게 볼 때, 맹자의 성선론은 인의예지의 성에 대한 이해보다는 인의예지의 단서에 해당하는 측은 · 수오 · 사양 · 시비지심이 중요한 위치를 차지하고 있음을 알 수 있다. 그 단서를 어떻게 확충시켜 나가는지가 맹자 성선론의 관건이 된다. 여기서의 측은 · 수오 · 사양 · 시비지심은 『맹자』속에 나오는 良心 · 本心 · 不忍之心 · 仁義之心 등과 같은 도덕적 의미의 심을 말한다. 이것들은 모두 선한 마음이고 악한 마음이 아니며, 사람마다 가지고 있는 고유한 것으로 도덕적 의미의 심이라는 것을 알 수 있다.[22)]

맹자와 관련된 대부분 글에서는 맹자의 성선을 송유들이 말하는 性卽

理로 이해하고 있다. 송유들은 공자와 맹자의 성론을 조화시키려는 생각에서 성을 본연지성과 기질지성으로 나누어 설명하였는데,[23] 그 이후로 오늘날에 이르기까지 대부분의 사람들은 맹자의 성을 기질지성과 구별되는 본연지성을 가리키는 것으로 이해하고 있다. 사실, 맹자는 '성즉리'적 의미의 성선을 말하기보다는 양심 · 본심에 기초한 心善으로 性善을 논증하였다. 다시 말하면 성선의 근거를 심선에서 찾았던 것이다. 성선은 '심선'하기 때문이고 '심선'하기 때문에 성선하다는 것이다. 이렇게 볼 때 맹자의 이론은 '性卽理'보다는 '心卽理'에 더 가깝다고 볼 수 있다.

맹자는 "사람이 금수와 다른 점이 거의 없다"[24]라고 말하더라도, 사람이 사람 되는 특징이 바로 사람에게 성선이 있기 때문이며, 성이 선한 것은 양심 · 본심을 가지고 있기 때문이며, 사람이 양심 · 본심을 가지고 있는 것은 천이 나에게 부여하였기 때문이라고 설명한다. 다시 말하면, 맹자는 성선의 근거로 양심 · 본심을 언급하였으며, 이러한 양심 · 본심은 하늘이 나에게 부여한 고유한 것으로 간주하였던 것이다. 따라서 본문에서는 먼저 심의 특정 의미, 즉 양심 · 본심의 의미를 밝히고 양심 · 본심이 성선의 근거임을 확인한다. 사람마다 모두 양심 · 본심이 있으니, 이것을 발전시키면 仁義가 되고 도덕이 된다는 말이다.

22) 주자는 측은 · 수오 · 사양 · 시비를 情으로 규정하였으나, 맹자는 심과 정과 성에 대한 분명한 개념적 구분을 하지 않는다. 그래서 측은 · 수오 · 사양 · 시비의 정이 아니라 측은 · 수오 · 사양 · 시비의 심이라고 하였던 것이다. 이것이 맹자와 주자 심성론의 이론적 차이라고 볼 수 있다.

23) 가노 나이키 저, 오이환 역, 『중국철학사』, 을유문화사, 1988, p.165. 즉 공자의 '性相近 習相遠'에서의 성을 기질지성으로, 맹자의 성선의 성을 본연지성으로 이해하였다.

24) 『孟子』, 「離婁(下)」, "人之所以異於禽獸者幾希."

1. 양심과 본심은 성선의 근거이다

'心'은 『맹자』에서 여러 가지 의미로 쓰였지만, 맹자는 성선론의 기초가 되는 심을 도덕방면에다 엄격히 제한시켰으며[25], 또한 善心과 惡心을 구분하여 성선론을 전적으로 '선심'의 기초 위에다 두었다. 이로써 맹자가 왜 측은지심 · 수오지심 · 사양지심 · 시비지심만을 말하고 사악지심을 말하지 않았는지를 이해할 수 있다. 이러한 도덕적 의미의 심을 맹자는 良心이라고 말한다. 양심은 「고자(상)」 제8장에 나온다.

> 비록 사람에게 있는 것인들 어찌 인의의 마음이 없겠는가? 그 양심을 내버려두는 것은 또한 도끼가 나무를 아침마다 베어버리는 것과 같으니, 그러고도 아름답게 될 수 있겠는가?[26]

여기에서 맹자는 인의의 마음과 양심을 함께 연결했는데, 비록 둘은 말뜻에 차이가 있으나 결코 질적인 차이는 없다. 맹자는 '인의의 심'의 의미에서 양심을 말하였으니, 양심은 다만 선한 마음이고 악한 마음이 아니며 '도덕적 의미의 심'이라는 것을 알 수 있다.

또한 맹자는 양심을 本心이라고 말한다.

---

25) 『맹자』속에서 '심' 자는 중요한 지위를 차지한다. 모두 121번 나오는데(세 곳은 인명에 쓰였기 때문에 포함하지 않는다) 기본적인 의미는 오늘날 말하는 마음에 해당된다. 그러나 성선론의 기초가 되는 심은 良心 · 本心 · 赤子之心 · 不忍之心 등과 같은 도덕적 의미의 심이다. 예를 들면 "사람에게는 모두 나쁜 짓을 차마 하지 못하는 마음이 있다", "대인이란 갓난아기 때의 마음을 잃지 아니한 자이다", "군자가 남과 다른 것은 그 마음을 보존하기 때문이다", "마음에 이르러서만이 모두 그렇게 여기는 것이 없겠는가?" 등이다.

26) 『孟子』, 「告子(上)」, "雖存乎人者, 豈無仁義之心哉. 其所以放其良心者, 亦猶斧斤之於木也, 旦旦而伐之, 可以爲美乎."

만종의 녹일지라도 예의를 분별하지 않고 받는다면 만종의 녹이 나에게 무슨 보탬이 있겠는가. 궁실의 아름다움이나 처첩의 받듦과 내가 아는 궁핍한 자들이 나를 고맙게 여기는 것을 위해서일 것이다. 전에는 자신을 위해서 죽어도 받지 않다가 이제 궁실의 아름다움을 위해서 받고, 전에는 자신을 위해서 죽어도 받지 않다가 이제 처첩의 받듦을 위해서 받으며, 전에는 자신을 위해서 죽어도 받지 않다가 이제 내가 아는 궁핍한 자들이 나를 고맙게 여기는 것을 위해서 받으니 이 또한 그만 둘 수 없겠는가. 이것을 일러 그 본심을 잃었다고 하는 것이다.[27]

여기에서 '本'은 본래의 의미이니 본심은 본래 고유한 마음이다. 한 그릇의 밥을 얻으면 살 수 있고 얻지 못하면 죽을지라도 모욕을 당하면 걸인이라도 받지 않는 것은 심이 받을 수 없다는 것을 알기 때문이다. 만종의 녹일지라도 예의에 합하지 않는다면 차라리 죽을지언정 받지 않는 것도 심이 받을 수 없다는 것을 알기 때문이다. 두 가지의 받을 수 없는 것은 모두 심이 알려주는 것이고, 이러한 심은 사람들의 마음속에 본래부터 존재하기 때문에 '본심'이라고 부른다. 만약 물질적인 조건의 유혹에 버티지 못하고 받으면 본심을 잃게 된다. 본심을 잃는 것이 바로 마음을 놓아버리는 '放心'이다.[28] '방심'은 위에서 말한 "본심을 잃었다"는 것과 같은 뜻으로, 모두 마음을 단속하지 않았기 때문에 양심·본심을 잃어버렸다는 뜻이다. 양심·본심을 잃으면 찾아야 한다. 그래서 맹자는 닭이나 개를 잃으면 찾을 줄 알면서도 양심·본심을 잃어버리면 찾을 줄을 모른다

27) 『孟子』, 「告子(上)」, "萬鍾則不辨禮義而受之. 萬鍾於我何加焉. 爲宮室之美妻妾之奉所識窮乏者得我與. 鄕爲身死而不受, 今爲宮室之美爲之. 鄕爲身死而不受, 今爲妻妾之奉爲之. 鄕爲身死而不受, 今爲所識窮乏者得我而爲之, 是亦不可以已乎. 此之謂失其本心."

28) 『孟子』, 「告子(上)」, "仁, 人心也, 義, 人路也. 舍其路而弗由, 放其心而不知求, 哀哉. 人有雞犬放, 則知求之, 有放心, 而不知求. 學問之道無他, 求其放心而已矣."

고 걱정하였던 것이다.

맹자는 양심 · 본심을 말하여 심을 도덕적인 범위 내로 제한하였으며, 또한 이러한 심은 사람마다 가지고 있는 고유한 것이라고 간주한다. 무엇 때문에 양심 · 본심이 사람마다 가지고 있는 고유한 것이라고 말하였는가? 맹자는 어린아이가 우물에 빠지려는 특정 장면으로 이러한 문제를 설명한다.

> 지금 사람들이 갑자기 어린아이가 우물에 빠지려는 것을 보면 모두 두려워하고 불쌍히 여기는 마음을 가지는데, 이것은 어린아이의 부모와 교분을 맺으려는 것도 아니고, 향당의 친구들에게 칭찬을 받으려는 것도 아니며, 〈어린아이를 구하지 않았다는〉 비난의 소리를 듣기 싫어해서 그러한 것도 아니다.[29]

막 걸음마를 하는 어린아이가 우물에 빠지려는 것을 보면 어떤 사람이라도 모두 깜짝 놀라고 불쌍히 여기는 감정이 생겨나는데, 이것은 결코 이해를 바라거나 욕망이 시켜서 나온 것이 아니고 진심에서 우러난 것이다. 이때의 측은지심은 사람들에게 비록 옷이 더럽혀지거나 상처를 입는 등 많은 어려움에 부닥칠지라도 우물에 빠지기 전에 가서 구해야 한다는 것을 알려줄 것이다. 그와 동시에 사람들은 급하게 어린아이를 구제하는데, 급하게 구제하는 것은 다른 이유 때문이 아니라 자기의 양심 · 본심에 떳떳하기 때문이다. 구하지 않으면 비록 주위에 사람이 없어 남들로부터 질책을 받지 않더라도 부끄러운 마음이 생기며, 심지어 평생 마음이 편치 못하게 된다. 맹자는 이로써 측은지심이 사람마다 고유한 것이고 밖에서 주어진 것이 아니라는 것을 증명한다.

---

29) 『孟子』, 「公孫丑(上)」, "今人乍見孺子將入於井, 皆有怵惕惻隱之心. 非所以內交於孺子之父母也, 非所以要譽於鄉黨朋友也, 非惡其聲而然也."

측은지심을 사람마다 모두 가지고 있고, 수오지심을 사람마다 모두 가지고 있으며, 사양지심을 사람마다 모두 가지고 있으며, 시비지심을 사람마다 모두 가지고 있으니, 측은지심은 仁이요, 수오지심은 義요, 공경지심은 禮요, 시비지심은 智이다. 인의예지는 밖에서 나에게 녹아드는 것이 아니고 나의 고유한 것이지만 생각하지 못할 뿐이다.[30]

이것은 양심 · 본심이 밖에서 주어진 것이 아니라 사람에게 본래부터 내재하는 것임을 강조한 표현이다.[31] 때문에 맹자는 "구하면 얻고 내버려두면 잃는다"[32], 즉 당신이 생각하느냐 생각하지 않느냐에 달려있을 뿐이라고 반복적으로 강조한다. 다시 말하면, 도덕을 성취하는 일체의 근거가 모두 나에게 구비되어 있다는 말이다.[33] 어째서 사람에게는 양심 · 본심이 내재하여 있는가? 맹자는 "天이 나에게 부여하였기 때문이다"[34]라고 설명한다. 양심 · 본심의 근원을 천으로 소급해가서 천을 양심 · 본심의 근거로 간주하였던 것이다. 인의예지의 근본은 심에 있으며, 이러한 심의 최종 근거는 천이 부여한 것이라는 말이다. 그래서 맹자는 심에 해당하는 양심 · 본심을 성의 근거로 이해한다.

---

30) 『孟子』, 「告子(上)」, "惻隱之心, 人皆有之, 羞惡之心, 人皆有之, 恭敬之心, 人皆有之, 是非之心, 人皆有之.惻隱之心, 仁也, 羞惡之心, 義也, 恭敬之心, 禮也, 是非之心, 智也. 仁義禮智, 非由外鑠我也, 我固有之也, 弗思耳矣."

31) 본문에서는 "인의예지가 밖에서 주어진 것이 아니라 나의 고유한 것이다"라고 말하였으나 "측은지심은 인이요, 수오지심은 의요, 공경지심은 예요, 시비지심은 지이다"라는 내용과 연결해 볼 때, 인의예지는 양심 · 본심 · 측은수오사양시비지심과 같은 도덕적 심으로 이해해야 할 것 같다. 왜냐하면 맹자는 인의예지가 심에 근본한다고 보았기 때문이다(君子所性, 仁義禮智根於心.).

32) 『孟子』, 「告子(上)」, "求則得之, 舍則失之."

33) 『孟子』, 「盡心(上)」, "萬物皆備於我."

34) 『孟子』, 「告子(上)」, "此天之所與我者."

> 군자가 성으로 여기는 것은 인의예지가 심에 근본하기 때문에 생기있는 안색이 얼굴에 나타나고 등에 가득하며 사지에 베풀어져서 사지가 말하지 않아도 안다.[35]

인의예지라는 성의 근거가 온전히 양심 · 본심에 있다는 말이다. 따라서 심이 없으면 선도 없고 성도 없으니 결국 모든 근거는 하나의 양심 · 본심인 것이다. 이처럼 맹자는 양심 · 본심이 사람마다 가지고 있는 고유한 것이라고 주장하여 心善으로 性善을 논증하였으니 성선은 심선하기 때문이고 심선하기 때문에 성선하다. 이러한 고유한 양심 · 본심은 맹자 성선론의 이론적 기초가 된다.

2. 성선은 하나의 단서이다

맹자는 성선한 것이 양심 · 본심이 있기 때문이고 양심 · 본심이 있기 때문에 성선하다고 주장한다. 그러나 맹자는 사람이 태어나면서 하나의 완전한 성선이 있다고는 주장하지 않는다. 사람마다 모두 양심 · 본심이 있고 이러한 양심 · 본심이 도덕을 성취하는 내재적 근거이지만 인의예지의 단서일 뿐이니, 이러한 사단을 확충하여야 완전한 성선으로 발전할 수 있다.

> 측은지심은 인의 단서요, 수오지심은 의의 단서요, 사양지심은 예의 단서요, 시비지심은 지의 단서이다. 사람이 이 사단을 가지고 있는 것은 그에게 四

35) 『孟子』, 「盡心(上)」, “君子所性, 仁義禮智根於心, 其生色也, 睟然見於面, 盎於背, 施於四體, 四體不言而喩.”

肢가 있는 것과 같다. 이 사단을 가지고 있으면서 스스로 할 수 없다고 하는 자는 스스로를 해치는 자이고, 그 군주가 할 수 없다고 하는 자는 그 군주를 해치는 자이다. 무릇 사단이 나에게 있는 것을 모두 확충할 줄 알면 마치 불이 처음 타오르고 샘물이 처음 솟아나는 것과 같다. 만일 그것을 채울 수 있으면 四海를 보존할 수 있거니와 만일 그것을 채우지 못하면 부모도 섬길 수 없다.[36)]

'端'은 어떤 일이 막 생겨나는 발단의 뜻이다. 측은 · 수오 · 사양 · 시비지심은 인의예지를 이룰 수 있는 하나의 단서이므로 부단히 확충 · 발전시켜 나가야 인의예지의 완성을 이룰 수 있다. 이러한 사단은 불이 처음 타오르거나 샘물이 처음 솟아나는 아주 작은 단서에 불과하지만, 일단 사단을 채울 수 있으면 사해를 보존하고 천하를 안정시킬 수 있다. 맹자의 이러한 사상과 유관한 논술은 여러 곳에서 볼 수 있다.

왕의 지혜롭지 못함이 이상할 것이 없다. 비록 천하에 쉽게 자라는 식물이 있더라도 하루 동안 햇볕을 쪼이고 열흘 동안 춥게 하면 자랄 수 있는 것이 있지 않다. 내가 임금을 뵙는 것이 드물고, 내가 물러나면 임금의 마음을 차갑게 하는 자가 이르니, 내가 싹이 있다고 한들 어떻게 할 수 있겠는가![37)]

왕이 비록 선한 마음의 싹을 가지고 있지만, 맹자와의 相見이 매우 적고 또한 맹자와 상견이 없을 때마다 사악한 자가 이르기 때문에 그 선한

---

36) 『孟子』, 「公孫丑(上)」, "惻隱之心, 仁之端也, 羞惡之心, 義之端也, 辭讓之心, 禮之端也, 是非之心, 智之端也. 人之有是四端也, 猶其有四體也. 有是四端而自謂不能者, 自賊者也, 謂其君不能者, 賊其君者也. 凡有四端於我者, 知皆擴而充之矣, 若火之始然, 泉之始達. 苟能充之, 足以保四海, 苟不充之, 不足以事父母."

37) 『孟子』, 「告子(上)」, "無或乎王之不智也. 雖有天下易生之物也, 一日暴之, 十日寒之, 未有能生者也. 吾見亦罕矣, 吾退而寒之者至矣, 吾如有萌焉何哉."

단서를 충분히 발전시키지 못하였다는 것이다. 이것은 아주 쉽게 자라는 식물일지라도 하루 동안 햇볕을 쪼이고 열흘 동안 춥게 하면 잘 자랄 수 없는 것처럼, 사람마다 선한 싹을 가지고 있더라고 잘 길러 나가지 않으면 성선을 이룰 수 없다. 여기에서 맹자는 왕이 선한 단서를 가지고 있으니 반드시 확충 · 발전시켜야 한다는 것을 강조한다.

> 둘레가 한 아름되는 오동나무를 사람들이 기르고자 하면 모두 그것을 기를 줄 알지만 몸에 이르러서는 기를 줄 모르니, 어찌 몸을 사랑하는 것이 오동나무만 못해서이겠는가? 생각하지 않음이 심하기 때문이다.[38)]
>
> 오곡은 곡식의 종자 중에서 가장 좋은 것이지만 충분히 익지 않게 되면 피만도 못하니 仁도 충분히 익히는 데 있을 뿐이다.[39)]

오동나무도 잘 길러야 한 아름의 나무로 자랄 수 있는 것처럼, 사람에게 있는 선한 마음도 잘 길러야 한다. 또한 오곡이라도 씨앗이 익지 않으면 피만 못하듯이, 사람의 마음에도 인의와 같은 선한 단서가 있지만 확충시키지 않으면 성선을 이룰 수 없다.

> 사람들은 모두 차마 하지 못하는 것을 가지고 있는데 그것을 차마 하는 것에 이르면 仁이요, 사람들은 모두 하지 않는 것이 있는데 그것을 하는 것에 이르면 義이다. 사람이 남을 해치려고 하지 않는 마음을 채울 수 있다면 仁을 이루 다 쓸 수 없을 것이요, 사람이 담을 뚫거나 넘어가서 도둑질하지 않으려는 마음을 채울 수 있다면 義를 이루 다 쓸 수 없을 것이다. 사람이 남에게 업신여김

38) 『孟子』, 「告子(上)」, "拱把之桐梓, 人苟欲生之, 皆知所以養之者. 至於身, 而不知所以養之者, 豈愛身不若桐梓哉. 弗思甚也."
39) 『孟子』, 「告子(上)」, "五穀者, 種之美者也, 苟爲不熟, 不如荑稗. 夫仁亦在乎熟之而已矣."

을 당하지 않으려는 사실을 채울 수 있다면 가는 곳마다 義를 하지 않음이 없을 것이다.[40]

처음에는 차마 하지 못하는 것이지만 그것을 차마 하는 것으로 확대해가면 '인'이요, 처음에는 하지 못하는 것이지만 그것을 하는 것으로 확대해가면 '의'이다. 남을 해치려 하지 않으며, 담을 뚫거나 넘어가서 도둑질하지 않으며, 남을 업신여기지 않으려는 사람들은 모두 이것을 가지고 있어서 '인'과 '의'를 이루기가 어렵지 않다. 그렇지만 충분히 이루지 못하는 것은 단서로만 존재하기 때문이니 반드시 확충·발전시켜야 비로소 '인'과 '의'를 이룰 수 있다.

이처럼 맹자의 성선은 '성이 본래 선하다'거나 '성선은 완성된 것'이라는 뜻이 아니라 '심에 선한 단서가 있어서 선할 수 있다'는 뜻이다.[41] 맹

---

40) 『孟子』, 「盡心(下)」, "人皆有所不忍, 達之於其所忍, 仁也. 人皆有所不爲, 達之於其所爲, 義也. 人能充無欲害人之心, 而仁不可勝用也, 人能充無穿踰之心, 而義不可勝用也. 人能充無受爾汝之實, 無所往而不爲義也."

41) 사람들은 성선론을 "성이 본래 선하다"는 뜻으로 이해하고 "심에 선한 단서가 있어서 선할 수 있다"는 뜻으로 이해하지 않는다. 이렇게 이해하는 중요한 원인은 「고자(상)」 제6장과 「공손추(상)」제6장의 원문에 대한 잘못된 이해 때문일 수 있다. 「공손추(상)」에서는 "측은지심은 인의 단서요, 수오지심은 의의 단서요, 사양지심은 예의 단서요, 시비지심은 지의 단서이다"라고 하였고, 「고자(상)」에서는 "측은지심은 인이요, 수오지심은 의요, 공경지심은 예요, 시비지심은 지이다"라고 하였다. 이 두 단락은 모두 네 가지의 심(측은지심·수오지심·사양지심·시비지심)을 사람마다 모두 가지고 있다는 입장에서 출발하였는데 이것은 서로 일치한다. 그러나 「공손추(상)」에서는 네 가지의 심을 인의예지의 단서라고 말한 반면, 「고자(상)」에서는 네 가지의 심을 인의예지 자체라고 말하였다. 만약 네 가지의 심이 인의예지의 단서이면 네 가지의 심은 다만 善端일 뿐이고 완전한 것이 아니기 때문에 확충이 필요하다. 만약 네 가지의 심이 인의예지 자체라면 네 가지의 심은 이미 인의예지의 완전한 것으로 확충이 필요가 없는, 즉 완전한 성선이다. 어느 견해가 더욱 더 맹자의 본뜻에 부합하는가. 필자는 「공손추(상)」에서 말한 사단의 견해가 맹자의 사상과 일치하고 비교적 정확하게 맹자의 사상을 반영하였다고 생각한다. 그 이유로 첫째, 「고자(상)」의

자가 말한 성선이란 선한 단서에서 조금씩 확충 · 발전해 나온 것이지 한꺼번에 완성태로 이루어진 것이 아니다. 사람은 태어나면서 양심 · 본심을 가지고 있으며, 이 양심 · 본심의 맨 처음에는 하나의 단서로 존재할 뿐이니, 이것을 잘 확충해 나가야 비로소 인의예지의 완성을 이루고 온전한 성선을 이룰 수 있다. 맹자의 말대로, 내심의 선한 단서를 잘 기르고 파괴하거나 벌목하지 않아야 성인이라는 최후의 목적에 도달할 수 있다. 이러한 성선을 이루는 방법으로 제기한 것이 바로 '自反'이다.

3. 성선의 방법-自反

'자반'의 의미는 자기의 양심 · 본심을 반성하는 것이다. 맹자는 사람마다 모두 양심 · 본심이 있는데, 그것을 발견하는 유일한 방법은 '몸을 돌이켜보아 절실히 반성하는 것(切己自反)'이라고 생각한다. 사람이 '절기자반'을 잘하지 못하면 본래 가지고 있던 양심 · 본심도 잃어버릴 수 있다. 즉 우산의 나무는 본래 아름다웠으나 부단히 벌채한 이후에 아름답지 않은 것으로 바뀌었으며, 사람의 마음도 본래 선하였으나 무절제하게 훼손한 결과 선하지 않게 되었다는 것이다.

말미에서 맹자는 "혹은 서로 간에 배가 되고 다섯 배가 되어 헤아릴 수 없는 것은 그 재질을 다하지 못했기 때문이다"라고 명확하게 지적하고 있기 때문이다. 만약 측은지심이 바로 인의 완성이고 수오지심이 의의 완성이며 사양지심이 바로 예의 완성이고 시비지심이 지의 완성이라면 사람마다 모두 네 마음이 있고 사람마다 모두 완전한 인의예지가 있는데 어떻게 서로 배가 되고 다섯 배가 되어 헤아릴 수 없는 차이가 있을 수 있겠는가. 둘째, "그 재질을 다하지 못하였기 때문이다"는 것도 심의 재능을 충분히 발휘하지 못하였고 사단을 확충하지 못하였다는 의미이다. 때문에 「고자(상)」에서 말한 "측은지심은 인이다"는 것은 마땅히 "측은지심은 인의 단서이다"로 이해해야 할 것이다.

> 牛山의 나무가 일찍이 아름다웠으나 큰 나라의 교외에 있었기 때문에 도끼로 나무를 베어가니 아름답게 될 수 있겠는가? 주야로 자라나고 雨露가 적셔주어 싹의 자라남이 없지 않지만 소와 양이 또 따라서 방목하니 이 때문에 저와 같이 민둥민둥하게 되었다. 사람들은 그 민둥민둥한 것만을 보고는 일찍이 훌륭한 재목이 있지 않았다고 여기니, 이것이 어찌 산의 본래 모습이겠는가? 비록 사람에 있어서도 어찌 인의의 마음이 없겠는가마는 그 양심을 잃어버린 것이 또한 도끼로 아침마다 나무를 베어내는 것과 같으니, 이렇게 하고서도 아름답게 될 수 있겠는가? 주야로 자라나고 새벽녘의 맑은 기운에도 그 좋아하고 미워함이 남들과 서로 비슷한 것이 아주 적은데 낮에 하는 소행이 꽁꽁 묶어서 없애버리니 꽁꽁 묶어 없애버리기를 반복하면 밤의 맑은 기운도 보존할 수 없고 밤의 맑은 기운을 보존할 수 없으면 금수와의 거리도 멀지 않다. 사람들은 그 금수 같은 행실만을 보고서는 일찍이 훌륭한 재질이 있지 않았다고 여기니, 이것이 어찌 사람의 본래 모습이겠는가?[42)]

우산의 나무는 일찍이 매우 무성하였지만 후대에는 무성하지 않게 되었으니, 이것은 싹이 자라지 못하였기 때문이 아니라 파괴를 당하였기 때문이다. 사람도 마찬가지이다. 일찍이 양심 · 본심이 있었지만 부단히 잃어버리고 부단히 파괴되어 양심 · 본심이 없어지게 되었다. 그런데도 사람들은 그 인의의 마음이 없는 것만을 보고는 처음부터 양심 · 본심이 없었다고 생각하는데 이것은 잘못된 것이다. 사람의 마음은 본래 선하였으

---

42) 『孟子』, 「告子(上)」, "牛山之木嘗美矣, 以其郊於大國也, 斧斤伐之, 可以爲美乎. 是其日夜之所息, 雨露之所潤, 非無萌蘖之生焉, 牛羊又從而牧之, 是以若彼濯濯也. 人見其濯濯也, 以爲未嘗有材焉, 此豈山之性也哉. 雖存乎人者, 豈無仁義之心哉. 其所以放其良心者, 亦猶斧斤之於木也, 旦旦而伐之, 可以爲美乎. 其日夜之所息, 平旦之氣, 其好惡與人相近也者幾希, 則其旦晝之所爲, 有梏亡之矣. 梏之反覆, 則其夜氣不足以存, 夜氣不足以存, 則其違禽獸不遠矣. 人見其禽獸也, 而以爲未嘗有才焉者, 是豈人之情也哉."

나 무절제하게 훼손한 결과, 즉 우산의 나무가 본래 아름다웠으나 부단히 벌채한 뒤에 민둥산이 된 것처럼 불선한 것으로 바뀌었다는 것이다.

이어서 맹자는 산길을 뒤덮고 있는 띠풀로 같은 도리를 설명한다.

> 산 속의 작은 길은 조금만 다녀도 길이 이루어지고 조금만 다니지 않으면 띠풀이 자라서 그 길을 막는다. 지금의 띠풀이 자네의 마음을 막고 있다.[43)]

이것은 사람에게 양심 · 본심이 있지만 매우 불안정하므로 '절기자반' 하여 확충하면 성현이 될 수 있지만, '절기자반' 하지 않으면 띠풀이 자라서 길을 막는 것처럼 양심 · 본심을 가리게 된다는 말이다. 일단 양심 · 본심이 가려지면 사람은 금수로 떨어지게 된다. 이것이 바로 맹자에서 악이 발생하는 이유이다. 맹자에서 악은 결코 독립적인 근원이 없고 다만 양심 · 본심을 잃어버리거나 가려졌을 뿐이라는 것을 알 수 있다. 양심 · 본심이 있으면 악은 없고 양심 · 본심을 잃어버리면 악이 발생한다. "악인의 마음은 그 본체를 잃어버린 것이다"[44)]라는 왕수인의 말은 바로 맹자의 이러한 사상을 개괄한 것이다.

맹자의 양심 · 본심은 내재적이고 도덕의 근거이니 도덕을 성취하려면 양심 · 본심을 발견해야 하는데, 그 발견의 경로가 바로 '자반' 이다. 사람이 '자반' 을 잘하지 못하면 본래 가지고 있던 양심 · 본심을 잃어버리게 되니 '자반' 해야 고유한 양심 · 본심을 얻을 수 있다는 것이다. 『맹자』 속에는 '자반' 에 대한 논술이 매우 많다.

---

43) 『孟子』, 「盡心(下)」, "山徑之蹊間, 介然用之而成路. 爲間不用, 則茅塞之矣. 今茅塞子之心矣."

44) 『王陽明全集』 卷1, 「傳習錄(上)」, "惡人之心, 失其本體."

> 남을 사랑하는데도 남이 그를 사랑하지 않거든 그 어짊을 돌이켜보고, 남을 다스리는데도 다스려지지 않거든 그 지혜를 돌이켜보며, 남에게 예를 행하는데도 답례하지 않으면 그 공경을 돌이켜보아야 한다. 행하고도 얻지 못한 것이 있으면 모두 자신에게서 돌이켜 구해야 하니, 그 자신이 바르면 천하가 돌아온다.[45)]
>
> 인한 자는 남을 사랑하고 예가 있는 자는 남을 공경한다. 남을 사랑하는 자는 남도 항상 그를 사랑해 주고 남을 공경하는 자는 남도 항상 그를 공경해 준다. 여기에 있는 어떤 사람이 나에게 포악하게 대하면 군자는 내가 반드시 불인하였는지, 반드시 무례하였는지, 이러한 일이 있을 수 있는지를 스스로 돌이켜본다. 스스로 돌이켜보아 인하고, 스스로 돌이켜보아 예가 있는데도 그 포악함이 이와 같으면 군자는 자신이 반드시 진실하지 않았는지를 스스로 돌이켜보게 된다. 스스로 돌이켜보아 진실한데도 그 포악함이 이와 같으면 군자는 말하기를, "이는 또한 망령된 사람일 뿐이다. 이와 같다면 금수와 무엇이 다르겠는가? 금수한테서 또한 무엇을 비난하겠는가?" 라고 한다.[46)]

양심 · 본심이 성선의 기초라면 '자반'은 이러한 성선을 이루어가는 방법이다. 맹자는 남을 사랑하고 남을 다스리며 남에게 예를 다하는 과정에서 자기의 仁 · 智 · 敬에게 반문할 것을 강조하는데, 이것은 자기의 양심 · 본심을 자세히 살폈는지에 대한 또 다른 표현이다. 이와 유사한 도리를 활 쏘는 방법에다 비유하기도 한다. "활을 쏘는 자는 자신을 바르게 한

---

45) 『孟子』, 「離婁(上)」, "愛人不親反其仁, 治人不治反其智, 禮人不答反其敬. 行有不得者, 皆反求諸己, 其身正而天下歸之. 詩云, 永言配命, 自求多福."

46) 『孟子』, 「離婁(下)」, "仁者愛人, 有禮者敬人. 愛人者人恆愛之, 敬人者人恆敬之. 有人於此, 其待我以橫逆, 則君子必自反也, 我必不仁也, 必無禮也, 此物奚宜至哉. 其自反而仁矣, 自反而有禮矣, 其橫逆由是也, 君子必自反也, 我必不忠. 自反而忠矣, 其橫逆由是也, 君子曰此亦妄人也已矣. 如此則與禽獸奚擇哉. 於禽獸又何難焉."

뒤에 발사하는데, 발사하여 명중하지 못하더라도 자기를 이긴 자를 원망하지 않고 돌이켜보아 자신에게서 그 원인을 구할 뿐이다."[47] 활을 쏘는 사람이 명중하지 못한 원인을 자신에게서 찾듯이, 인의를 행하는 사람도 '자반'하여 자기의 양심 · 본심을 자세히 살필 것을 강조한다. 자기의 양심 · 본심을 자세히 살피면 양심 · 본심은 반드시 어떻게 해야 하는지를 알려준다.

때문에 성선론의 방법은 '자반'을 떠나지 않는다. 맹자는 '자반'의 방법에 따라 자신에게 내재하는 양심 · 본심을 깨닫고 자기 체내에 끊임없이 생겨나는 도덕적 근원을 파악한다. '자반'이 없으면 성선은 성립할 수 없고 완전하지도 못하다. '자반'이 있어야 자기의 양심 · 본심을 인식할 수 있고, 자기의 양심 · 본심을 인식할 수 있어야 도덕의 명령을 따를 수 있으며, 도덕의 명령을 따를 수 있어야 도덕을 성취할 수 있다. 성선론의 체계 속에서 도덕의 원칙이나 도덕의 표준은 모두 자기의 양심 · 본심에 내재하기 때문에 도덕을 성취하려면 '자반'하여 자기의 양심 · 본심을 찾아야 한다. 양심 · 본심이 바로 도덕을 성취하는 근거이기 때문이다.

4. 성선의 구체적 사례

맹자는 일상생활 속의 몇 가지 사례를 들어 사람들로 하여금 모두가 선한 존재임을 믿도록 하였다.

첫째, 사람마다 부모를 사랑할 줄 알고 형을 공경할 줄 아는 마음이 있으므로 성선하다는 것이다.

---

47) 『孟子』, 「公孫丑(上)」, "仁者如射, 射者正己而後發. 發而不中, 不怨勝己者, 反求諸己而已矣."

사람들이 배우지 않고도 할 수 있는 것은 良能이요, 생각하지 않고도 알 수 있는 것은 良知이다. 갓난아이는 그 부모를 사랑할 줄 모르는 자가 없고 성장하여서는 그 형을 공경할 줄 모르는 자가 없다. 부모를 사랑하는 것은 仁이요, 나이 많은 어른을 공경하는 것은 義이다. 이는 다름이 아니라 천하에 두루 통하기 때문이다.[48]

부모를 사랑하는 것이 '인'이요, 형을 공경하는 것이 '의'이다. 갓난아이는 그 부모를 사랑할 줄 모르는 자가 없고, 성장하여서는 그 형을 공경할 줄 모르는 자가 없다. 사람마다 모두 부모를 사랑하고 형을 공경한다는 것은 사람마다 모두 '인'이 있고 '의'가 있다는 말이다. 그러므로 성선하다는 것이다.

둘째, 눈이나 귀가 좋아하는 것이 있는 것처럼, 우리 마음에도 똑같이 좋아하는 理와 義가 있으므로 성선하다는 것이다. 맹자는 사람과 사람 간에는 똑같이 좋아하는 것이 매우 많다고 생각한다.

신이 서로 비슷한 것은 천하 사람들의 발이 같기 때문이다. 입이 맛에도 모두 좋아하는 것이 있다. 易牙는 우리 입이 좋아하는 것을 먼저 터득한 자이다. 가령 입이 맛에 있어서 그 성향이 남과 다른 것이 마치 개나 말이 우리와 동류가 아닌 것과 같다면 천하 사람들이 모두 역아의 맛을 따르기를 어찌 좋아하겠는가? 맛에 이르러서 천하 사람들이 역아에 바라는 것은 천하 사람들의 입이 서로 비슷하기 때문이다. 귀도 또한 그러하다. 소리에 이르러서 천하 사람들이 師曠에 바라는 것은 천하 사람들의 귀가 서로 비슷하기 때문이다. 눈도 또한 그러하다. 子都에 이르러서 천하 사람들이 그 아름다움을 모르는 자가 없었으

48) 『孟子』, 「盡心(上)」, "人之所不學而能者, 其良能也, 所不慮而知者, 其良知也. 孩提之童, 無不知愛其親者, 及其長也, 無不知敬其兄也. 親親, 仁也, 敬長, 義也. 無他, 達之天下也."

니 자도의 아름다움을 모르는 자는 눈이 없는 자이다.[49]

입이 맛에 있어서, 눈이 색에 있어서, 귀가 소리에 있어서, 사람에게 똑같이 좋아하는 것이 있다는 것에서 출발하여 사람의 마음에도 똑같이 좋아하는 것이 있음을 추론하였는데, 이것이 바로 '리'와 '의'이다.

그러므로 말하기를 "입이 맛에도 모두 좋아하는 것이 있고, 귀가 소리에도 모두 듣는 것이 있으며, 눈이 색에도 모두 아름답게 여기는 것이 있다." 마음에 이르러서만 유독 모두 그렇게 여기는 것이 없겠는가? 마음이 모두 그렇게 여기는 것은 무엇인가? 理와 義라고 한다. 성인은 우리 마음이 모두 그렇게 여기는 것을 먼저 터득하였을 뿐이다. 그러므로 理와 義가 우리 마음을 기쁘게 하는 것은 고기음식이 우리 입을 즐겁게 하는 것과 같다.[50]

사람마다 똑같이 좋아하는 마음이 있는데 그것이 바로 '리'와 '의'이다. 우리 마음이 똑같이 좋아하는 것이 '리'이고 '의'라면 인의예지가 나의 고유한 것임을 긍정할 수 있다. 인의예지가 나의 고유한 것이니 진실로 성선하다. 입이 맛에 있어서, 눈이 색에 있어서, 귀가 소리에 있어서 모두 좋아하는 것이 있는 것처럼, 우리 마음에도 좋아하는 것이 있으니 이것이 바로 인의예지라는 것이다.

---

49) 『孟子』, 「告子(上)」, "屨之相似, 天下之足同也. 口之於味, 有同耆也. 易牙先得我口之所耆者也. 如使口之於味也, 其性與人殊, 若犬馬之與我不同類也, 則天下何耆皆從易牙之於味也. 至於味, 天下期於易牙, 是天下之口相似也. 惟耳亦然. 至於聲, 天下期於師曠, 是天下之耳相似也. 惟目亦然. 至於子都, 天下莫不知其姣也. 不知子都之姣者, 無目者也."

50) 『孟子』, 「告子(上)」, "故曰口之於味也, 有同耆焉, 耳之於聲也, 有同聽焉, 目之於色也, 有同美焉. 至於心, 獨無所同然乎. 心之所同然者何也. 謂理也, 義也. 聖人先得我心之所同然耳. 故理義之悅我心, 猶芻豢之悅我口."

셋째, 사람마다 남에게 차마 하지 못하는 不忍之心이 있으므로 성선하다는 것이다.

'不忍'은 『맹자』에서 중요한 개념이다. '불인'은 다른 사람이 해를 입는 것을 볼 때 깜짝 놀라거나 불쌍히 여기는 심리상태를 가리킨다. '불인'으로 성선을 논하는 것은 맹자의 일대 발견이다. 때문에 맹자는 사람마다 '불인지심'이 있음을 반복적으로 강조한다.

> 신은 胡齕에게서 다음과 같은 말을 들었습니다. 왕이 堂 위에 앉아 있는데 소를 끌고 당 아래로 지나가는 자가 있었다. 왕이 그것을 보고 묻기를, "소가 어디로 가는가?" 대답하기를, "종의 틈에 피를 바르려고 합니다." 왕이 말하기를, "놓아주어라. 나는 두려워 벌벌 떨며 죄 없이 死地로 끌려가는 것을 차마 볼 수 없다." 묻기를, "그렇다면 釁鍾을 폐지하겠습니까?" 왕이 대답하기를, "어찌 폐지할 수 있겠는가? 양으로 그것을 바꾸어라"라고 하였다. 잘 모르겠지만 이런 일이 있었습니까? 왕이 대답하기를, "그런 일이 있었다." 맹자께서 말하기를, "이 마음이면 족히 왕 노릇할 수 있습니다. 백성들은 모두 왕을 인색하다고 여기지만 신은 진실로 왕의 不忍을 알고 있습니다."[51]

맹자는 제선왕이 소가 벌벌 떨면서 죄없이 死地로 끌려가는 것을 차마 보지 못하고 그를 놓아줄 것을 명하는 사실을 통하여 제선왕에게 '불인지심'이 있다고 단정한다. 그리고 여기에서 한걸음 더 나아가서 사람마다 모두 '불인지심'이 있음을 추론한다.

51) 『孟子』, 「梁惠王(上)」, "臣聞之胡齕曰, 王坐於堂上, 有牽牛而過堂下者, 王見之, 曰牛何之. 對曰將以釁鐘. 王曰舍之. 吾不忍其觳觫, 若無罪而就死地. 對曰然則廢釁鐘與. 曰何可廢也. 以羊易之. 不識有諸. 曰有之. 曰是心足以王矣. 百姓皆以王爲愛也, 臣固知王之不忍也."

> 그래서 사람에게는 모두 不忍之心이 있다고 말하는 것이니, 지금 사람들이 갑자기 어린아이가 우물에 빠지려는 것을 보면 모두 깜짝 놀라거나 측은히 여기는 마음을 가진다. 이것은 어린아이의 부모와 교분을 맺으려는 것도 아니고, 향당의 붕우들에게 칭찬을 받으려는 것도 아니며, 그 원망의 소리를 듣기 싫어해서 그러한 것도 아니다. 이로써 보면 측은지심이 없으면 사람이 아니고, 수오지심이 없으면 사람이 아니며, 사양지심이 없으면 사람이 아니고, 시비지심이 없으면 사람이 아니다.[52]

무엇 때문에 사람마다 모두 '불인지심'이 있다고 말하였는가? 예를 들어 어린아이가 우물에 빠지려는 것을 보면 누구나 달려가서 구제하는데, 이것은 다른 목적, 즉 어린아이의 부모와 교분을 맺으려는 것도 아니고, 마을의 친구들에게 칭찬을 받으려는 것도 아니며, 아이를 구해주지 않았다는 비난의 소리를 듣기 싫어해서 그러한 것도 아니요, 그렇게 하는 것이 자신의 양심과 본심에 떳떳하기 때문이라는 것이다.

또한 옛날에는 그 부모를 매장하지 않고 골짜기에 버렸는데 훗날 거기를 지나가다가 여우가 뜯어 먹고 모기가 빨아 먹는 것을 보고 내심에 부끄러운 마음이 생겨서 "그 이마에 땀이 흥건히 젖고 곁눈으로 보고 바로 보지 못하였다"[53]는 일화도 모두 같은 구상에서 나온 것이다. 내심에 부끄러운 마음이 생긴 것은 자신의 양심 · 본심에 떳떳하지 못하기 때문이다. 이러한 방법은 확실히 양심 · 본심에 대한 인식을 유도함으로써 사람마다 모두 성선의 근거가 있음을 믿게 하는 데 도움을 준다. 일단 자기가

52) 『孟子』, 「公孫丑(上)」, "所以謂人皆有不忍人之心者, 今人乍見孺子將入於井, 皆有怵惕惻隱之心. 非所以內交於孺子之父母也, 非所以要譽於鄕黨朋友也, 非惡其聲而然也. 由是觀之, 無惻隱之心, 非人也, 無羞惡之心, 非人也, 無辭讓之心, 非人也, 無是非之心, 非人也."

53) 『孟子』, 「滕文公(上)」, "其顙有泚, 睨而不視."

양심 · 본심이 있다고 느끼면 인의예지가 나의 고유한 것임을 긍정하고, 인의예지가 나의 고유한 것임을 긍정하면 자기에게 진실로 선한 성이 있음을 긍정하게 된다.

5. 맺음말

이상으로 맹자 성선론을 이루고 있는 이론적 근거를 살펴보았다. 먼저 맹자는 양심 · 본심을 말하여 심을 도덕적인 범위 내로 제한하였으며, 이러한 심을 사람마다 가지고 있는 고유한 것으로 설명한다. 이러한 고유한 양심 · 본심은 맹자 성선론의 기초가 된다. 성선의 근거가 온전히 양심 · 본심에 있으니 양심 · 본심이 바로 성선의 기초라는 말이다. 이처럼 맹자는 사람이 성선한 것이 양심 · 본심이 있기 때문이고 양심 · 본심이 있기 때문에 성선하다고 주장한다. 그러나 맹자는 사람이 태어나면서 하나의 완전한 성선이 있다고는 주장하지 않는다. 사람마다 모두 양심 · 본심이 있고 이러한 양심 · 본심이 도덕을 성취하는 내재적 근거이지만, 하나의 단서에 불과하므로 부단히 확충하여야 완전한 성선을 이룰 수 있다고 설명한다. 성선이란 선한 단서에서 조금씩 발전 · 확충해 나온 것이지 한꺼번에 완성태로 이루어진 것이 아니다. 때문에 내심의 선한 단서를 잘 기르고 파괴하거나 벌목하지 않아야 성인이라는 최후의 목적에 도달할 수 있다.

맹자의 양심 · 본심은 내재적이고 도덕의 근거이니 도덕을 성취하려면 양심 · 본심을 발견해야 하는데, 그 발견의 경로가 바로 自反이다. '자반' 해야 고유한 양심 · 본심을 얻을 수 있고, '자반'을 잘하지 못하면 본래 가지고 있던 양심 · 본심을 잃어버리게 되니 양심 · 본심을 잃으면 사람은 금수로 떨어진다. 양심 · 본심이 성선의 기초라면 '자반'은 이러한 성선을 이루어가는 방법이다. 때문에 성선의 방법은 '자반'을 떠나지 않는다. '자반'을 잘하면 성선을 깨달을 수 있고 또한 이것에 따라 행하면 도덕을 성취할 수 있다.

끝으로, 맹자는 일상생활 속의 구체적 사례를 들어 사람마다 자기에게 양심 · 본심이 있다는 것을 믿게 하였다. 누구에게나 부모를 사랑할 줄 알고 형을 공경할 줄 아는 마음이 있다는 것으로 성선하다는 것을 믿게 하였으며, 누구에게나 똑같이 좋아하는 '리'와 '의'의 마음이 있다는 것으로 성선하다는 것을 믿게 하였으며, 누구에게나 남에게 차마 하지 못하는 '불인지심'이 있다는 것으로 성선하다는 것을 믿게 하였다.

흔히 '사람이면 다 사람인가, 사람이라야 사람이지'라는 말을 한다. 여기서 '사람이라야 한다'는 말은 사람은 태어나면서 이미 완성되어 있는 존재가 아니라 완성되어 가는 존재라는 말이다. 이것은 맹자 성선론의 요지와 일맥상통한다. 즉 '자반'을 통해 선한 단서가 확인되며, 다시 그것이 확충되어야 성선이 확보된다. 누구에게나 선한 단서가 내재되어 있으므로 확충해가면 도덕적 완성을 이룰 수 있다는 맹자의 성선론은 인류가 지향하는 도덕생활의 가능성을 제공해주는 중요한 의미를 지닌다고 할 수 있다.

3장

주자의 심성론

심성론은 맹자의 핵심사상인 동시에 송명유학의 주요 과제라고 할 수 있다. 중국유학은 크게 선진유학과 송명유학으로 구분되는데, 맹자에 이르러 심성론의 체계가 비로소 정립되었으며[54], 이러한 이론적 체계 위에서 송명유학이 발전하였다. 송명유학의 주요 명제인 '性卽理' 또는 '心卽理' 도 결국 맹자의 심성론에 근거를 두고 제창된 것이라 할 수 있다.

그럼에도 불구하고 선진유학, 즉 맹자의 심성론을 연구할 경우 맹자사상에만 국한하여 연구하거나 송명유학의 주요 과제인 '성즉리' 와 '심즉리' 에 대한 연구도 송명시대에 국한하여 연구하는 경향이 다분하다. 이것은 맹자사상과 송명유학 사이에 일맥상통하고 있는 이론적 흐름을 차단

---

54) 공자가 단지 도덕주체론의 기본사상에 대해서만 명시했을 뿐 심성론에 대해서는 체계적으로 논술하지 않았으나, 맹자는 心性合一의 도덕주체론을 정식으로 제시하여 유가심성론의 이론적인 기반을 다져 놓았다. 맹자는 공자의 仁을 핵심으로 하는 도덕규범을 심성론의 이론적 기초위에 세워 사람의 내재적 본성으로 변화시켜 나갔다. 또한 이러한 성은 사람의 심에 뿌리를 둠으로써 도덕주체성을 확립하였다.(몽배원, 이상선역, 『중국 심성론』, 법인문화사, 1996, pp.64-65 참조)

시킬 뿐만 아니라, 맹자의 심성론이 뒷날 송명유학에 어떠한 영향을 주었으며 어떻게 체계화되었는지에 대해서도 분명히 설명할 수 없다. 따라서 본문에서는 맹자 심성론의 핵심개념인 심 · 성 · 정과 주자 심성론의 핵심개념인 심 · 성 · 정을 비교 분석함으로써 맹자이론과 주자이론의 해석상의 차이가 무엇인지를 밝히는 데 그 목적이 있다.

일반적으로 주자의 심성론은 맹자의 성선설을 받아들임으로써 맹자의 이론을 계승하였다고 말한다. 그러나 주자의 맹자 성선설에 대한 이해는 철저히 자신의 철학적 입장을 투과하여 재해석함으로써 맹자를 정통으로 표방하면서도 실제로 맹자에서 이탈하는 측면이 강하다. 때문에 심학자들뿐만 아니라 현대의 신유가들에 의해서도 종종 비판을 받고 있다.[55] 주자의 심 · 성 · 정의 개념으로 맹자의 성선설의 중심개념인 심 · 성 · 정을 해석하면 맹자의 본뜻에 부합하지 않는다. 서로 같은 용어를 쓰더라도 서로 다른 의미로 사용되었기 때문에 실제적인 내용에는 많은 차이를 드러내고 있다. 이 글에서는 이 부분을 밝히고자 하는 것이다.

1. 맹자의 심성론

맹자는 실제로 心 · 性 · 情의 개념을 하나로 이해하고 분별하지 않는다. 그러나 분별하지 않았다고 해서 같다는 것을 의미하지는 않는다. 미세한 차이는 없지 않으나 심 · 성 · 정을 하나의 관점에서 전개한다.

『맹자』속에서 '심'자는 중요한 지위를 차지한다.[56] '심'은 『맹자』속에

55) 대표적인 것으로 모종삼의 『心體與性體』를 들 수 있다.

56) 『맹자』속에서 '심' 자는 모두 121번 나온다(인명에 들어있는 '심' 자는 포함하지 않는다). 『맹자』의 총 글자 수가 모두 35,226자라면 '심' 자는 전체 글자 수의 0.34%를 차

서 여러 가지 의미로 쓰였으나 양심[57]·본심[58]·不忍之心[59]·四端之心·赤子之心[60]·仁義之心[61] 등으로 심을 도덕방면에다 엄격히 제한시킨다. 이러한 심은 말뜻에 비록 차이는 있으나 결코 질적인 차이는 없다. 모두 선한 마음이고 악한 마음이 아니며 사람마다 가지고 있는 고유한 것으로 '도덕적 의미의 심'이라는 것을 알 수 있다. 이처럼 맹자에서는 도덕의 심이 숭고한 위치를 차지하는데, 이것은 맹자가 논한 성선론의 일대 특징일 뿐만 아니라 그 이론의 기본전제이다.

맹자는 측은·수오·사양·시비의 네 가지 심이 사람마다 가지고 있으며 사람이 사람될 수 있는 기본조건으로 이 네 가지 심이 없으면 사람이 아니라고 설명한다. "측은지심이 없으면 사람이 아니고, 수오지심이 없으면 사람이 아니며, 사양지심이 없으면 사람이 아니고, 시비지심이 없으면 사람이 아니다."[62] 맹자는 이 네 가지 심이 바로 금수와 구별되는 중요한 표지이며 사람이 사람 되는 도덕적 특징으로, 사람이 사람 되지 못하고 금수에 빠지거나 악에 빠지는 것은 바로 이러한 심을 충분히 보존하지 못하였기 때문이라고 설명한다.[63] 사람의 본성이 선하다는 것도 결국

지한다. 반면 『논어』에서는 '심' 자가 모두 6번 나오니, 『논어』의 총 글자 수가 모두 12,700자라면 '심' 자는 총 글자 수의 0.05%를 차지한다. 이것을 보더라도 '심' 자가 차지하는 분량이 『논어』보다 『맹자』에서 더 크다는 사실을 알 수 있다.(양택피, 안유경 옮김, 『맹자의 성선론 연구』, 도서출판 기창, 2005, p.78 참조)

57) 『孟子』, 「告子(上)」, "其所以放其良心者, 亦猶斧斤之於木也,"

58) 『孟子』, 「告子(上)」, "此之謂失其本心."

59) 『孟子』, 「公孫丑(上)」, "人皆有不忍之心."

60) 『孟子』, 「離婁(下)」, "大人者, 不失其赤子之心者."

61) 『孟子』, 「告子(上)」, "雖存乎人者, 豈無仁義之心哉."

62) 『孟子』, 「公孫丑(上)」, "由是觀之, 無惻隱之心, 非人也, 無羞惡之心, 非人也, 無辭讓之心, 非人也, 無是非之心, 非人也."

63) 맹자는 "사람이 금수와 다른 점이 거의 없다(『孟子』, 「離婁(下)」, "人之所以異於禽獸者幾希.)"라고 하였다. 이것은 인간이 태어나면서 지니는 자연한 본능, 즉 생리적 욕

이 네 가지 심을 통해서 표현된다.

> 측은지심을 사람마다 모두 가지고 있고, 수오지심을 사람마다 모두 가지고 있으며, 사양지심을 사람마다 모두 가지고 있으며, 시비지심을 사람마다 모두 가지고 있으니, 측은지심은 仁이요, 수오지심은 義요, 공경지심은 禮요, 시비지심은 智이다. 인의예지는 밖에서 나에게 녹아드는 것이 아니고 나의 고유한 것이지만 생각하지 못할 뿐이다.[64)]

여기에서 맹자는 '측은지심은 인이요, 수오지심은 의요, 공경지심은 예요, 시비지심은 지이다'라고 하여 측은 · 수오 · 사양 · 시비의 네 가지 심, 즉 본심을 인의예지의 본성과 동일시한다. 맹자에 의하면 인의예지, 즉 측은 · 수오 · 사양 · 시비의 네 가지 심은 바로 밖에서 나에게 주어지는 것이 아니라 태어나면서 가지는 나의 고유한 것이다. 맹자에 있어서 심과 성의 구분이 명확하지 않음을 엿볼 수 있는 곳이다. 때문에 陳大齊는 "맹자철학에서 '심'자가 가치중립적인 심리작용, 즉 욕구 등의 의미로 사용되는 경우를 제외하고는 대부분 성의 다른 명칭에 불과하다"[65)]라고 말한다.

성은 『맹자』속에서 37번 등장한다. 맹자는 성을 태어나면서 가지는 자연적 속성(본능)과 도덕적 속성(본성)의 두 가지를 말하였으나 맹자는 성

구본능은 다른 동물과 크게 다를 바가 없다는 말이다. 인간이 동물과 구별되는 지극히 미미한 차이점은 다만 인간이 지니고 있는 도덕적 본질에 있다. 즉 사람이 사람 되는 구별이 단지 인의예지의 도덕성에 있음을 강조한다.

64) 『孟子』, 「告子(上)」, "惻隱之心, 人皆有之, 羞惡之心, 人皆有之, 恭敬之心, 人皆有之, 是非之心, 人皆有之.惻隱之心, 仁也, 羞惡之心, 義也, 恭敬之心, 禮也, 是非之心, 智也. 仁義禮智, 非由外 鑠我也, 我固有之也, 弗思耳矣."

65) 陳大齊, 『孟子待解錄』, 臺灣商務印書館, 1970, pp.10-12 참조

을 도덕방면에 엄격히 제한시켜 성이 선하다고 주장한다. 이것은 맹자가 "입이 맛에 있어서와, 눈이 색에 있어서의 성과, 인이 부자에 있어서와, 의가 군신에 있어서의 성"[66]을 구분하고 후자의 성으로 성선의 근거를 삼았던 사실에서도 확인할 수 있다. 이러한 인의예지의 본성을 사람이 태어나면서 가지는 고유한 것으로 간주한다. 때문에 인의예지는 후천적으로 나에게 주어지는 것이 아니라 선천적으로 타고나는 나의 고유한 것인데 사람들이 다만 깨닫지 못할 뿐이라고 설명한다. 맹자는 이러한 심과 성의 관계를 다음과 같이 설명한다.

> 군자가 성으로 여기는 인의예지는 심에 근본한다. 그러므로 생기있는 안색이 얼굴에 나타나고 등에 가득하며 사지에 베풀어져서 사지가 말하지 않아도 안다.[67]

인의예지인 성의 근거가 온전히 심에 뿌리를 두고 있다는 말이다. 군자가 성으로 여기는 인의예지는 심의 자각활동을 통하여 발현된다. 즉 성은 심의 자각활동을 떠나 독립적으로 존재할 수 없다. 따라서 심은 성의 내재적 근거이고 성은 심의 외재적 표현이다. 그러므로 인의예지의 성이 심에 근거하여야 비로소 사람에게는 참으로 선한 성이 있다는 것이다. 내재하는 심, 즉 본심은 감싸둘 수 없고 반드시 밖으로 나타나는데, 이렇게 나타난 것이 바로 인의예지의 성이요 맹자가 말한 성선이다. 측은 · 수오 · 사양 · 시비의 심이 인의예지의 성으로 분별되어 나타난다는 말이다. 이

66) 『孟子』, 「盡心(下)」, "口之於味也, 目之於色也, 耳之於聲也, 鼻之於臭也, 四肢之於安佚也, 性也, 有命焉, 君子不謂性也. 仁之於父子也, 義之於君臣也, 禮之於賓主也, 智之於賢者也, 聖人之於天道也, 命也, 有性焉, 君子不謂命也."

67) 『孟子』, 「盡心(上)」, "君子所性, 仁義禮智根於心, 其生色也, 睟然見於面, 盎於背, 施於四體, 四體不言而喩."

러한 심과 성의 관계에는 내외의 구별이 있으나 실제로는 둘이면서 하나이고 하나이면서 둘인 것으로 분명히 구분할 수 없다. 자기의 본심을 다하면 본심이 가지고 있는 인의예지의 본성을 알 수 있고, 또한 자기의 본성이 본래 선하다는 것을 알 수 있다. 그래서 맹자는 "자기의 본심을 다하는 자는 본성을 자각할 수 있고, 본성을 자각할 수 있으면 천도를 자각할 수 있다"[68]라고 말한다. 맹자는 본심을 다하는 과정을 통하여 심과 성의 동일성을 설명하였던 것이다.

심이 없으면 선도 없고 성도 없으니 결국 모든 근거는 하나의 양심과 본심인 것이다. 왜냐하면 이러한 양심과 본심은 감싸둘 수 없고 밖으로 나타나는데, 그 나타난 것이 바로 인의예지요 '성선'이기 때문에 심은 선의 근거이고 성의 원두이다. 이렇게 볼 때 맹자의 이론은 '성즉리'보다 '심즉리'에 더 부합한다. 이것은 심인 동시에 또한 성이다. 심이 바로 성이요 심과 성은 하나이므로 둘로 나눌 수 없는 것이다. 맹자에 있어서 심과 성은 하나이며 둘이 아니므로 인의예지의 성은 곧 도덕의 심이다. 성은 볼 수 없고 심을 통해서 볼 수 있기 때문에 맹자는 심에 나아가서 성을 말하였고 心善으로 性善을 말하였던 것이다.

이처럼 맹자는 '심선'으로 '성선'을 논증하였으니 '심선'하기 때문에 '성선'하고 '성선'하기 때문에 '심선'하다. 사람마다 모두 양심이 있고 사람마다 모두 본심이 있기 때문에 사람마다 모두 선한 성이 있다는 것이다. 이러한 양심과 본심이 바로 맹자 성선론의 기초가 된다. 성선론을 확립하려면 사람들로 하여금 모두다 성선의 근거가 있음을 믿게 해야 하는데, 그 근거로써 제시한 것이 양심 · 본심 · 사단지심 · 불인지심 등의 도덕적 심이다. 맹자는 이러한 도덕적 심을 통하여 '성선'을 논증한다. 예를

---

68) 『孟子』, 「盡心(上)」, "盡其心者, 知其性也, 知其性則知天矣."

들어 어린아이가 우물에 빠지려는 것을 보면 모두 급하게 달려가서 구제하는데 이것은 다른 목적, 즉 "어린아이의 부모와 교분을 맺으려는 것도 아니고, 마을의 친구들에게 칭찬을 받으려는 것도 아니며, 아이를 구해주지 않았다는 비난의 소리를 듣기 싫어해서 그러한 것도 아니다."[69] 그렇게 하는 것이 자기의 양심과 본심에 떳떳하기 때문이다. 부모를 매장하는 예에서 말한 것도 이러한 문제이다. 상고시대의 사람들은 부모를 매장하지 않고 부모가 죽으면 산 속에 내다 버렸다. 그런데 무엇 때문에 후대에는 부모를 매장하게 되었을까? 왜냐하면 부모의 시신을 여우가 뜯어 먹고 모기가 빨아 먹는 것을 보고 내심에 부끄러운 마음이 생겼기 때문이다. 이때 "이마에 땀이 흐르고 부모의 시신을 곁눈으로 보고 바로 보지 못하는 것"[70]도 남들의 이목 때문이 아니고 속마음이 얼굴에 나타난 것이다. 제선왕이 소가 벌벌 떨면서 죄없이 死地로 끌려가는 것을 차마 보지 못하고 그를 놓아줄 것을 명하는 것도 모두 같은 구상에서 나온 것이다. 이러한 방법은 확실히 양심과 본심에 대한 인식을 유도함으로써 사람마다 모두 성선의 근거가 있음을 믿게 하는 데 도움을 준다. 일단 자기에게 양심과 본심이 있다고 느끼면 인의예지가 나의 고유한 것임을 긍정하고, 인의예지가 나의 고유한 것임을 긍정하면 자기에게 진실로 선한 성이 있음을 긍정하게 된다.

때문에 맹자는 이러한 도덕심의 최종근거로 '天'을 제시한다.

> 심의 기관은 생각하는 것이니 생각하면 얻고 생각하지 않으면 얻지 못한다. 이것은 천이 나에게 부여한 것이다.[71]

---

69) 『孟子』, 「公孫丑(上)」, "非所以內交於孺子之父母也, 非所以要譽於鄕黨朋友也, 非惡其聲而然也."

70) 『孟子』, 「滕文公(上)」, "其顙有泚, 睨而不視."

주자는 '하늘이 명한 것을 성이라 한다(天命之謂性)'라고 하여 성을 천이 부여한 것으로 명명하였다. 그러나 맹자는 양심과 본심의 최종근거를 天위에다 두고서 이러한 '심'을 천이 나에게 부여한 것이라고 설명한다. 즉 인의예지의 근본은 심에 있으며, 이러한 심의 최종 근거는 천이 부여한 것이라는 말이다. 이것이 주자와 구별되는 중요한 부분이다. 주자가 도덕근거를 성에다 둔 반면에 맹자는 도덕 근거를 심에다 두었던 것이다.

情도 성과 같은 의미로 사용되고 있다고 말할 수 있다. 『맹자』속에서 '정'자는 모두 4번 나오는데, 두 번은 성선론과 무관하고[72] 두 번은 성선론과 유관하다. 성선론과 유관한 것으로는 "그 정(본래모습)으로 말하면 선하다고 할 수 있으니 내가 말한 선하다는 것이다"[73]와 "사람들은 금수 같은 행실만을 보고서 일찍이 훌륭한 재질이 있지 않았다고 여기니 이것이 어찌 사람의 정(본래모습)이겠는가"[74]이다. 이러한 '정'자는 타고난 본래모습으로 해석해야 하니, 사람에게 요임금과 象, 瞽瞍와 순임금의 차이가 있거나 사람이 금수처럼 되는 것은 결코 사람의 본래모습이 아니라는 뜻이다. 여기서는 사람의 정(본래모습)이 선하다는 것을 의미하는데, 이때의 정은 후대 주자가 말한 측은 · 수오 · 사양 · 시비의 사단을 도덕정감, 희로애락애구욕의 칠정을 일반정감으로 해석한 것과는 다르다. 『맹자집주』에서 "정은 성이 움직인 것이다"[75]라고 하여 정을 성이 드러난 것(性發爲情)으로 해석한 것은 결코 맹자의 본뜻에 부합하지 않는다. 여기서

---

71) 『孟子』, 「告子(上)」, "心之官則思, 思則得之, 不思則不得也. 此天之所與我者."

72) 성선론과 무관한 것으로는 "물건이 똑같지 않는 것은 물건의 실정(情)이다(夫物之不齊, 物之情也)"와 "명성이 실제(情)보다 지나친 것을 군자는 부끄러워한다(聲聞過情, 君子恥之)"는 것이다.

73) 『孟子』, 「告子(上)」, "內若其情, 則可以爲善矣, 乃所謂善也."

74) 『孟子』, 「告子(上)」, "人見其禽獸也, 而以爲未嘗有才焉者, 是豈人之情也哉."

75) 『孟子集註』, 「告子(上)」, "情者, 性之動也."

는 성과 정이 상통한다는 것을 알 수 있다. 예를 들면 "사람들은 그 민둥민둥한 것만을 보고서 일찍이 훌륭한 재목이 있지 않았다고 여기니 이것이 어찌 산의 성(본래모습)이겠는가"[76]에서의 '성'자는 완전히 '정'자로 바꿀 수 있고 "사람들은 금수 같은 행실만을 보고서 일찍이 훌륭한 재질이 있지 않았다고 여기니 이것이 어찌 사람의 정(본래 모습)이겠는가"[77]에서의 '정'자도 '성'자로 대신할 수 있는 것과 같다.

이처럼 맹자에 있어서 심·성·정은 상호 소통하여 통일될 수 있다. '심'이 곧 '성'이고 '정'이니 그것들을 분명히 구분할 수 없다. 그렇지만 셋에는 또한 미세한 차이가 있다. '심'은 본심이고 근거이며 인의예지인 성의 실제 내용이며, '성'은 본성이고 태어나면서 가지는 속성으로 심의 외적 표현이다. '정'은 실정으로 태어나면서 가지는 본래 모습을 가리킨다. 셋은 치중하는 점에 약간의 차이가 있으므로 분별하지 않을 수 없으나 서로 하나로 소통됨을 알 수 있다.

2. 주자의 심성론

주자는 심·성·정의 개념을 분명히 구분한다. 먼저 주자는 "지각이 있는 것을 심이라 한다"[78], "심은 사람의 지각이다"[79], "인심은 지각이다"[80]라고 하여 심을 지각이나 사유능력으로 이해한다. 또한 심의 문제에서 주자가 항상 강조한 것은 심의 주재적 측면이다. "심은 신명의 집이요 한 몸

76) 『孟子』, 「告子(上)」, "人見其濯濯也, 以爲未嘗有才焉, 此豈山之性也哉."

77) 『孟子』, 「告子(上)」, "人見其禽獸也, 而以爲未嘗有才焉者, 是豈人之情也哉."

78) 『朱子語類』 卷14, 「大學(1)」, "有知覺謂之心."

79) 『朱熹集』 卷65, 「大禹謨解」, "心者人之知覺."

80) 『朱子語類』 卷78, 「尙書(1)」, "人心是知覺."

의 주재가 된다."[81] "심이란 사람의 몸에 있으면서 그것을 주재하는 것이다."[82] "심이란 본래 몸에서 주재하는 것이다."[83] "심은 주재를 말한다."[84] 심이 한 몸의 주인으로서 몸의 일체 활동을 주관하거나 주재하는 작용을 한다는 말이다. 이처럼 지각과 행위의 모든 활동이 심의 지배 하에서 완성되는데, 이것은 맹자가 말한 도덕적 의미의 본심 개념과 부합하지 않는다.

또한 주자는 성을 하늘에서 부여받아 사람에게 내재된 본질적인 존재로 설명한다. "성은 사람과 사물이 얻어서 태어나는 이치이다"[85], "천하에 성 없는 것이 없으니 대개 사물이 있으면 성이 있고 사물이 없으면 성이 없다"[86]라고 하여 성을 사람과 사물에 공통적으로 부여되는 보편적 근거로 제시한다. 때문에 주자가 인성과 물성을 말하지만 성을 심과 연관지어 말할 때는 인성만으로 한정된다. 주자는 이러한 성의 내용을 인의예지로 정의한다. "인의예지는 성의 네 가지 덕목이다."[87] "성은 실리로써 인의예지를 모두 갖추고 있다."[88] 이러한 성은 실리로써 심속에 내재한다. 우리가 구체적인 것을 통하지 않고는 추상적인 것을 알 수가 없는 것처럼, 심을 통하지 않고서는 성을 알 수가 없다. 왜냐하면 성은 다만 리일 뿐이기 때문이다.[89] 따라서 심을 성의 인식근거라 한다면 성은 심의 존재근거라 할 수 있다. 즉 심은 성을 담고 있는 그릇이 되고 성은 심의 실제적

---

81) 『朱子語類』 卷98, 「張子之書(1)」, "心是神明之舍, 爲一身之主宰, 性便是許多道理, 得之于天而具于心者."

82) 『朱熹集』 卷67, 「觀心說」, "心者, 人之所以主于身者也."

83) 『朱熹集』 卷32, 「答張欽夫(49)」, "心者, 固所以主于身."

84) 『朱子語類』 卷5, 「性理(2)」, "心, 主宰之謂也."

85) 『朱子語類』 卷4, 「性理(1)」, "性者, 人物所得以生之理也."

86) 『朱子語類』 卷4, 「性理(1)」, "天下無無性之物, 皆有此物則有此性, 無此物則無此性."

87) 『孟子集註』, 「盡心(上)」, "仁義禮智, 性之四德也."

88) 『朱子語類』 卷5, 「性理(2)」, "性是實理, 仁義禮智皆具."

89) 『朱子語類』 卷20, 「論語(2)」, "性, 只是理而已."

인 내용이 된다는 것이다.

그러면 심과 성은 어떠한 관계에 있는가? 주자는 성과 심의 관계를 태극과 음양에 비교하여 설명한다.

> 성은 태극과 같고 심은 음양과 같다. 태극은 단지 음양의 가운데 있고 음양을 떠날 수 없다. 그러나 태극을 논함에 이르러서는 태극이고 음양을 논함에 이르러서는 음양이다. 생각하건데 성과 심 역시 그러하니 이른바 하나이면서 둘이요 둘이면서 하나인 것이다.[90]

성은 심 가운데 존재하며 심을 떠나서는 존재할 수 없다. 따라서 성과 심은 一體不離이다. 그러나 성은 성이고 심은 심이므로 엄격히 구별된다. 때문에 주자는 이러한 관계를 '하나이면서 둘이요 둘이면서 하나'라고 말한다. 성이 심 가운데 존재하여 심을 떠나지 않는다는 측면에서는 하나요, 성은 성이요 심은 심이므로 엄격히 구별된다는 측면에서는 둘이다. "성은 심에 갖추어진 리이다"[91]라고 하여 성을 심에 내재한 리라는 측면에서 말하면 성과 심의 구별은 더욱 분명하게 된다. 왜냐하면 심에는 선과 악이 있으나 성에는 불선이 없기 때문이다.[92] 주자는 성을 절대선으로 여기고 "성은 순전히 선한 것이다"[93], "성은 천리이니 불선한 것이 있지 않다고 말한다."[94] 그러므로 주자는 '성즉리'를 말한다. 그러나 주자는 심을 리와 기의 결합된 존재로 보았기 때문에 심은 선할 수도 있고 악할 수

90) 『朱子語類』 卷5, 「性理(2)」, "性猶太極也, 心猶陰陽也, 太極只在陰陽之中, 非能離陰陽也, 然至論太極自是太極, 陰陽自是陰陽. 惟性與心亦然, 所謂一而二, 二而一也."

91) 『孟子集註』, 「盡心(上)」, "性, 則心之所具之理."

92) 『朱子語類』 卷5, 「性理(2)」, "心有善惡, 性無不善."

93) 『朱子語類』 卷5, 「性理」, "性則純是善底."

94) 『孟子集註』, 「告子(上)」, "性則天理, 未有不善者也."

도 있다. "사람의 심은 기질의 심이므로 선하게 될 수도 있고 불선하게 될 수도 있다."[95] "심은 움직이는 것이니 자연히 선과 악이 있다."[96] 이것이 맹자의 심에 대한 이해와 가장 크게 구별되는 부분이다. 주자에서의 심은 선과 악이 공존하나 맹자에서의 심은 선할 뿐이기 때문이다.

情은 무엇인가? "측은 · 수오 · 사양 · 시비는 정이고 인의예지는 성이다."[97] 주자는 측은 · 수오 · 사양 · 시비를 사단의 정으로 이해한다. 반면 맹자는 측은 · 수오 · 사양 · 시비를 본심으로 이해하고 성의 근거로 간주한다.

그렇다면 성과 정의 관계는 어떠한가? 주자는 성과 정의 관계를 '性情體用'과 '性發爲情'의 사상에서 출발한다. 먼저 주자는 성과 정을 상대되는 두 개념으로 이해한다. "정은 성에 근본하기 때문에 성과 상대가 된다."[98] 성은 정의 근거가 된다는 말이다. 즉 정은 성을 내재적 근거로 삼고 성은 정을 외재적 표현으로 삼는다는 것이다. "성이 있으면 정이 발출하고 정으로 인하여 성을 볼 수 있다."[99] 성이 있기 때문에 성에 근거하여 발동되는 정이 있다는 의미이다. 성과 정의 이러한 관계는 "성은 체요 정은 용이다"[100]라고 하는 체용관계에서 분명히 드러난다. "성의 본체는 리일 뿐이고 정은 성이 움직인 것이다."[101] 성과 정은 대립관계의 반대되는 개념이 아니다. 때문에 주자는 "정은 성과 반대되는 것이 아니라 성이 발동한 것이다. 성은 물과 같고 정은 물이 흐르는 것과 같다. 정으로 발현되었으

95) 『朱子語類』 卷78, 「尙書(1)」, "人心者, 氣質之心也, 可爲善, 可爲不善."
96) 『朱子語類』 卷5, 「性理(2)」, "心是動底物事, 自然有善惡."
97) 『孟子集註』, 「公孫丑(上)」, "惻隱羞惡辭讓是非, 情也. 仁義禮智, 性也."
98) 『朱熹集』 卷41, 「答馮作肅」, "情本于性, 故與性爲對."
99) 『朱子語類』 卷5, 「性理(2)」, "有這性, 便發出這情, 因這情, 便見得這性."
100) 『朱子語類』 卷5, 「性理(2)」, "性是體, 情是用."
101) 『孟子或問』 卷11, 「告子(上)」, "性之本體, 理而已; 情, 則性之動."

면 선과 불선이 있다"[102]라고 말한다. 물의 본원은 맑지만 흘러가면서 본래의 맑은 물도 있고 탁한 물도 있는 것처럼, 성은 본래 선하지만 발현되어 정이 될 때 본래의 선한 정도 있고 불선한 정도 있다는 것이다. 이것이 바로 성과 정의 본질적 차이이다.[103] 그러나 맹자는 정에도 불선이 있음을 인정하지 않는다.

이러한 심 · 성 · 정의 관계에 대한 주자의 기본적인 관점은 '心統性情' 한 단어로 요약된다. '심통성정'이라는 말은 장재의 어록에 처음 보인다.[104] 주자는 이 말이 이천의 성즉리'에 비견되는 것이라고 보고 "이천의 '성즉리'와 횡거의 '심통성정' 두 구절은 절대로 깨뜨릴 수 없다"[105]라고 강조한다. '심통성정'에 대해 주자는 다음과 같이 말한다.

> 성은 未動이고 정은 已動이며, 심은 미동과 이동을 포괄한다. 대체로 심의 미동은 성이고 이동은 정이니 이것이 이른바 '심통성정'이다.[106]
>
> 심은 두 개의 사물을 포괄하니 성은 심의 체요 정은 심의 용이다.[107]

---

102) 『朱子語類』 卷59, 「孟子(9)」, "情不是反於性, 乃性之發處, 性如水, 情如水之流, 情旣發, 則有善有不善."

103) 물론 주자는 정의 근원을 성, 즉 순수지선한 리 혹은 천명에 둔다. 왜냐하면 정은 성이 발동한 것이기 때문이다. 그러므로 선한 사단뿐만 아니라 불선이 있는 칠정까지도 절대리의 발현이고 순수지선의 발현이다. 주자에게서 정이 선한 것은 당연하다. 왜냐하면 그 근원을 리 · 성 · 천명에 두기 때문이다. 그러나 발동하면서 선도 있고 불선도 있게 된다. 주자는 "천명이 있는 한 기질도 존재한다. 양자는 떨어질 수 없다."(『朱子語類』 卷4, 「性理(1)」, "才有天命, 便有氣質, 不能相離."), "성이라고 하면 거기에는 곧바로 기질이 함축된다"(『朱子語類』 卷4, 「性理(1)」, "纔說性時, 便有此氣質.")라고 하여 기질에는 악이 없더라도 악의 가능성이 있음을 제시한다. 때문에 정에는 선도 있고 불선도 있다.

104) 『張子全書』 卷14, 「性理拾遺」, "張子曰, 心統性情者也."

105) 『朱子語類』 卷5, 「性理(2)」, "伊川性卽理也, 橫渠心統性情, 二句顚撲不破."

106) 『朱子語類』 卷5, 「性理(2)」, "性是未動, 情是已動, 心包得已動未動, 蓋心之未動則爲性, 已動則爲情, 所謂心統性情也."

인의예지는 성이요 체며, 측은 · 수오 · 사양 · 시비는 정이요 용이다. 성정을 겸하고 체용을 갖춘 것은 심이다.[108]

이처럼 심은 성정과 체용의 총체를 포괄한다는 의미이다. 심의 본체는 성이요 심의 작용은 정이다. 주자는 장재의 '심통성정'의 명제에 따라 심의 본체를 성으로 심의 작용을 정으로 파악하여 심을 '性體情用'의 구조로 이해한다. 이것은 심의 본체가 '리'요 '성'이라는 말이지 심이 바로 '리' 또는 '성'이라는 말이 아니다. 심이 성과 정을 총괄할 때 분별하기 어려운 一物이 되지만 분별하지 못하는 것은 아니다. "성은 정에 상대하여 말한 것이고 심은 성정에 상대하여 말한 것이다. 마땅히 이와 같아야 하는 것은 성이고, 움직이는 것은 정이며, 주재하는 것은 심이다."[109]

이처럼 주자는 심 · 성 · 정을 셋으로 분명히 구분하여 설명한다. 이때의 심은 맹자가 말한 본심(도덕 본체론적)의 의미와는 부합하지 않는다. 성과 정의 경우도 마찬가지다. 이것은 맹자의 본래 의도가 아니다. '심통성정'에 대한 주자의 해석으로는 절대로 맹자의 심성론을 해설할 수 없다.

3. 맹자와 주자 심성론의 이론적 분기

그렇다면 주자는 왜 맹자의 심성론을 자신의 철학적 입장을 투과하여 재해석하였는가? 여러 원인이 있겠지만 대표적인 하나가 현상세계의 악

107) 『朱子語類』 卷119, 「朱子(16)」, "心是包得這兩個物事, 性是心之體, 情是心之用."

108) 『朱熹集』 卷56, 「答方憲王(4)」, "仁義禮智, 性也, 體也; 惻隱羞惡辭讓是非, 情也, 用也. 統性情該體用者, 心也."

109) 『朱子語類』 卷5, 「性理(2)」, "性對情言, 心對性情言. 合如此是性, 動處是情, 主宰是心."

을 설명하기 위한 것이라 생각된다. 맹자가 말한 것처럼, 이미 선한 마음을 사람마다 모두 가지고 있고 나의 고유한 것이라면 악은 어떻게 발생하는가? 이것은 맹자의 성선설이 반드시 대답해야 할 문제이다. 인간의 본성을 신뢰하면서도 악의 세계를 그대로 방치할 수 없었던 것이다.

맹자와 주자 심성론의 가장 큰 이론적 분기는 주자의 '氣' 혹은 '氣質'의 개념을 들 수 있다. 주자가 '기'를 심성론에 끌어들이면서 심은 복잡하게 변화한다. 천지의 리가 사람의 심속에 내재되어 있는 것이 성이고 선의 근거이지만, 이러한 내재되는 과정은 반드시 기를 통하여 진행된다. 따라서 주자는 심을 리와 기의 결합으로 이해한다. 맹자는 본심에서의 악의 존재를 인정하지 않았으나 주자는 심이 선할 수도 있고 악할 수도 있음을 인정한다. 때문에 육구연은 주자의 심성론에 기의 사상을 보태어 심이 선악의 두 요소를 가지게 됨으로써 심으로 하여 도덕본체의 지위를 상실하게 만들었다고 주자를 비판한다.[110)]

또한 '기질'은 주자의 체계 속에서 중요한 작용을 한다. 주자는 장재와 정이의 기질의 사상을 심성론으로 끌어들이고 아주 높이 평가한다.[111)] 성에 기질의 사상을 보탬으로써 성에는 서로 다른 의미가 담겨있는 본연지성(천명지성)과 기질지성으로 구분된다. "천명지성은 오로지 리만을 가리켜서 말한 것이고 기질지성은 리와 기를 섞어서 말한 것이다."[112)] 때문에 정자는 '성을 논하고 기를 논하지 않으면 충분하지 않고, 기를 논하고 성을 논하지 않으면 분명하지 않다'고 하였다. 주자는 이러한 기질을 사용하여 천지의 리가 어떻게 사람에게 부여되는지를 설명하고[113)], 사람과

110) 양택피, 안유경 옮김, 『맹자의 성선론 연구』, 도서출판 기창, 2005, p.377

111) 『朱子語類』 卷4, 「性理(1)」, "此起於張程. 某以爲極有功於聖門, 有補於後學."

112) 『朱子語類』 卷4, 「性理(1)」, "論天地之性, 則專指理言, 論氣質之性, 則以理與氣雜而言之."

113) 기질은 바로 음양오행의 기가 모여서 이루어진 형질이다. 천리가 비록 지극히 순수

만물이 어떻게 천차만별한지를 설명하며[114], 더욱 중요한 것은 악의 연유를 설명한다.[115] 성이 보편적이고 절대적이라면 이 세상에는 악이 존재하지 않아야 한다. 그러나 현실에는 엄연히 악이 존재한다. 현실 속의 사람은 순수한 천지의 리일 수 없고 다만 천지의 리와 사람의 기질이 혼합된 기질지성일 뿐이기 때문이다. 이러한 기질지성은 기질에 영향을 받은 성이지 본래의 성을 말하는 것이 아니다. 본래의 성은 순수성과 절대성을 갖지만, 기질과 함께 있는 기질지성은 기질의 영향으로 선과 악이 공존한다. 기질지성 속에는 이미 선의 근거인 리가 있을 뿐만 아니라 또한 악의 근거인 기질이 있기 때문이다. 물론 이러한 악은 수양을 통해 변화될 수 있다. 주자가 말한 '성즉리'는 사람이 선천적으로 선한 본성을 지녔음을 말해줄 뿐이지 악의 근원을 설명해줄 수 없기 때문이다. 악도 근거를 갖는데, 이것은 기질을 품수한 바에 따라 필연적으로 생기는, 즉 기질에서 나오는 부정적인 영향이다. 이처럼 주자는 리를 사용하여 인간의 선험적 선의 본질을 설명하고 동시에 악에 대해서는 기질을 사용하여 문제를 해결한다.

하고 지극히 선하지만 기질을 떠나면 안착할 곳이 없다. "천명의 성은 만약 기질이 없으면 도리어 안착할 곳이 없다. 또한 한 국자의 물과 같으니 담을 그릇이 없으면 물은 귀착할 곳이 없다."(『朱子語類』 卷4, 「性理(1)」, "天命之性, 若無氣質, 却無安頓處. 且如一勺水, 非有物盛之, 則水無歸着.")

114) 기품의 뛰어난 것은 사람이 되고 찌꺼기는 사물이 된다. "다만 음양오행의 기가 천지 속에 섞여 있다가 뛰어난 것은 사람이 되고 찌꺼기는 물이 된다. 뛰어난 것 중에서 뛰어난 것은 성인이 되고 현인이 되며 뛰어난 것 중에서 찌꺼기는 어리석거나 불초한 자가 된다."(『朱子語類』 卷14, 「大學(1)」, "只是一箇是陰陽五行之氣, 滾在天地中, 精英者爲人, 渣滓者爲物. 精英之中又精英者, 爲聖, 爲賢, 精英之中渣滓者, 爲愚, 爲不肖.")

115) 사람의 악도 기를 사용하여 설명할 수 있다. "사람의 성은 모두 선하다. 그러나 태어나면서 선한 것도 있고 태어나면서 악한 것이 있는데 이것은 기품이 다르기 때문이다"(『朱子語類』 卷4, 「性理(1)」, "人之性皆善. 然而有生下來善底, 有生下來便惡底, 此是氣稟不同.")

때문에 주자에 있어서 심은 더 이상 지극히 순수하고 지극히 선한 본심이 아니며, 선의 요소와 악의 요소가 동시에 심속에서 상호 대립한다. 심을 리와 기의 결합체로 보았기 때문에 심속에 리가 있다고 하더라도 심은 리가 아니다. 때문에 '성즉리'는 말할 수 있어도 '심즉리'는 말할 수 없다. 주자의 입장에서 본다면 性善이 곧 心善이라고 주장할 수 없는 것은 당연한 논리이다. '성즉리'에 근거하면 성은 리로써 선하다는 논리는 가능하나, 심은 리와 기의 결합체이기 때문에 선하다고만 말할 수 없다. 맹자의 경우는 心善이 곧 性善이요 性善이 곧 心善이라는 표현이 가능하나 주자에 있어서는 心善이라는 표현을 할 수 없다.

이처럼 맹자에 있어서 심은 사람의 도덕 본체로써 지극히 순수하고 지극히 선하니 이것에 대해서는 의심할 필요가 없다. 이러한 심속에는 결코 악의 요소가 없다. 다만 심을 상실하여야 비로소 악이 발생할 뿐이다. "사람이 금수와 다른 것이 아주 적은데, 보통 사람들은 그것을 버리고 군자는 그것을 보존한다."[116] 사람이 군자가 되지 못하고 금수에 빠지거나 악속에 빠지는 것은 그들이 '이러한 아주 작은 차이'를 버리고 본심을 충분히 보존하지 못하기 때문이라는 것이다. 맹자에서 악은 결코 독립적인 근원이 없고 다만 본심을 보존하지 못하고 잃어버리는데 있음을 알 수 있다. "비록 사람에 있어서도 어찌 인의의 마음이 없겠는가마는 그 양심을 잃어버린 것이 또한 도끼로 아침마다 나무를 베어내는 것과 같다."[117] 본심이 있으면 악은 없고 본심을 잃어버리면 악이 발생한다. 때문에 맹자가 논한 악은 또 다른 측면에서 본심의 존재를 논증하고 心善이 곧 性善임을 논증한다고 볼 수 있다.

---

116) 『孟子』, 「離婁(下)」, "人之所以異於禽獸者幾希, 庶民去之, 君子存之."

117) 『孟子』, 「告子(上)」, "雖存乎人者, 豈無仁義之心哉. 其所以放其良心者, 亦猶斧斤之於木也, 旦旦而伐之."

주자는 그렇지 않다. 이미 심속에는 선도 있고 악도 있으니 무슨 일이든지 도심인지 아니면 인심인지를 철저히 물어야 한다. 만약 도심만 있다면 심으로써 성을 말하는 문제는 그다지 문제될 것이 없다. 이때는 心卽理라 말해도 별 무리가 없을 것이다. 그러나 기질에 영향을 받은 인간은 그 자체로서는 완전한 선에 도달할 수 없다. 심에 비록 衆理가 갖추어져 있다[118]라고 하더라도 사람의 기품에서 유래하는 부정적 영향 때문에 심이 리에 완전히 부합되지 못한다. 그러므로 심이 곧 리라고 말할 수 없다. 맹자가 말한 "만물이 모두 나에게 갖추어져 있다"[119]는 것은 주자가 "심이 萬理를 갖추고 있다"[120]는 의미가 아니다. 주자와 육구연은 모두 마음속에 리가 있다는 점은 인정한다. 다만 주자는 기질과 이에 따라 필연적으로 생기는 물욕의 사사로움을 강조함으로써 육구연과는 완전히 다른 공부 방법에 도달하였던 것이다. 주자는 천지의 리가 사람의 심속에 머물러 있지만 심속의 리를 발견해내려면 심에 대한 자각적 방법이 아니라 반드시 널리 배우고 앎을 다하여야 한다고 생각한다.

'앎이 지극한 이후에 뜻이 진실해진다'는 것은 모름지기 참으로 알아야 비로소 뜻을 진실히 할 수 있다는 것이다. 앎이 만약 이르지 않으면 비록 뜻을 진실히 하고자 하여도 진실로 그 문에 들어갈 수 없다. 오직 그 흉중이 분명하여야 길이 이와 같음을 알 수 있다. 선은 마땅히 좋아해야 하고 악은 마땅히 싫어해야 한다는 것을 안 연후에 자연히 뜻이 진실하지 않을 수 없고 심은 바르지 않을 수 없다.[121]

118) 심이 衆理를 갖추고 있으므로 그 의미상에 있어서 심과 리는 하나라고 말할 수 있다.(『大學章句』, 第1章, "具衆理而應萬事.")

119) 『孟子』, 「盡心(上)」, "萬物皆備於我矣."

120) 『朱子語類』 卷9, 「學(3)」, "一心具萬理. …… 萬理具於一心."

때문에 주자에 있어서 심과 성을 하나로 섞는 것은 용납될 수 없다. 주자는 즉각적 깨달음의 방법보다는 格物窮理를 주장하고 육구연은 깨달음을 통해 본심을 드러내 밝힐 것을 주장한다. 때문에 모종삼은 주자에 있어서 본성이 가지는 형이상의 실체는 영원히 격물궁리의 대상(객체)으로만 머물 뿐이고 주체가 될 수 없다고 비판한다.[122] 다시 말하면, 격물궁리를 통해 심과 성을 인지 대상으로 간주함으로써 형이상의 실체에 본래 갖추어져 있는 도덕적 의미를 상실하였다는 것이다. 맹자(육구연)가 말한 본심이란 결코 '사물의 이치를 궁구한다'는 인지적 의미가 아니기 때문이다.

육학에서 비록 성을 말하기도 하였지만 성은 육학에서 그다지 필요한 개념이 아니다. 때문에 모종삼은 "맹자가 말한 성은 '심즉리'의 성이지 '단지 리(只是理)'일뿐이 아니다"[123]라고 말한다. 육학에서 심이 곧 리라는 말은 본심이 리라는 것을 가리킨다. 여기서의 심은 주자가 말한 심의 개념과 다르다. 주자는 성을 천명의 온전한 체현으로 삼았고 육학은 심을 천리의 온전한 체현으로 삼았다. 사실 육학에서는 심과 성의 구별이 아무런 의미가 없었는데, 주자는 바로 이 점에 반대한다. 이것이 주자가 육학에 만족하지 않은 하나의 주요 원인이다.

---

121) 『朱子語類』卷15, 「大學(2)」, "知至而後意誠, 須是眞知了, 方能誠意. 知苟未至, 雖欲誠意, 固不得其門而入矣. 惟其胸中了然, 知得路逕如此. 知善之當好, 惡之當惡, 然後自然意不得不誠, 心不得不正."

122) 모종삼, 황갑연 옮김, 『심체와 성체(6)』, 소명출판, 2012, p.286

123) 모종삼, 황갑연 옮김, 『심체와 성체(6)』, 소명출판, 2012, p.400

4. 맺음말

이상으로 맹자와 주자 심성이론을 심 · 성 · 정 개념을 중심으로 분석하고 그 해석상의 차이점을 밝혔다. 맹자는 심 · 성 · 정을 하나의 개념으로 이해하고 분별하지 않는다. 그러나 주자는 심 · 성 · 정의 개념을 분명히 구분한다. 이들은 서로 같은 용어를 쓰더라도 서로 다른 의미로 사용되었기 때문에 실제적인 내용에서 많은 차이를 드러낸다. 결국 이러한 차이가 이후에 맹자의 이론을 계승하면서도 주자와 육학의 학문적 분화를 일으키는 발단이 되기도 한다.

주자에 있어서 심은 더 이상 지극히 순수하고 선한 본심이 아니며 선의 요소와 악의 요소가 동시에 심속에서 상호 대립한다. 심을 리와 기의 결합체로 보았기 때문에 심속에 리가 있다고 하더라도 심은 리가 아니다. 때문에 '성즉리'는 말할 수 있어도 '심즉리'는 말할 수 없다. 그러나 맹자에 있어서는 심이 곧 성이고 심 이외에 다른 성이 있는 것이 아니다. 인의예지의 성을 사람의 내심으로 끌어들였으며 심을 그 근원으로 삼았다. 이렇게 볼 때 맹자의 이론은 '성즉리'보다 '심즉리'에 더 부합한다. 이러한 심(본심)은 감싸둘 수 없고 반드시 밖으로 나타나는데, 그 나타난 것이 바로 인의예지의 성이요 성선이기 때문이다. 따라서 심은 성의 내재적 근거가 되고 성은 심의 외재적 표현이 된다. 이것은 주자가 심을 성의 인식근거로 보고 성을 심의 존재근거로 본 것과 구별된다.

'정'에 대한 이해도 마찬가지이다. 맹자가 말한 정은 성과 서로 상통한다. 이것은 주자가 측은 · 수오 · 사양 · 시비의 사단을 도덕정감, 희로애락애구욕을 일반정감으로 해석한 것과는 다르다. 주자가 정을 성이 발현한 것(性發爲情)으로 해석한 것은 결코 맹자의 본뜻에 부합하지 않는다. 맹자에 있어 측은 · 수오 · 사양 · 시비는 정이 아니라 도덕적 의미의 사단의 심이다. 이것은 주자가 인의예지의 성을 본체(리)로 보고 측은 · 수오 · 사양 · 시비의 정을 작용(기)으로 해석한 것과 구별된다.

그렇다면 주자는 왜 맹자의 심성이론을 자신의 철학적 입장을 투과하여 재해석하였는가? 여러 이유가 있겠지만 대표적인 하나가 현상세계의 악을 설명하기 위한 것으로 볼 수 있다. 맹자가 말한 것처럼 이미 선한 마음을 사람마다 모두 가지고 있고 나의 고유한 것이라면 악은 어떻게 발생하는가? 이것은 맹자의 성선설이 반드시 대답해야 할 문제이다.

때문에 주자는 현상세계의 악을 설명하기 위해 '기' 혹은 '기질' 개념을 끌어들여 심과 성의 개념을 복잡하게 만들어갔다. 천지의 리가 사람의 심속에 내재되어 있는 것이 성이고 선의 근거이지만, 이러한 내재되는 과정은 반드시 기를 통하여 진행된다는 것이다. 심에 '기'의 개념이 추가되어 심을 리와 기의 결합체로 이해함으로써 심에는 선과 악이 상호 대립하게 된다. 이것은 맹자가 심을 지극히 순수하고 지극히 선한 도덕의 심으로 이해한 것과 구별된다.

또한 주자는 성에 '기질'의 사상을 보탬으로써 성에는 서로 다른 의미가 담겨있는 본연지성(천명지성)과 기질지성으로 구분된다. 주자는 이러한 기질을 사용하여 천지의 리가 어떻게 사람에게 부여되는지를 설명하고, 사람과 만물이 어떻게 천차만별한지를 설명하며, 더욱 중요한 것은 악의 연유를 설명한다. 본래의 본연지성은 순수성과 절대성을 갖지만, 기질과 함께 있는 기질지성은 기질의 영향으로 선과 악이 공존한다. 이처럼 주자는 리를 사용하여 인간의 선험적 선의 본질을 설명하고 동시에 기와 기질을 사용하여 현상세계의 악의 문제를 해결하였던 것이다.

총괄하면, 이후 맹자의 사상을 계승하여 전개된 주자와 육학의 학문분화의 궁극적 원인도 이들 심 · 성 · 정에 대한 해석상의 차이에 따른 것임을 감안할 때, 이들 심성론의 대비적 고찰은 맹자와 주자 심성론의 분명한 해석상의 차이뿐만 아니라 아울러 선진유학과 송명유학 전반을 관통하는 심성론의 흐름에 대한 정확한 인식도 가능하게 하였다고 평가할 수 있다.

2부

퇴계학파의 심성론

4장

퇴계학파의 연구현황과 전망

퇴계 이황(1501~1570)의 문하에는 류성룡 · 김성일 · 정구 등 그 시대의 대표적 석학들이 출현하였고, 그 뒤를 이어 정경세(류성룡의 문인), 이현일(김성일의 재전문인) · 장현광 · 허목(정구의 문인) 등이 잇달아 등장함으로써 퇴계 문하의 퇴계학파가 성립하게 되었다. 그러나 구체적으로 율곡학파(기호학파)와 대립적으로 구별되어 퇴계학파(영남학파)가 성립하게 되는 계기는, 율곡계열의 성리학자들이 퇴계의 '理氣互發說'을 비판하자 이에 대한 반박으로서 율곡의 '氣發一途說'을 비판하면서 형성되어 갔다. 먼저 17세기 전반까지는 퇴계의 학맥 안에서 金垓(近始齋) · 柳元之(拙齋) · 李逑(活齋) 등이 율곡의 성리설을 渾淪一邊說로 비판하면서 퇴계학통의 학파적 인식이 점차 각성되기 시작하였던 것으로 보인다. 여기서 한걸음 더 나아가 17세기 후반에 오면 이현일이 율곡의 성리설을 전면적으로 비판하고 퇴계의 성리설을 옹호하는 체계적 이론을 전개하면서 퇴계학파의 성리학적 정통성의 인식이 확립되었던 것이라 할 수 있다.[1)]

퇴계학파의 학맥은 17세기 이후 퇴계학파가 성립되고 계승되는 과정에서 시대에 따라 분화가 일어났지만, 크게 보면 ① 학봉 김성일, ② 서애 류성룡, ③ 한강 정구의 문하를 중심으로 발달하였다고 할 수 있다. 먼저, ① 안동권의 학봉 김성일 학맥은 퇴계학파의 중심을 이루는 정통 학맥으로 가장 많은 학자들이 배출되었으며, 가장 다양하게 분화되어 가는 양상을 보여주었다. 이들을 통해 金誠一(鶴峯) → 張興孝(敬堂) → 李玄逸(葛庵) → 李栽(密菴) → 李象靖(大山) → 南漢朝(損齋) → 柳致明(定齋)으로 계승되는 정통의 주류를 이루었다. 김성일을 계승한 학맥은 장흥효를 거쳐 그의 외증손인 이현일에 이르러 퇴계학파의 성리학적 학통이 확고하게 정립되었다. 이현일에 이어 그의 아들인 이재를 거쳐 그의 외손인 이상정의 문하에서 李埦(俛菴)·柳長遠(東巖)·南漢朝(損齋)·鄭宗魯(立齋)·金宗德(川沙)·柳範休(壺谷) 등 당대의 저명한 학자들이 배출되었고, 또한 이상정의 학맥은 남한조를 거쳐 이상정의 외손인 유치명의 문하에서 金道和(拓菴)·柳必永(西坡)·權璉夏(頤齋)·金興洛(西山)·李震相(寒洲) 등 韓末 퇴계학파의 중심인물들이 등장하였다. 그 가운데 김흥락은 안동권의 정통 학맥을 계승하여 중심인물이 되었으며, 성주의 이진상은 퇴계의 성리설을 새롭게 해석하여 '心卽理'설을 제기함으로써 한말 성리학의 대표적 인물로 등장하였다. 김도화의 문인인 柳寅植(東山)은 계몽사상가로서 활동하였으며, 이진상의 문인으로 郭鍾錫(俛宇)은 유림 대표로서 유림의 독립운동을 주도하였다. 또한 이진상의 아들인 李承熙(韓溪)는 유교의 종교운동으로서 공자교운동을 전개하였고, 이승희 문하의 金昌淑(心山)은 독립운동가로서 해방 후 유림조직의 재건을 주도하였던 사실을 볼 수 있다. 이처럼 이상정 이후 안동권은 사실상 퇴계학파의 중심으로서 가장 큰 비중을 차지하였으며, 실질적으로 강력하고 지속적인 영향력을 미쳤던 것

---

1) 금장태, 『퇴계학파의 사상(Ⅰ), 집문당, 1996, p.19

이 사실이다.

②상주권의 서애 류성룡 학맥은 상주의 정경세에 계승되어 예학을 일으켰고, 정경세의 학맥은 류성룡의 아들 류진과 손자인 류원지로 이어지면서 상주지역의 학맥으로 자리를 잡았으며, 류성룡의 7대손인 류심춘을 거쳐 한말에 이르러 류성룡의 9대손인 류주목으로 이어졌으며, 류주목은 특히 예학에 밝아 중요한 업적을 남겼다. 이는 柳成龍(西厓) → 鄭經世(愚伏) → 柳袗(修巖) → 柳元之(拙齋) → …… → 柳尋春(江皐) → 柳疇睦(溪堂) 등으로 계승되는 계보를 형성하였다. 이 학맥은 면면히 이어져 왔으나 류성룡 가문의 家學적 전통이 강하였던 것에 비해 크게 번성하지 못하였다.

③ 정구는 퇴계와 남명의 두 문하에서 수학하였으며, 그의 학맥은 허목과 장현광을 통해 매우 독특한 학맥으로 전개되었다. 이들 학맥은 영남 안에서 발전되기보다는 기호지역의 남인학자들에 의해 계승되었다. 경기도 연천의 허목은 古學의 학풍을 열었고 예송의 중심인물로서 예학에 조예가 깊었다. 그의 사숙 학맥으로서 경기도 안산의 이익은 실학의 핵심적 인물로서 성호학파 실학을 열었으며, 이익의 문하는 안정복과 황덕길을 거쳐 허전에 이른다. 허전은 실학적 의식이 약한 반면에 예학과 경세론에 깊은 조예를 지녔으며, 그의 문하에 선산의 허훈이 나왔고, 허훈의 문하에서 애국계몽가인 장지연이 나왔다. 기호에 퍼진 퇴계학파의 학맥은 성주의 鄭逑(寒岡) → 경기의 許穆(眉叟) → 안산의 李瀷(星湖) → 제천의 安鼎福(順菴) → 黃德吉(下廬) → 김해의 許傳(性齋) → 선산의 許薰(舫山) → 張志淵(韋庵)으로 이어지는 것을 볼 수 있다. 기호지역에서 활동하였던 尹鑴(白湖)도 정구와 상당한 연관을 맺고 있는 것이 사실이다. 허목 · 윤휴 · 이익 등 이들 영남학통에 근원을 두고 있던 기호남인의 학맥을 '근기학파'라 부르기도 하였다. 또한 장현광 계열은 가학으로 이어져 장현광의 8대손인 칠곡의 張福樞(四未軒)는 이진상과 교유하면서 敬의 수양론에 깊

은 관심을 보였다. 문경의 權相一(淸臺)은 퇴계의 학설에 철저히 회귀하는 현상을 보여주었으며, 장현광의 문인으로 평안도 태주의 鮮于浹(遯菴)은 평안도 지역에서 퇴계학파의 학풍을 일으키는데 중요한 역할을 하였다.[2)]

이처럼 퇴계학파는 영남지역을 중심으로 기호지역에까지 걸쳐 여러 학맥으로 분화하였으며, 퇴계의 理철학을 계승하면서 시대에 따라 다양한 문제의식을 제기하고 학맥에 따라 독특한 학풍을 전개해 왔다. 우리가 퇴계학파라 일컬을 때 그 학파의 조건에는 먼저 철학적 근본입장(主理)이 있으며 동시에 학맥의 뚜렷한 사승관계가 있다. 그러나 퇴계학파 안에서도 퇴계의 학설에 의문을 제기하거나 이설을 내세우는 것도 있고 또한 학맥의 사승관계를 엄격히 적용하기 어려운 경우도 있으나, 전체적인 흐름 속에서 퇴계철학이 전개하는 다양성의 폭으로 수용할 수 있어야 할 것이다.

1. 퇴계학파의 연구현황 및 분석

(1) 제1기(16세기 후반)

이 시기는 퇴계의 직전 문인이 활동하던 시기이다. 주로 김성일 · 류성룡 · 정구가 직전 문인의 중심축을 이루고 학맥을 형성하였다. 특히 김성일은 퇴계문하에서 성리설을 수업 받았으나 그 자신은 예학과 의리론 및 경세론에 적극적인 관심을 보였다. 또한 정구는 예학을 깊이 천착하여 퇴계학파의 예설을 정립시켰으며, 경세론적 인식에서는 류성룡이 등장하여 뚜렷한 업적을 남겼다.

---

2) 금장태, 『퇴계학파와 리철학의 전개』, 서울대학교출판부, 2000, pp.4-7 참조.

1) 鶴峰 金誠一(1538~1593)

1976, 이상은, 「학봉선생의 학문사상의 경향」, 『국역 학봉전집』, 학봉선생기념사업회

1996, 금장태, 「학봉 김성일의 사상」, 『퇴계학파의 사상(I)』, 집문당

1995, 김진경, 「학봉 김성일의 도학사상에 관한 연구」, 성균관대학교 석사학위논문

2000, 권오영, 「학봉 김성일과 안동지역의 퇴계학맥」, 『퇴계학과 유교문화』28, 경북대학교 퇴계학연구소

퇴계학파의 계승과 전개과정에서 보면 퇴계학파의 여러 분파 가운데서도 김성일을 매개로 계승하고 있는 계열은 적통으로 인정되어 큰 비중을 차지하고 있으나, 김성일에 대한 성리학적 연구 성과는 미흡하다. 금장태의 「학봉 김성일의 사상」에서 성리학과 예학, 경세론 전반을 다루면서 리기 문제를 간략히 소개한 것이 전부이다. 금장태는 "그가 성리설에 천착하지 않고 예학의 인식과 실천에 힘썼던 사실은 鄭逑(寒岡)나 율곡 문하의 金長生(沙溪)과 일치점을 보여주고, 동시에 엄격한 수양론과 일본의 침략의도에 대해 강인한 저항의리를 발휘한 사실에서는 趙憲(重峰)과 어깨를 나란히 한다"고 평가하였다. 김진경의 석사논문인 「학봉 김성일의 도학사상에 관한 연구」에서도 성리학에 대한 이해보다는 수양론과 경세론 위주의 이론을 전개하였다.

2) 西厓 柳成龍(1542~1607)

1995, 이수건, 「서애 류성룡의 학문과 학맥」, 『퇴계학과 유교문화』23, 경북대

학교 퇴계학연구소

1995, 금장태, 「서애 류성룡의 철학사상」, 『퇴계학과 유교문화』23, 경북대학교 퇴계학연구소

2000, 김호종, 「서애 류성룡과 안동 · 상주지역의 퇴계학맥」, 『퇴계학과 유교문화』28, 경북대학교퇴계학연구소

2007, 신두환, 「서애 류성룡의 성리학과 문예미학에 관한 담론」, 『한국한문학연구』40, 한국한문학회

2008, 권오영, 「서애 류성룡의 경학사상의 심학적 성향」, 『류성룡의 학술과 경륜』, 태학사

2009, 김용재, 「서애 류성룡의 양명학 이해와 비판에 관한 고찰」, 『양명학』23, 한국양명학회

2009, 안영상, 「서애 류성룡의 양명학관에 대한 재검토」, 『양명학』23, 한국양명학회

2012, 김 혁, 「서애 류성룡의 성리설에 관한 연구」, 계명대학교 석사학위논문

금장태는 「서애 류성룡의 철학사상」에서 성리학 · 예학 · 경세론 등을 포괄적으로 다루면서 "그의 사상은 경세론의 영역에 가장 큰 비중을 두고 있으며, 이러한 점에서 성리학-수양론의 경향으로 치우쳐 있는 퇴계학파 안의 다른 학맥과 구별된다" 고 평가하였다. 류성룡의 연구성과 중에서 주목할 만한 것은 김혁의 석사논문인 「서애 류성룡의 성리설에 관한 연구」이다. 그는 양명학에 대한 비판적 전개와 내 마음에 있는 도덕적 本心에 대한 자각을 중심으로 이론을 전개하였으며, 이 논문은 류성룡 성리설의 특징을 전체적으로 깊이 있게 논의하고 있다는 점에서 그 의미가 크다.

(2) 제2기(17세기)

이 시기의 대표적 인물로서 퇴계의 재전 문인으로는 류성룡 문하의 정경세와 정구 문하의 장현광·허목이 가장 중요한 역할을 하였다. 장현광은 '理氣經緯說' 내지 '道一元論'의 독자적 성리설을 제기하였고, 정경세는 예학의 대표적 인물로 자리를 잡았으며, 허목은 近畿의 퇴계학파를 형성하여 古學의 학풍을 제기하고 예학에서 핵심적 역할을 하였다. 김성일 학맥의 계승자인 이현일은 율곡의 성리설을 비판하면서 리의 능동성과 리기의 분별설을 강조함으로써 퇴계의 입장을 확립하였다. 성리학적 이론체계에 있어서 퇴계의 입장을 옹호하고 다른 비판적 입장에 대해 재비판하는 역할을 이현일이 처음 담당하였다는 것은, 그가 성리학사 속에서 단순히 퇴계학파에 속한다는 정도를 넘어서 퇴계학파가 이현일에 이르러 그 성격을 뚜렷이 확립하게 되었다고 볼 수 있다. 또한 류성룡 학맥의 류원지와 퇴계 사숙 학맥의 정시한도 이 시대의 대표적 학자이다.

1) 葛庵 李玄逸(1627~1704)

1980, 금장태, 「갈암 이현일의 사칠론」, 『동양학국제학술회의논문집』2, 성균관대학교 대동문화연구원

1992, 이애희, 「이현일의 사단칠정론」, 『사단칠정론』, 서광사

1996, 유권종, 「갈암의 리기론에 관한 고찰」, 『철학논총』12, 영남철학회

1998, 박홍식, 「이현일의 인물과 학문사상」, 『영남학파의 연구』, 동방학회편

1996, 송석준, 「갈암의 율곡 비판」, 『철학논총』12, 영남철학회

2003, 금장태, 「이현일의 성리설과 퇴계학파의 정립」, 『한국유학사의 이해』, 한국학술정보(주)

2004, 이동희, 「퇴계학파는 퇴계의 성리학을 어떻게 이해하고 계승했는가?-갈암 이현일의 율곡 비판을 중심으로」, 『철학연구』89, 대한철학회

2006, 안유경, 「갈암 이현일의 성리학 연구」, 성균관대학교 박사학위논문

2006, 유권종, 「갈암의 여헌 성리학에 대한 비판고찰」, 『유교사상연구』27, 한국유교학회

2007, 이상익, 「갈암 이현일의 이능발론과 리기분개론」, 『퇴계학보』122, 퇴계학연구원

2008, 이기용, 「갈암 이현일의 율곡 성리학 비판」, 『율곡사상연구』16, 율곡학회

2009, 김경호, 「갈암 이현일과 우담 정시한의 율곡 사칠론 비판-그 접점과 간극」, 『율곡사상연구』19, 율곡학회

2010, 김낙진, 「갈암 이현일의 성리설과 경세론」, 『갈암 이현일 선생의 학문과 사상』, 제4회 역사인물학술발표회

2012, 안유경, 「율곡 성리설에 대한 갈암과 우담 비판이론의 대비적 고찰」, 『유교문화연구』20, 유교문화연구소

퇴계의 설을 옹호하기 위하여 율곡에 대한 비판을 철저히 관철했던 최초의 인물이라는 사실에 주목할 필요가 있는 것처럼, 이해희 · 송석준 · 이동희 · 이기용 · 김경호 등 이현일에 대한 논문 대부분이 율곡에 대한 비판적 관점에서 전개되고 있다. 특히 안유경은 박사논문인 「갈암 이현일의 성리학 연구」를 통해 이현일의 사상을 분별설의 논리에서 리기론과 심성론에서 경세론에 이르기까지 체계적인 분석을 전개하였으며, 「갈암 성리학의 형성 배경」과 「이현일의 격물치지설」 등 몇 편의 논문과 연보를 추가하여 『갈암 이현일의 철학사상』이라는 단행본을 발간하였다. 또한 이상익은 「갈암 이현일의 이능발론과 리기분개론」에서 갈암이 퇴계설을

옹호하고 율곡설을 비판하였지만 많은 경우 퇴계설을 원형 그대로 인식하지 않고 변형시켜 인식했으며 그의 율곡설에 비판도 적실성이 부족했다는 비판적 견해를 제기하였다. 또한 유권종도 「갈암의 여헌 성리학에 대한 비판 고찰」에서 이현일의 저술인 「愁州管窺錄」에서 장현광의 성리학설을 비판한 5개 조항의 내용을 중심으로 장현광의 학설을 동원하여 장현광의 입장과 견해를 확인하는 방법을 취하였는데, 그는 이현일의 장현광에 대한 비판이 퇴계학맥을 충실히 계승하는 학자들에게 통용될 수 있는 논리이고 기타의 학자들에게는 통용되기 어려운 것임을 밝히면서 이현일의 장현광 비판에 의문을 제기하였다.

2) 愚潭 丁時翰(1625~1707)

1958, 유명종, 「정우담 연구-성리설에 관한 율곡비판을 중심으로」, 『경북대학교 논문집』3

1984, 유명종, 「우담 정시한의 리주기보설과 인물성동이론」, 『한국사상대계』6

1985, 백도근, 『우담 정시한의 리학사상연구』, 영남대학교 석사학위논문

1985, 유명종, 「우담 정시한의 리주기보설」, 『조선후기 성리학』, 이문출판사

1992, 김낙진, 「우담 정시한의 사단칠정론」, 『사단칠정론』, 서광사

1996, 유명종, 「우담 정시한」, 『한국인물유학사』3, 한길사

1996, 금장태, 「우담 정시한의 학문과 사상」, 『퇴계학파의 사상(I)』, 집문당

1996, 김낙진, 「정시한과 이식의 리체용론 연구」, 고려대학교 박사학위논문

2000, 리기용, 「우담 정시한의 철학연구」, 『매지논총』17, 연세대 매지학술연구소

2006, 이동희, 「우담 정시한의 성리설에 대한 연구」, 『한국인물사연구』6, 한국인물사연구회

2007, 유성선, 「우담 정시한의 율곡 리기 · 사칠론 비판과 그 지평」, 『율곡사상

연구』11, 율곡학회

2007, 윤사순, 「우담선생의 인간상과 성리학사상」, 『국역 우담전집(I)』, 나주정씨월헌공파종회

2007, 김경호, 「우담의 호발설 옹호와 율곡비판-사칠변증을 중심으로」, 『한국철학논집』22, 한국철학사연구회

2007, 김낙진, 「우담 정시한의 리 주재의 철학」, 『한국철학논집』22, 한국철학사연구회

2007, 손흥철, 「우담의 리기 · 사칠론 소고-퇴계와의 관계를 중심으로」, 『한국철학논집』22, 한국철학사연구회

2007, 정호훈, 「우담 정시한의 생애 및 학문활동」, 『우담 정시한선생의 생애와 사상』, 한국철학사연구회

2007, 최영성, 「17~8세기 한국유학과 우담 정시한-당쟁시대 한 유학자의 인간상」, 『우담 정시한 선생의 생애와 사상』, 한국철학사연구회

2009, 김우형, 「우담 성리학의 특징과 대산 이상정에 미친 영향」, 『한국철학논집』26, 한국철학사연구회

2010, 손흥철, 「선의 보편성과 실천근거에 관한 우담과 녹문의 이해」, 『한국철학논집』28, 한국철학사연구회

2010, 강희복, 「우담 정시한은 퇴계를 어떻게 이해하였는가?-「사칠변증」을 중심으로」, 『한국철학논집』29, 한국철학사연구회

2011, 나대용, 「근기 퇴계학파의 율곡철학비판-우담과 성호를 중심으로」, 『퇴계학보』130, 퇴계학연구원

2011, 안유경, 「정시한 성리설의 구조적 이해-이현일과의 왕복서신을 중심으로」, 『동양철학』36, 한국동양철학회

정시한에 관한 연구는 유명종이 그 단서를 열었다고 볼 수 있다. 그는

장지연의 『유교연원』이나 현상윤의 『조선유학사』와 같은 유학사를 다룬 문헌에서 정시한에 관한 소개가 없음을 지적하고, 정시한이 유학사상에서 빼놓은 수 없는 중요도를 두 가지로 지적하였다. 하나는 영남 주리파 형성에 이바지한 영향과, 다른 하나는 '인물성동이' 문제의 논변을 한원진과 이간보다 훨씬 먼저 그의 제자인 李敬叔(畏庵) 사이에서 수십 년을 두고 전개하였다는 점이다. 이러한 시각에서 정시한의 성리설 이론과 '인물성동이' 문제를 다루었다. 그다음으로 정시한에 대한 공헌자는 김낙진을 들 수 있다. 그는 「정시한과 이식의 理체용론 연구」라는 주제의 박사논문을 제출함으로써, 그의 사단칠정론과 인성물성론 전반에 대한 사상을 체용론과 연관 지어 심도 있는 논의를 전개하였다. 그리고 중간중간 소논문을 발표하여 정시한 성리설에 대한 이론체계를 완비하였다. 정시한에 대한 연구는 크게 두 부류로 구분해볼 수 있다. 유명종·김낙진·김경호 등 초기의 연구는 단순히 정시한의 율곡 비판에 초점이 맞추어졌으나, 최영성·김우형·안유경 등 후기의 연구는 점차 퇴계의 이원론적 특징과 율곡의 일원론적 특징이 갖는 이론상의 결함을 보완·절충하여 그 시대에 제기되는 이론으로 재해석하였다는 종합적 성격에서 논지를 전개하였다. 정시한 이후 18세기에 활동한 이익과 이상정 등에게서 이러한 종합적 입장은 한층 더 강화되고 체계화되는데, 그 발단으로 정시한의 영향에 주목하였던 것이다. 연세대학교 근대한국학연구소에서는 2007년 〈우담 정시한의 생애와 사상〉이라는 주제로 정시한 선생 서거 300주년 기념 학술대회를 개최하였는데, 여기에서 최영성은 "정시한이 퇴계의 학문과 성리설을 근거로 율곡을 비판하였지만, 율곡의 성리설과 그의 논리를 전면 부정하지 않고 율곡의 주장을 드러나지 않게 수용하기도 하였다. 즉 그가 조선조 굴지의 퇴계학인이면서도 근기 출신이라는 점이 분개와 혼륜을 종합하는 방향으로 그의 성리설을 특징지을 수 있다"고 평가하였다.

3) 旅軒 張顯光(1554~1637)

1962, 유명종, 「장여헌사상의 연구-성리설을 중심으로」, 『경북대논문집』5, 경북대학교

1969, 채무송, 「여헌성리설」, 『중국학보』10, 한국중국학회

1986, 김필수, 「여헌 장현광의 생애와 성리설 연구」, 『철학사상』8, 동국대학교 철학회

1990, 이홍용, 「장현광의 성리설 연구」, 고려대학교 석사학위논문

1992, 유권종, 「여헌의 사단칠정론」, 서광사

1994, 장개한, 「장현광 사상의 고찰」, 『여헌 장현광의 학문과 사상』, 금오공과대학교 선주문화연구소

1994, 유권종, 「여헌의 사단칠정론」, 『여헌 장현광의 학문과 사상』, 금오공과대학교 선주문화연구소

1994, 유명종, 「여헌 장현광 사상의 연구」, 『여헌 장현광의 학문과 사상』, 금오공과대학교 선주문화연구소

1994, 이완재, 「여헌 장현광의 철학사상」, 『여헌 장현광의 학문과 사상』, 금오공과대학교 선주문화연구소

1994, 김길환, 「장현광의 태극사상」, 『여헌 장현광의 학문과 사상』, 금오공과대학교 선주문화연구소

1996, 금장태, 「여헌 장현광의 사상」, 『퇴계학파의 사상(I)』, 집문당

1999, 유권종, 「여헌 장현광의 역학과 성리학의 철학적 연관성에 관한 연구」, 『동양학』29, 단국대학교 동양학연구소

2000, 이희평, 「여헌 장현광의 철학사상 연구-「성리설」을 중심으로」, 성균관대학교 박사학위논문

2002, 이희평, 「여헌 장현광의 '리기경위설' 연구」, 『한국사상과 문화』17, 한

국사상문화학회
2005, 안영상, 「여헌 장현광과 성호 이익의 성리설 비교연구-사단칠정론과 인심도심론을 중심으로」, 『유교사상연구』24, 한국유교학회
2006, 김용헌, 「활재 이구의 장현광 성리설 비판」, 『유교사상연구』27, 한국유교학회
2008, 김용헌, 「퇴계학파의 여헌 장현광 비판에 관한 연구」, 『퇴계학보』123, 퇴계학연구원
2010, 김용헌, 「여헌 장현광 성리설 연구의 쟁점과 과제」, 『한국인물사연구』13, 한국인물사연구
2010, 김용헌, 「장현광 성리설의 연원에 대한 고찰」, 『동양고전연구』, 동양고전학회

유명종은 장현광의 철학을 '道一元論'이라 규정하였으며, 채무송은 경위설과 태극설을 중심으로 그의 성리설 전반을 세밀하게 분석하였다. 장현광에 대한 연구로 주목되는 것은 이희평의 「여헌 장현광의 철학사상 연구」이다. 그는 장현광의 「성리설」을 중심으로 그의 철학사상 전반을 탐구하여 기본 정신을 밝히고 그의 성리설을 체계적으로 분석하였다. 이 논문은 이후 수정 · 보완을 거쳐 『여헌 장현광의 철학사상』이라는 단행본으로 출판되었다. 초기에는 장현광 단독 연구가 주를 이루었으나 후대로 내려오면서 다른 학자와의 비교연구가 활기를 띠었는데, 그 대표적인 것이 안영상의 「여헌 장현광과 성호 이익의 성리설 비교연구」이다. 그는 장현광이 퇴계학파에 속하지만 퇴계학설을 그대로 묵수하지 않았다(사단과 칠정을 다 같이 理發로 본 것)는 점과 이익도 퇴계학을 계승한 대표적인 학자이지만 퇴계와 다른 체계를 세웠다는 점(사단과 칠정을 다 같이 理發로 본 것)에 주목하여 사단칠정과 인심도심을 중심으로 그들의 성리설에 대

한 이론적 분석을 전개하였다. 또한 김용헌이 퇴계학파를 비롯한 여러 학자들의 장현광 비판에 주목하여 논문을 전개한 것은 장현광 연구 성과의 특징으로 볼 수 있다. 또한 이전에는 역학에 대한 연구와 성리설에 대한 연구가 단독으로 진행되었으나 유권종에 이르러 둘의 연관성을 밝힌 작업이 이루어졌다. 「여헌 장현광의 역학과 성리학의 철학적 연관성에 관한 연구」는 그의 대표 저술인 「역학도설」이 그의 또 다른 저서인 「성리설」에 기반을 두고 있음을 지적하고, 그의 성리학적 이론체계는 「역학도설」에서 모색된 형이상학적 사유의 체계화 내지는 정밀화의 과정이나 그 결과로 보았다.

4) 愚伏 鄭經世(1563~1633)

1996, 윤사순, 「우복의 성리학 사상」, 『우복정경세선생연구』, 우복선생기념사업회편, 태학사

1996, 금장태, 「우복 정경세의 성리설과 경세론」, 『퇴계학파의 사상(I)』, 집문당

2007, 최정묵, 「우복 정경세 성리설의 기본입장과 율곡학 비판」, 『율곡사상연구』 14, 율곡학회

2000, 최재목, 「우복 정경세와 상주지역의 퇴계학맥」, 『퇴계학과 유교문화』 28, 경북대학교 퇴계연구소

2012, 장승구, 「상주지역 퇴계학파의 학문과 사상-우복 정경세의 철학과 경세론」, 『퇴계학과 유교문화』 50, 경북대학교 퇴계연구소

정경세에 대한 대표적인 연구는 최정묵의 「우복 정경세 성리설의 기본입장과 율곡학 비판」을 들 수 있다. 그는 논문에서 정경세가 지닌 성리설의 기본 입장을 정리하면서 율곡학에 대한 비판 내용이 무엇인지 밝히고

있다. 정경세는 퇴계의 理發을 인정하는 견해를 취함으로써 퇴계의 호발설을 옹호하고 있으며, 사단과 칠정의 문제에 있어서도 사단과 칠정에 대한 근원처를 명확히 하려는 입장을 취함으로써 사단과 칠정을 포함관계가 아닌 對說的 입장을 견지함으로써 퇴계설을 지지하고 율곡학에 대한 비판적 견해를 제시하였음을 밝혔다. 그 밖에도 정경세에 대한 연구는 주로 퇴계학맥과 연관해서 학파적 입장에서 전개된 것이 몇 편 보이고 예학을 다룬 논문도 다수 보이나 전체적인 맥락에서는 연구 성과가 미진하다.

5) 眉叟 許穆(1595~1682)

1980, 김길환, 「허목의 학문과 사상」, 『한국학보』18, 일지사

1996, 금장태, 「미수 허목의 사상」, 『퇴계학파의 사상(I)』, 집문당

2005, 김병현, 「미수 허목의 학문관 및 성리설 연구를 위한 시론」, 『한국철학논집』17, 한국철학사연구회

2008, 안병걸, 「미수 허목과 영남학파」, 『퇴계학과 유교문화』33, 경북대학교 퇴계학연구소

허목에 대한 연구 성과는 전반적으로 미흡하다. 허목에 대한 최초의 논문으로 볼 수 있는데, 김길환은 「허목의 학문과 사상」을 다루면서 그의 우주론과 심성론 전반을 개괄하였다. 여기에서 그는 성리학을 현실적인 실천 성리학과 이념적인 이론 성리학으로 구분하고, 대부분의 유학자들이 이 양분된 학문을 통일적으로 이해하지 못하고 한쪽에 치우쳐서 성리학의 참내용을 밝히는데 미흡하였다고 지적하였다. 그리고 허목의 성리학을 이론 성리학에 대한 반성의 일환으로 제창된 새로운 학풍으로 간주하고, 그가 리기와 심성을 일원적 주체로 통일하는 주체적 형이상학의 이

론을 확립하는데 크게 공헌하였다고 평가하였다.

금장태는 「미수 허목의 사상」에서 허목이 예학을 토대로 하고 古學의 방법론적 입장에 서 있으면서 성리학을 비롯하여 역사학에 독자적인 업적을 이루었음을 지적하고, 영남의 성리학과 근기의 실학에 가교적 역할을 하였다고 평가하였다.

(3) 제3기(18세기)

이재 · 권상일 · 이익 등이 이 시기에 활동하던 중요한 인물들이다. 특히 18세기 후반에 활동하던 이상정은 퇴계학파의 학풍이 분별설의 이원론에 기울어지는 것을 극복하기 위해 渾淪과 分開의 양면성을 종합하는 포용과 조화의 논리를 제기하였다. 또한 이상정은 『理氣彙編』 · 『朱子語節要』 · 『心經講錄』 등의 저술을 통해 퇴계학파 성리설을 이론적으로 정립함으로써 퇴계학파 학풍의 전성기를 이루었으며, 이때부터 안동권은 사실상 퇴계학파의 중심으로서 가장 큰 비중과 권위를 누리게 되었다. 세상 사람들은 그를 소퇴계라 불렀으며 약 279명의 湖門學團을 형성하였다. 근기에서 퇴계의 학풍을 사숙하여 계승한 이익은 『李子粹語』 · 『四七新編』 · 『李先生禮說類編』 등을 저술하면서 실학의 학풍을 열어감으로써 퇴계학파의 새로운 양상을 전개하였다. 그의 학문적 영향력은 19세기 전반의 정약용에게까지 이어져 '성호학파'를 이루고 조선 후기 실학사에서 가장 풍부한 업적을 남겼다.[3)]

---

3) 丁若鏞(茶山)을 비롯하여 성호학파의 대표적인 실학자들은 「다산사상의 연구전망」이나 「성호학파와 북학파의 연구현황」에서 별도로 다루어졌기 때문에 본 논문에서는 제외했음을 아울러 밝혀둔다.

1) 密菴 李栽(1657~1730)

1981, 이완재, 「밀암 이재의 철학사상」, 『민족문화논총』1, 영남대 민족문화연구소

1995, 금장태, 「밀암 이재의 사상」, 『퇴계학보』86, 퇴계학연구원

1998, 금장태, 「밀암 이재의 성리학」, 『조선 후기의 유학사상』, 서울대학교

2008, 유성선, 「밀암 이재의 '認理爲氣'적 율곡학 비판」, 『율곡사상연구』16, 율곡학회

이재에 대한 연구는 이완재가 그 단서를 열었다. 그는 「밀암 이재의 철학사상」이라는 주제로 그의 철학사상 전반을 主理的 관점에서 개괄하고, 영남학파에 있어서 이재가 차지하는 학문적 의의를 영남의 주리적 입장이 퇴계에서 싹이 트고 그것이 이재에 와서 일단의 전개를 보게 되었다고 평가하였다. 그는 절대적 근원을 리로 파악함으로써 유가의 모든 기본적인 개념들이 모두 이 리의 다양한 측면에서의 표현이라고 보았다.

금장태는 「밀암 이재의 사상」에서 학문과 사상 전반을 다루면서 그 학문적 특징으로써 주리론의 입장을 견제하면서도 리기의 어느 한쪽에 극단적인 강조를 두지 않고 양자의 역할을 주목하는 양변설의 성격을 관철하고 있다고 지적하였다. 또한 그의 학문세계는 부친 이현일의 학문을 계승하는 것으로, 그의 학문적 연원인 퇴계의 학설을 더욱 정밀하게 고증하고 영남 안팎에서 퇴계학설에 어긋나는 이론을 비판·변호함으로써 퇴계학파를 더욱 확고하게 뿌리내리게 하는데 크게 기여하였다고 평가하였다.

유성선의 「밀암 이재의 '認理爲氣'적 율곡학 비판」은 율곡학회의 특집기획인 '퇴계학파의 율곡비판'이라는 학술대회의 연장선상에서 기획한 논문이다. 그는 퇴계의 학문을 계승하여 주리적 입장에서 율곡의 혼륜설

을 비판하고 분개설을 주장한 이재의 학문과 사상을 논술하였다. 율곡의 철학이 혼륜설에 치우쳐서 리의 독립성을 확보하지 못함으로써 '認理爲氣'의 병통이 있다고 지적하고 율곡의 혼륜설을 '理氣一物說'이라고 규정하였다. 이 논문은 율곡 전공자가 율곡학의 입장에서 이재의 '율곡학 비판'을 논의의 근거로 삼았다는데 의미를 부여할 수 있다.

2) 大山 李象靖(1711~1781)

1992, 채무송, 「이대산의 주자퇴계학」, 『한국사학논총』, 수촌박영석교수회갑기념논총간행위원회

1997, 금장태, 「대산 이상정의 사상」, 『퇴계학보』95, 퇴계학연구원

1998, 백도근, 「대산학의 조선 성리학사상의 의의」, 『대동한문학』10, 대동한문학회

1998, 김시황, 「대산 이(상정)선생의 생애와 학문」, 『대동한문학』10, 대동한문학회

2000, 금장태, 「대산 이상정의 위학론과 성리학」, 『퇴계학파와 리철학의 전개』, 서울대학교출판부

2001, 유명종, 「조선후기 성리학사에서 대산 이상정의 사상적 위치-혼륜설과 분개설의 통일」, 『동방학지』113, 연세대학교 국학연구원

2001, 김우형, 「대산 이상정의 리기론」, 『동방학지』113, 연세대학교 국학연구원

2001, 손홍철, 「대산 이상정의 사단칠정론」, 『동방학지』113, 연세대학교 국학연구원

2001, 안영상, 「남당 한원진과 대산 이상정의 리기 심성론 비교연구」, 『동양철학연구』24, 동양철학연구회

2001, 유인희, 「대산 이상정 철학의 현대적 의의」, 『동방학지』113, 연세대학교

국학연구원

2004, 전성건, 「대산 이상정의 심성론에 대한 연구」, 고려대학교 석사학위논문

2005, 안영상, 「대산학파의 중화논쟁과 그 의미-性·道와 관련성을 중심으로」, 『동양철학』23, 동양철학회

2006, 전병철, 「대산 이상정의 리기심성론」, 『대동한문학』25, 대동한문학회

2006, 이상하, 「한국 성리학 주리론의 발전상에서의 대산 이상정」, 『대동한문학』25, 대동한문학회

2006, 안영상, 「대산 이상정의 혼륜·리발설의 착근에 있어서 여헌설의 영향과 그 의미」, 『유교사상연구』27, 한국유교학회

2007, 전병철, 「대산 이상정 성리설의 회통적 성격」, 경상대학교 박사학위논문

2008, 김경호, 「대산 이상정의 율곡비판과 퇴계학의 옹호」, 『율곡사상연구』16, 율곡학회

2008, 이상익, 「대산 이상정 理主氣資論과 퇴·율 성리학」, 『동방학지』142, 연세대학교 국학연구원

2011, 박원재, 「대산 성리설의 사상사적 문제의식과 논리구조」, 『국학연구』19, 한국국학진흥원

2012, 연석환, 「대산 이상정의 『理氣彙編』 역주」, 고려대학교 석사학위논문

채무송은 이상정의 성리설을 단독주제로 삼아 처음으로 연구한 논문이라는데 큰 의미가 있다. 그는 논문에서 이상정이 편찬한 『理氣彙編』의 전체적인 체계를 분석하고, 그의 성리설 전반에 관한 학설이 주자와 퇴계를 계승하고 있음을 밝히고 있다. 특히 사단칠정론에서는 퇴계의 학설을 계승하여 혼륜설과 분개설을 아울러 중시하였음을 지적하고, 그의 율곡 성리학 비판에서는 師說을 고수한 측면이 강한 것으로 율곡설을 자세히 이해한 것이 아니라는 비판적 견해를 제시하기도 하였다. 금장태는 「대산

이상정의 위학론과 성리학」에서 이상정의 생애와 사상 전반을 포괄적으로 고찰하고, 그의 성리학과 수양론을 관통하는 기본논리는 이분법적 상대구조 속에 한쪽으로 집착하는 것을 탈피하고 양자를 포괄하는 통합의 논리임을 제기하였다. 그는 이 통합의 논리를 통하여 통일성과 분별성이 긴장을 유지하는 통합된 세계관을 제시하였으며, 이를 통해 퇴계철학의 本意를 재해석하였다고 그 의의를 평가하였다. 연세대학교 국학연구원에서는 2001년에 〈18세기 한국신유학과 대산 이상정〉이라는 제목으로 학술대회를 개최하였는데, 여기에서 유명종은 이상정의 성리설이 가지는 사상사적 의의에 대해 分開와 渾淪의 양 길을 변증법적 방법에 의해 그 편견을 타파하고 통일 변증법으로 파악한 점이라고 평가하였다. 안영상은 남당 한원진과의 성리설 비교연구라든지, 여헌 장현광의 학문적 영향 등 다양한 측면에서 성리설에 관한 활발한 연구성과를 보여주었다. 특히 전병철은 「대산 이상정 성리설의 회통적 성격」이라는 박사학위논문에서 이상정의 성리설이 가지는 사상사적 의의를 "혼륜과 분개의 통합적 관점에 의해 퇴계학파와 율곡학파의 성리설이 회통될 수 있는 토대를 마련함으로써 후대 학자들에게 퇴계학파와 율곡학파의 성리설을 보다 넓은 시야에서 인식하여 서로 접근하고 소통할 수 있는 인식의 전환을 촉구하였다"고 평가하였다.

3) 星湖 李瀷(1681~1763)

1978, 이남영, 「이성호의 퇴계학의 정신」, 『퇴계학보』17, 퇴계학연구원

1979, 김영달, 「성호 이익의 철학과 위민사상연구」, 『국사연구』, 조선대학교 국사연구소

1982, 이남영, 「성호 이익의 퇴계관과 그의 실학론」, 『퇴계학보』36, 퇴계학연구원

1984, 안재순, 「이성호의 사단칠정론」, 『동양철학연구』5, 동양철학연구회
1985, 유인희, 「성호사설 속의 철학사상-정주리학과의 비교연구」, 『진단학보』59, 진단학회
1987, 이우성, 「초기실학과 성리학과의 관계」, 『제20회 실학공개강좌』, 국학연구원
1988, 김용걸, 「성호의 철학사상에 관한 연구, 성균관대학교 박사학위논문
1990, 김용걸, 「실학사상의 심성론 전개와 그 특징-경세치용학파 성호 · 다산을 중심으로」, 『민주문화논총』1, 민주문화아카데미
1991, 송갑준, 「성호 이익의 철학 연구」, 고려대학교 박사학위논문
1992, 송갑준, 「성호이익의 사단칠정론」, 『사단칠정론』, 서광사
1998, 안영상, 「성호 이익의 성리설 연구」, 고려대학교 박사논문
1999, 안영상, 「성호 이익의 사단칠정설」, 『동양철학』11, 한국동양철학회
1999, 안영상, 「성호학파의 우주론과 도덕실천적 심성론의 분리」, 『민족문화연구』32, 고려대학교 민족문화연구소
1999, 이상익, 「성호의 사단칠정론-『四七新編』을 중심으로」, 『한국사상과 문화』4, 한국사상문화학회
1999, 노상철, 「성호 이익의 사단칠정론에 나타난 실학적 성격」, 한림대학교 석사학위논문
1999, 하갑용, 「성호 이익의 심성론 연구」, 부산대학교 석사학위논문
1999, 김용걸, 「성호의 자연인식과 리기론 체계변화」, 『한국실학연구』, 창간호, 한국실학연구회
2000, 금장태, 「성호 이익의 성리학과 실학」, 『퇴계학파의 理철학의 전개』, 서울대학교 출판부
2002, 김종석, 「성호 이익의 성리설에 있어서 '공' 개념의 의미와 기능」, 『국학연구』, 한국국학진흥원

2002, 김종석, 「근기 퇴계학파 연구를 위한 예비적 고찰-성호 이익의 학문연원과 퇴계학 수용양상」, 『퇴계학보』111, 퇴계학연구원
2003, 예중열, 「성호 이익의 성리설 연구」, 계명대학교 석사논문
2004, 안영상, 「퇴계학파 내 호발설의 이해에 대한 일고찰-성호 · 청대 · 대산의 논쟁비교를 통하여」, 『퇴계학보』115, 퇴계학연구원
2005, 안영석, 「성호 성리설의 전개와 변용」, 『동양철학연구』41, 동양철학연구회
2011, 추제협, 「성호 이익의 심설과 사칠문제」, 『동아인문학』19, 동아인문학회

이익에 관한 그동안의 많은 연구 성과는 유형원을 잇는 실학의 대가로써 뿐만 아니라 사상사적 위치까지도 유감없이 발휘되었음을 볼 수 있다. 그 대표적인 연구 성과로 3편의 박사학위논문을 들 수 있다. 김용걸은 「성호의 철학사상에 관한 연구」에서 지금까지 불명료하게 이해하였던 성호의 철학사상과 정주철학에 대하여 그 사유의 논리로서 리기론과 그 상관관계에 주목하여 그 상이점을 비교하고 성호철학의 독자적 체계특성을 검토하였다. 송갑준은 「성호 이익의 철학연구」에서, 성호철학의 바탕을 경학에 두고 관념적인 자연관이나 형이상학적 리기론에 몰두하지 않고 자연과 인간의 문제에 대한 실제적 · 실용적 의미를 강조하는 실학의 정신에 입각하여 그의 경학관이나 우주론 · 심성론 등을 분석하였다. 안영상은 「성호 이익의 성리설 연구」에서, 사단칠정에 대한 체계적인 분석을 전개하였다. 그는 이익의 사단칠정론을 당시의 현안문제인 민생의 문제와 연계하여 자신이 처한 시대 상황에 따르는 실천적 준거를 마련하기 위한 노력의 일환으로 파악하였다.

또한 이익에 대한 성리학적 연구 성과는 이남영이 그 단서를 열었다고 볼 수 있다. 그는 「성호 이익의 퇴계관과 그의 실학론」에서 성호의 학문

적 인식이 보다 전체적이고 균형성을 확보한다는 취지에서 기존의 실학의 대가로 다루는 흐름에서 벗어나 퇴계의 호발설 옹호와 같은 퇴계학설과 연계성을 부각시켰다. 노상철은 「성호 이익의 사단칠정론에 나타난 실학적 성격」에서 성호의 실학사상의 근거를 그의 철학사상에서 찾음으로써 그의 철학사상과 실학사상을 本末論에 입각하여 통일적으로 구명하였다. 즉 그는 公과 私의 조화를 모색하는 사단칠정론을 그의 실학적 성격의 근거로 파악하였다. 이처럼 이익에 대한 초기의 연구 성과가 주로 경세론에 치중하였다면, 후기의 연구는 그의 경세론에 대한 철학적 기반을 찾고자 하는 입장에서 특히 심성론에 집중되었다.

(4) 제4기(19세기)

이 시기에는 안동권을 중심으로 이상정의 학풍을 계승하는 유치명과 그 문인 김홍락의 학풍이 퇴계학파의 정통으로 권위를 확립하고 있었다. 다른 한 갈래로서 유치명의 문인이지만 '리'철학의 입장을 강화하여 '심즉리설'을 제기한 성주의 이진상과 그의 문인 곽종석의 활동이 주목된다. 이진상은 퇴계 성리설을 근원적으로 새롭게 해석하였으며, 안동권의 퇴계학파 정통학맥으로부터 엄격한 비판을 받으면서 그 학문적 입장을 수호해갔다. 이진상의 문하에서 郭鍾錫(俛宇)·李承熙(韓溪)·許愈(后山)·李正模(紫東)·尹胄夏(膠宇)·金鎭祜(勿川)·張錫英(晦堂)·李斗勳(弘窩)이 출현하여 '洲門八賢'으로 일컬어지고 있을 만큼 활발한 학풍을 일으켰다. 따라서 한말의 시기에 퇴계학파 안에서 '한주학파'로 일컬을 수 있는 학맥의 분화가 일어나고 있는 것이 사실이다. 또한 근기학맥을 계승한 許傳(性齋)은 예학에서 중요한 업적을 남겼으며 영남지역에서도 광범위하게 영향을 미쳤다.

1) 定齋 柳致明(1777~1861)

1995, 유명종, 「퇴계의 분개설과 척발설-정재 유치명의 이해를 중심으로」, 『퇴계학보』87, 퇴계학원구원

1998, 윤천근, 「유치명의 인물과 학문사상」, 『영남학파의 연구』, 동방학회

2000, 금장태, 「정재 유치명의 위학론과 성리학」, 『퇴계학파의 理철학의 전개』, 서울대학교출판부

2008, 김낙진, 「정재 유치명과 서산 김홍락의 本心 중시의 철학」, 『율곡사상연구』16, 율곡학회

2009, 이상호, 「정재학파 성리학의 지역적 전개양상과 사상적 특징」, 『국학연구』15, 한국국학진흥원

2010, 유영수, 「정재 유치명 연구」, 『동방한문학』, 동방한문학회

유명종은 「퇴계의 분개설과 척발설-정재 유치명의 이해를 중심으로」에서 퇴계의 分開와 剔拔을 분별해야 한다는 주장을 중심으로 그의 논문을 전개하였다. 유치명은 사단과 칠정의 분개와 혼륜 중에 특히 분개설은 퇴계로부터 시작되고 발단되었으며, 다만 분개는 情에서 말한 것에 한정되고 性에서 본연과 기질의 구별은 분개가 아닌 척발설이다. 퇴계의 분개 가르침은 '정'으로서 논한 것이지 '성'으로 말한 것이 아니라고 분석하였다. 금장태는 「정재 유치명의 위학론과 성리학」에서 그의 학문과 철학사상 전반을 개괄하면서 "유치명을 중심으로 성리설의 논의가 활발하였지만 새로운 쟁점을 전개한 것이 아니라 기존의 이론들에 대한 광범위한 검토에 치중하였으나, 다만 그의 리 개념이 이상정의 주리론을 더욱 심화시켜 理動靜說에서 理活物說로 나아간 것에 그의 성리학적 특징이 있다"고 평가하였다.

김낙진은 「정재 유치명과 서산 김홍락의 本心 중시의 철학」에서 유치명과 김홍락의 성리사상을 위주로 유치명과 김홍락의 학문을 퇴계학과 율곡학의 비판적 종합이라는 관점에서 전개하였다. 율곡의 호발설 비판에는 찬성하지 않지만 그 취지와 논점에는 동의하는, 즉 율곡의 비판 중 일부를 수용하여 퇴계학의 이론을 변모시킨 학자로 보고 이를 퇴계학에 대한 재해석으로 평가하였다.

2) 西山 金興洛(1827~1899)

1998, 이해영, 「김홍락의 인물과 학문사상」, 『영남학파의 연구』, 동박학회

2000, 『서산 김홍락-한말 퇴계학통의 정맥』, 서산선생기념사업회

2000, 「한말 퇴계학통의 정맥 서산 김홍락」, 성균관유도회안동지부, 안동청년유도회

김홍락의 성리설과 관련된 논문은 김낙진의 「정재 유치명과 서산 김홍락의 본심 중시의 철학」이 있으나 앞서 유치명 부분에서 언급하였기에 생략한다. 그에 대한 연구는 주로 의병활동과 같은 인물위주의 연구가 돋보이지만 아직까지 그의 성리학과 관련된 논문은 보이지 않고 있다.

3) 寒洲 李震相(1818~1886)

한주 이진상과 그의 학파와 관련된 연구현황은 이형성, 「한주 이진상과 그 학파 연구의 현황과 전망」(『유교사상연구』39)에서 자세히 분석하였으니 참조한다.[4)]

(5) 제5기(20세기)

퇴계학파의 한말 도학은 20세기로 계승되어 일제강점기와 해방 이후에까지 활발한 활동을 하고 있는데, 특히 20세기 전반에 안동의 柳寅植(東山)과 선산의 張志淵(韋菴)은 계몽사상가로서 활동하고 청도의 朴章鉉(中山)은 민족의식에서 경학의 재구성을 시도하며, 한주학맥에서 李承熙(韓溪)와 李炳憲(眞菴)의 유교의 종교운동으로서 孔教운동이 전개되고, 이승희 문하의 金昌淑(心山)은 독립운동가로서 해방 후 유림조직의 재건을 주도하였던 사실을 볼 수 있다. 이러한 사실은 퇴계학파가 최근에 이르기까지 한편으로 전통 성리학의 학풍을 계승하면서도 다른 한편으로 유교의 근대적 개혁에 주도적 역할을 하고 있음을 보여주는 것이다. 그러나 그들의 성리학과 관련된 연구 성과는 아직 보이지 않는다.

2. 전망 및 향후과제

지금까지 퇴계학파의 연구현황을 시대별로 제1기(16세기 후반), 제2기(17세기), 제3기(18세기), 제4기(19세기), 제5기(20세기)의 다섯 시기로 구분해보았다. 퇴계로부터 직접 훈도를 받은 제자(김성일 · 류성룡 · 정구)로부터 그 계승자에 이르기까지 16세기 후반에서 20세기 후반까지 이어지는 퇴계학파의 학맥의 주요 인물들의 연구현황을 그들의 성리학에 대한 연구를 중심으로 분석하였다. 성리학 이외에 문학 · 실학 · 경세 등 다방면에 걸친 연구 성과가 방대하게 이루어졌으나 본 논문에서는 제외하

4) 한국철학 연구 성과와 관련하여 이형성, 「조선후기 심설논쟁 연구의 현황과 전망」 참조한다.

였다. 그렇지만 앞으로는 전체적인 연구현황도 아울러 이루어질 것을 기대한다. 또한 필자의 연구역량의 부족으로 연구현황에서 빠진 부분이 없지 않으리라 생각되는데, 추후 더 많은 재검토 작업을 통해 부족한 점을 보완해나갈 것을 다짐한다.

이상의 결과에 따르면, 퇴계학파에 대한 대표적 연구가로는 유명종과 금장태 등을 들 수 있다. 유명종은 그의 대표 저술인 『한국철학사』·『한국사상사』와 『조선후기 성리학』을 통해 퇴계학파의 주요 인물연구에 대한 단서를 열었으며, 금장태는 『퇴계학파의 사상(I·II)』과 『퇴계학파와 理철학의 전개』 등에서 퇴계의 직전 문인들과 퇴계학파 계승자인 16세기 후반에서 20세기 후반까지 이어지는 퇴계학파 학맥의 주요 인물들의 사상을 해명함으로써 퇴계학파의 연구에 중추적 역할을 하였다. 이들의 선행연구는 그 이후 많은 연구 성과가 이루어질 수 있는 토대를 마련하였다고 평가할 수 있다.

이상과 같이 퇴계학파의 성리학 위주의 연구 성과를 조명해봄으로써 퇴계학파의 전체적 연구 성과를 한 눈에 파악할 수 있는 것은 의미 있는 일이라 생각된다. 지금까지 많은 연구 성과가 이루어졌지만 아직 몇몇 연구자에 부분적으로 집중되어 있는 것도 사실이다. 아직 연구가 미흡하거나 다루어지지 않는 학자들도 많은데 앞으로는 더 많은 다양한 연구 성과가 이루어질 수 있기를 기대해본다. 참고로, 이 내용은 2012년도에 작성된 것이므로 그 이후의 연구 성과는 반영되지 않았음을 밝혀둔다.

5장

천명도설로 보는 심성구조

圖說 형식은 그림과 간단한 해설로써 난해한 사상적 이론을 알기 쉽게 표현하는 데 그 목적이 있다. 이러한 사실은 '거듭 설명해도 분명히 이해하지 못하는 초학자들에게 경전의 의미를 교육하기 위하여 『입학도설』을 지었다'는 양촌(권근)이나, '아우에게 성리학을 가르치기 위하여 천명도를 지었다'는 추만(정지운)의 말에서도 확인할 수 있다. 이들은 모두 성리학의 복잡한 이론, 특히 천인관계의 원리를 초학자들이 알기 쉽게 이해하도록 하기 위한 방법으로 도설의 형식을 취하였던 것이다.

학문의 이론적 체계를 도설로 표현하려는 노력은 도설의 선구적인 위치를 차지한 양촌의 『入學圖說』(1390)을 시작으로 그의 문인인 김반의 『屬入學圖說』과 조카인 권채의 「作聖圖」 등에서 나타나며, 이후 추만의 「天命圖(天命舊圖)」와 퇴계의 「天命新圖」를 비롯하여 하서와 고봉 등 조선시대 많은 유학자들이 도설 형식으로 자신의 학문세계를 표현하였다. 퇴계와 고봉 사이에 일어났던 조선시대의 대표적인 철학논쟁인 '사단칠정논쟁'도 추만이 그린 천명도를 퇴계가 몇 구절에 걸쳐 수정한대서 발단하였다는 사실만을 보더라도 도설이 조선 성리학사에 끼친 영향을 짐작할 수 있다.

물론 양촌의 『입학도설』을 비롯하여 추만 · 하서 · 퇴계의 천명도 등 여러 도설들이 있지만, 이러한 도설을 중시하는 학풍에 결정적 영향을 미쳤던 것은 바로 퇴계의 『聖學十圖』(1568)라고 할 수 있다. 퇴계는 성리학의 방대한 이론체계, 즉 우주론 · 심성론 · 수양론 등 다양한 영역을 『성학십도』속에 10개의 도설로 구성하여 가장 압축적으로 설명함으로써 조선시대 도상의 전형을 확립하였다.[5] 이것은 퇴계가 68세의 노학자로, 17세의 어린 임금 선조에게 학문과 수양의 핵심을 간명한 도설형식으로 정리하여 바친 작은 책자이다. 양촌의 『입학도설』속의 「大學指掌之圖」나 박영의 「大學圖」는 후일에 퇴계의 『성학십도』속의 제4도에 흡수되며, 또한 박영의 「白鹿洞規解」나 노수신의 「夙興夜寐箴註解」도 『성학십도』속의 제5도와 제10도에 각각 흡수된다. 그만큼 『성학십도』의 위치는 당대의 모든 도상을 압도하는 비중을 확보하였던 것이다. 여기에서 『성학십도』의 위상을 언급한 것은 천명도설의 결정체에 해당하는 「心統性情圖」가 바로 『성학십도』속의 제6도의 내용이기 때문이다.

주렴계의 「태극도」는 '無極而太極'으로부터 만물화생까지 우주의 생성과정, 즉 天道에 관한 것뿐이고 인간이 생겨난 이후의 '오성이 감동하여 선악이 나누어지는' 인간문제, 즉 人道에 관한 것은 그림에 나타나 있지 않다.[6] 즉 「태극도」에는 '천도'와 '인도'가 어떻게 연결되며 어떠한 관계

---

5) 금장태, 『성학십도와 퇴계철학의 구조』, 서울대학교출판부, 2003. p.3

6) 물론 주돈이의 「태극도설」에는 우주생성의 과정인 '천도' 부분 외에 '인도' 부분에 대한 해설이 들어있다. 즉 "오직 사람만이 그 빼어남을 얻어 가장 영특하다. 인간의 형체가 이미 생기니 정신이 그 지각을 드러낸다. 오성이 감응하여 움직이니 선악의 갈라지고 온갖 일이 생겨난다. 성인은 그것을 중정과 인의로서 규정하고 정을 주로 하여 사람의 표준을 세운다.(惟人也, 得其秀而最靈. 形旣生矣, 神發知矣. 五性感動而善惡分, 萬

속에 있는지가 그림으로 표시되어 있지 않다. 조선 성리학자들은 바로 이 점에 주목하였다. 천도와 인도가 어떻게 연결되며 인도가 어떻게 천도와 합일될 수 있는지를 고민하고, 이것을 그림으로 표현하려고 노력하였다. 그중에서 가장 대표적인 것이 양촌・하서・추만・퇴계로 이어지는 천명도이다.

주렴계의 「태극도」가 태극을 중심으로 우주의 생성과정을 전개한 것과 달리, 천명도의 출발점은 인간이 누구나 하늘이 부여한 선한 본성을 가지고 태어났다면 현실세계의 악은 어떻게 설명할 수 있는가?라는 문제의식에서 시작된다. 그래서 양촌을 비롯하여 추만・하서・퇴계의 천명도에서는 천명을 중심으로 인성의 선악문제에 관심이 집중되어 있다. 이름은 천명도가 아니지만 천인관계를 다룬 도설로는 양촌의 「天人心性合一之圖」(『입학도설』)가 그 시원을 열고, 이어서 하서의 「天命圖」, 퇴계와의 수정을 거친 추만의 「天命舊圖」, 퇴계의 「天命新圖」가 차례로 나온다. 그리고 천명도에서 다룬 심성의 선악문제, 특히 사단과 칠정의 관계가 최종적으로 퇴계의 「心統性情圖」(『성학십도』)에서 종합된다. 이렇게 보면 양촌으로부터 시작된 천명・인성・선악의 도설적 표현은 퇴계의 「심통성정도」에 이르러서 일단락된 것으로 볼 수 있다.

따라서 본문에서는 양촌・하서・추만・퇴계로 이어지는 천명도의 내용을 분석하고, 이것이 「심통성정도」에 어떻게 흡수・종합되는지를 살펴보도록 한다. 이를 통해 도설의 전개과정이 조선성리학사의 발달을 이해하는 데 중요한 자료가 된다는 사실을 확인한다.

事出矣. 聖人定之以中正仁義, 而主靜立人極焉.「太極圖說」)”

1. 양촌 권근의 「天人心性合一之圖」[7]

이 그림은 외형상으로 사람의 형체를 모방한 것처럼 되어있다. 크게 머리 · 몸통 · 다리의 세 부분으로 구분할 수 있다. 머리 부분에는 天 · 誠 · 命 · 元亨利貞 · 陰陽 · 陽根 · 陰根 · 水火木金土 · 理之源 등의 내용이 들어있다.

陽村의 天人心性合一之圖(入學圖說所載)

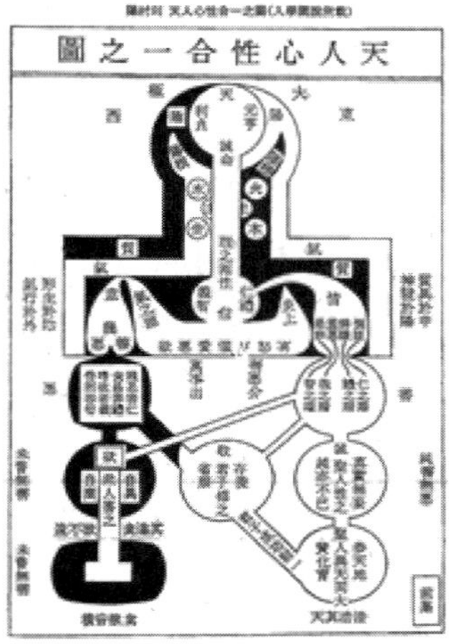

머리 부분은 「태극도」에서 다섯 층으로 나눈 것과는 달리 '無極而太極'과 '陽動陰靜'의 층이 하나로 합쳐져 있다. 이것은 '음양은 하나의 태극이고 태극이 곧 무극이다'는 말에 근거한 것으로 음양 속에서 태극을 설명한 것이다. 그리고 가운데 원이 바로 「태극도」의 ○(無極而太極)을 나타낸다. 가장 윗부분에 天을 표시하여 사람의 머리가 바로 天道부분에 해당한다는 것을 밝히고 있다.

그 아래에 원형이정과 誠을 표시하고 있다. 원형이정은 천(乾)의 네 가지 덕[8]으로, 시작하고 자라고 이루고 끝마치는 천의 운행과정을 나타낸다. 원형이정은 어디까지나 천의 운행과정에서 일어나는 단계적 변화를 구분 지어 설명한 것일 뿐이다. 『주역』에는 건의 四德을 말했을 뿐인데, 이 그림에서 誠을 추가한 것은 건도의 '至誠無息', 즉 지극히 성실하여 한

---

7) 양촌은 『입학도설』의 첫머리에 「天人心性合一之圖」를 그리고 그 이유를 다음과 같이 설명한다. 즉 「천인심성합일지도」는 주렴계의 '태극도'와 주자의 '天命之謂性'이라는 『중용』수장에 근거하여 인간의 심성 위에서 리기 · 선악의 차이를 밝혀서 배우는 이들에게 보여주려고 한 것이다.(『入學圖說』「天人心性合一之圖」, "右圖謹依周子太極圖, 及朱子中庸章句之說, 就人心性上, 以明理氣善惡之殊, 以示學者.")

8) 『周易』, 「乾卦」, "乾, 元亨利貞."

번도 쉬는 일이 없는 사덕의 순환하는 성실함을 표현한 것이다. 그래서 『중용』에서 子思가 "성은 하늘의 도이다"[9]라고 말하였는데 바로 이 뜻이다. 또한 주자가 이를 주석하여 "성은 진실무망을 이르니 천리의 본연이다"[10]라고 하였으니, '성'이란 사덕이 쉬지 않고 운행하는 天理의 본래 모습을 강조한 표현이다.

다음은 사람의 목 모양에 해당하는 부분이다. 양촌은 머리 부분과 몸통 부분을 목을 매개로 연결하고 있다. 「태극도」에서는 음양권 아래에 오행권을 구분하여 배열하였으나 이 그림에서는 음양과 오행이 하나로 합쳐져 있다. 아마도 '오행은 하나의 음양이요, 음양은 하나의 태극이다'[11]라는 말에서처럼 음양이 오행 밖에 따로 있는 것이 아니라는 음양과 오행이 하나임을 설명하려는 이유 때문일 것이다.[12] 예를 들어 오행의 하나인 물(水)이란 음이 성한 것이나 양이 이미 그 속에 뿌리를 내리고 있으므로 음 속의 양이 된다. 그러므로 음 속에 陽根이 있는 것이다. 불(火)이란 양이 성한 것이나 음이 이미 그 속에 뿌리를 내리고 있으므로 양 속의 음이 된다. 그러므로 양 속에 陰根이 있는 것이다. 음 속에도 양이 있고 양 속에도 음이 있으므로 '양근'과 '음근'이라는 말로 음 속에 양의 뿌리가 있고 양

---

9) 『中庸』, 第20章, "誠者, 天之道也, 誠之者, 人之道也."

10) 『中庸章句』, 第2章, "誠者, 眞實無妄之謂, 天理之本然也."

11) 周敦頤, 「太極圖說」, "五行一陰陽也, 陰陽一太極也."

12) 이것은 오행이란 음양이 보다 세분화된 것으로 음양의 다른 이름에 불과하다는 관점이다. 예를 들어 움직이고 정지함, 가볍고 무거움, 맑고 탁함이라는 대립되는 관점에서 파악할 때에는 음양의 모습 하에 인식하게 되고, 뜨겁다거나 습하다는 감각적인 성질 혹은 물리적 속성의 관점에서 파악할 때에는 오행의 모습 하에 인식하게 된다. 다시 말하면 이 세상에 드러나는 다양성을 설명하기 위해 음양의 개념이 등장하고, 그 다양성의 설명을 좀 더 세분화하기 위하여 음양 위에 수·화·목·금·토의 오행이 더해진 것이다. 그래서 음양과 오행이 조합하여 다양한 만물이 생성된다고 말한다. 따라서 음양과 별도로 오행이 있는 것이 아니라 음양=오행=만물을 동일선상에서 파악한다.

속에 음의 뿌리가 있음을 설명하고 있다.

여기에서 중요한 것은 머리 부분의 命과 몸통 부분(마음)에 있는 性을 리로써 연결하고 있다는 점이다. '명'이라는 것은 사람(사물을 포함)이 태어날 때 하늘이 부여하는 리인데, 이 리가 사람의 형체 속에 내재하여 성으로 갖추어지게 된다. 그래서 하늘의 입장에서 사람에게 부여한 것이 '명'이요, 사람의 입장에서 하늘로부터 부여받은 것이 '성'이 된다. 이에 주자는 "천도로써 말하면 원형이정이 되고 인도로써 말하면 인의예지가 된다"[13]거나 "명으로써 말하면 원형이정이 되고 성으로써 말하면 인의예지가 된다"[14]라고 하였다. 이것은 하늘에 있는 원형이정의 리를 '명'이라 하고, 사람에 있는 인의예지의 리를 '성'이라 한다는 말이다. 이렇게 보면 명이든 성이든 모두 리를 말한다는 것을 알 수 있다. 그래서 양촌은 '명'과 '성'의 사이에 理之源을 표시하고 있다. 물줄기를 찾아 올라가면 원천인 샘이 있어서 거기로부터 모든 줄기의 강물이 흘러나오듯이, 성의 근원을 찾아 올라가면 리라는 근원에 이르게 되는데 그것이 바로 천명으로 주어진 것이다. '명'을 理之源(리의 근원)이라 하여 '성' 위에다 놓은 것은 성의 근원이 모두 천명에서 나온 것이며, 천명에 의해 부여된 리가 모두 사람에게 갖추어져 있음을 알게 하기 위한 것이다. 그래서 주자는 "하늘이 음양오행으로 만물을 화생하는데 기로써 형체를 이루고 리 또한 부여하니 명령과 같은 것이다"[15]라고 하였다. 이것은 인간이 태어나면서부터 천명에 의하여 성이 부여된다는 말이다.

이어서 사람의 몸통 부분에 대해 살펴보자. 가운데 심이라는 글자에서 알 수 있듯이 마음이 그 중심을 이룬다. 여기에는 心·氣質·性·仁義禮

---

13) 『朱子語類』卷68, 「易5·乾上」, "以天道言之, 爲元亨利貞. 以人道言之, 爲仁義禮智."

14) 『中庸或問』, "以命言之, 則曰元亨利貞 …… 以性言之, 則曰仁義禮智."

15) 『中庸章句』, 第1章, "天以陰陽五行, 化成萬物, 氣以成形而理亦賦焉, 猶命令也."

智信 · 意 · 幾 · 善惡 · 氣之源 · 희로애구애오욕 · 情 · 惻隱羞惡辭讓是非 등의 내용이 들어있다. 먼저 氣와 質이 마음의 외곽을 싸고 있으며, 그 한가운데 性을 표시함으로써 마음이 리(성)와 기의 결합으로 구성되어 있음을 설명한다. 그리고 마음의 내용을 意 · 性 · 情으로 나누고 있다. 性이란 천명에 의해 부여된 리가 내 마음속에 성으로 갖추어져 있으므로 성을 마음의 중심에 배치한다. 성을 통해 천도와 인도가 하나로 연결된다. 이것이 바로 『중용』에서 말한 '하늘이 명한 것을 성이라 한다(天命之謂性)'는 뜻이다. 그리고 그 성의 내용으로 인의예지신을 나열한다.

意는 마음이 작용을 시작한 상태를 의미한다.[16] 幾란 마음이 작용하여 생각이 막 일어나 선과 악이 나누어지기 시작하는 바로 그때의 미세한 지점이다. 이때가 바로 선악이 갈라지는 분기점에 해당된다. 이 순간에 천리와 인욕의 갈림길이 생긴다. 그래서 意 아래에 幾를 표시하고, 그 아래에 다시 선과 악을 갈라서 표시하고 있다. 이것은 기미를 잘 살펴서 선과 악이 막 갈라지는 그 시점에 신중해 대처해야 한다는 경고적인 의미이다. 선악이 갈라지면서 인간사회의 모든 문제가 발생하게 되므로 마음 아래에 '善惡分 萬事出'을 표시하고 있다.

마음의 구조가 리와 기로 구성되어 있으므로 마음이 작용을 시작하면 동시에 기의 영향을 받아 기품에 구애되고 물욕에 가려져서 욕심에 미혹될 수 있다. 그래서 殘忍 · 貪冒 · 嗜欲 · 昏罔이 생겨서 인의예지를 해치고, 욕심에 떨어져서 금수와 다르지 않는 결과를 초래하게 된다. 그렇지만 이때에도 본바탕은 선하지 않음이 없으므로 敬을 중심으로 존양 · 성찰하면 본성을 회복하여 천지화육에 참여하는 성인이 될 수 있는 통로를 열어놓고 있다.

---

16) 『朱子語類』 卷5, 「性理(2)」, "意者, 心之所發."

또한 양촌은 意를 氣之源과 연결하고 있다. 마음이 작용을 시작하면 기의 영향을 받으므로 희로애구애오욕의 칠정이 생긴다. 그래서 氣之源 아래에 희로애구애오욕의 칠정을 표시하고, 칠정이 기에 근원하고 있음을 나타낸다. 여기에서 중요한 것은 양촌이 리(성)에 근원하는 측은 · 수오 · 사양 · 시비의 사단과 기에 근원하는 희로애구애오욕의 칠정을 질적으로 구분하고 있다는 사실이다. 사단을 리에 근원하는 성과 연결하고, 그리고 성과 연결되는 측은 · 수오 · 사양 · 시비만을 정으로 표시하고 있다. 이때의 정이란 인의예지의 성이 측은 · 수오 · 사양 · 시비의 정으로 드러나는 자리이니 性發爲情의 명제가 확보되는 지점이다.

마지막으로 다리부분을 살펴보자. 여기서는 誠 · 敬 · 欲을 중심으로 성인 · 군자 · 중인의 실천과 수양을 설명하고 있다. 성인은 본성대로 행하기 때문에 '眞實無妄'하고 '純亦不已'하며, 군자는 본성을 잃지 않도록 존양하고 성찰하는 사람이며, 중인은 인욕에 지배되어 자포자기하는 사람이다. 誠이 실천되면 성인의 덕을 이루어 우주의 질서를 도와주는 '參天地贊化育'의 공을 이룰 수 있으며, 敬이 실천되면 군자로서도 성인의 경지에 도달할 수 있으므로 '君子成功則一'이라 하여 '聖人與天同大'와 연결해놓고 있다. 欲이 실행되면 인욕의 충동대로 살아가서 금수와 다름없는 결과를 초래하므로 그 아래 '금수와의 거리가 멀지 않다(其違禽獸不遠)'라고 표시한다.

총괄하면, 그림에서 天 · 命 · 理之源 · 性을 한 줄로 머리와 몸통을 잇고 있는 것은 양촌이 생각하는 천인합일의 관점이다. 인간의 본성이 천명에 따른 리에 근원한다는 사실을 밝힌 것으로 이것이 바로 맹자가 말한 '性善說'이요 주자가 말한 '性卽理'의 다른 표현이다. 이 그림의 특징은 리(성)에 근원하는 측은 · 수오 · 사단 · 시비의 사단과 기에 근원하는 희로애구애오욕의 칠정을 분명히 구분해보려고 한다는 점이다. 이러한 사단과 칠정에 대한 리기론적 해석은 바로 훗날 조선유학자들에 의해 사단칠정논쟁이 일어나는 발단을 마련한다.

2. 하서 김인후의 「天命圖」[17)]

河西의 天命圖

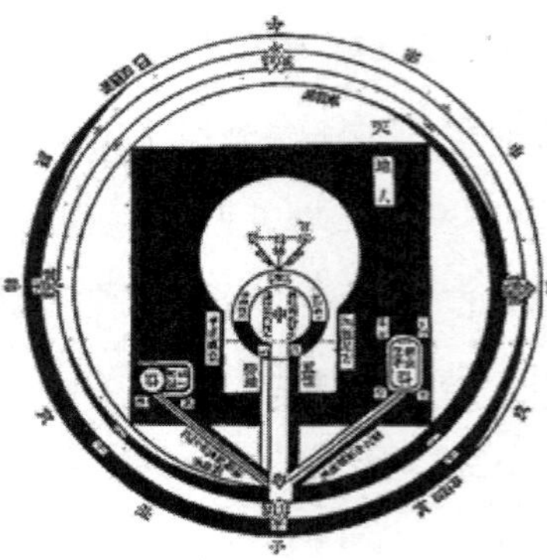

하서의 천명도는 크게 天·地·人으로 나누어져 있다. 天에는 음양·수화목금토·원형이정·誠·命 등의 내용이 들어있다. 천은 天圓地方의 형태에 따라 원의 모양으로 그리되, 모두 세 개의 원으로 그려져 있다. 원의 가장 외곽에는 십이지를 표시하여 시간과 방위를 나타낸다. 첫 번째 원에서는 수화목금토의 오행을, 두 번째 원에서는 원형이정과 誠을, 세 번째 원에서는 음양을 표시하고 있다. 첫 번째와 세 번째의 원에서는 흑백이 섞여 있는데 이것은 음양의 기를 나타내며, 두 번째 원에서는 백색으로만 되어 있는데 이것은 리를 나타낸다. 리를 기 안에 두는 것은 리와 기의 떨어질 수 없는 관계(不相離)를 나타낸 것이며, 리를 기와 구분하여 백색으로만 표시한 것은 리와 기의 섞일 수 없는 관계(不相雜)를 설명한 것이다. 오행에는 사방으로 수·화·목·금을 배치하고 그

17) 하서의 천명도(1549)는 추만의 천명도(「天命圖解」)속에 수록되어 있다. 즉 하서가 추만의 천명도를 보아주다가 자신의 도를 직접 그렸던 것으로 보인다. 이것은 퇴계가 추만의 천명도를 수정해주다가 그 자신의 도(「천명신도」1553)를 그린 것과 같은 맥락이다.

사이마다 토를 표시하여 토가 오행의 중심임을 설명한다. 원형이정은 천의 사덕으로, 시작하고 자라고 이루고 거두는 천의 운행과정을 설명한다. 이러한 천의 운행은 하루도 쉬지 않고 계속되므로 이것을 誠으로 표시하고 있다. 여기에서 '성'이라는 글자를 갈라서 각각의 원·형·이·정을 싸고 있는데, 이것은 수화목금이 토에 근원하듯이 각각의 원형이정이 모두 성에 근원하고 있음을 설명한 것이다.

地는 네모모양으로 그리되, 그 속에 五性을 기준으로 인간·금수·초목을 구별하고 있다. 오성은 인의예지신을 가리킨다. 오성이 모두 旁通한 것은 인간이고, '或通一路'한 것은 금수이며, '全塞不通'한 것은 초목이다. 왜냐하면 금수는 음양의 치우친 기 중의 바른 것을 타고났기 때문이요, 초목은 음양의 치우친 기 중의 치우친 것을 타고났기 때문이다. 그래서 오성을 모두 구비한 인간은 '平正直立'하나, 금수는 '橫生尾上'하고 초목은 '逆生向天'의 형태로 살아간다. 따라서 '頭圓足方'한 인간은 하늘과 땅의 형상을 모두 갖추고 있으므로 만물 가운데 영장의 위치를 차지한다.

人에는 中·具仁義禮智之理而渾然難分·희로애락애오욕·善和·惡幾·過不及 등의 내용이 들어있다. 이 부분은 두 겹의 원으로 그려져 있는데, 속의 원에는 中을 중심으로 인의예지의 리가 들어있고 겉의 원에는 희로애락애오욕의 칠정이 표시되어 있다. 그리고 이 '중'을 천명과 연결함으로써 천인합일의 인간관을 설명하고 있다. 인간에게 내재된 '중'으로서의 인의예지의 리가 천명에 의해 부여되었다는 것이다.

여기서 하서는 인간의 본질을 '중'으로 설명하고 있다. 이것은 성리학에서 인간의 본질을 性으로 보는 것과 구별된다. 성리학에서는 천명에 의해 부여된 리가 인간의 성으로 내재한다고 설명한다. 그렇지만 하서는 '성' 대신 '중'이라는 표현을 쓰고 있다. 『중용』에 따르면, 희로애락의 미발의 상태가 중이니 중은 순수한 도덕성(선)으로 이해할 수 있다. 그러므로 여기서의 중이란 '天命之謂性'에서의 '性'의 다른 표현으로 볼 수 있다. 이것은 '중'을 둘러싸고 '인의예지의 이치를 가지고 있으나 혼연하여 구분하기 어렵다(具仁義禮智之理而渾淪難分)'라고 표현한 것에서도 알 수 있다. '중'이 바로 '성'의 상태라는 말이다. 하서가 '성'을 '중'으로 표현한 것은 『중용』의 원리를 그의 심성론 해석에 적용시킨 것으로 볼 수 있다.

이러한 '중'의 성질은 음양(기) 속에서 음양과 섞이지 않는 관계에 있으므로 '중' 밖에 칠정의 원을 그리고 둘을 구분하고 있다. 喜·哀·惡는 음으로, 愛·樂·怒는 양으로 표시하여 칠정이 음양(기)의 영향을 받고 있음을 설명한다. 그리고 '중'은 리의 상태이므로 반드시 음양의 기가 매개된 정에 의해 실현될 수 있다.

情에는 사단을 특별히 표시하지 않고, 다만 '중' 밖에 또 하나의 원을 그리고 희로애락애오욕의 칠정을 표시하고 있다. 이것은 인간의 마음이 중(성)과 정으로 이루어져 있다는 말이다. 그리고 정에서 愛·樂·怒와 喜·哀·惡가 모두 欲자 속에 싸여 있는데, 이것은 인간의 정이 언제든지 욕망에 이끌릴 수 있음을 경계한 것이다. 중(성)이 정으로 드러날 때 기의 매개로 정이 中節할 수도 있고 不中節할 수 있는데, 이러한 정의 중절 여부에 따라 선과 악의 차이가 생긴다. 미발상태의 중이 정으로 드러날 때 절도에 맞으면 和(선)가 되고 그렇지 못하면 과불급(악)이 된다. 성을 중으로 파악하였던 만큼 정을 통해 이루어지는 성의 실현도 중의 특성을 살려 '화'로 설명하고 있다. 이것은 『중용』의 이론에 충실한 사고방식이다. 『중용』의 중절과 부중절의 논리에 근거하여 和와 過不及으로 선악을 규정하는 기준을 삼는다. 때문에 하서의 천명도에는 사단과 칠정의 리기론적 해석이 들어있지 않다. 선악을 정의 중절 여부로 구별하는 그로서는 사단과 칠정을 리와 기로 각각 해석할 필요를 느끼지 못하였을 것이다. 이러한 사고는 율곡의 「心性情圖」와 매우 유사하다.

총괄하면 하서는 『중용』의 논리에 따라 '중'으로써 인간의 본질을 설명하고, 중을 천명과 연결해 천일합일의 인간관을 제시한다. 정에서는 사단을 특별히 표시하지 않고, 정의 중절 여부로써 선악의 차이를 설명한다. 정, 즉 칠정을 사단과 구분되지 않는 인간의 일반적인 정감으로 보면서도, 욕망이 정을 둘러싸고 있는 것으로 표시함으로써 언제든 부중절할 수 있는 가능성을 나타내고 있다. 이렇게 본다면 하서가 말하는 천명의 실현은 과불급이 없는 中和의 태도로 살아가는 것을 의미한다.

3. 추만 정지운의 天命圖[18](「天命舊圖」)

추만의 천명도에는 여러 판본의 그림이 있으나, 본문에서는 『퇴계전서』에 실린 「천명구도」를 기준으로 삼는다.[19]

추만의 천명도는 크게 天圓 · 地方 · 人形으로 나누어져 있다. 天圓에는 수화목금토 · 원형이정 · 음양의 내용이 들어있다. 하서의 천명도에서 세

18) 추만이 처음에 그린 도설은 「天命圖解」(1543)이다. 후에 퇴계와의 논의를 통해 그 그림에 몇 가지 수정을 거치면서 「천명도설」(1553)을 완성한다. 오늘날 전해오는 「천명도설」본의 「천명신도」와 「천명구도」 가운데 「천명신도」는 퇴계가 정정한 것이고, 「천명구도」는 퇴계가 정정하기 이전에 추만이 지은 것으로 알려지고 있다. 사실 「천명구도」는 추만의 작품으로 보지만, 퇴계와의 여러 차례 수정의 과정을 거쳤기 때문에 퇴계의 생각이 많이 반영된 그림이다. 이렇게 볼 때 추만의 「천명구도」는 퇴계 「천명신도」의 일부로도 볼 수 있다.

19) 추만이 최초로 그린 「天命圖解」(原圖)와 퇴계가 수정한 「천명구도」가 다른 이유는 무엇인가? 이것은 추만 자신이 원본 이후에 여러 차례 수정을 거치면서 「천명도해」에서 「천명구도」로 내용이 고쳐진 것으로 보인다. 이것이 바로 본 논문에서 「천명구도」를 추만 천명도의 기준으로 삼는 이유이다. 또한 「천명구도」도 판본에 따라 내용이 다르다. 『퇴계전서』에 실린 판본에서는 '四端發於理 七情發於氣'로 되어 있고, 「天命圖說」본에 실린 판본에서는 '四端之發純理故無不善 七情之發兼氣故有善惡'으로 되어 있다. 본 글에서는 『퇴계전서』에 실린 판본에 근거한다.

秋巒의 天命舊圖(退溪全書所載)

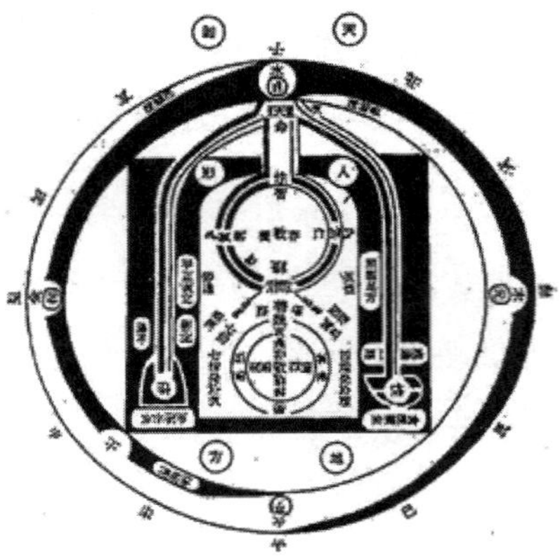

겹의 원으로 그려진 것과는 달리, 한 겹의 원으로 그려져 있다. 그 속에 수화목금토의 오행과 음양의 消長을 표시하여 「태극도」에서 말한 우주만물의 생성 이치를 설명하고 있다. 태극의 동정으로 음양이 생기고, 음양이 변화하여 오행이 생기며, 오행이 다시 분화하여 만물이 생기는 과정을 모두 한 겹의 원 속에 그려놓고 있다. 그리고 원형이정을 말하여 천도의 운행을 설명하나 誠을 따로 표시하지 않는다. 원형이정만으로도 끊임없이 유행하고 쉬지 않는 천도의 운행을 충분히 나타낼 수 있다고 본 것이다. 가장 외곽에는 십이지를 표시하고 있다.

地方에는 五性을 기준으로 인간 · 금수 · 초목을 구별하고 있다. 이 부분은 하서의 천명도와 별 차이가 없다. 인간의 모습을 '頭圓方足 平正直立'으로, 금수의 모습을 '橫生尾上'으로, 초목은 '逆生下向'으로 표시한다. 그리고 인간은 오성을 모두 갖추고 있으므로 '五性旁通'으로, 금수는 '或通一路'로, 초목은 '全塞不通'으로 나타내고 있다. 그렇지만 금수와 초목에 내재해 있는 성도 모두 천명과 연결해 놓고 있다. 성은 누구나 동일하게 부여되지만 그와 함께 부여된 기질의 차이에 따라 달라지는데, 금수는 치우친 것 중에 바른 것을 부여받아 간혹 하나에 통하여 성이 옆으로 누워있고 초목은 치우친 것 중에 치우친 것을 부여받아 전혀 통하지 않아 뒤집어져 있다. 이것은 인간만을 다루고 있는 양촌의 「天人心性合一之圖」와 달리 천지만물 속에서 영장으로서의 인간의 위치를 강조하고 있는 표현이다.

人形은 말 그대로 사람의 모양이니 인간에 해당한다. 인간은 크게 머리와 몸통 부분으로 나누어져 있으며, 머리 부분에는 天 · 命 · 理 · 氣의 내용이 들어있다. 그러나 분명한 머리 모양으로 그려져 있지 않다. 인간의 머리 부분과 몸통 부분은 ‖로 연결되어 있다. 이를 통해 천도와 인도를 하나로 연결하고 있다.

몸통 부분은 두 개의 원이 두 겹으로 그려져 있다. 상층부에는 心 · 性 · 仁義禮智信 · 氣質 · 存養 · 情 · 意의 내용이 들어있다. 여기서는 마음의 구조를 설명하고 있다. 심을 원의 외곽에 두어 심이 성(리)과 기질(기)로 구성되어 있음을 나타낸다. 그래서 두 겹의 원으로 그리되, 겉의 원에는 기질을 속의 원에는 성을 표시하고 있다. 성의 내용에는 인의예지신이 있다. 이때 성을 천명과 ‖로 연결하고 있는데, 이것은 하늘의 리가 인간에게 성으로 내재해 있음을 나타낸다. 여기에서 '리'자가 나누어져 天을 싸고 있는데 이것은 天卽理의 다른 표현이다. 그리고 밖에 '氣'자가 표시되어 있는데, 이것은 인간이 리와 기의 결합으로 이루어진 존재임을 나타낸다. 이때의 성은 심속에 내재해 있는 심의 미발상태를 의미하므로 敬을 중심으로 하는 존양공부를 강조한다.[20] 그래서 가운데 경을 두고 그 주위에 存養을 표시하고 있다. 이것은 심을 미발과 이발, 본체와 작용의 관계

20) 이 부분은 주자의 中和新說의 내용과 연결된다. 주자는 성을 미발로, 심을 이발로만 규정하던 이전의 관점에서 마음을 미발과 이발의 두 단계로 구분한다. 이것은 마음에는 미발의 때가 있고 이발의 때가 있다는 말이다. 그리하여 성은 자연히 심의 차원으로 끌어내려져서 심의 미발상태가 되고 심속에 갖추어진 리로 간주된다. 그래서 심속에 갖추어진 리, 즉 성은 심의 본체가 되고 심의 모든 작용은 이 성에 근거하게 된다. 이러한 성이 심의 작용을 통해 나타난 것이 심의 이발로서 정이 된다. 여기에서 정의 지위가 확보된다. 따라서 미발이라고 해서 무조건 '성'이 되는 것이 아니므로 미발의 때에도 敬을 중심으로 하는 존양공부가 필요하게 된다. 왜냐하면 미발은 어디까지나 심의 미발상태를 말하는 것이지 미발이 바로 성 그 자체를 의미하는 것은 아니기 때문이다.

로 이해한 결과이다.

마음이 작용을 시작하여 천명으로서의 성이 드러나는 것이 정이다. 여기서는 意가 정을 둘러싸고 있다. 情과 意의 차이는 '정'이란 성이 발한 것이고(性發爲情) '의'는 심이 발한 것이다(心發爲意). 성이 발하여 정이 되면 선한 것이 되나, 심이 발하여 의가 되면 선과 불선이 있게 된다. 왜냐하면 성은 순수한 리이고 심은 리와 기가 결합한 구조이기 때문이다. 이것은 심이 작용을 시작하면 기의 영향을 받는다는 말의 다른 표현이다. 여기에서 '의'가 정을 둘러싸고 있는 것은 성이 발하여 정으로 드러날 때 마음의 작용(意)으로 선과 불선이 동시에 존재할 수 있음을 나타낸 것이다. 이때 기의 영향으로 정이 기품에 구애되고 물욕에 가려져서 욕심이 미혹될 수도 있다. 정이 욕심에 미혹되지 않고 중절하면 善幾가 되어 측은 · 수오 · 사양 · 시비의 사단과 희로애락애오욕의 칠정으로 이어지고, 욕심에 미혹되어 부중절하면 惡幾가 되어 '四端滅息 七情昏蔽'하게 된다. 그러므로 이때는 선악의 기미를 자세히 살피는 성찰공부가 필요하다. '선기'에 비해 '악기'를 좌우 둘로 나눈 것은 악이 사방에서 나타날 수 있음을 경계하기 위한 것이다.

하층부에는 희로애락애오욕 · 측은수오사양시비 · 경의 내용이 두 겹의 원 속에 구분되어 들어있다. 즉 속의 원에는 사단을, 겉의 원에는 칠정을 표시하여 둘을 구분하고 있다. 같은 정인데도 사단과 칠정을 차원을 달리하여 구분하려는 의도를 엿볼 수 있다. 이러한 생각을 좀 더 구체화하기 위해 그 옆에다 각각 '四端發於理 七情發於氣'라고 표시하고 있다. 그렇지만 그림에서는 사단과 칠정이 모두 善幾에서 나온 선한 정으로 그려져 있다. 이것은 性發爲情의 명제에 따른 것이다. 여기에서 사단칠정논쟁의 핵심개념인 發의 문제가 비로소 등장하게 된다.

총괄하면 추만은 마음을 리와 기의 구조로 설명하는데, 마음이 작용을 시작하면 마음의 기적인 측면인 기질의 영향으로 선악의 구분이 생긴다. 따라서 심의 미발상태인 성에서는 경을 중심으로 하는 존양공부를, 심의 이발상태인 정에서는 경을 중심으로 하는 성찰공부를 강조한다. 여기에서 미발시 존양공부와 이발시 성찰공부를 병행하는 것이 마음공부의 바른 모습임을 제시한다. 또한 사단과 칠정을 善幾로 연결시키면서도 사단의 원과 칠정의 원으로 둘을 구분하고 있다. 둘의 구분을 좀 더 분명화하기 위해서 그 옆에다 '四端發於理 七情發於氣'라는 말을 첨부한다. 여기에서 사단칠정논쟁이 일어나게 되는 발단을 엿볼 수 있다. 사단과 칠정을 善幾에서 나온 하나의 정으로 보아야 할 것인지 아니면 질적으로 구분해 보아야 할 것인지의 문제가 제기된다.

4. 퇴계 이황의 「天命新圖」[21]

退溪에 의해서 手訂된 天命新圖(退溪全書所載)

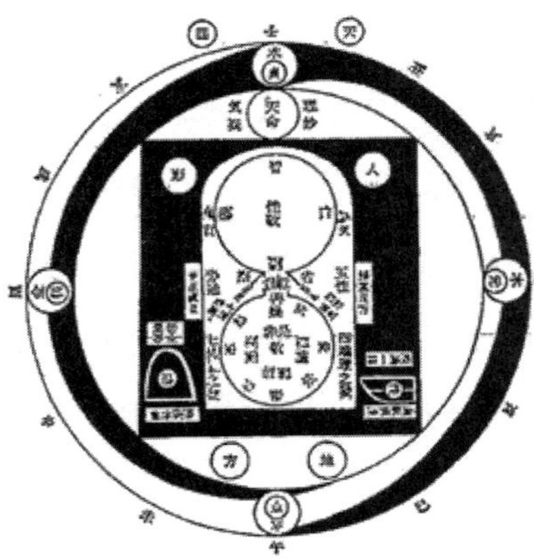

퇴계의 「천명신도」는 크게 天圓 · 地方 · 人形으로 나누어져 있다. 天圓에는 두 겹의 원으로 그리되, 그 속에 수화목금 · 원형이정 · 음양의 소장하는 모양이 그려져 있다. 원형이정으로 천도의 운행과정을 설명하나 따로 誠을 표시하지 않고 있다. 그리고 수화목금의 오행과 음양의 消長을 표

21) 퇴계의 「천명신도」에도 여러 판본이 있으나 『퇴계전서』에 실려있는 것을 기준으로 한다.

시하여 「태극도」에서 말한 우주만물의 생성 이치를 나타내고 있다. 음양과 오행은 본래 두 물건이 아니므로 오행을 음양 속에 집어넣어 '오행이 하나의 음양(五行一陰陽也)' 임을 말한다. 그리고 원형이정의 사덕을 음양오행 속에 표시한 것은 음양오행, 즉 기가 하나의 성을 가지고 있음(各一其性)을 설명한 것으로써 리가 기 속에 섞이지 않으면서도 기를 떠나지 않는 둘의 관계를 나타낸 것이다. 기(음양오행)가 유행할 때에 원형이정은 기 속에서 만물에게 명하여 성을 부여하는 근원이 된다. 따라서 음양오행의 기를 받아서 형체를 이룬 인간(만물)은 원형이정의 리를 性으로 갖추게 된다.

地方에는 인간 · 금수 · 초목으로 구분하고 있다. 이 부분은 추만의 「천명구도」와 별 차이가 없다. 다만 「천명구도」에서는 금수와 초목 속에 내재되어 있는 性자를 천명과 연결하고 있으나, 여기서는 그 연결선을 지우고 전체적으로 그림을 간결하게 나타내고 있다.

人形에는 크게 머리 부분과 몸통 부분으로 나누어져 있다. 머리 부분에는 天 · 命 · 理氣妙凝의 내용이 들어있다. 천명은 『중용』의 '天命之謂性'의 그 천명이다. '理氣妙凝' 이란 「태극도설」의 '無極之眞 二五之精 妙合而凝', 즉 무극의 참된 본체(리)와 음양오행(기)의 정수가 묘합하여 응결되는 것을 가리킨다. 다시 말하면 천이 만물을 화생할 때에 기로써 형체를 이루고 리도 부여한다는 말이다. 이것은 인간(만물)이 리와 기의 결합으로 이루어져 있음을 말한 것이다.

몸통 부분은 상층부와 하층부의 두 개의 원으로 나누어져 있다. 상층부의 원에는 心 · 性 · 氣質 · 仁義禮智 · 敬 등의 내용이 들어있다. 심과 기질이 원으로 성을 둘러싸고 있는데, 이것은 심의 구조가 성(리)과 기(기질)로 이루어져 있음을 설명한 것이다. 성은 심속에 갖추어져 있는 리이므로 원 속에 표시하고, 그 내용으로 인의예지를 나타낸다. 마음을 미발로서의 성과 이발로서의 정으로 구분하고, 미발의 성과 이발의 정에 대해 모두 敬공부를 강조한다.

性에 해당하는 상층부와 사단칠정에 해당하는 하층부를 따로 구분하여 두 개의 원으로 그리되, 두 개의 원은 ∥로 연결되어 있고 ∥속에는 情·意·惡幾·省察 등의 내용이 들어있다. 정은 심의 작용이 밖으로 드러난 것이므로 정을 심 밖에 표시하고 있다. 이 부분은 「천명구도」와 비슷하다. 그러나 「천명구도」에서는 정이 심의 테두리와 연결되어 있으나, 여기서는 심의 테두리 밖에다 표시하고 있는데 이것은 마음의 작용을 거쳐 정으로 드러난 단계임을 밝힌 것이다. 나머지 意가 정을 둘러싸고 있거나 善幾·惡幾와의 관계 등은 대체로 「천명구도」와 같은 의미이다. 다만 이 부분을 사단칠정과 ∥로 연결하고 있는데, 이것이 바로 성리학의 핵심 개념인 性發爲情에서 發爲에 해당하는 부분이다.

하층부의 원에는 희로애락애오욕·측은수오사양시비·敬의 내용이 들어있다. 「천명구도」에서는 두 겹의 원으로 그려 사단과 칠정을 질적으로 구분해보고 있으나, 여기서는 한 겹의 원 속에 사단과 칠정을 표시함으로써 둘 사이의 구분을 없애고 있다. 이것은 性發爲情에 따른 하나의 정으로 설명한 것이다. 그리고 이러한 생각을 좀 더 구체화하여 그 옆에다 각각 '四端理之發 七情氣之發'이라고 표시하고 있다. 물론 이것은 추만의 '四端發於理 七情發於氣'의 표현이 사단과 칠정을 지나치게 리와 기로 분속시키는 느낌이 강하다는 염려가 반영된 표현이다. 그럼에도 불구하고 마음의 구조가 리와 기의 결합인 이상, 마음이 작용하여 정으로 드러나는 순간에 리가 근원이 될 수도 있고 기가 근원이 될 수 있다. 때문에 퇴계는 리에 근원하는 것은 사단이요 기에 근원하는 것은 칠정이라고 해석한다. 그래서 '四端理之發 七情氣之發'이라는 표현을 썼던 것이다. 퇴계의 이러한 사고는 추만의 '四端發於理 七情發於氣'의 표현이 사단과 칠정을 지나치게 리와 기로 분속시킨다는 것을 경계하면서도, 자신 역시 사단과 칠정을 리와 기로 분속하는데서 크게 벗어나지 못하였던 것이다. 때문에 이후에 고봉이 이 문제에 대해 이의를 제기하면서 본격적인 논쟁이 전개되었으니 이것이 바로 '사단칠정논쟁'이다.

총괄하면 퇴계의 「천명신도」는 전체적으로 추만의 「천명구도」와 많이 유사한데[22], 다만 「천명구도」에 비해 그림을 보기 편하도록 간결하게 표현한 특징이 있다. 특히 「천명구도」에서는 사단과 칠정을 두 겹의 원으로 그려서 겉의 원에는 칠정을, 속의 원에는 사단을 표시하여 둘을 구분하고 그것을 '四端發於理 七情發於氣'로 설명한다. 반면 「천명신도」에서는 그 구분을 없애고 하나의 원 속에 사단과 칠정을 함께 표시하고 그것을 '四端理之發 七情氣之發'로 설명하고 있다. 물론 이것은 사단과 칠정을 지나치게 리와 기로 분속되는 폐단을 반영한 것이다.

5. 퇴계 이황의 「心統性情圖」[23]

퇴계는 자신의 학문을 집약하여 만년에 『성학십도』(1568)를 저술하고, 그 속에 자신의 심성설과 사단칠정설을 중심으로 하는 성리설을 압축하여 제6도인 「심통성정도」에 수록한다.

---

22) 앞에서도 언급하였듯이 추만의 「천명구도」는 퇴계와의 논의를 통해 정정된 것이므로 퇴계의 생각이 많이 반영된 그림이다. 따라서 추만의 「천명구도」는 퇴계의 「천명신도」와 내용면에서 많이 유사할 수밖에 없다.

23) 「심통성정도」는 퇴계가 1553년 추만의 천명도를 개정하면서 사단칠정에 대한 정의를 내렸던 사실에 발단하고, 그 후 8년간(1559~1566)에 걸친 고봉과의 사단칠정논쟁을 포함하여 성리학적 탐구의 오랜 역정을 거친 결론적 입장이 함축되어 있는 것이다. 물론 「심통성정도」는 천명도는 아니지만 천인관계의 핵심인 심성부분의 요체를 다루고 있기 때문에 천명도의 연장도설로 간주한다.

退溪의 心統性情圖(退溪聖學十圖)

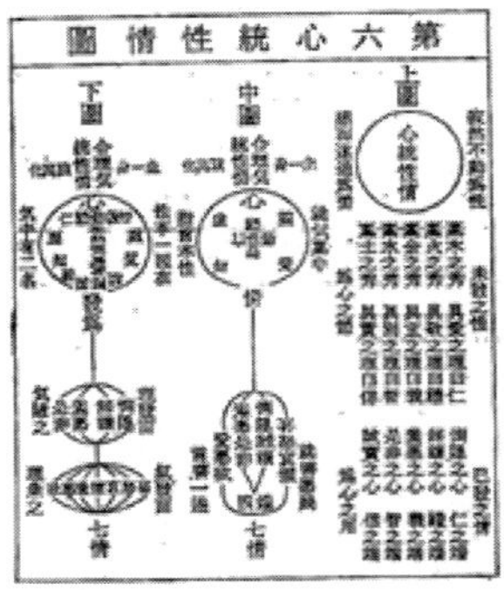

「심통성정도」는 上圖 · 中圖 · 下圖로 나누어져 있다. '상도'에는 程復心(林隱)이 그린 心統性情의 내용이 들어있다. 심의 '寂然不動한 것은 성이 되고 심의 感而遂通은 정이 된다'라고 하여 심을 체용의 관점에서 '적연부동'한 심의 본체와 '감이수통'한 심의 작용을 성과 정으로 설명하고 있다. 다시 말하면 심의 '적연부동'한 본체는 심의 미발상태를 가리키고 심의 '감이수통'하는 작용은 심의 이발상태를 가리키니 심의 미발은 성이 되고 심의 이발은 정이 된다. 그러므로 성과 정은 모두 심에 포괄되므로 '心統性情'이다. 그래서 심을 체용으로 구분하여 미발의 성은 심의 체가 되고 이발의 정은 심의 용이 된다고 설명하고, 미발의 성에는 인의예지신을 이발의 정에는 인의예지신의 단서로써 측은 · 수오 · 사양 · 시비 · 성실한 마음을 표시하고 있다.

'중도'와 '하도'는 퇴계의 작품이다. 중도와 하도는 상단과 하단으로 나누어져 있으며, 상단 부분에서는 사람의 마음이 리와 기로 합쳐지고 성과 정으로 통합된 구조라는 의미에서 '合理氣 統性情'으로 표시한다. 이러한 심이 한 몸을 주관하는 주인이 되어 온갖 일을 담당하게 되므로 '主一身 該萬化'로 표시한다.

중도의 상단에는 心 · 虛靈知覺 · 性 · 仁義禮智의 내용이 들어있고, 하단에는 측은 · 수오 · 사양 · 시비의 사단과 희로애구애오욕의 칠정이 내포관계로 그려져 있다. 먼저 원으로 마음의 모양을 그리고, 마음의 중심에 성을 써놓음으로써 천명으로서의 리가 마음속에 성으로 내재되어 있음을 밝히고 있다. 이때의 성은 본연지성을 가리킨다. 성의 내용으로 인의예지를 배치하고, 마음의 특성을 허령지각으로 표시한다. 심의 이러한 허령한 특성 때문에 인의예지와 같은 온갖 이치가 갖추어질 수 있다. 그리고 마음 밖에 정을 표시하여 마음의 작용을 통하여 성이 마음 밖으로 드러난 것이 정임을 나타낸다. 이것은 '기품 속에서 본성만을 가리킨 것(就氣稟中指言本性)'이라고 말한다. 그러므로 이때에 드러난 정은 사단과 칠정이 모두 선하다. 왜냐하면 '선악의 기미에서 선한 부분만을 발라내어서 말한 것(就善惡幾言善一邊)'이기 때문이다. 이때는 사단과 칠정의 경계(구분)가 없으며 칠정 속에 사단이 싸여있다. 즉 사단=선, 칠정=유선악과 같은 대립적 관계가 아니라 사단=선, 칠정=선이라는 말이다. 중도에서 기품과 섞지 않고 성만을 발라내어 말한 것은 기품을 섞어서 말하면 성의 본래 선함을 온전히 드러낼 수 없기 때문이다.

하도에는 心 · 虛靈知覺 · 仁義禮智信 · 本然 · 氣質 · 淸濁粹駁 등의 내용이 들어있다. 여기에서 처음으로 본연지성과 기질지성이라는 말이 등장한다. 성은 본래 하나이지만 기(기질)에 의해 두 가지의 이름을 갖게 되는데 그것이 본연지성과 기질지성이다. 본연지성은 기질과 섞이지 않는 순수한 본래의 성을 말하고, 기질지성은 기질 속에 내재되어 기질의 영향을 받은 성을 말한다. 리가 기질 속에 내재된 것이 성이므로 성이란 말은 본래 기질의 영향을 받지 않을 수 없으니, 엄격한 의미에서의 성은 기질지성을 의미한다. 그리고 본연지성의 근거로 仁義禮智를 표시하고 기질지성의 근거로 淸濁粹駁을 표시하고 있다.

그렇다면 퇴계는 왜 하도에서 본연지성과 기질지성을 구분하였는가? 그것은 현실세계의 다양한 차이를 반영한 것이다. 사람은 누구나 하늘로부터 리를 부여받아 선한 본성을 가지고 태어나지만, 실제로 현실 속에서는 선한 사람과 악한 사람 등이 천차만별로 다양하기 때문이다. 이러한 현실의 다양성을 기질의 청탁수박 등의 차이로 설명하고, 이러한 기질의 차이 때문에 기질 속에 내재된 기질지성도 사람에 따라 달라진다. 때문에 본연지성과 기질지성을 구분하여 현실세계의 다양성을 설명하였던 것이다.

마음이 작용을 시작하면 성이 정으로 드러나므로 심 밖에 '發爲'라는 글자를 쓰고 그 아래에 사단과 칠정을 각각 구분 지어 표시하고 있다. 그리고 측은 · 수오 · 사양 · 시비의 사단을 '理發而氣隨之'로 규정하고, 희로애구애오욕의 칠정을 '氣發而理乘之'로 규정한다. 물론 이 구절은 고봉이 사단과 칠정을 지나치게 리와 기로 분속시킨다는 비판을 반영한 표현이다. 그래서 「천명신도」에서 '四端理之發 七情氣之發'의 표현을 '理發而氣隨之 氣發而理乘之'로 수정하였던 것이다. 그럼에도 불구하고 理發과 氣發의 표현은 사단과 칠정을 리와 기로 분속시키는 상황을 만회하기는 역부족인 듯했다. 왜냐하면 '리발'이란 본연지성이 발한 것이고 '기발'이란 기질지성이 발한 것으로 볼 때, 사단은 본연지성인 리에 근거하고 칠정은 기질지성인 기에 근거하는 것으로 해석되기 때문이다. 그러므로 결국에는 사단=순선, 칠정=유선악의 구분이 있게 된다. 여기에서 칠정을 유선악으로 표현하였지만 기에 근거하는 칠정은 기품에 구애되고 물욕에 가려져서 쉽게 악으로 흘러가는 존재에 불과하다.

총괄하면 퇴계는 성이 정으로 드러나는 심의 양상을 리기론적 구조 속에서 두 가지 입장에서 분석한다. '중도'에서는 사단과 칠정을 性發爲情의 규정에 따라 하나의 정으로 해석하나, '하도'에서는 사단과 칠정을 理發과 氣發로 구분하여 상대시켜 해석한다. 다시 말하면 중도에서는 理氣不相雜의 관점에서 성과 정의 순선한 본래의 모습을 설명하고, 하도에서는 理氣不相離의 관점에서 성이 정으로 드러나는 기미에서 선악이 혼재하는 현상적 모습을 설명한다. 그 이유는 바로 중도에서처럼 '기품 속에서 성(리)만을 가리켜서 말한 것'은 기를 아울러 말하면 성의 본래 선함을 드러내지 못하기 때문이요, 하도에서처럼 '기질 속에서 성(리)을 말한 것'

은 선악이 공존하는 현실세계의 다양한 모습을 설명할 수 없기 때문이다. 따라서 중도에서는 리만을 가리켜서 말하고 하도에서는 리와 기를 합쳐서 말한 것이다. 여기에서 퇴계 '사단칠정논쟁'의 요지가 주로 하도의 문제라고 하더라도, 중도와 하도를 통해 사단칠정의 리기론적 해석에서 나타날 수 있는 두 가지 관점을 동시에 포용하는 사실을 확인할 수 있다.[24)]

6. 맺음말

양촌·하서·추만·퇴계의 천명도의 근거는 주렴계의 「태극도」와 주자의 『중용장구』의 이론에 근거하여 설명하고 있다. 주렴계의 「태극도」에서는 우주만물의 생성과정을 태극-음양-오행-남녀-만물의 다섯 단계로 나타내고 있다. 가장 먼저 태극이 만물의 근원임을 밝히고, 태극의 동정으로 음양이 생기고, 음양이 활동하여 오행이 생기며, 오행이 다시 분화하여 인간을 포함한 우주만물이 생겨난다고 설명한다. 이렇게 생겨난 우주만물 속의 인간은 『중용』의 '天命之謂性' 장에 대한 주자의 주석으로 설명된다. '하늘이 음양오행으로 만물을 화생하는데 기로써 형체를 이루고 리도 부여한다'라고 하여 인간의 선한 본성의 근거로써 리를 제시한다. 동시에 선악이 공존하는 인간의 다양성 근거를 기로써 설명한다. 사람은 천명에 의해 리를 동일하게 부여받지만 기의 다양성 때문에 선악의 차이가 있다. 이로써 리를 성선의 근거로 보고 현실세계의 악의 원인을 기로써 설명한다. 이러한 사고가 성리학 이론의 기본 골격을 구성하고 조

24) 퇴계의 심성론의 입장이 理氣互發說, 즉 사단은 理發로 칠정은 氣發로 보는데 있으나, 이것은 하도의 측면을 반영한 것이다. 그러나 「심통성정도」에는 중도의 측면도 동시에 설명하고 있다.

선유학자들이 그린 천명도의 그림도 이를 바탕으로 전개된다.

따라서 이들이 천명도를 그린 목적은 사람들이 자기에게 선한 본성이 있음을 알지만 그것이 하늘로부터 나온 것임을 알지 못하므로, 이로써 인간의 선한 본성이 하늘로부터 주어진 천명에 근거한 것임을 밝히고, 그 위에 나아가 선악이 갈라지는 원인을 밝힘으로써 도덕적 존재로서의 인간의 모습을 정립하려는데 있다. 이러한 구조를 도설로써 쉽게 표현함으로써 현실 속에서 천명으로 주어진 선한 본성을 신뢰하고 그것을 실현할 수 있도록 하는데 그 목적이 있다. 이렇게 볼 때 이들 천명도의 핵심은 인간의 심성에 기초하여 도덕적 선악문제를 체계화하는 데 있음을 알 수 있다. 따라서 이들은 주렴계의 「태극도」와 주자의 『중용』에 대한 해석에 근거하여 현실 속의 인간의 모습에서 선악이 갈라지는 이론적 근거를 규명하는 데 주목하였던 것이다. 이처럼 「태극도」가 우주론(우주생성론)적 논리에 치중하였다면, 천명도는 천과 인, 즉 천명과 인성을 통합적으로 해명함으로써 인성의 근거로써 천명을 제시하고 있다고 말할 수 있다.

이러한 천명도의 흐름은 양촌의 「天人心性合一之圖」를 시작으로 하서 · 추만 · 퇴계의 천명도로 이어지며, 최종적으로 퇴계의 「心統性情圖」에서 종합된다. 즉 양촌은 리에 근원하는 사단과 기에 근원하는 칠정을 구분하여 사단을 理之源으로 칠정을 氣之源으로 설명하고, 추만은 이러한 구분을 좀 더 구체화하여 '四端發於理 七情發於氣'로 규정한다. 퇴계는 추만의 '四端發於理 七情發於氣'(「천명구도」)의 표현이 사단과 칠정을 지나치게 리기로 분속시키는 폐단을 염려하여 '四端理之發 七情氣之發'(「천명신도」)로 수정하지만, 이 또한 사단과 칠정을 지나치게 리기로 분속한다는 고봉의 비판을 받음에 따라 '理發而氣隨之 氣發而理乘之'(「심통성정도」)로 최종 확정한다. 결국 퇴계는 성이 정으로 드러나는 심의 양상을 리기론적 구조 속에서 두 가지 입장을 동시에 제시한다. 그래서 중도에서는 리기불상잡의 관점에서 성과 정의 순선한 본래의 모습을 설명하고, 하도에서는 리기불상리의 관점에서 성이 정으로 드러나는 기미에서 선악이 혼재하는 현상적 모습을 설명한다. 이러한 두 관점을 종합한 것이 바로 그의 「심통성정도」이다. 결국 양촌으로부터 시작하여 추만과 퇴계의 천명도에 보인 사단칠정에 대한 리기론적 해석의 흐름이 퇴계의 「심통성정도」에서 종합되어 일단락되는 것을 볼 수 있다. 이렇게 볼 때 천명도의 전개과정이 조선 성리학사의 발달을 이해하는 중요한 자료가 된다는 사실을 확인할 수 있다.

다만 하서의 천명도에는 사단과 칠정에 대한 리기론적 해석이 들어있지 않다. 선악을 정의 中節 여부로 구별하는 그로서는 사단과 칠정을 상대시켜 리와 기로 각각 해석할 필요를 느끼지 못하였을 것이다.

6장

퇴계와 고봉의 사단칠정론

퇴계와 고봉 사단칠정논변의 발단은 추만(鄭之雲)의 「천명도」를 퇴계가 수정하면서 비롯된다. 본래 추만은 동생 鄭之霖을 가르치기 위해 「천명도」와 그 해석을 작성하게 되는데, 그것이 「天命舊圖」이다. 그 내용이 세상에 유포되면서 퇴계도 이를 보게 된다. 퇴계가 「천명도」를 본 후 그 내용 중에 잘못된 점이 있음을 발견하고 추만을 만나 내용을 수정할 것을 권한다. 즉 추만이 '四端發於理 七情發於氣'라고 작성했던 부분을 '四端理之發 七情氣之發'로 고치도록 한 것이다. 이에 추만도 퇴계의 견해에 따라 수정하는데, 이것이 「天命新圖」이다. 그렇지만 「천명신도」의 내용도 학자들 사이에 많은 논란이 제기된다. 즉 '四端理之發 七情氣之發'이라는 표현이 사단과 칠정을 지나치게 리와 기로 분별하는 느낌이 강하다는 것이다. 「천명신도」를 작성한 지 6년이 지난 뒤에 고봉이 퇴계에게 이 문제에 대해 이의를 제기하면서 본격적인 논변이 전개된다.

'四端理之發 七情氣之發'이 사단과 칠정을 지나치게 리와 기로 분속시킨다는 고봉의 지적에 따라, 퇴계는 "사단의 발함은 순수한 리이기 때문에 선하지 않음이 없고 칠정의 발함은 기를 겸했기 때문에 선악이 있다"[25]라고 수정한다. 퇴계의 생각에도 분별한 것이 너무 심하여 혹 논쟁의 단서를 불러일으킬까 염려되었기 때문에 純善 · 兼氣 등의 말로 고쳤다는 것이다.[26] 이어서 퇴계는 이러한 수정은 어디까지나 "서로 도와 강론하여 뜻을 밝히려는 것일 뿐이지 고친 말에 허물이 없다는 것은 아니다"[27]라고 설명한다. 즉 퇴계의 수정안이 정답임을 고집하는 것은 아니라는 말이다. 이로부터 고봉과의 논변이 전개된다.

그러나 퇴계의 경우를 보더라도 기존의 대부분의 글에서는 퇴계가 사단을 理發로 해석하게 된 배경에 많은 초점이 맞추어져 있다. 다시 말하면 사단의 순선함을 어떻게 논증할 것인가? 그 윤리적 의미가 무엇인가?라는 문제를 중심으로 전개되어 왔다. 필자도 그것을 부정하는 것은 아니다. 다만 본문에서는 사단의 理發뿐만 아니라 칠정을 왜 氣發로 해석하려고 했는지에 보다 많은 비중을 두었다. 사단을 '리발'로 보려는 것과 마찬가지로, 퇴계는 끝까지 칠정을 '기발'로 해석하려고 하였다. 그 이유는 무엇인가? 그와 상대적으로 고봉은 끝까지 칠정을 '기발'로 보아서는 안 된다고 주장한다. 그 이유는 무엇인가? 퇴계와 고봉의 사단칠정론에서 끝까지 양보할 수 없었던 이론적 차이가 바로 여기에 소재한다고 볼 수 있다.

---

25) 『退溪全書』卷16, 「與奇明彦大升(己未)」, "四端之發純理, 故無不善, 七情之發兼氣, 故有善惡."

26) 『退溪全書』卷16, 「答奇明彦(論四端七情第一書)」, "往年鄭生之作圖也, 有四端發於理, 七情發於氣之說, 愚意亦恐其分別太甚, 或致爭端, 故改下純善兼氣等語."

27) 『退溪全書』卷16, 「答奇明彦(論四端七情第一書)」, "蓋欲相資以講明, 非謂其言之無疵也."

1. 퇴계 이황의 사단칠정론

퇴계의 고봉에 대한 서신은 "사단은 정이고 칠정도 정으로 똑같은 정인데 어째서 사단과 칠정이라는 다른 명칭이 있겠는가?"[28]에 대한 질문으로 시작된다. 다시 말하면 사단과 칠정의 명칭이 각각 따로 있으므로 둘을 별개의 정으로 구분해보아야 한다는 말이다. 만약 고봉의 말대로, 칠정 밖에 다시 사단이 있는 것이 아니므로 사단과 칠정에 본래 다른 뜻이 있는 것이 아니라면 어찌 다른 명칭이 있을 수 있겠는가?[29] 다른 명칭이 있는 것은 다른 뜻이 있다는 것을 의미한다는 것이다. 그리고 다른 뜻이 있게 된 이유를 '나아가 말한 것이 다르기 때문'이라고 설명한다.

> 대개 리와 기는 본래 서로 기다려서 체가 되고 서로 기다려서 용이 되니 진실로 리 없는 기가 없고 또 기 없는 리가 없다. 그러나 나아가서 말한 것이 다르니 또한 구별이 없을 수 없다.[30]

사단에도 기가 없는 것이 아니고 칠정에도 리가 없는 것은 아니지만, 사단과 칠정에 구별이 없을 수 없는 것은 '나아가서 말한 것이 다르다'는 것이다. 그 이유로써 먼저 사단의 경우, "사단이 발하는데 진실로 기가 없을 수 없다고 하지만, 맹자가 가리킨 것은 실재로 기에서 발한 것에 있지 않다. 만약 기를 겸하여 가리킨다고 하면 이미 더 이상 사단이라고 말할

---

28) 『退溪全書』 卷16, 「答奇明彥(論四端七情第一書)」, "夫四端情也, 七情情也, 均是情也, 何以有四七之異名耶."

29) 『退溪全書』 卷16, 「答奇明彥(論四端七情第二書)」, "若本無所異, 則安有異名乎?"

30) 『退溪全書』 卷16, 「答奇明彥(論四端七情第一書)」, "蓋理之與氣, 本相須以爲體, 相待以爲用, 固未有無理之氣, 亦未有無氣之理. 然而所就而言之不同, 則亦不容無別."

수 없다."[31] 이 말에서 퇴계의 사단에 대한 해석을 분명히 엿볼 수 있다. 즉 사단도 비록 기를 탄다고 말할 수 있으나, 맹자가 가리킨 것은 기를 타는데 있지 않고 오직 순수한 리가 발하는데 있다는 것이다.[32] 사단도 정인 이상 리기를 겸한다고 말지만, 사단은 기를 겸하여 말할 수 있는 것이 아니라는 사실을 분명히 밝힌 것이다. 때문에 고봉의 '사단에도 부중절이 있다'는 말에 대해서도 비록 새로운 이론 같지만 맹자의 본뜻이 아니라고 일축한다. 맹자의 뜻은 인의예지에서 발하는 것을 가리켜서 말한 것으로써 성이 본래 선하기 때문에 정도 선하다는 뜻을 나타냈을 뿐이다.[33] 따라서 羞惡해서는 안 될 때 羞惡하고 是非해서는 안 될 때 是非하는 것과 같은 것은 사단의 문제가 아니라 기질이 어두워서 그러한 것이니 이러한 말로써 리(천리)에서 발하는 사단을 어지럽힐 수 있겠느냐는 것이다.[34]

칠정[35]의 경우도, 칠정이 비록 리기를 겸하지만 〈칠정의〉 리는 약하고 기는 강하여 그것을 단속할 수 없어서 쉽게 악으로 빠져들기 때문에 기가 발한 것이 된다.[36] 때문에 기가 발하는 것이 비록 본래 선할지라도 악으로

---

31) 『退溪全書』 卷16, 「答奇明彥(論四端七情第二書)」, "四端之發, 固曰非無氣, 然孟子之所指, 實不在發於氣處. 若曰兼指氣, 則已非復四端之謂矣."

32) 『退溪全書』 卷16, 「答奇明彥(論四端七情第二書)」, "四端雖云乘氣, 然孟子所指, 不在乘氣處, 只在純理發處."

33) 『退溪全書』 卷16, 「答奇明彥(論四端七情第二書-後論)」, "且四端亦有不中節之論, 雖甚新, 然亦非孟子本旨也. 孟子之意, 但指其粹然從仁義禮智上發出底說來, 以見性本善, 故情亦善之意而已."

34) 『退溪全書』 卷16, 「答奇明彥(論四端七情第二書-後論)」, "夫人羞惡其所不當羞惡, 是非其所不當是非, 皆其氣昏使然. 何可指此儳說以亂於四端粹然天理之發乎?"

35) 고봉의 퇴계비판의 핵심은 칠정을 氣發로 보는 데 있다. 퇴계와 마찬가지로 고봉도 사단을 理發로 보는 데는 동의한다. 그렇지만 칠정을 氣發로 보는 데는 결코 동의하지 않는다. 칠정은 리기를 겸하기 때문에 氣發로 볼 수 없다는 것이다. 왜냐하면 칠정 밖에 다시 사단이 없기 때문이다.

36) 『退溪全書』 卷17, 「附奇明彥四端七情總論」, "七情雖兼理氣, 而理弱氣强, 管攝他不得, 而易流於惡, 故謂之氣之發也."

쉽게 흐른다고 말한다.[37]

사단과 칠정에 대한 이러한 기본적 이해에 근거하여 퇴계는 사단과 칠정의 명칭이 각각 따로 있다고 설명한다. 비록 사단과 칠정이 모두 리기를 겸할지라도, 사단은 순수한 리만을 말한 것이요 칠정은 형기에 매개되어 악으로 흐르기 쉬운 것이므로 둘은 분명히 구분되어야 한다는 것이다. 이처럼 사단과 칠정에는 각각의 뜻이 따로 있으니 섞어서 하나의 설로 만들어서는 안 된다.[38] 고봉의 말처럼 칠정의 중절한 것이 사단이 아니라, 사단은 사단이고 칠정은 칠정으로 둘은 별개의 정이라는 말이다.

이어서 퇴계는 사단과 칠정을 둘로 구분해서 보아야 하는 근거로서 성에 이미 본연지성과 기질지성의 구분이 있다고 설명한다. 여기에서 "정에 사단과 칠정의 구분이 있는 것은 성에 본연과 기품의 차이가 있는 것과 같다"[39]는 퇴계의 표현이 등장한다.

> 性 한 글자를 가지고 말하더라도 자사가 말한 '천명의 성'과 맹자가 말한 '성선의 성', 이 두 '성'자가 가리켜서 말한 것이 어디에 있겠는가? 리와 기가 부여된 속에 나아가 이 리의 근원이 되는 본원처를 가리켜서 말한 것이 아니겠는가? 그 가리킨 것이 리에 있고 기에 있지 않기 때문에 '순선하고 無惡하다'고 할 수 있다. 만약 리와 기는 서로 떨어지지 않기 때문에 기를 겸하여 말하고자 하면 이미 성의 본연이 아니다.[40]

---

37) 『退溪全書』卷16, 「答奇明彦(論四端七情第二書)」, "正緣氣之所發, 雖本善而易流於惡故然耳."

38) 『退溪全書』卷17, 「附奇明彦四端七情總論」, "蓋七情四端之說, 各是發明一義, 恐不可滾合爲一說."

39) 『退溪全書』卷16, 「答奇明彦(論四端七情第二書)」, "故愚嘗妄以爲情之有四端七情之分, 猶性之有本性氣稟之異也."

40) 『退溪全書』卷16, 「答奇明彦(論四端七情第一書)」, "且以性之一字言之, 子思所謂天命之

비록 '성'이라는 글자에 이미 리기가 함께 부여되어 있더라도, '천명의 성'과 '성선의 성'과 같은 것은 리기가 부여된 속에 나아가 리의 본원처만을 가리켜서 말한 것이다. 그 이유는 진실로 기를 섞어서 성을 말하면 성의 본래 선함을 나타낼 수 없기 때문이다.[41] 물론 후대에 정자(程頤)나 장자(張載)가 기품을 가리켜서 기질지성을 말하기도 하지만, 리만을 가리켜서 말한 본연지성과는 구분되어야 한다. 이것은 성도 본연지성과 기질지성으로 나누어 볼 수 있듯이, 정도 사단과 칠정으로 구분할 수 있다는 것이다. '천명의 성'이나 '성선의 성'과 마찬가지로, 사단도 리만을 발라내어 말한 것은 기를 섞어서 말하면 사단의 순선을 드러낼 수 없기 때문이다. 다시 말하면 성에서도 이미 리와 기로 나누어 말할 수 있는데, 정에서만 유독 리와 기로 나누어 말할 수 없겠느냐는 말이다.[42] 여기에서 퇴계의 所從來에 대한 이론이 전개된다.

> 측은·수오·사양·시비는 어디에서 발하는가? 인의예지의 성에서 발할 뿐이다. 희로애구애오욕이 어디에서 발하는가? 外物[43]이 형기에 감촉함에 속에서 움직여서 대상에 따라 나올 뿐이다.[44]

性, 孟子所謂性善之性, 此二性字, 所指而言者何在乎? 將非就理氣賦與之中, 而指此理源頭本然處言之乎? 由其所指者在理不在氣, 故可謂之純善無惡耳. 若以理氣不相離之故, 而欲兼氣爲說, 則已不是性之本然矣."

41) 『退溪全書』卷16, 「答奇明彦(論四端七情第二書)」, "誠以爲雜氣而言性, 則無以見性之本善故也."

42) 『退溪全書』卷16, 「答奇明彦(論四端七情第二書)」, "然則其於性也, 旣可以理氣分言之, 至於情, 獨不可以理氣分言之乎?"

43) 『孟子』, 「告子(上)」, "耳目之官不思, 而蔽於物, 物交物, 則引之而已矣." 이것은 이목의 기관은 생각하지 못하여 외물(物)에 가려지니 외물이 물건(이목)과 사귀면 거기에 끌려갈 뿐이다. 여기에서 '외물'은 바로 맹자의 이 구절에서의 '物'의 의미이다.

44) 『退溪全書』卷16, 「答奇明彦(論四端七情第一書)」, "惻隱羞惡辭讓是非, 何從而發乎? 發於仁義禮智之性焉爾. 喜怒哀懼愛惡欲, 何從而發乎? 外物觸其形而動於中, 緣境而出焉爾."

'사단은 인의예지의 성에서 발한 것이고 칠정은 형기를 따라 나온 것'이라고 하여 사단과 칠정의 발출근원, 즉 所從來를 성(리)과 형기(기)로 구분한다. 이렇게 볼 때, 비록 사단과 칠정이 모두 리와 기에서 벗어나지 않는다고 할지라도, 그 소종래에 따라 각각 주로 하는 바를 가리켜서 말한다면 사단은 리가 되고 칠정은 기가 된다고 말할 수 있다.[45] 다시 말하면, 맹자가 선한 부분만을 발라내어 말하였으니 사단의 소종래가 이미 리라면 칠정의 소종래는 기가 아니고 무엇이겠는가?[46] 이것은 사단과 칠정을 리와 기에 분속시켜 설명한 것이다. 즉 사단은 리에서 발한 것이고 칠정은 기(형기)에서 발한 것이라는 말이다. 그러나 고봉은 사단과 칠정이 모두 리기를 겸하므로 리와 기로 분속해서는 안 된다고 주장한다. 사단은 리에 분속시키는 것은 그럴 수도 있겠지만 칠정은 리기를 겸하기 때문에 절대로 기에 분속시킬 수 없다는 입장이다. 여기에서 퇴계의 主理·主氣의 논리가 등장한다.

> 사단이 발한 것을 맹자가 이미 심이라 하였으니 심은 진실로 리기가 합한 것이다. 그러나 가리켜서 말한 것이 리를 주로 하는 것은 무엇 때문인가? 인의예지의 성이 순수하게 속에 있고 네 가지는 그 단서이기 때문이다. 칠정이 발하는 것을 주자가 '본래 당연한 법칙이 있다'고 하였으니 리가 없는 것이 아니다. 그러나 가리켜서 말한 것이 기에 있는 것은 무엇 때문인가? 외물이 오면 쉽게 감응하고 먼저 움직이는 것이 형기만한 것이 없는데 일곱 가지가 그 싹이기 때문이다.[47]

---

45) 『退溪全書』卷16, 「答奇明彦(論四端七情第一書)」, "由是觀之, 二者雖曰皆不外乎理氣, 而因其所從來, 各指其所主與所重而言之, 則謂之某爲理, 某爲氣, 何不可之有乎?"

46) 『退溪全書』卷16, 「答奇明彦(論四端七情第二書)」, "四之所從來旣是理, 七之所從來非氣而何?"

사단에도 기가 없는 것이 아니고 칠정에도 리가 없는 것은 아니지만, 사단은 리를 주로 하여 말한 것이고 칠정은 기를 주로 하여 말한 것이다. 왜냐하면 사단은 마음속에 있는 인의예지인 성(리)의 단서이기 때문이요 칠정은 외물에 쉽게 감응하는 형기(기)의 싹이기 때문이다. 이것을 선악으로 표현하면, 성의 단서이기 때문에 선하고 형기의 싹이기 때문에 불선해지기 쉽다는 것이다. 성의 단서인 사단은 리를 주로 하여 말한 것이므로 '주리'가 되고, 형기의 싹인 칠정은 기를 주로 하여 말한 것이므로 '주기'가 된다. 주리이기 때문에 사단의 소종래는 리가 되고, 주기이기 때문에 칠정의 소종래는 기가 된다. 그러나 고봉은 "소종래가 있다는 말은 근원이 같지 않다는 말인데, 사단과 칠정이 모두 성에서 발하므로 각각 소종래가 있다고 하면 옳지 않다"[48]라고 비판한다.

물론 이러한 主理·主氣는 분별설의 논리에 따른 것으로, 여기에서 퇴계의 분별설을 강조하는 논리가 전개된다.[49] 이에 퇴계는 비록 一物이 혼재하지만 리와 기로 분별해서 말할 수 있다는 분별설의 타당성을 주렴계

---

47) 『退溪全書』卷16, 「答奇明彦(論四端七情第二書)」, "四端之發, 孟子旣謂之心, 則心固理氣之合也, 然而所指而言者, 則主於理, 何也? 仁義禮智之性, 粹然在中, 而四者其端緖也. 七情之發, 朱子謂本有當然之則, 則非無理也, 然而所指而言者則在乎氣, 何也? 外物之來, 易感而先動者莫如形氣, 而七者其苗脈也."

48) 『高峯集』, 「論四端七情書」, "夫謂之各有所從來者, 謂其原頭發端之不同也. 四端七情, 俱發於性, 而謂之各有所從來, 可乎?"

49) 여기서의 주리·주기는 물론 분별설의 인식방법이다. 현실적으로 리와 기는 혼륜하여 섞여있어 서로 나눌 수 없지만 혼륜하여 섞여있는 속에 나아가 나누어 말할 수 있으니 이것이 바로 분별설의 논리이다. 분별설이란 리와 기의 혼륜한 관계를 전제로 한 상황에서 전개되는 하나의 인식방법이다. 물론 이러한 사고는 어디까지나 논리적(이론적)으로만 가능하다. 현실적으로 리와 기는 서로 떨어질 수 없는 관계에 있는 것이지만, 이들을 떨어뜨려 설명하므로 논리적 관점이라고 말하는 것이다. 분별설의 논리에서는 리는 자체로 리이고 기는 자체로 기로써 둘의 구분이 가능하다. 따라서 리만을 주로 해서 보거나 기만을 주로 해서 보는 주리·주기의 인식방법은 분별설의 논리에서만 가능하다.

의 「태극도」로써 설명한다. 만약 선유들이 분석의 폐단을 우려했다면 주렴계의 「태극도」에 태극권을 음양 위에 두지 않았을 것이고, 이미 위에 태극이 있으니 중앙에 태극을 두지 않았을 것이며, 오행권도 음양 아래에 두지 않았을 것이다.[50] 이것은 「도설」에서 태극은 리요 음양은 기로서 리와 기는 진실로 기에서 떨어지지 않지만 태극권 · 음양권 · 오행권 등으로 나누어 말할 수 있다. 다시 말하면 고봉의 주장처럼, 칠정 가운데 중절한 것을 가리켜서 사단이라고 한다면, 주렴계의 「도설」은 두 번째 음양권만 있으면 족하거늘 굳이 첫 번째 태극권을 왜 두었느냐는 것이다. 이러한 사실 하나만 보더라도 비록 리와 기가 一物이라 하더라도 분석해서 볼 수 있으며, 하나의 정이라도 리를 주로 하는 사단과 기를 주로 하는 칠정으로 구분해 볼 수 있는데, 이것이 바로 선유들의 사물에 대한 인식방법이었다는 것이다.

> 대개 혼륜하여 말하면 칠정이 리기를 겸하는 것은 많은 말을 기다리지 않고도 분명하다. 만일 칠정을 사단과 상대시켜 각각 구분하여 말하면 기에 대한 칠정은 리에 대한 사단과 같으니 그 발하는 것이 각각 혈맥이 있고 그 이름이 모두 가리키는 바가 있다. 그러므로 주로 하는 바를 따라서 〈리와 기로〉 분속할 수 있다.[51]

이것은 분별설의 관점에서 사단과 칠정을 주리 · 주기로 구분해볼 수

50) 『退溪全書』卷16, 「答奇明彦(論四端七情第二書-後論)」, "若爲不知者而慮其分析之弊, 則濂溪之圖, 不應挑出太極圈在陰陽之上矣; 旣有在上之太極, 不應復有在中之太極矣; 五行之圈, 又不應置在陰陽之下矣."

51) 『退溪全書』卷16, 「答奇明彦(論四端七情第二書)」, "蓋渾淪而言, 則七情兼理氣, 不待多言而明矣. 若以七情對四端, 而各以其分言之, 七情之於氣, 猶四端之於理也, 其發各有血脈, 其名皆有所指. 故可隨其所主而分屬之耳."

있다는 말이다. 물론 주리 · 주기라는 표현도 혼륜하여 말할 때는 이러한 구분이 있을 수 없고, 다만 상대시켜 분별하여 말할 때만이 이러한 구분이 있을 뿐이다.[52] 따라서 분별설의 관점에서는 주리 · 주기의 논리에 따라 사단은 리에, 칠정은 기에 각각 분속시킬 수 있다는 말이다. 왜냐하면 비록 칠정이 리기를 겸할지라도 사단과 상대시켜 말하면, 기에 대한 칠정은 리에 대한 사단과 같기 때문이다. 따라서 퇴계는 이러한 주리 · 주기의 논리로써 理發 · 氣發(리기호발설)의 타당성을 설명한다.

> 천지지성은 전적으로 리만을 가리킨 것인데, 모르겠으나 이때도 다만 리만 있고 여전히 기는 없는 것인가? 천하에 기 없는 리가 없으니 단지 리만 있는 것이 아니나, 그런데도 오히려 전적으로 리만을 가리켜서 말할 수 있다. 그렇다면 기질지성이 비록 리와 기가 섞여있을지라도 어찌 기만을 가리켜서 말할 수 없겠는가? 하나는 리가 주가 되기 때문에 리에 나아가 말하였고, 하나는 기가 주가 되기 때문에 기에 나아가서 말하였을 뿐이다. 사단에 기가 없는 것이 아니지만 '리가 발한 것'이라고 하고, 칠정에 리가 없는 것이 아니지만 '기가 발한 것'이라고 한 것은 그 뜻이 이와 같은 것이다.[53]

리기를 겸하고 선악이 있는 것은 정뿐만 아니라 성도 그러하다. 왜냐하면 성도 엄밀히 말하자면, 리가 기질 속에 떨어진 이후를 '성'이라고 부르기 때문에 리기를 겸하고 선악이 있다. 이렇게 볼 때 본연지성(천지지성)

---

52) 『退溪全書』卷17, 「答奇明彦(論四端七情第三書)」, "渾淪言之, 安有主理主氣之分? 由對擧分別言時, 有此分耳."

53) 『退溪全書』卷16, 「答奇明彦(論四端七情第二書)」, "天地之性固專指理, 不知此際只有理還無氣乎? 天下未有無氣之理, 則非只有理, 然猶可以專指理言, 則氣質之性, 雖雜理氣, 寧不可指氣而言之乎? 一則理爲主, 故就理言; 一則氣爲主, 故就氣言耳. 四端非無氣, 而但云理之發, 七情非無理, 而但云氣之發, 其義亦猶是也."

에도 기가 없는 것은 아니지만 리만을 가리켜서 말할 수 있듯이, 기질지성도 리가 없는 것은 아니지만 기만을 가리켜서 말할 수 있다. 마찬가지로 사단도 기가 없는 것은 아니지만 리를 주로 하여 말한 것이므로 '리가 발한 것'이요, 칠정도 리가 없는 것은 아니지만 기를 주로 하여 말한 것이므로 '기가 발한 것'이다. 여기에서 퇴계의 理發·氣發, 즉 理氣互發說이 전개된다.

그러나 고봉은 본연지성은 리만을 가리켜 말한 것이므로 理發이라 할 수 있지만, 기질지성은 리기가 섞인 것으로써 기만을 가리킨 것이 아니므로 氣發이라고 할 수 없다고 주장한다. 또한 사단도 리만을 가리켜 말한 것이므로 '리발'이라고 말할 수 있지만, 칠정은 리기를 겸하므로 '기발'이라고 말할 수 없다는 것이다. 물론 사단을 '리발'로 표현하는 것에 대해서는 고봉도 반대하지 않는다. 그렇지만 퇴계가 말하는 '리발'과 고봉이 말하는 '리발'에는 약간의 의미상의 차이가 있다. 퇴계가 인의예지의 성이 발한 것을 '리발'로 해석한 것과 달리, 고봉은 기가 리를 따라 발하여 조금의 막힘도 없는 것[54], 다시 말하면 칠정의 중절한 것을 그대로 '리발'로 해석한다.

여기에서 중요한 것은 칠정(또는 기질지성)에 대한 해석이다. 즉 퇴계는 칠정을 氣發로 보고자 하나, 고봉은 칠정이란 리기를 겸하기 때문에 절대로 氣發로 보아서는 안된다고 주장한다. 이곳에 두 사람의 주장이 좁혀질 수 없는 결정적 원인이 소재한다. 여기에서 좀 더 자세히 퇴계의 칠정에 대한 기본적 관점을 살펴보자.

> 맹자의 기쁨(喜), 순임금의 분노(怒), 공자의 슬픔(哀)·즐거움(樂)은 기가 리

54) 『高峯集』, 「再論四端七情書」, "氣之順理而發, 無一毫有碍者, 便是理之發矣."

를 따라 발하여 조금의 장애도 없기 때문에 리의 본체가 渾全하다. 그러나 보통 사람들이 친한 이를 보고서 기뻐하고 상을 당하여서 슬퍼하는 것도 기가 리를 따라 발하는 것이지만, 그 기가 가지런할 수 없기 때문에 리의 본체 역시 純全할 수 없다. 이로써 논하자면 비록 칠정을 기가 발한 것이라 하더라도 또한 리의 본체에 무엇이 해롭겠는가?[55]

이 단락의 핵심은 퇴계가 끝까지 칠정을 기발로 해석하려 한다는 점이다. 칠정이 비록 리기를 겸하지만, 리는 약하고 기는 강하여 그것을 단속할 수 없어서 쉽게 악으로 빠져들기 때문에 기가 발한 것이라 한다는 것이다.[56] 그리고 칠정이 기가 발한 것이라는 사실을 칠정 가운데 분노(怒)를 들어 증명한다. 퇴계는 「定性書」의 "사람의 마음에서 쉽게 발하고 억제하기 어려운 것으로는 분노가 가장 심하다"는 글을 인용하면서, "쉽게 발하고 억제하기 어려운 것은 리인가 기인가? 리라면 어찌 억제하기 어려움이 있겠는가? 오직 기이기 때문에 빨리 내달려서 제어하기 어려울 뿐이라고 말한다."[57] 이것은 기가 발한 것이 비록 본래 선할지라도 악으로 쉽게 흐르기 때문이다.[58] 여기에서 퇴계가 칠정이란 어디까지나 방탕해지기 쉬운 것이므로 절제하여 중도에 맞도록 단속해야 할 대상으로 간주한

55) 『退溪全書』卷16, 「答奇明彦(論四端七情第二書)」, "孟子之喜, 舜之怒, 孔子之哀與樂, 氣之順理而發, 無一毫有碍, 故理之本體渾全. 常人之見親而喜, 臨喪而哀, 亦是氣順理之發, 但因其氣不能齊, 故理之本體亦不能純全. 以此論之, 雖以七情爲氣之發, 亦何害於理之本體耶?"

56) 『退溪全書』卷17, 「附奇明彦四端七情總論」, "七情雖兼理氣, 而理弱氣强, 管攝他不得, 而易流於惡, 故謂之氣之發也."

57) 『退溪全書』卷16, 「答奇明彦(論四端七情第二書)」, "夫所謂易發而難制者, 是爲理耶, 爲氣耶? 爲理, 則安有難制? 惟是氣故決驟而難馭耳."

58) 『退溪全書』卷16, 「答奇明彦(論四端七情第二書)」, "正緣氣之所發, 雖本善而易流於惡故然耳."

다는 사실을 확인할 수 있다.

> 칠정이 발한 것이 五性에 연유하지 않는다고 말할 수 없지만, 사단이 발한 것과 대거해서 말한다면 사단은 리를 주로 하여 기가 따르는 것이요 칠정은 기를 주로 해서 리가 타는 것이다. 그러므로 사단은 은미해지기 쉽고 칠정은 포악해지기 쉬우니 그 형세가 그러하다.[59)]

칠정도 성에 연유하므로 리가 없다(악이 있다)고 말할 수는 없지만, 사단과 상대시켜 말하면 리를 주로 하는 사단과는 기를 주로 하는 칠정은 분별하지 않을 수 없다. 이것은 사단과 칠정을 상대시켜 보면 〈둘로〉 나누어 말하지 않을 수 없다는 말이다.[60)] 여기에서 퇴계는 선만 있고 악이 없는 사단과 달리, 칠정을 포악해지기 쉬운 물건으로 간주한다. 이것을 선악으로 표현하면, 선한 사단과 달리 칠정은 불선으로 흘러가지 쉬운 것이 된다. 반면 고봉은 『중용』의 '희로애락이 발하여 모두 중절한 것을 和라 한다'는 구절을 인용하여 '和'가 바로 達道이니 '달도'가 어찌 기가 발한 것이라고 할 수 있는가? 즉 칠정은 '기가 발한 것'으로 해석할 수 없다는 말이다.

최종적으로 퇴계는 고봉의 리기를 겸하는 혼륜의 관점을 받아들여 사단은 理發而氣隨之, 칠정은 氣發而理乘之로 수정한다. 이것은 사단과 칠정이 모두 리기를 겸한다는 사실을 전제하더라도 사단은 理發로, 칠정은 氣發로 구분해 보아야 한다는 퇴계의 심정이 표출된 것이다. 때문에 '理發

59) 『退溪全書』卷11, 「答李仲久」, "七情之發, 雖不可謂不由於五性, 然與四端之發, 對擧而言, 則四端主於理而氣隨之, 七情主於氣而理乘之, 故端易微而情易暴, 其勢然也."

60) 『退溪全書』卷16, 「答奇明彦(論四端七情第二書-後論)」, "惟以七情對四端, 則不得不分而言之耳."

而氣隨之'는 리를 주로 하여 말한 것이지 리가 기 밖에 있다고 말하는 것이 아니요, '氣發而理乘之'는 기를 주로 하여 말한 것이지 기가 리 밖에 있다고 말하는 것이 아니라고 설명한다.[61] 다시 말하면 사단에도 기가 없는 것은 아니지만(氣隨) 리가 주가 되므로 '리발'이요, 칠정에도 리가 없는 것은 아니지만(理乘) 기가 주가 되므로 '기발'이라는 것이다. 사단은 인의예지의 성에서 발한 것이므로 '리발'이요 칠정은 형기에 매개되어 악으로 흐르기 쉬운 것이므로 '기발'이다. 이렇게 볼 때 퇴계가 고봉과의 논변을 거치면서 고봉의 주장을 받아들여 이론적 결점을 보완하기도 하지만, 결과적으로 사단은 '리가 발한 것'이요 칠정은 '기가 발한 것'으로 둘을 별개의 정으로 구분하려고 하였음을 알 수 있다. 그 이유 중의 하나가 바로 사단을 '리발'로 보려는 것뿐만 아니라, 칠정을 끝까지 '기발'로 해석하려고 하였는데 있음을 알 수 있다.

2. 고봉 기대승의 사단칠정론

고봉의 사단칠정론은 '사단과 칠정에 애당초 두 가지 뜻이 있는 것이 아니다, 즉 칠정 밖에 다시 사단이 있는 것이 아니다'는 기본 관점에서 출발한다. 이러한 칠정은 리기를 겸하고 선악이 있기 때문에 퇴계처럼 사단은 리에, 칠정은 기에 각각 분속시키는 것에 반대한다. 먼저 고봉의 사단과 칠정에 대한 기본 해석은 다음과 같다.

61) 『退溪全書』卷16, 「答奇明彥(論四端七情第二書)」, "大抵有理發而氣隨之者, 則可主理而言耳, 非謂理外於氣, 四端是也; 有氣發而理乘之者, 則可主氣而言耳, 非謂氣外於理, 七情是也."

> 대개 사람의 정은 하나인데 그 정이 되는 것은 진실로 리기를 겸하고 선악이 있기 때문이다. 다만 맹자는 리기가 妙合한 속에 나아가서 오로지 리에서 발하여 선하지 않음이 없는 것만을 가리켜서 말하였으니 사단이 이것이다. 자사는 리기가 妙合한 속에 나아가 혼륜하여 말하였으니 정은 진실로 리기를 겸하고 선악이 있으니 칠정이 이것이다.[62]

고봉은 사단이든 칠정이든 사람의 정은 하나뿐이라는 전제에서 출발한다.[63] 그 하나의 정이 바로 칠정이며, 이 칠정이 발하여 중절한 것이 사단이니 사단은 칠정 가운데 선한 부분만을 말한 것이다. 맹자는 리기가 묘합한 가운데 선한 부분만을 발라내서 말한 것이고 자사는 그 전체를 말한 것이니 "맹자와 자사가 나아가 말한 것이 다르기 때문에 사단과 칠정의 구별이 있을 뿐이지 칠정 밖에 다시 사단이 있는 것이 아니다."[64] 즉 리기가 묘합한 가운데 선한 부분만을 가리켜서 말한 것이 사단이요 리기를 겸하고 선악을 겸하여 말한 것이 칠정이니, 이 때문에 '나아가 말한 것이 다르다'고 말한 것이다. 여기에서 '나아가 말한 것이 다르다'는 것은 고봉이 말한 同實異名의 다른 표현이다. '동실이명'은 고봉 사단칠정론의 핵심 개념이다. 내용은 같으면서 명칭만 다를 뿐이니 칠정 밖에 다시 사

---

62) 『高峯集』, 「論四端七情書」, "盖人之情一也, 而其所以爲情者, 固兼理氣有善惡也. 但孟子就理氣妙合之中, 專指其發於理, 而無不善者言之, 四端是也. 子思就理氣妙合之中, 而渾淪言之, 則情固兼理氣有善惡矣, 七情是也."

63) 그렇기 때문에 퇴계의 '理發而氣隨之 氣發而理乘之'라는 최종 수정안에 대해서도 "정이 발할 때에 혹 理動而氣俱하고 혹 氣感而理乘한다"("情之發也, 或理動而氣俱, 或氣感而理乘."「별책(再論四端七情書)」)라는 표현으로 절충한다. 퇴계가 理發한 사단과 氣發한 칠정이라는 별개의 정으로 구분한 것과 달리, 고봉의 사단이든 칠정이든 하나의 정이 발한 것(情之發也)이라는 사실을 끝까지 견지하였던 것이다.

64) 『高峯集』, 「四端七情說」, "但子思孟子所就以言之者不同, 故有四端七情之別耳, 非七情之外復有四端也."

단이 있는 것이 아니라 칠정이 발하여 중절한 것이 사단이라는 말이다.

> '사단과 칠정은 애당초 두 가지 뜻이 있는 것이 아니다'라고 말한 것은 사단이란 이미 칠정 중에 발하여 중절한 것과 내용은 같으면서 명칭만 다르니(同實異名) 그 위로 근원을 미루어 가면 진실로 두 가지 뜻이 있는 것이 아니라고 하였을 뿐이다.[65]

퇴계도 '나아가 말한 것이 다르다'는 표현을 한다. 그렇지만 이 둘의 말은 그 의미가 다르다. 퇴계는 사단은 리를 주로 말한 것이고 칠정은 기를 주로 하여 말한 것이므로 나아가 말한 것이 다르다(사단과 칠정은 그 소종래가 각각 다르다)는 말이요, 고봉은 본래 하나의 정이지만 리만을 가리켜서 말하면 사단이니 칠정 밖에 사단이 있는 것이 아니라는 말이다. 때문에 그 근원으로 미루어 가더라도 진실로 두 가지 뜻이 있는 것이 아니라고 말한 것이다.

이어서 고봉은 칠정 밖에 사단이 있는 것이 아니듯이, 정의 근거로서의 성에서도 기질지성 밖에 본연지성이 있는 것이 아니라는 논리를 전개한다. 이것은 퇴계가 '정에 사단과 칠정의 구분이 있는 것은 성에 본연과 기품의 차이가 있는 것과 같다'는 논리와 같은 맥락이다. 즉 정의 이론적 논거를 성에 근거지운 것이다.

> 만약 성에 나아가 논한다면 '기질지성'이란 것은 리가 기질 속에 떨어져 있는 것일 뿐이요 따로 하나의 성이 있는 것이 아니다. 그렇다면 성을 논하면서 본성이니 기품이니 말하는 것은 천지와 인물에 나아가 리와 기를 나누어 각각

65) 『高峯集』, 「論四端七情書」, "若四端七情, 初非有二義云者, 盖謂四端, 旣與七情中, 發而中節者, 同實而異名, 則推其向上根源, 信非有兩箇意思也云爾."

一物로 삼은 것이 아니라 하나의 성을 있는 곳에 따라 분별하여 말한 것일 뿐이다.[66)]

이것은 기질지성 가운데 선한 것이 바로 본연지성이지 기질지성을 떠나 따로 하나의 본연지성이 있는 것이 아니다.[67)] 즉 하나의 정에서 선한 부분만을 가리켜서 말한 것이 사단이듯이, 하나의 성에서 기질 속에서 말하던 기질지성이요 리만을 가리켜서 말하면 본연지성이라는 말이다. 칠정 밖에 따로 사단이 있는 것이 아니듯이, 기질지성 밖에 따로 본연지성이 있는 것이 아니다. 또한 칠정의 중절한 것이 사단이듯이, 기질지성 속에서 리만을 가리켜 말한 것이 본연지성이라는 말이다. 즉 본연지성과 기질지성이 하나의 성이듯이, 사단과 칠정도 하나의 정이라는 말이다. 여기에서 정의 근거로서의 성에 대한 해석도 역시 퇴계와 구분된다는 것을 알 수 있다. 퇴계가 기질지성과 본연지성을 상대시켜 리와 기의 대립적 구조로 이해한 것과 달리, 고봉은 기질지성 속에서 본연지성을 이해한다. 마찬가지로 사단과 칠정의 경우도 퇴계가 사단과 칠정을 별개의 정으로 구분한 것과 달리, 고봉은 칠정 속에서 사단을 이해한다.

대개 성이 막 발할 때에 기가 用事하지 않아 본연의 선이 그대로 이루어진 것이 바로 맹자가 말한 사단이라는 것이다. 이것은 진실로 천리가 발한 것이지만, 칠정을 벗어날 수가 있는 것이 아니라 바로 칠정 가운데 발하여 中節한 것의 싹이다.[68)]

---

66) 『高峯集』, 「論四端七情書」, "若就性上論, 則所謂氣質之性者, 卽此理墮在氣質之中耳, 非別有一性也. 然則論性, 而曰本性, 曰氣稟云者, 非如就天地及人物上, 分理氣而各自爲一物也, 乃以一性, 隨其所在, 而分別言之耳."

67) 『高峯集』, 「四端七情後說」, "氣質之性之善者, 乃本然之性, 非別有一性也."

68) 『高峯集』, 「四端七情說」, "蓋性之乍發, 氣不用事, 本然之善得以直遂者, 正孟子所謂四端

사단이란 칠정을 벗어나 있는 것이 아니라 칠정이 발하여 중절한 것에 불과하다. 여기에서 칠정에 대한 고봉의 해석이 이어진다. 퇴계와 마찬가지로 고봉에 있어서도 칠정에 대한 해석이 매우 중요하다. 고봉의 칠정에 대한 해석은 퇴계가 칠정을 氣發로 해석하는 것을 비판하는데서 출발한다. 칠정이 발하여 중절한 것이 사단이므로 칠정을 그대로 '기발'로 해석할 수는 없다. 즉 칠정은 리기를 겸하므로 절대로 '기발'로 해석해서는 안 된다는 것이다.

> 칠정이 발하여 中節한 것은 애당초 사단과 다르지 않다. 칠정이 비록 기에 속하더라도 리가 본래 그 가운데 있으니 그것이 발하여 중절한 것은 바로 '천명의 성'이고 '본연의 체'이니 어찌 기가 발한 것이고 사단과 다르다고 할 수 있겠는가?[69)]
>
> 칠정이란 비록 기와 관계되는 것 같지만, 리가 또한 저절로 그 속에 있어서 그것이 발하여 중절한 것은 바로 '천명의 성'이요 '본연의 체'이니 맹자가 말한 사단과 내용은 같으면서 이름만 다른 것이다.[70)]

이곳이 바로 고봉의 칠정에 대한 해석이 잘 드러난 부분이다. 퇴계가 칠정을 악으로 흐르기 쉬운 것으로 보는 것과 달리(칠정에도 리가 없는 것은 아니지만 기가 주가 되는 것으로 보려는 것과 달리), 고봉은 칠정이란 리기를 겸하기 때문에 칠정의 중절한 것은 바로 '천명의 성'이요 '본연의 체'이니 사단과 다르지 않다고 해석한다. 여기에서 칠정에 대한 두

者也. 此固純是天理所發, 然非能出於七情之外也, 乃七情中發而中節者之苗脈也."

69) 『高峯集』, 「四端七情後說」, "七情之發而中節者, 則與四端初不異也. 蓋七情雖屬於氣, 而理固自在其中, 其發而中節者, 乃天命之性本然之體, 則豈可謂是氣之發而異於四端耶?"

70) 『高峯集』, 「論四端七情書」, "然而所謂七情者, 雖若涉乎氣者, 而理亦自在其中, 其發而中節者, 乃天命之性, 本然之體, 而與孟子所謂四端者, 同實而異名者也."

사람의 해석상의 차이를 확인할 수 있다. 고봉의 경우, 칠정 밖에 다시 사단이 있는 것이 아니니 사단과 칠정은 애당초 두 가지 뜻이 있는 것이 아니다. 이렇게 볼 때 칠정은 절대로 '기발'이 될 수 없다. 때문에 퇴계가 사단은 理發이요, 칠정은 氣發이라 하여 둘을 리와 기로 분속시키는 것에 반대한다. 퇴계는 칠정을 氣發로 보려고 하나 고봉은 절대로 氣發로 볼 수 없다는 것이다. 그 이유를 아래서 설명한다.

> 자사가 전체를 말할 때에는 진실로 소종래의 설을 쓰지 않았다. 그렇다면 맹자가 발라내어 사단을 말할 때는 비록 理發 일변만을 가리켜 말하였다고 할 수 있겠지만, 칠정의 경우는 자사가 이미 리와 기를 겸하여 말하였으니 어찌 맹자의 말 때문에 갑자기 기 일변이라고 변경할 수 있겠는가?[71]

맹자의 사단은 理 일변만을 가리켜 말하였다고 할 수 있으나, 자사의 칠정은 리기를 겸하여 말하였으므로 氣 일변이라고 말할 수 없다. 즉 "칠정은 오로지 기만을 가리켜 말한 것이 아니라는 것이다."[72] 이것은 성의 경우도 마찬가지이니 "이미 성이라고 하면 기질 속에 떨어져 있지만 오로지 기로만 지목할 수는 없다."[73] 다시 말하면 퇴계처럼 기질지성을 오로지 기에만 분속시켜서는 안 된다는 말이다. 칠정을 기에만 분속시킬 경우, '칠정은 성에서 나오지 않은 것'이 되어 性發爲情의 명제에 어긋나게 된다는 것이다.

이러한 사고는 퇴계의 主理·主氣의 논리에도 그대로 적용된다. 때문

---

71) 『高峯集』, 「再論四端七情書」, "子思道其全時, 固不用所從來之說, 則孟子剔撥而說四端時, 雖可謂之指理發一邊, 而若七情者, 子思固已兼理氣言之矣, 豈以孟子之言, 而遽變爲氣一邊乎?"

72) 『高峯集』, 「再論四端七情書」, "七情, 非但專指氣而言者."

73) 『高峯集』, 「論四端七情書」, "蓋旣謂之性, 則雖墮在氣質之中, 而不可專以氣目之也."

에 고봉은 사단을 '주리'로 보는 것은 가능할지라도 칠정을 '주기'로 보아서는 절대로 안 된다고 말한다.

> 맹자가 발라내어 리 일변만을 가리킨 것에 대해서는 진실로 主理라고 말할 수 있지만, 자사가 혼륜하여 리기를 겸하여 말한 것에 대해서도 主氣라고 말할 수 있겠는가? 이것이 참으로 제가 이해할 수 없는 것이다.[74]

퇴계가 사단과 칠정을 리발 · 기발로 해석하는데 대한 타당성의 논거로 주리 · 주기의 문제를 제기하였는데, 고봉은 이 역시 반대한다. 사단은 리만을 발라내어 말하였기 때문에 '주리'라고 말할 수 있으나 칠정은 리기를 겸하기 때문에 '주기'라고 말할 수 없다는 것이다. 왜냐하면 칠정을 '주기'로 말하면 칠정은 성에서 나오지 않은 것이 되기 때문이다. 따라서 "사단과 칠정이 모두 성에서 발하는 것이라면 각각 발하는 곳에 나아가 〈리발 · 기발로〉 나누어서는 안 된다."[75] 다시 말하면 사단과 칠정은 모두 성이 발한 것이므로 칠정을 氣發(또는 主氣) 하나에 분속시켜서는 안 된다는 것이다. 이유인즉 "사단과 칠정을 상대시켜 말하여 사단을 리라하고 칠정을 기라 하면, 칠정의 理일변이 도리어 사단에 점유되어 '선악이 있다'는 말이 마치 기에서만 나오는 것처럼 되기 때문이다."[76] 즉 칠정이 리기를 겸하는데, 칠정을 기발로만 해석하면 칠정에 있는 理일변이 드러나지 못한다는 것이다.

---

74) 『高峯集』, 「再論四端七情書」, "盖孟子剔撥而指理一邊時, 固可謂之主理而言矣. 若子思渾淪而兼理氣言時, 亦可謂之主氣而言乎. 此實大升之所未能曉者."

75) 『高峯集』, 「再論四端七情書」, "大升以爲四端七情, 同發於性, 則恐不可各就所發而分之也."

76) 『高峯集』, 「再論四端七情書」, "而今乃與四端對擧互言, 以四端爲理, 七情爲氣, 則是七情理一邊, 反爲四端所占, 而有善惡云者, 若但出於氣."

여기에서 고봉은 퇴계처럼 사단과 칠정을 리와 기로 분속시키면 二情과 二善의 문제가 발생한다고 비판한다.

> 대개 사단과 칠정을 서로 상대시켜 말하고 도설에 게시하여 어떤 것은 '선하지 않음이 없다'고 하고 어떤 것은 '선악이 있다'고 한다면, 사람들이 그것을 볼 때 두 가지 정이 있는 것으로 의심할 것이다. 비록 정이 둘이라고 의심하지 않더라도 또한 정 속에는 두 가지 선이 있어 하나는 리에서 발하고 하나는 기에서 발하는 것으로 의심할 것이니 마땅하지 않다.[77]

'사단이 발한 것은 순수한 리이기 때문에 선하지 않음이 없고 칠정이 발한 것은 기를 겸한 것이기 때문에 선악이 있다'라고 말하면, 純理에서 발하는 사단과 兼氣에서 발하는 칠정이라는 서로 다른 두 가지 정이 있는 것으로 오해할 수 있으며, 또한 純理이기 때문에 無不善한 善과 兼氣하기 때문에 有善惡한 善에 구분이 생길 수 있다. 즉 순리(리)에서 발하는 사단과 겸기(기)에서 발하는 칠정이라는 두 개의 정과, 사단의 선과 칠정의 선이라는 두 가지 선이 있게 된다는 것이다. 그렇다면 칠정이 발하여 중절한 선은 사단의 선과 다르게 되니, 『중용장구』나 『중용혹문』 등에서 칠정이 리기를 겸하고 있음을 밝힌 말은 모두 빈말이 된다고 비판한다.

여기에서 고봉과 퇴계의 칠정에 대한 해석상의 차이를 확인할 수 있다. 퇴계는 칠정을 '기발'로 보고자 하나, 고봉은 리기를 겸하므로 '기발'로 보아서는 안 된다는 것이다. 선악으로 표현하면, 퇴계는 칠정을 불선한 것으로 보려고 하나, 고봉은 性發爲情의 명제에 따라 선한 것으로 보려고

---

77) 『高峯集』, 「論四端七情書」, "蓋以四端七情, 對擧互言, 而揭之於圖, 或謂之無不善, 或謂之有善惡, 則人之見之也, 疑若有兩情, 且雖不疑於兩情, 而亦疑其情中有二善, 一發於理, 一發於氣者, 爲未當也."

한다. 때문에 고봉은 퇴계의 칠정에 대한 해석을 "리기를 겸하여 말하지 않고 오로지 기만을 가리켜 말하였으므로 한쪽으로 치우쳤다"고 비판한다. 이어서 고봉은 칠정이 기만이 아니라는, 즉 칠정은 리와 기를 섞어서 말한 것이라는 사실을 재차 강조한다.

> 주자가 말하기를, "천지지성을 논한 것은 오로지 리만을 가리켜 말한 것이고 기질지성을 논한 것은 리와 기를 섞어서 말한 것이다." 이로써 본다면 '사단 理之發'은 오로지 리만을 가리켜서 말한 것이고, '칠정 氣之發'은 리와 기를 섞어서 말한 것이다. 그렇다면 理之發이라는 것은 진실로 바꿀 수 없지만, 氣之發이라는 것은 오로지 기만을 가리킨 것이 아니니, 이것이 곡절이 없을 수 없는 것이다.[78]

여기에서 다시 정의 근거로서 성을 거론한다. 성에 천지지성과 기질지성이 있는 것은 정에 사단과 칠정이 있는 것과 같다. 본연지성(천지지성)은 리만을 가리켜 말한 것이고 기질지성은 리와 기를 겸하여 말한 것처럼, 사단은 리만을 가리켜 말한 것이고 칠정은 리와 기를 겸하여 말한 것이다. 따라서 사단은 리만을 가리켜 말한 것이므로 理發이라 말할 수 있으나 칠정은 리기를 겸하므로 氣發이라고 말할 수 없다는 것이다. 바로 이점이 고봉이 끝까지 퇴계에게 양보할 수 없었던 부분이다. 왜냐하면 '성발위정'의 명제에 따르면 칠정도 인의예지의 성에서 발한 것이기 때문이다.

---

78) 『高峯集』, 「論四端七情書」, "朱子有曰, 論天地之性, 則專指理言, 論氣質之性, 則以理與氣雜而言之. 以是觀之, 所謂四端, 是理之發者, 專指理言, 所謂七情, 是氣之發者, 以理與氣雜而言之者也. 而是理之發云者, 固不可易, 是氣之發云者, 非專指氣也, 此所謂不能無曲折者也."

사단은 진실로 인의예지의 성에서 발하지만 칠정도 또한 인의예지의 성에서 발한다. 그렇지 않다면 주자가 어찌 '희로애락은 정이지만 발하기 전에는 성이다'라고 하였겠는가?[79)]

이것은 사단과 마찬가지로 칠정도 성에서 발한 것이기 때문에 오로지 기만을 가리킨 것이 아니라는 말이다. 고봉은 칠정이 리기를 겸한다는 사실을 여러 곳에서 말하고 있다. 즉 "칠정이 어찌 리기를 겸하고 선악이 있는 것이 아니겠으며, 사단이 어찌 칠정 중의 리요 선이 아니겠는가?"[80)] 〈칠정의 경우도〉 그 속에 진실로 리가 있기 때문에 밖으로 감응하면 서로 부합하니 그 속에 본래 리가 없는데 외물이 와서 우연히 서로 부딪쳐 감동하는 것은 아니다.[81)] 다시 말하면 퇴계처럼 칠정이 밖으로 형기에만 감응하는 것이 아니라, 칠정에도 속에 리가 있기 때문에 밖으로 감응할 수 있다는 것이다. 또한 "칠정이 발한 것을 리의 본체가 아니라고 하고 기가 자연히 발현한 것도 리의 본체가 아니라고 한다면, '리에서 발한다'는 것을 어디에서 볼 수 있으며 '기에서 발한다'는 것은 리의 밖에 있게 된다."[82)] 따라서 칠정은 성 밖의 사물이니 자사가 말한 和라는 것은 잘못된 것이다.[83)] 때문에 퇴계처럼 칠정을 '기발'로 해석하면 "칠정은 번잡하고 쓸모없는 것이 되어 도리어 심의 해가 된다"[84)]라고 비판한다.

---

79) 『高峯集』, 「論四端七情書」, "四端固發於仁義禮智之性, 而七情亦發於仁義禮智之性也. 不然, 朱子何以曰, '喜怒哀樂情也, 其未發, 則性也' 乎?

80) 『高峯集』, 「論四端七情書」, "然則七情, 豈非兼理氣有善惡, 而四端者, 豈非七情中理也善也哉?"

81) 『高峯集』, 「論四端七情書」, "蓋由其中間實有是理, 故外邊所感便相契合, 非其中間, 本無是理, 而外物之來, 偶相湊着而感動也."

82) 『高峯集』, 「論四端七情書」, "則乃以七情之發, 爲非理之本體, 又以氣之自然發見者, 亦非理之本體, 則所謂發於理者, 於何而見之, 而所謂發於氣者, 在理之外矣."

83) 『高峯集』, 「論四端七情書」, "若然者, 七情是性外之物, 而子思之所謂和者, 非也."

그렇다면 고봉은 왜 칠정을 氣發로 해석할 수 없었던 것인가? 퇴계가 칠정을 쉽게 방탕해져서 단속해야 할 대상으로 간주한 것과 달리, 고봉은 칠정을 性發爲情의 명제에 따른 정감 일반으로 이해하였기 때문이다. '성발위정'의 명제에 따르면, 칠정도 인의예지의 성에서 발한 것이기 때문에 선하지 않을 수 없다. 칠정에 대한 이들의 이러한 해석상의 차이 때문에 논변과정 내내 한 치의 양보도 할 수 없었던 것이다.

최종적으로 퇴계의 '理發而氣隨之 氣發而理乘之'라는 최종 수정안에 대해, 고봉도 "정이 발할 때에 혹 理動而氣俱하고 혹 氣感而理乘한다"[85]라는 표현으로 절충한다. 이 구절은 외형상으로는 '理發氣隨'와 '理動氣俱', '氣發理乘'과 '氣感理乘'으로 별 차이가 없어 보이지만, 실제로는 퇴계와 고봉의 주장이 고스란히 이 두 구절 속에 내포되어 있음을 알 수 있다. 물론 퇴계가 고봉의 견해를 수용하여 '氣隨'와 '理乘'이라는 말을 추가하기도 하지만, 퇴계의 요지는 사단은 '리가 발한 것'이요 칠정은 '기가 발한 것'으로 둘을 별개의 정으로 구분하는데 있다. 때문에 '理發而氣隨之 氣發而理乘之'라는 말은 고봉의 견해를 받아들인 수정설로도 볼 수 있지만, 결국 퇴계의 이론을 더욱 완전하게 만드는 방향으로 작용하였다고 할 수 있다.

반면 고봉은 사단과 칠정을 모두 같은 정이 발한 것(情之發也)으로 해석한다. 사단이든 칠정이든 같은 정인데 '理動氣俱' 하면 사단이 되고 '氣感理乘' 하면 칠정이 된다. 다시 말하면 퇴계가 사단과 칠정을 별개의 정으로 구분한 것과 달리, 고봉은 사단과 칠정이 모두 같은 하나의 정이라는 사실을 끝까지 견지하였다는 것이다.

84) 『高峯集』, 「論四端七情書」, "則是七情者, 其爲冗長無用甚矣, 而反爲心之害矣."
85) 『高峯集』, 「再論四端七情書」, "情之發也, 或理動而氣俱, 或氣感而理乘."

3. 맺음말

이상으로 퇴계와 고봉의 사단칠정론에 관한 내용 분석을 통해 이들의 이론적 차이를 살펴보았다. 먼저 퇴계 사단칠정론의 특징은 사단과 칠정을 별개의 정으로 구분하는데 있다. 사단에도 기가 없는 것이 아니지만, 맹자가 가리킨 것은 기를 타는데 있지 않고 순수한 리가 발하는데 있다는 것이다. 칠정도 리기를 겸하지만 리는 약하고 기는 강하여 쉽게 악으로 흐르기 때문에 기가 발한 것이다. 즉 사단은 리가 발한 것이고 칠정은 기가 발한 것이므로 둘은 별개의 정이라는 말이다. 여기에서 사단은 理發이고 칠정은 氣發이라는 퇴계의 리기호발설이 등장하며, 이어서 리발 · 기발의 근거로서 소종래를 거론한다. '사단의 소종래는 리요 칠정의 소종래는 기'로서 사단과 칠정의 소종래를 리와 기로 분속시킨다. 그로 인해 파생되는 이론적 문제점을 분별설에 따른 主理 · 主氣의 논리로써 설명한다. 주리 · 주기의 논리에 따르면 사단은 리에, 칠정은 기에 각각 분속시킬 수 있다는 말이다. 또한 사단과 칠정을 둘로 구분해볼 수 있는 근거로써 성을 거론한다. 성이 이미 본연지성과 기질지성으로 구분되기 때문에 정도 사단과 칠정으로 구분해볼 수 있다는 것이다.

이처럼 퇴계 사단칠정론의 요지는 사단을 '리발'로, 칠정을 '기발'로 해석하여 둘을 별개의 정으로 구분하려는데 있음을 알 수 있다. 여기에서 퇴계가 사단을 리발로 보는 것과 마찬가지로, 칠정을 끝까지 기발로 해석한다는 사실이다. 그 이유가 칠정이 비록 리기를 겸하지만 리는 약하고 기는 강하여 그것을 단속할 수 없어서 쉽게 악으로 빠지기 때문이다. 다시 말하면 칠정이란 어디까지나 방탕해지기 쉬운 것이므로 절제하여 중도에 맞도록 단속해야 할 대상으로 간주한다는 것이다.

반면 고봉은 사단과 칠정을 하나의 정으로 이해한다. 칠정이 발하여 중절한 것이 사단이니 칠정 밖에 다시 사단이 있는 것이 아니다. 사단과 칠정은 애당초 두 가지 뜻이 있는 것이 아니라는 것이다. 때문에 고봉은 사단과 칠정의 관계를 내용은 같으면서 명칭만 다르다는 '同實異名'의 말로 표현한다. 이어서 퇴계와 마찬가지로 그 근거로써 성을 거론한다. 성이 하나이지만 기질 속에서 말하면 기질지성이요 리만을 가리켜서 말하면 본연지성이듯이, 칠정이 발하여 중절한 것이 사단이라는 말이다. 즉 본연지성과 기질지성이 하나이듯이, 사단과 칠정도 하나의 정이라는 말이다. 이렇게 볼 때, 칠정이란 결코 퇴계가 말한 것처럼 방탕해지기 쉬운 물건이 아니라 중립성을 견지한 정감 일반을 가리키게 된다.

이상에서 알 수 있듯이, 퇴계와 고봉의 이론적 차이에서 양보할 수 없는 가장 중요한 곳은 칠정에 대한 해석이다. 다시 말하면 퇴계가 칠정을 '기발'로 해석하려는 것과 달리, 고봉은 절대로 '기발'로 해석해서는 안된다는 것이다. 왜냐하면 칠정은 리기를 겸하므로 칠정이 발하여 중절한 것은 바로 사단과 다르지 않기 때문이다. 퇴계처럼 칠정을 기에만 분속시킬 경우, 칠정은 성에서 나오지 않은 것이 되어 性發爲情의 명제에 어긋나게 된다.

이것을 선악으로 표현하면 퇴계가 칠정을 가급적 악으로 흐르기 쉬운 불선한 것으로 보려는 것과 달리, 고봉은 '성발위정'의 명제에 따라 선한 것으로 보려고 한다는 사실이다. '성발위정'의 명제에 따르면 칠정도 인의예지의 성에서 발한 것이기 때문에 선하지 않을 수 없는 것이다. 이점이 바로 고봉이 퇴계에게 끝까지 양보할 수 없었던 곳이다.

어쩌면 논변을 전개하면서 이들은 서로 각자가 자기의 이론적 결점이 무엇인지에 대해 정확히 알고 있었을 것이다. 그럼에도 불구하고 이들이 서로 한 걸음도 양보할 수 없었던 것은 정감, 특히 칠정에 대한 해석이 '인간을 어떻게 규정할 것인가'라는 차이로 연결되었기 때문이 아닐까한다. 유학자이면서 동시에 정치인이었던 그들에게 사회의 모든 시스템은 인간을 어떻게 규정하느냐에서 출발하기 때문이다.

결과적으로 이들은 논변을 통하여 서로의 견해를 받아들이지만, 자기의 견해를 바꾸는 것이 아니라 상대방의 공격을 방어하는 과정에서 자기 주장의 미비점을 보완해나간 것에 불과하다. 다시 말하면 두 사람은 끝까지 자신의 기본 입장을 포기하지 않았으며, 퇴계가 고봉의 설을 받아들여 수정설을 내놓기도 하였지만 그것은 그 자신의 이론을 더욱 완전하게 만드는 방향으로 작용하였음을 뿐이라는 사실이다. 고봉 역시 마찬가지다.

7장

퇴계학파와 율곡학파의 사단칠정론 변증

사단칠정논쟁은 조선 후기에도 여전히 중요한 철학 의제였다. 흔히 철학사에서 예학의 시대, 호락논쟁(인물성동이논쟁)과 실학의 시대로 설명하는 17세기와 18세기에도 사실 사단칠정론은 학자 개개인 혹은 학파의 정체성을 확립하는데 중요한 논제로 활용되었던 것이다.[86] 그 시대 학자들은 퇴계학파와 율곡학파에 따라 각기 다른 사단칠정론을 주장하였고, 각각의 학파 내부에서도 학자마다 사단칠정론에 대해 견해를 달리하였다.

퇴계 사단칠정론의 중심 용어는 互發이라 할 수 있다. 그러나 실제로 퇴계는 호발이라는 개념을 자주 사용하지 않았다.[87] 율곡이 퇴계의 '理發而氣隨之'를 理先氣後로, '氣發而理乘之'를 氣先理後로 비판하는 과정에서

86) 김태년, 「17~18세기 율곡학파의 사단칠정론」, 『동양철학』28, 2007, p.32

87) 『退溪全書』卷16, 「答奇明彦(論四端七情第二書)」, "蓋人之一身, 理與氣合而生, 故二者互有發用, 而其發又相須也. 互發則各有所主可知; 相須則互在其中可知. 互在其中, 故渾淪言之者, 固有之各有所主, 故分別言之而無不可."

호발이라는 용어를 자주 사용하였으며[88], 실제로 율곡은 호발 두 글자가 퇴계 성리학의 결정적 실수라고 보았으며[89], 율곡의 이론을 계승한 율곡학파에서는 이 호발설을 퇴계 이론의 최대 약점으로 부각하려 하였다. 이러한 율곡학파의 퇴계학 비판에 대하여 퇴계학파에서도 나름대로 퇴계학을 재정립하려고 노력하였으며, 그런 과정에서 퇴계 호발설을 이해하는 방식을 서로 달리하게 되었다.

퇴계학파 내부에서는 퇴계 호발설에 대한 해석이 크게 두 가지로 나누어진다. 하나는 율곡이 비판한 호발설을 相須설에 근거해서 주리 · 주기로 해석할 것을 강조한 우담(정시한)과 대산(이상정) 등의 학자들이 있고, 다른 하나는 리의 주체적 발동을 인정함으로써 사단과 칠정의 소종래에 따른 구분을 분명히 할 것을 강조한 갈암(이현일)과 청대(권상일) 등의 학자들이 있다. '주리 · 주기로 해석할 경우'에는 理無爲라는 측면에서 '리가 발동한다'는 비판을 벗어날 수는 있지만, 사단과 칠정의 소종래를 구분하여 리와 직접 연결되는 사단의 純善性을 적극적으로 보장하는 데는 제한이 있으며, '리의 실제적 발동으로 해석할 경우'에는 리의 동정과 같은 어려운 형이상학적 난제를 해결해야 한다. 이처럼 주리 · 주기의 相須적 입장에서 퇴계의 호발설을 해석하는 사람들은 사단과 칠정의 구분이 모호해져서 퇴계가 사단과 칠정을 구분하려는 원래의 의도(七對四)가 퇴색하게 되고, 리의 실제적 발동을 인정하는 입장에서 퇴계의 호발설을 해

88) 예를 들면 퇴계의 '호발'과 같은 두 글자는 말의 실수가 아니고 아마도 리와 기가 서로 떠나지 못하는 妙를 깊이 보실 수 없었던 것이다.(若退溪互發二字, 則似非下語之失, 恐不能深見理氣不相離之妙也.「答成浩原」), "리와 기가 호발한다거나 '理發而氣隨之'설은 도리어 知見의 결점이다(理氣互發, 理發氣隨之說, 反爲知見之累耳.), 리와 기는 선후가 없고 이합이 없으니 호발한다고 할 수 없다(無先後, 無離合, 不可謂互發也), 태극과 음양은 서로 발동할 수 없으니 리와 기가 호발한다고 말하는 것이 어찌 잘못되지 않았겠는가?(太極陰陽不能互動, 則謂理氣互發者, 豈不謬哉) 등이 있다.

89) 『栗谷全書』卷10,「答成浩原」, "退溪之病, 專在於互發二字, 惜哉."

석하는 사람들은 無爲한 리가 작위적 개념으로 설명됨으로써 리와 기에 실제적 구분이 없어지는 난관에 봉착한다.

한편, 율곡의 사단칠정론에 대한 이해는 인간의 정을 칠정 하나로 보고 칠정 중에 선한 일변만을 사단으로 이해하였으며[90] 사단이든 칠정이든 모두 '氣發理乘'이라는 하나의 방식으로 설명한다. 율곡은 퇴계 호발설이 理無爲의 원칙에 어긋난다고 비판하였을 뿐만 아니라[91], 主理와 主氣의 경우에 있어서도 사단을 '주리'로 해석하는 것은 괜찮지만 칠정을 '주기'로 해석해서는 안 된다고 비판한다. 사단은 리만을 말한 것이고 칠정은 리와 기를 겸하여 말한 것이기 때문에 사단을 '주리'라고 하는 것은 괜찮으나 칠정을 '주기'라고 해서는 안 된다는 것이다.[92]

사단칠정론과 관련하여 율곡학파 내부에서도 견해가 나누어진다. 하나는 퇴계의 설을 주리·주기의 차이로 해석하여 율곡의 설과 절충을 시도한 졸수재(조성기)와 농암(김창협) 등의 학자들이 있고, 다른 하나는 퇴계의 주장을 소종래의 다름을 강조하는 호발설이라고 이해하고 적극적으로 비판한 우암(송시열)과 남당(한원진) 등의 학자들이 있다. 이들은 양자 모두 율곡의 '氣發理乘一途'의 원칙을 기반으로 하되, 전자는 율곡이 강조한 理無爲의 주장에서 리의 무력화 가능성을 발견하고 이를 보완하려는 의도에서 사단과 칠정을 주리·주기로 구분하여 율곡과 퇴계의 문제의식을 절충하려 하였으며, 후자는 퇴계의 호발설을 적극적으로 부정하고 사단도 不中節할 수 있다는 주자의 말에 근거하여 사단의 純善性에 의문을 제기하는 동시에 율곡의 '氣發理乘一途'의 논리적 정합성을 유지하기 위

90) 『栗谷全書』卷10, 「答成浩原」, "四端是七情之善一邊也 七情是四端之摠會者也."

91) 『栗谷全書』卷10, 「答成浩原」, "若非氣發理乘一途, 而理亦別有作用, 則不可謂理無爲也."

92) 『栗谷全書』卷10, 「答成浩原」, "四端謂之主理, 可也, 七情謂之主氣, 則不可也. 七情包理氣而言, 非主氣也."

하여 퇴계를 비판하는 데서 더 나아가 율곡의 '七包四' 에도 문제를 제기한다.

1. 퇴계학파의 사단칠정론

(1) 相須설[93)]에 근거한 주리 · 주기의 해석

우담 정시한-대산 이상정 등은 퇴계의 호발설이 無爲의 리가 작용하는 것이라는 율곡의 비판을 극복하는 방안으로 상수설에 근거하여 주리 · 주기로 사단칠정을 구분할 것을 주장한다. 물론 주리 · 주기라는 말은 리와 기의 상수관계를 전제하는 말이다.[94)]

1) 愚潭 丁時翰(1625~1707)

율곡의 퇴계 호발설에 대한 비판의 핵심은 '理發而氣隨之' 의 경우 리와 기가 선후관계를 가지기 때문에 서로 분리되는 현상을 초래하고[95)], 리발

93) 퇴계는 相須라는 말로 리와 기가 함께 있음을 전제한다. "리와 기는 본래 상수하여 체가 되고 서로를 기다려서 용이 되는 것이니 진실로 리가 없는 기가 없고 또한 기가 없는 리가 없다.(蓋理之與氣, 本相須以爲體, 相待以爲用, 固未有無理之氣, 亦未有無氣之理.「答奇明彥(論四端七情第三書)」)", "대개 사람은 말이 아니면 출입할 수 없고, 말은 사람이 아니면 길을 잃게 되니 사람과 말은 상수하여 떨어질 수 없다.(蓋人非馬不出入, 馬非人失軌途, 人馬相須不相離.「答奇明彥(論四端七情第五書)」)

94) 主理 · 主氣라는 말은 리와 기의 상수관계를 전제하는 말이다. 이것은 퇴계의 '사단은 理發而氣隨之, 칠정은 氣發而理乘之' 라는 해석을, '리가 먼저 발하고 나중에 기가 따르는 것이라면 리와 기는 분리되어 선후가 있게 된다' 는 고봉(율곡)의 비판에 대해, 퇴계가 '理發而氣隨之는 리를 주로 하여 말한 것이요 氣發而理乘之는 기를 주로 하여 말한 것이다' 고 하여 리와 기의 상수관계를 전제로 사단칠정을 주리 · 주기로 해석한대 기인한 것이다.

의 경우도 無爲한 리가 따로 작용하는 잘못이 있기 때문에 理無爲의 명제에 어긋난다[96]는 것이다. 이에 대해 우담은 퇴계의 '理發而氣隨之'와 '氣發而理乘之'에는 처음부터 선후의 논리가 존재하지 않았으니 퇴계의 호발에 대한 율곡의 비판은 퇴계를 제대로 알지 못한대서 비롯된 것이라고 율곡을 재비판한다.[97] 그리고 퇴계의 '理發而氣隨之 氣發而理乘之'을 무위한 리의 작용이나 리기의 선후관계로 보지 않고 상수관계를 이루는 주리·주기의 차이로 해석한다.

> 리가 발할 때에 기가 없다고 말할 수 없기 때문에 氣隨라고 한 것이니, 어찌 리가 먼저 발하고 기가 그 뒤를 따른다는 말이겠는가? 기가 발할 때에 리가 없다고 말할 수 없기 때문에 理乘이라고 한 것이니, 어찌 기가 먼저 발하고 리가 그 뒤에 있다는 말이겠는가? 하나는 리를 주로 하여 말하였기 때문에 먼저 리를 말하면서 또한 기를 말하지 않을 수 없었고, 하나는 기를 주로 하여 말하였기 때문에 먼저 기를 말하면서 또한 리를 말하지 않을 수 없었던 것이다.[98]

우담은 퇴계의 호발설이 리기의 선후관계에 있는 것이 아니라 주기·주기의 구분에 따른 것이라고 설명한다. 리가 발할 때에 기가 없다고 말

---

95) 『栗谷全書』卷10, 「答成浩原」, "若理發氣隨之說, 則分明有先後矣, 此豈非害理乎? …… 若曰理發氣隨, 則是纔發之初, 氣無干涉, 而旣發之後, 乃隨而發也, 此豈理耶?", "理發氣隨之說, 亦微有理氣先後之病."

96) 『栗谷全書』卷10, 「答成浩原」, "若非氣發理乘一途, 而理亦別有作用, 則不可謂理無爲也." 혹은 "理無形而氣有形, 故理通而氣局, 理無爲而氣有爲, 故氣發而理乘."

97) 『愚潭集』卷7, 「四七辨證」, "今栗谷乃以退溪爲全不知理氣之無先後無離合, 而創爲互發之說者, 然亦可謂不知退溪者矣."

98) 『愚潭集』卷7, 「四七辨證」, "理發之時不可謂無氣, 故謂之氣隨, 豈理先發而氣隨後之謂乎. 氣發之時不可謂無理, 故謂之理乘, 豈氣先發而理在後之謂乎. 一則主理而言, 故先言理而亦未嘗不言氣, 一則主氣而言故先言氣而亦未嘗不言理."

할 수 없기 때문에 氣隨라고 한 것이며, 기가 발할 때에 리가 없다고 말할 수 없기 때문에 理乘이라고 한 것이다. 즉 氣隨와 理乘은 리와 기의 상수관계를 강조하는 말에 불과하기 때문에 선후의 관계가 아니라는 것이다. 따라서 퇴계의 '理發而氣隨之'는 리와 기가 상수하는 가운데 리를 주로 하여 말한 것이고, '氣發而理乘之'은 리와 기가 상수하는 가운데 기를 주로 하여 말한 것이므로 주리 · 주기의 구분에 따라 사단은 '리발'한 것이고 칠정은 '기발'한 것이라고 해석한다.

리와 기가 상수관계로 작용하여 성에서 정으로 발현된다고 한다면, 발현경로(소종래)는 두 개의 길이 있는 것이 아니라 하나의 길만 있게 된다. 따라서 우담은 퇴계가 사단과 칠정의 소종래로써 본연지성과 기질지성을 구분하는 것과는 달리 "사람의 마음에 두 근원이 없다"[99]라고 하여 근원이 하나라는 사실을 분명히 지적한다. 다시 말하면 주리 · 주기의 논리에 따라 리발과 기발로 구분하면서 동시에 근원을 하나로 보았던 것이다.

이처럼 율곡의 리기에 선후가 있다는 호발설의 비판을 피하기 위해 상수설을 강하게 주장하다 보면 결국 정이 발하여 나온 성의 근원이 하나뿐이라는 것을 주장하게 되어 사단과 칠정의 소종래에 따른 근원적인 구분이 모호하게 된다. 이렇게 되면 퇴계가 사단과 칠정을 구분하려는 본래 의도는 퇴색하게 된다. 때문에 우담은 분개하여 말하면 사단과 칠정을 구분할 수 있다는 分開의 논리를 전개한다.

> 渾淪하여 말하면 기질이 본성을 포함하고 칠정이 사단을 겸한다는 것은 많은 말을 하지 않아도 분명하다. 그러나 이미 기질 가운데에서 본연지성을 지적해낸다면 본연지성은 리를 주로 하여 말한 것이요 기질지성은 기를 주로 하여

99) 『愚潭集』 卷8, 「四七辨證」, "人心雖無二源."

말한 것이다. 이미 칠정 가운데에서 사단을 가려냈다면 사단을 리가 발한 것이라고 말하는 것은 본연지성이 리를 주로 하는 것과 같고 칠정을 기가 발한 것이라고 말하는 것은 기질지성이 기를 주로 하는 것과 같다.[100)]

주리 · 주기라는 分開의 논리에 따르면, 본연지성은 리를 주로 말한 것이요 기질지성은 기를 주로 말한 것이다. 성이 발한 정의 경우에도 사단은 리를 주로 하여 말한 것이고 칠정은 기를 주로 하여 말한 것이다. 리를 주로 하여 말한 것이므로 리발한 것이 되고 기를 주로 하여 말한 것이므로 기발한 것이 된다. 다시 말하면, 주리 · 주기라는 분개의 논리에 근거하여 리가 주가 되는 본연지성과 기가 주가 되는 기질지성을 상대시키고, 동시에 정의 경우에도 리가 주가 되는 사단과 기가 주가 되는 칠정을 그대로 리발 · 기발로 해석하였던 것이다. 이것은 율곡이 기질지성 하나만을 성으로 보고 기질지성과 본연지성을 내포관계로 해석했던 것과 구분되며, 또한 정을 칠정 하나로 보고 사단과 칠정을 내포관계로 해석했던 것과 구분된다.

우담에게 있어서 호발이란 율곡의 주장처럼 리기의 선후관계나 無爲한 리의 작용을 의미하는 것이 아니라, 分開의 논리에 따른 주리 · 주기의 구분을 의미한다. 물론 여기에서 '리발'이란 리의 속성을 설명하기 위한 것이라기보다는 사단의 순선한 근거를 확립하기 위하여 제시된 명제이다. 이처럼 우담은 주리 · 주기의 방법으로 퇴계의 호발설이 갖는 문제를 극복하려고 하였던 것이다.

---

100) 『愚潭集』 卷7, 「四七辨證」, "夫渾淪言之則氣質之包本性 七情之兼四端 不待多言而明矣. 而旣已指出本然之性於氣質之中 則本然之性主理而爲言者也 氣質之性主氣而爲言者也. 旣已剔發四端於七情之中 則四端之謂之理發猶本然之性之主理也. 七情之謂之氣發猶氣質之性之主氣也."

2) 大山 李象靖(1711~1781)

대산의 문제의식은 율곡의 주장처럼 리의 無爲를 지나치게 주장하면 리가 死物이 되어 리의 규제력이 약화되고 청대처럼 리의 동정을 지나치게 강조하면 결국 리와 기의 구분이 없어져 버리기 때문에[101] 양측을 절충하는데 있다. 따라서 그는 「사단칠정론」을 지어 渾淪과 分開의 입장에서 사단칠정론을 해석한다. 즉 사단과 칠정을 엄격히 구분하기보다는 사단이 칠정 속에 포함될 수 있는 혼륜의 일면과 사단과 칠정이 의미상으로 구븐될 수 있는 분개의 일면이 있다는 입장을 견지한다. "퇴계의 理發而氣隨之와 氣發而理乘之은 분개하여 말한 것이다. 혼륜으로 말할 때면 어떻게 사단과 칠정의 명칭이 다르고 리와 기의 호발이 있을 수 있겠는가?"[102] 라고 하여 혼륜에서는 호발이 있을 수 없고 분개에서만 호발이 가능하다는 것을 분명히 밝힌다. 그리고 "호발이라는 것은 리가 발할 때에 기가 없고 기가 발할 때에 리가 없는 것이 아니라 다만 주로 하여 말한 것이 다를 뿐이다"[103]라고 하여 상수관계 속에서 주리·주기의 차이로 설명한다.

> 사단이라고 해서 기가 없는 것은 아니나 리가 주가 되는 것이고, 칠정이라고 해서 리가 없는 것은 아니나 기가 주가 되는 것이기 때문에 理發·氣發하는 것이다.[104]

---

101) 『大山集』 卷6, 「答權淸臺」, "謂動靜便是太極, 則是浸過陰陽界分, 而不明於形而上下之別矣."

102) 『大山集』 卷20, 「答李希道」, "理發氣隨氣發理乘, 正是分開說. 若渾淪時, 又安有四七之異名, 理氣之互發哉."

103) 『大山先生實記』 卷8, 「記聞」, "理氣互發之云, 理發時全無氣也, 氣發時全無理也, 特所主而言之者不同耳."

104) 『大山集』 卷20, 「答李希道」, "四端非無氣, 而理爲主, 七情非無理, 而氣爲主, 其曰理之發氣之發."

사단과 칠정을 주리·주기의 구분에 따라 '리발'과 '기발'로 해석할 수 있다는 말이다. 물론 이것은 분개의 논리에서만 가능하다. 여기에서 '리가 주가 된다'는 것은 리가 기를 제대로 주재하는 것이고, 그가 말한 '주재하지 않으면서 주재하는 것(不宰之宰)' 혹은 '하는 것이 없으면서 하는 것(無爲之爲)'이다.[105] 대산은 청대와 같이 실질적인 리의 동정은 인정하지 않더라도 주재로서의 리의 동정은 인정해야 한다는 입장이다. 비유하면 사람이 말을 타고 드나들 때에, 그 드나드는 것은 실제로 말이지만 말을 부려서 길을 벗어나지 않게 하는 것은 사람이 하는 것이다. 이러한 현실세계의 기에 끊임없이 질서와 방향을 제시하는 것이 바로 리의 주재이고 대산이 말한 리의 동정이다.[106] 반면에 '기가 주가 된다'는 것은 이러한 상태를 유지하지 못하는 것을 말한 것이다. 이러한 논리에서 대산은 율곡이 주장하는 理無爲를 '死物의 리'라고 비판한다. 리가 無爲로만 해석된다면 리는 규제력이 없고 기가 마음대로 움직여서 이 세계에 질서가 있을 수 없다는 것이다. 이처럼 대산에서의 호발이란 율곡의 비판처럼 無爲한 리가 작용하는 것이 아니라 상수관계 속에서 주리·주기의 차이를 말하며 주리로써 리의 주재력을 인정한다는 말이다.

한편 대산은 "혼륜해서 말하여 모두 性發이라고 한다면, 분개할 때도 칠정이 性發이 아니라고 하는 것이 옳겠는가?"[107]라고 하여 사단은 물론이고 칠정도 '性發爲情'에 따라 理發(性發)이라고 설명한다. 율곡의 경우

---

105) 『大山集』卷40, 「讀聖學輯要」, "如曰不宰之宰, 無爲之爲."

106) 『大山集』卷28, 「答黃景初」, "理也者, 動靜之主宰也. 故其或動或靜, 雖屬乎氣, 而其所以能動靜, 與夫動靜之不失端緖者, 皆理之妙也. 故主理而言, 則謂之理有動靜, 主氣而言, 則謂之氣有動靜, 如人乘馬出入, 其出入者固馬, 而主張運用, 不失軌途者, 實人之爲, 故亦謂之人有出入也."

107) 『大山集』卷20, 「答李希道」, "今渾淪言, 而謂皆性之發, 則方其分開, 而謂七情之非性發, 可乎."

처럼 혼륜에만 주목하여 '사단도 기발이라 보는 것'은 하나임을 알고 둘을 모르는 것이요, 퇴계학파 내의 극단적인 분별만을 주장하여 '칠정은 성이 발하는 것이 아니라고 말하는 것'은 다름만 보고 같음을 알지 못하는 것이라고 비판한다.[108] 퇴계가 칠정을 기발로 보아서(율곡학파에서 사단까지도 기발로 보는 것을 포함) 자칫 '성발위정'의 원칙에 벗어나는 결과를 초래할 수 있다는 것을 염두에 둔 말이다. 물론 대산의 이러한 논리는 율곡의 '七包四'설을 부분적으로 수용하고 있다고 할 수 있으나, 사단뿐만 아니라 칠정까지 모두 리발로 본 이상 사단과 칠정을 구분하려는 퇴계의 원래 의도는 퇴색하게 된다. 이와 같다면 분개의 논리에서는 사단과 칠정을 주리·주기의 구분에 따라 리발·기발로 설명하고 혼륜의 논리에서는 '성발위정'에 근거하여 사단과 칠정을 모두 리발로 설명함으로써 일관성에 문제가 나타나기도 한다. 이것은 우담에게서도 동일하게 나타나는 현상이다.

(2) 호발설에 대한 적극적 해석

갈암 이현일-청대 권상일 등으로 이어지는 학자들은 리의 주체적 발동을 인정함으로써 사단과 칠정의 소종래에 따른 구분을 분명히 할 것을 강조한다.

1) 葛庵 李玄逸(1627~1704)

갈암은 퇴계의 설을 옹호하기 위하여 율곡에 대한 비판을 철저히 관철

108) 『大山集』卷39, 「四端七情說」, "彼見理氣之不離, 而謂四端亦氣發者, 固見一而不知二, 其弊也, 鶻侖無別, 而其或專主分開, 不相統一, 至謂七情不可謂性發, 則又見異而不知同, 其弊也, 闊疎不情."

했던 최초의 인물이다.[109] 율곡의 사단칠정론을 비판하기 위하여 「栗谷李氏論四端七情書辨」을 저술하여 퇴계의 호발설을 옹호하면서 동시에 율곡의 '七包四' 내지 '氣發理乘一途'를 비판한다.

먼저 갈암은 "리와 기는 비록 묘합하게 엉겨있어서 분개하여 각각 한 곳에 있게 할 수는 없으나 一物이라고 하여 분별이 없어서는 안 된다"[110] 라고 하여 一物 속에서 리는 자체로 리요 기는 자체로 기로써 분별이 없어서는 안 된다는 분개의 정당성을 강조한다. 이러한 분별의 관점은 자연히 리의 실제적인 동정을 인정하는 논리로 전개된다.

> 리는 비록 작위가 없으나 실제로 조화의 추뉴이고 만물의 근저이다. 만약 율곡의 말과 같다면 리는 다만 虛無空寂한 물건으로 온갖 조화의 근원이 될 수 없고 다만 음양의 기화만이 종횡으로 전도되어 조화를 행하게 되니 또한 어긋나지 않겠는가. 하나의 리가 渾然하여 동정을 관통하고 주관한다.[111]

갈암은 하나의 리가 동정을 관통하고 주관하기 때문에 온갖 단서들이 조리와 질서를 잃지 않는다고 설명함으로써 리를 능동적 존재로 확인한다. 리의 능동적 조화작용을 부정하고 율곡의 주장처럼 理無爲만을 강조하면 리는 虛無空寂한 것이 되어 온갖 조화의 근원이 될 수 없다고 비판한다. 이러한 논리에 따라 갈암은 사단과 칠정의 소종래에 따른 구분을 강조한다.

---

109) 금장태, 『퇴계학파의 사상(Ⅰ)』, 집문당, 1996, p.269

110) 『葛庵集』卷8, 「答丁君翊(甲申 · 別紙)」, "理與氣雖是妙合而凝, 不宜分開, 各在一處, 然亦不可認爲一物而無所分別."

111) 『葛庵集』卷18, 「栗谷李氏論四端七情書辨」, "夫理雖無爲, 而實爲造化之樞紐品彙之根柢. 若如李氏之說, 則此理只是虛無空寂底物, 不能爲萬化之原, 而獨陰陽氣化縱橫顚倒以行其造化也, 不亦謬乎. 夫一理渾然, 貫動靜而爲之主."

심은 비록 하나이지만 그 소종래에 각각 根源과 苗脈이 있는 것이니 인심과 도심은 원래 한 근원이 아니고 리와 기는 二物이라고 하여 두 쪽으로 나누어 말하더라도 지나치지 않다.[112]

정에 사단과 칠정의 구분이 있는 것은 심에 인심과 도심의 차이가 있는 것과 같다.[113]

인심과 도심에 소종래의 근원과 묘맥이 있는 것처럼 사단과 칠정에도 소종래의 차이가 있다는 말이다. 따라서 "사단은 리에서 발하기 때문에 순수하여 선하지 않음이 없고, 칠정은 기에서 발하기 때문에 중절과 부중절의 차이가 있다"[114]라고 하여 사단과 칠정의 존재구조를 다르게 설명한다.

또한 "어린아이가 우물에 빠지는 것을 본 뒤에 측은지심이 발하는데 보고 측은해하는 것은 기이니 기발이다"[115]라고 하여 칠정뿐만 아니라 사단까지도 외물의 감촉으로 보아 사단과 칠정을 모두 氣發 하나로 해석하는 율곡의 주장에 대해, 사단은 리가 발한 것이고 칠정은 기가 발한 것이라는 호발설을 주장한다.

퇴계가 '사단을 인의예지의 성에서 발한 것이라고 한 것'은 바로 마음속에 원래 있던 리가 감촉에 따라 발하여 측은 · 수오 · 사양 · 시비의 정이 되어 그

112) 『葛庵集』卷8, 「答丁君翊(別紙)」, "心雖一也, 而其所從來, 各有根源苗脈, 則雖曰人心道心, 本非一源, 理氣二物, 分作兩邊說, 不爲過矣."

113) 『葛庵集』卷18, 「讀金天休論李大柔理氣性情圖說辨」, "故愚以爲情之有四端七情之分, 猶心之有人心道心之異也."

114) 『葛庵集』卷18, 「讀金天休論李大柔理氣性情圖說辨」, "四端發於理, 故粹然無不善, 七情發於氣, 故有中節不中節云爾."

115) 『栗谷全書』卷10, 「答成浩原」, "見孺子入井然後乃發惻隱之心, 見之而惻隱者氣也, 此所謂氣發也."

> 발한 것이 형기에 섞이지 않은 것을 가지고 말한 것이니 애당초 감촉이 없이 저절로 발하는 것을 말한 것이 아니다. '칠정을 外物이 형체에 감촉하여 마음속에서 움직인 것이라고 한 것'은 바로 외부에서 이른 物이 그 耳目을 감촉하여 마음속에서 움직인 것이 희로애락애오욕의 정이 되어 그 발한 것이 形氣에 간섭된 것을 가지고 말한 것이니 또한 그 마음속에 원래 리가 없다는 것을 말한 것이 아니다.[116]

갈암은 '리발'이라고 하여 외물의 감촉없이 저절로 발하는 것이 아니요, '기발'이라고 하여 리가 없음을 말하는 것이 아님을 전제한다. 다만 사단은 형기에 섞이지 않는 리를 주로 말한 것이고 칠정은 형기에 간섭된 기를 주로 말한 것이다. 물론 율곡의 주장처럼 사단이든 칠정이든 모두 外物의 감촉에 의해 발하지만, 사단은 발하는 것이 리를 주로 하기 때문에 인의예지의 성에서 곧바로 발하여 나와 기가 여기에 간여할 수 없으니 리가 발한 것이다. 반면 칠정은 형기에 간섭된 기를 주로 말한 것이니 기가 발한 것이다. 그러므로 사단은 '리발'이고 칠정은 '기발'이라고 주장함으로써 발하는 것은 '기발' 하나 뿐이라는 율곡의 '氣發理乘一途'를 비판한다. 따라서 갈암은 사단은 리에서 발하기 때문에 넓혀 채워가고 칠정은 기에서 발하기 때문에 단속한다는 '확충'과 '단속'이라는 별개의 공부방법을 강조한다.[117] 이처럼 갈암은 분개의 정당성을 강조하고 분개의 논리에서 리의 동정이나 소종래의 차이를 인정함으로써 사단과 칠정을 리

116) 『葛庵集』卷8, 「答丁君翊(別紙)」, "退溪之以四端爲發於仁義禮智之性者, 乃謂心中本有之理隨觸而發, 爲惻隱羞惡辭讓是非之情, 其發不雜形氣者而言, 初不言無感而自發也. 以七情爲外物觸其形而動於中者, 乃謂物之自外至者, 觸其耳目而動乎中, 爲喜怒哀樂愛惡欲之情, 其出涉於形氣者而言, 亦非謂其中元無是理也."

117) 『葛庵集』卷12, 「答申明仲(別紙)」, "愚意以爲擴充與節約工夫自別. 蓋自理而發, 故擴而充之, 自氣而發, 故約之使合於中."

발 · 기발로 구분한다.

2) 淸臺 權相一(1679~1760)

청대는 우담과 대산의 상수설에 근거한 주리 · 주기의 구분은 결국 사단과 칠정을 구분해보려는 퇴계의 본질을 흐리게 하는 것이라고 보고 "근세 학문의 폐단을 전적으로 不相離의 측면을 강조하여 혼륜해서 보거나 하나로 보는데 있다"[118]라고 지적한다. 학문폐단의 근본적인 원인이 리와 기를 분리해보지 않고 리의 동정을 확실하게 인정하지 않는데 있다는 것이다. 따라서 사단과 칠정이 구분되기 위해서는 리의 동정과 같은 실질적인 호발설이 성립해야 한다고 설명한다.

> 만약 동정을 전적으로 음양에 귀결시키고 동정하는 원인을 리에 귀결시키면, 리는 體가 되고 기는 用이 되어 리는 無爲하고 기는 有爲하게 된다. 그리하여 작용하는 것은 오직 氣뿐이고 리는 하나의 死物이 된다.[119]

理體氣用論에 따르면 현실은 오로지 기가 주도하는 것이 되어 리는 아무런 영향력을 미칠 수 없는 죽은 물건이 되기 때문에 리의 동정을 인정해야 한다는 말이다. 리의 동정을 인정한다는 것은 '理生氣'나 '理先氣後'를 인정한다는 것이다. 이러한 논리에서 청대는 사단과 칠정의 소종래라는 근원적 차이를 인정함으로써 사단은 리발한 것이고 칠정은 기발한 것이라고 해석한다.

---

118) 『淸臺集』 卷8, 「答李景文」, "近世學問之弊, 專在於主張不相離處, 或作渾淪看, 或作一物看."

119) 『淸臺集』 卷8, 「答李景文」, "若以動靜專歸於陰陽, 而所以動靜者歸之理, 則是理爲體而氣爲用, 理無爲而氣有爲也, 作用秪是氣, 而理則爲一死物也."

사단에도 기가 없는 것이 아니요 칠정에도 리가 없는 것이 아니지만, 그 소종래의 묘맥이 서로 다르다. 그래서 퇴계 선생은 사단의 경우는 먼저 理發을 말하고 나서 氣隨 두 글자를 이었으며, 칠정의 경우는 먼저 氣發을 말하고 나서 理乘 두 글자를 이었다. 그러므로 사단과 칠정은 모두 氣發이라고 할 수 없고 모두 理發이라고 할 수 없는 것이다.[120]

물론 사단에도 기가 없지 않고 칠정에도 리가 없지 않으나, 소종래의 묘맥은 다르다고 설명한다. 사단과 칠정이 소종래의 묘맥을 달리한다면 율곡의 '氣發理乘一途'설은 저절로 무너진다. 그렇다면 사단과 칠정을 모두 '기발'로 보는 율곡뿐만 아니라 사단과 칠정을 모두 '리발'로 보는 우담이나 대산도 아울러 비판의 대상이 된다. 사실 리와 기가 상수하는 상태에서 주리 · 주기로 사단칠정을 구분하면 그 소종래가 뚜렷하게 구분되지 않는다. 이 점은 우담에게 나타나고 이후에 대산에게서 더욱 분명하게 나타난다. 때문에 청대는 사단과 칠정의 소종래에 따른 묘맥을 뚜렷이 하기 위해서 "사단은 본연지성이 발한 것이므로 리발이라고 하고, 칠정은 기질지성이 발한 것이므로 기발이라고 한다"[121]라고 주장한다. 사단과 칠정을 발동의 주체가 다르다는 근원적 차이를 제시함으로써 한층 더 분명히 구분한다. 그것은 퇴계가 추만(정지운)의 「천명도」를 수정하여 제시한 초기 주장인 '四端理之發 七情氣之發'이라는 정의를 과감히 시인하는 것이다. 결국에는 사단은 리가 발한 것이고 칠정은 기가 발한 것으로써 서로가 근원적으로 구별되는 별개의 정이 된다. 따라서 "칠정이 리를 따라

120) 『淸臺集』 卷9, 「答禹大來」, "四端非無氣, 七情非無理, 而所從來苗脈不同. 故退翁於四端, 則先言理發, 而繼以氣隨二字, 於七情, 則先言氣發, 而繼以理乘二字, 不可謂四七皆是氣, 亦不可謂四七皆是理也."

121) 『淸臺集』 卷15, 「觀書錄」, "然而四端是本然之性所發, 故曰理發, 七情是氣質之性所發, 故曰氣發."

발하면 사단과 흡사하지만 결국에는 희로애락이 발한 것으로 사단이라 할 수 없다"[122]라고 하여 율곡이 사단을 칠정의 선한 부분으로 보는 견해를 부정하고 아울러 '七包四'의 혼합적 이해도 부인한다. 이처럼 청대는 리의 실질적인 동정에 근거하여 호발을 긍정한다. 그의 이러한 주장은 '무위한 리가 작용하여 기와의 구분이 없어지게 된다'는 것이나 '사단과 칠정의 소종래에 따른 묘맥이 다르다면 두 개의 정이 있게 된다'는 율곡의 비판을 모두 인정해야 하는 결과를 초래한다.

2. 율곡학파의 사단칠정론

(1) '氣發理乘一途'에 근거한 주리·주기 해석

졸수재 조성기-농암 김창협 등은 율곡의 '氣發理乘一途'가 호발설을 비판하려다가 자칫 리의 주재성을 약화시키고, 그렇게 되면 선악이 기에 의해 결정되어 결국 순선한 리가 아닌 맑은 기에 의해 확보되는 결과를 초래할 것을 우려한다. 따라서 사단칠정을 주리·주기로 해석하여 理發의 문제와 리의 死物化 문제를 해결하려고 한다.

1) 拙修齋 趙聖期(1638~1689)

졸수재의 사단칠정론에 대한 입장은 그가 20세의 나이에 썼던 「退栗兩先生四端七情人道理氣說後辨」에 집중적으로 나타나 있다. 이 글의 서두에서 졸수재는 마음의 실제적 작용은 사단과 칠정을 막론하고 모두 '氣發理

122) 『淸臺集』 卷15, 「觀書錄」, "七情順理而發, 則似四端, 而畢竟是喜怒哀樂所發, 不可謂四端."

乘'의 단일형식을 갖는다고 전제한다.

> 心은 리와 기가 합쳐진 것이다. 무릇 천명이 사람에게 내재한 것을 性이라 하니 性은 곧 理이다. 그러나 리는 스스로 발용할 수 없고 반드시 기를 따라야만 하니 이것이 심은 리와 기가 합쳐졌다는 것이다. 그러므로 리는 반드시 기에 붙어서 존립하는 것이지만 실제로 기의 주재가 되어 기를 타고 동정하는 것이다. 기는 본래 리에 근원하여 존재하지만 리의 껍질이 되어 리를 담고 유행하는 것이다. 그러므로 기 없이 홀로 존재하는 리도 없으며, 리 없이 홀로 존재하는 기도 없다. 반드시 서로 기다려서 발용하는 것이요 섞여있어 서로 떨어지지 않는 것이다. 이 心은 비록 오묘한 작용이 헤아릴 수 없고 여러 갈래로 순환하나 그 소이를 궁구하면 실제로 리와 기가 합쳐져서 '기가 발함에 리가 타는 것(氣發理乘)'에 불과할 따름이다.[123]

마음은 리와 기의 결합으로 이루어져 있으며, 리는 운동능력이 없기 때문에 스스로 움직일 수 없고 반드시 운동의 능력을 지닌 기를 타야 한다. 따라서 마음의 실제적 작용은 사단이든 칠정이든 할 것 없이 모두 '氣發理乘'이라는 단일형식을 갖는다. 이것은 율곡의 이론과 동일하다.

그러나 "氣發理乘에 나아가 세부적으로 분석하면, '리가 기를 타고 움직이는 것(理乘氣而動)'과 '기가 리에 붙어서 발하는 것(氣寓理而發)'이 있다고 설명한다.[124] 즉 마음의 실제적 작용으로 氣發理乘을 전제하면서도,

123) 『拙修齋集』卷11, 「退栗兩先生四端七情人道理氣說後辨」, "心者, 理氣之合也. 夫天命之在人者謂之性, 性卽理也. 而理不能自用, 必因於氣, 此心之必合理與氣者也. 故理必寓乎氣而立, 而實爲氣之主宰, 乘氣而動靜. 氣本原乎理而有, 而反爲理之殼子, 盛理而流行. 所以理無無氣之理, 氣無無理之氣, 必相須而爲用, 渾合而不相離. 而是心也雖妙用不測, 循環萬端, 而究其所以, 則實不過乎理與氣合, 氣發理乘而已."

124) 『拙修齋集』卷11, 「退栗兩先生四端七情人道理氣說後辨」, "然而就氣發理乘之中, 細分而

그것을 다시 '理乘氣而動'과 '氣寓理而發'로 사단과 칠정을 구분하였던 것이다. 사단인 '理乘氣而動'은 인의예지의 성이 발현한 것으로, 인의예지의 본성은 아무리 기품의 치우침과 物欲의 어두움이 심하다 하더라도 끝내 가려지거나 손상될 수 없으니 결국 리가 주체가 된다. 칠정인 '氣寓理而發'은 식색의 성이 발현한 것으로, 이때는 리가 기에 갇혀서 제대로 주재하지 못하고 기가 주도하는 것이 되니 결국 기가 주체가 된다.[125] 졸수재는 사단이 발용하기 위해서는 기의 작용에 의지하지 않을 수 없지만, 기의 작용을 완벽하게 주재하여 나가는 곳에서 사단 발용의 의미가 살펴질 수 있다고 설명한다. 이때 기의 작용은 리의 명령을 수행하는 것에 지나지 않으므로 결국 그 움직임의 주체는 리가 된다. 때문에 사단은 리가 주재하는 것이니 '리발'이라는 주장이다.

> 사단은 비록 발하는 주체는 기이지만 발하는 내용은 리에 있지 기에 있지 않다. 리가 기를 주재하여 기가 그 리를 가릴 수 없기 때문에 理發이라고 하며, 그것은 발하는 주체로서의 기와 섞어서 말할 수 없다.[126]

바로 이 점이 율곡과 구별되는 곳이요 퇴계의 '리발'에 대한 해석이라

言之, 則又有理乘氣而動者, 與氣寓理而發者." 그러나 그의 이러한 설명에는 칠정에 대한 개념이 혼용되는 문제가 발생한다. 즉 氣發理乘 전제 하의 총체적 칠정이 있고 사단과 대비되는 칠정이 있게 된다.

125) 『拙修齋集』卷11, 「退栗兩先生四端七情人道理氣說後辨」, "何謂理乘氣而動. 人旣具仁義禮智之性則, 則必有仁義禮智之情. 故見孺子之入井, 則仁之理便動, 而惻隱之心生焉. 得嗟來之食, 則義之理便動, 而羞惡之心生焉. …… 雖局於氣稟之偏, 物欲之昏, 而所具之理, 終不可以蔽虧. …… 何謂氣寓理而發. 人旣賦是形以爲生, 心之知覺, 實寓行於血氣之中, 而氣不能無欲焉. 則宜其耳目口鼻之所接, 視聽言動之所發, 是身上情欲利害血氣之私用, 最爲易感易覺, 而不容已者也 ……." 참조

126) 『拙修齋集』卷11, 「退栗兩先生四端七情人道理氣說後辨」, "四端雖發之者是氣, 而所發處在理而不在氣, 理宰乎氣而氣不能蔽乎理, 故謂之理發而不得以發之之氣雜而混稱之也."

고 볼 수 있다. '리가 기를 탄다'는 것은 리가 어떤 형태로든 기에 의존한다는 것을 의미한다. 이 점이 강조될수록 리가 차지하는 절대적 지위는 그만큼 손상될 수밖에 없다. 따라서 졸수재는 '氣發理乘'을 전제하면서 리의 지위를 강화시킬 것을 강조한다.

> 만약 리에 작위함이 없고 심의 선악을 단지 기의 청탁에만 귀속시킨다면, 리가 선악에 관여하는 바가 없게 되어 리라는 것은 있어도 그만 없어도 그만인 한낱 어리석고 쓸모없는 것이 되어 버리니, 어찌 만사의 樞紐와 主宰가 될 수 있으며 至虛하면서도 至實한 無極之眞과 한결같은 本然之妙를 장차 어디에서 볼 수 있겠는가.[127]

율곡의 주장처럼 선악이 기의 청탁에 의해 결정된다고 한다면, 리는 있어도 그만 없어도 그만인 쓸모없는 것이 되어 선악의 결정 과정에 아무런 영향력도 행사할 수 없는 무용지물이 된다는 것이다. 이처럼 졸수재는 "율곡의 氣發理乘一途설에 퇴계의 호발설을 절충한 것"[128]이라는 이병도의 평가에서처럼, 율곡의 이론인 氣發理乘의 전제 위에서 퇴계의 주리·주기의 구분을 받아들여 理發의 문제와 리의 死物化 문제를 해결하려고 한다. 다시 말하면 리에 의한 인간행위의 주재의 필요성과 리의 작용을 통한 선의 구현이라는 것이 어떤 형식으로라도 승인되지 않으면 안 된다는 점을 받아들였던 것이다.

---

127) 『拙修齋集』卷11, 「退栗兩先生四端七情人道理氣說後辨」, "若概以理無所作爲, 而遂以心之善惡, 只屬乎氣之淸濁, 則是理無所與於善惡, 而所謂理者, 直是一箇儱侗物事, 有亦可, 無亦可, 烏足爲萬事之樞紐主宰, 而無極之眞, 至虛而至實, 本然之妙, 無適而不然者, 將於何處可見乎?"

128) 이병도, 『한국유학사』, 아세아문화사, 1989, p.276

2) 農巖 金昌協(1651~1708)

농암도 주자학의 기본원칙 중의 하나인 리의 無爲性을 부정하지 않는 범위에서 리의 지위를 강화하고자 퇴계의 이론을 부분적으로 수용한다. 그의 이러한 경향은 기본적으로 율곡의 '氣發理乘一途'를 전제하면서 사단칠정을 각각 주리 · 주기로 이해하는 데서 확인된다.

> 사단은 리를 주로 하여 말한 것이지만 기가 그 안에 있고, 칠정은 기를 주로 하여 말한 것이지만 리가 그 안에 있다. 사단의 기는 칠정의 기이고 칠정의 리는 사단의 리이니, 사단과 칠정이라는 두 개의 정이 있는 것이 아니다.[129)]

이것은 사단과 칠정이 모두 리와 기로 이루어졌지만, 사단은 主理로 말할 수 있고 칠정은 主氣로 말할 수 있다는 퇴계의 견해와 일치한다. 그러나 율곡은 사단은 리만을 가리켜서 말한 것이기 때문에 '주리'라고 할 수 있지만, 칠정은 리와 기를 겸하여 말한 것이기 때문에 '주기'라고 할 수 없다고 보았다.[130)] 농암은 사단은 리를 주로 하여 말한 것이므로 주리요 칠정은 기를 주로 하여 말한 것이므로 주기라는 입장에서 '칠정은 리와 기를 겸하므로 주기가 아니다'고 보는 율곡의 주장을 비판한다.

> 율곡이 〈퇴계의〉 칠정을 主氣로 여긴 것을 비판하였으나, 이것은 칠정이 리에 근본하지 않았다고 말하는 것이 아니라, 칠정이 리에 근본을 두고 있다고 하더라도 주로 하여 말한 것은 기에 있다. …… 사단은 善一邊이고 칠정은 兼善惡이며, 사단은 專言理이고 칠정은 兼言氣라는 율곡의 학설이 명백하지 않는

129) 『農巖全集』, 「四端七情說」, "四端主理言而氣在其中, 七情主氣言而理在其中, 四端之氣, 卽七情之氣, 七情之理, 卽四端之理, 非有二也."

130) 『栗谷全書』 卷9, 「答成浩原」, "情一也, 而或曰四或曰七者, 專言理兼言氣之不同也."

것은 아니나 내 생각과는 조금 차이가 없지 않으니, 다른 것은 다만 '兼言氣'라는 한 구절에 있다. 대개 칠정은 리와 기를 겸한 것이나 그 요점은 기를 주로 하는 것이다.[131]

칠정이 비록 리와 기를 겸한 것이지만 그 요점은 '주기'에 있다는 말이다. 주리로 말한 사단은 리만을 가리켜서 말한 것이고, 주기로 말한 칠정은 〈기를 겸했다는 말에 있는 것이 아니라〉 기만을 가리켜서 말한 것이라고 강조한다. 이러한 입장은 퇴계와 동일한 논리구조를 갖으며, 농암이 이론적 측면에서 절충파로 분류되는 이유이다. 물론 사단칠정을 주기·주기로 구분하려는 이러한 주장은 소종래의 다름을 근거로 한 퇴계와 차이가 없는 것은 아니다. 그럼에도 불구하고 농암이 사단칠정을 주리·주기로 구분해서 보아야 하는 이유는, 예로부터 칠정을 논하는 사람들은 모두 경계의 뜻을 담아서 말하였고, 이는 확충할 것을 강조한 사단과는 다르기 때문에 기를 주로 하여 말한 것임을 알 수 있다고 설명한다.[132] 사단은 확충의 뜻으로 말한 것이지만 칠정은 경계의 뜻으로 말한 것이기 때문에 사단은 '주리'로 말할 수 있고 칠정은 '주기'로 말할 수 있다는 것이다.

사실 율곡이 리의 소이연이나 주재성을 부정하지 않았다는 것은 분명한 사실이지만, 동시에 그는 퇴계의 리기호발설에 맞서서 자신의 이론을 전개했기 때문에 그의 이론에서 리의 무위성이 강조되었던 것은 사실이다. 그래서 율곡의 의도가 그렇지 않았다고 하더라도 리가 화담(서경덕)

---

131) 『農巖全集』, 「四端七情說」, "以七情爲主氣, 栗谷非之, 然此非謂七情不本乎理也, 雖本乎理, 而所主而言者, 則在乎氣耳. …… 四端善一邊, 七情兼善惡, 四端專言理, 七情兼言氣, 栗谷之說, 非不明白, 愚見不無少異者, 所爭只在兼言氣一句耳. 蓋七情, 雖實兼理氣, 而要以氣爲主."

132) 『農巖全集』, 「四端七情說」, "古來論七情者, 皆有戒之之意, 非若四端, 專以擴充爲言, 其爲主氣而言可見矣."

의 경우처럼 단순히 법칙이나 조리의 차원으로 전락할 우려가 없지 않았다. 그리고 바로 이점이 퇴계학파에서 끝내 율곡을 용인할 수 없었던 이유이다.[133] 따라서 농암은 理無爲를 부정하지 않는 범위에서 리의 주재성을 강조함으로써 純善한 사단에 리가 관여할 수 있는 여지를 남겨두었던 것이다.

> 리가 비록 無情意·無造作이라고 하지만, 그 必然·能然·當然·自然은 北溪(陳淳)가 말한 것처럼 일찍이 게을러 주재함이 없는 적이 없었다. 따라서 사람 마음의 움직임은 리가 비록 기에 실리는 것이나 기도 또한 리의 명령을 듣는다. 이제 만약 선악의 정을 한결같이 기의 청탁으로 돌린다면 리의 실체와 성의 선함을 알 수 없을 것이다.[134]

율곡처럼 선한 정은 맑은 기가 발한 것이고 악한 정은 탁한 기가 발한 것이라면, 정의 선악은 전적으로 기에 의해 결정되는 것이므로 리는 단지 수동적인 지위에 머무르게 된다. 다시 말하면, 선악의 결정 과정에서 리는 아무런 영향력도 행사할 수 없는 무용지물이 된다는 것이다. 따라서 농암은 '리가 정의가 없고 조작이 없다'는 특성으로 기를 타고 있지만, 기 또한 리의 명령을 받는 것이라 하여 리의 주재성을 강조한다. 이처럼 농암은 사단의 純善을 확보하고자 했던 퇴계의 취지를 율곡의 '氣發理乘一途'라는 단일구조 내에서 해결하고자 하였던 것이다.

133) 김용헌, 「율곡학의 비판적 계승」, 『조선유학의 학파들』, 예문서원, 1997, p.355

134) 『農巖全集』, 「四端七情說」, "理雖曰無情意無造作, 然其必然能然當然自然有如陳北溪之說, 則亦未嘗漫無主宰也, 是以人心之動, 理雖乘載於氣, 而氣亦聽命於理, 今若以善惡之情, 一歸之於氣之淸濁, 則恐無以見理之實體而性之爲善也."

(2) '氣發理乘一途' 의 이론적 강화

우암 송시열-남당 한원진 등은 율곡의 '氣發理乘一途' 설을 더욱 강화하는 노력이 진행된다. 그들은 『주자어류』 속의 '四端理之發 七情氣之發' 을 퇴계처럼 호발설의 증거로 여기기는커녕, 단지 기록자의 오류로 치부해버린다. 그리고 사단도 부중절할 수 있다는 주자의 말을 강조하며 사단의 純善性에 의문을 제기하는 한편, '氣發理乘一途' 설의 논리적 정합성을 유지하기 위하여 퇴계를 비판하는데서 더 나아가 율곡의 '七包四' 설마저 문제를 제기한다.

1) 尤庵 宋時烈(1607~1689)

우암은 "율곡이 퇴계의 말을 그르게 여긴 것은 오로지 理發氣隨 한 구절에 있다"[135]라고 지적하면서 퇴계의 호발설, 즉 특히 리발에 대한 비판과 그 대안으로 '氣發理乘一途' 를 전개한다. 퇴계가 주자의 '四端理之發 七情氣之發' 을 인용하여 자신의 호발설 근거로 삼는데 대해, 주자의 설이 기록한 자의 잘못으로 일축한다.[136] 그리고 주자의 '측은 · 수오에 중절과 부중절이 있다' 는 말에 근거하여 사단에도 부중절이 있다고 주장한다.[137] 이러한 관점에서 우암은 율곡뿐만 아니라 퇴계 · 고봉 · 우계도 사단을 순선하다고 여겨 사단도 불선한 경우가 있다는 것을 간과하였다고 비판한다.

---

135) 『宋子大全』 卷131, 「看書雜錄」, "栗谷所以非退溪說者, 專在於理發氣隨一句."

136) 『宋子大全』 卷130, 「朱子言論同異攷」, "今乃因朱子說, 而分四端七情, 以爲理之發氣之發, 安知朱子之說, 或出於記者之誤也."

137) 『宋子大全』 卷133, 「退溪四書質疑疑義2」, "朱子曰惻隱羞惡有中節不中節, 是則四端亦有不中節者."

> 퇴계 · 고봉 · 율곡 · 우계는 모두 사단을 순선하다고 여겼으나 주자는 사단에도 불선한 것이 있다고 하였으니, 네 분 선생들이 주자의 이 설을 보지 못한 것인지 알 수 없는 일이다. 사단에 어째서 불선이 있는가. 사단도 기가 발함에 티가 타기 때문이다. 발할 때에 그 기가 清明하면 리도 순선하지만, 그 기가 紛雜하면 리도 그것에 엄폐되어 그런 것이다.[138]

사단도 '氣發理乘'의 구조이므로 그 기에 따라 선악이 달라질 수 있다. 즉 기가 清明하면 리의 절대선이 보장되어 사단의 정이 순선하지만, 기가 紛雜하여 리를 가리게 되면 사단의 정도 어쩔 수 없이 불선의 경우가 생긴다는 것이다. 따라서 우암은 율곡의 설 가운데 사단을 칠정 가운데 중절한 것으로 본 것은 온당치 못하다고 비판한다.[139] 율곡이 사단을 순선하다고 전제하는 이상, 선한 칠정과 사단은 아무래도 구분될 수밖에 없기 때문이다. 이처럼 사단과 칠정이 모두 '氣發理乘'에 근거하여 기의 清濁에 따라 중절과 부중절로 나누어진다고 한다면, 사실상 사단과 칠정이 구별되는 이론적 근거는 사라지게 된다. 그러나 과연 측은지심과 중절한 喜怒(칠정)를 같은 것으로 이해할 수 있는 것인가? 우암은 중절한 칠정을 사단과 같은 순선으로 이해한다.

> 칠정 가운데 순임금의 기쁨, 문왕의 분노와 같은 것은 어찌 순수한 선이 아니겠는가. 대체로 『예기』나 자사가 통틀어 칠정을 말할 때 그것은 모두 성에서 나왔다. 성은 곧 리이다. 그것은 성에서 나왔고 모두 기가 발함에 리가 탄 것이다.[140]

---

138) 『宋子大全』卷130, 「朱子言論同異攷」, "退溪高峯栗谷牛溪, 皆以四端爲純善, 朱子以爲四端亦有不善者. 未知四先生未見此說乎. 夫四端何以亦有不善乎. 四端亦氣發而理乘之故也. 發之之時, 其氣清明, 則理亦純善, 其氣紛雜, 則理亦爲之所掩而然也."

139) 『宋子大全』卷133, 「退溪四書質疑疑義2」, "但以四端爲七情中中節者而言, 此爲未安."

사단만 성에 근거한 것이 아니라 칠정도 성에 근거한 것이니 중절하면 모두 순선하다는 말이다. 성인이 화내야 할 것에 화내고 기뻐해야 할 것에 기뻐하는 것은 명칭은 喜怒라는 칠정이지만, 그 내용은 순수한 도덕적 감정으로 사단과 같은 것이다. 왜냐하면 사단이든 칠정이든 모두 性發爲情한 것이고 그 근거는 '氣發理乘' 하나뿐이기 때문이다. 사단에도 중절과 부중절, 즉 선악이 공존하고 칠정에도 중절과 부중절, 즉 선악이 공존한다. 이렇게 되면 어떻게 중절할 것인가라는 문제가 있을 뿐이며 확충할 사단은 사실상 별 의미가 없게 된다. 그렇다면 퇴계의 사단과 칠정을 구분하려는 것(七對四)뿐만 아니라 율곡이 주장하는 칠정이 사단을 포함한다(七包四)는 논리도 부정된다. 결국 칠정이 곧 사단이라는 도식이 성립하여 사단과 칠정의 관계는 더 이상 의미의 차이가 없게 된다.

2) 南塘 韓元震(1682~1751)

남당이 퇴계의 견해에서 가장 집요하게 문제를 제기한 것은 호발설, 즉 理發이다. 무위한 리는 결코 발동하는 일이 있을 수 없다는 것이다. 그리고 사단이든 칠정이든 감정의 모든 발출과정은 유위한 기가 무위한 리를 실어서 감정으로 드러낸다는 '氣發理乘'만을 고수한다.

물론 퇴계도 기 없이 리가 혼자서 발동한다고는 주장하지 않았다. 그러나 남당은 퇴계의 주장이 결국 '氣發理乘'의 원칙을 어기고 사단과 칠정을 二情으로 만든 것임을 증명하기 위해 본연지성과 기질지성에 관련된 논의에 비판을 집중한다. 퇴계가 호발설을 주장하는 이유가 성에 본연지성과 기질지성이 있음을 근거로 정에도 리발과 기발이 있다고 해석한다고 보고 여기에 공격을 집중한다. 우선 성을 專言理(본연지성)와 兼言氣

140) 『宋子大全』卷130, 「朱子言論同異攷」, "然於七情中如舜之喜文王之怒, 豈非純善乎. 大抵禮記及子思統言七情, 是七情皆出於性者也, 性卽理也, 其出於性也, 皆氣發而理乘之."

(기질지성)로 설명하는 것은 괜찮지만 정에 이를 적용하는 것은 안된다고 주장한다.

> 성은 미발이니 미발, 즉 기가 用事하지 않을 때에 不相雜에 의거하여 그 리만을 가리켜서 본연지성이라고 하고 不相離에 의거하여 리와 기를 겸하여 가리켜서 기질지성이라고 하는 것은 문제가 없다. 정은 已發인데, 이발의 때에 발하는 것은 모두 기이고 발하게 하는 것은 모두 리이니 기가 아니면 발할 수 없고 리가 아니면 발할 내용이 없다. 〈이 원칙에 근거하면〉 전적으로 리로만 발하는 것과 리기를 겸하여 발한다고 하는 것 두 가지가 다르다는 것이 원래부터 없는 것인데, 어찌 專言理와 兼言氣를 말할 수 있겠는가. 專言理와 兼言氣라고 말하는 것도 옳지 않는데, 하물며 리기를 나누어 어떤 것은 理發이라고 하고 어떤 것은 氣發이라고 할 수 있겠는가.[141)]

사단이든 칠정이든 모두 이발한 정인 이상, 리기를 겸한다는 것이 그의 기본생각이다. 따라서 사단과 칠정은 專言理와 兼言氣로 나누어 말할 수 없고 理發과 氣發로는 더더욱 나누어 말할 수 없다는 것이다. 왜냐하면 사단과 칠정은 모두 리기를 겸하기 때문이다. 따라서 기질지성은 기를 겸하였으므로 칠정에 비유할 수 있지만, 리만을 가리키는 본연지성은 사단에 견줄 수 없다. 왜냐하면 본연지성은 기를 겸할 수 없지만 사단은 이발한 정으로 리기를 겸하기 때문이다.[142)] 따라서 남당은 사단을 理일변에 분속

141) 『南塘集拾遺』卷4, 「答奇明彦論四端七情書」, "性則未發也, 未發之時, 氣不用事而理自渾具, 雖不相離而亦不相雜, 故因其不雜而專指其理, 謂之本然之性, 因其不離而兼指理氣, 謂之氣質之性, 無不可矣. 至於情則已發也, 已發之際, 發之者皆氣, 而所以發者皆理也. 非氣則不能發, 非理則無所發, 固未有專以理而發兼理氣而發者不同, 則又安可以專言理兼言氣而言之耶. 專言理兼言氣而言之, 尙不可, 況又可以理氣分言, 而謂某是理發乎, 某是氣發乎."

시키게 된 까닭이 모두 사단을 본연지성에 견주었기 때문이라고 지적한다.[143] 이렇게 보면 율곡의 '사단은 리만을 말한 것(專言理)이고 칠정은 기를 겸하여 말한 것(兼言氣)' 도 부정된다.[144]

따라서 남당은 사단과 칠정의 관계를 다음과 같이 정의한다.

> 칠정을 요약한 것이 사단이고 사단을 부연한 것이 칠정이다. 사단 밖에 칠정이 없고 칠정 밖에 사단이 없으니 사단과 칠정은 두 개의 정이 아니니다.[145]

굳이 사단과 칠정의 관계를 설정하자면 經緯의 관계와 같다고 말한다. 사단은 經에, 칠정은 緯에 해당한다는 것이다.[146] 사단과 칠정이 모두 리기를 겸한 이상, 사단에도 선악이 있고 칠정에도 선악이 있다. 사단에도 선악이 있고 칠정에도 선악이 있다는 것은 결국 사단에도 중절과 부중절이 있고 칠정에도 중절과 부중절이 있다는 말이다. 사단이 순선하다는 것이 아니라 악으로 흐를 가능성이 있는 것이라면, 율곡이 말한 '사단은 칠정 가운데 善一邊이다' 는 의미도 부정되어 사단과 칠정은 내용상으로 별 차이가 없게 된다. 율곡이 사단을 純善하다고 전제하는 이상, 선한 칠정과 사단은 아무래도 구분될 수밖에 없기 때문이다.

이처럼 우암과 남당으로 이어지는 학자들은 '氣發理乘' 이라는 원칙을

---

142) 『南塘集拾遺』 卷4, 「答奇明彦論四端七情書」, "若論理氣, 則本然不能兼氣, 而四端却兼理氣, 其義不同矣."

143) 『南塘集』 卷29, 「雜著」, "一則專理, 一則兼氣, 氣質之性固與七情同, 而本然之性安得與四端爲比乎, 每以四端擬之於本然之性, 故靡靡然以四端屬之理一邊矣."

144) 『南塘集拾遺』 卷4, 「答奇明彦論四端七情書」, "專言理兼言氣而言之, 尙不可."

145) 『南塘集』 卷29, 「示同志說」, "故七情約之爲四端, 四端衍之爲七情, 四外無七, 七外無四, 則四七非二情也."

146) 『南塘集拾遺』 卷6, 「農巖四七知覺辨說」, "四端爲經, 七情爲緯, 而錯綜爲一, 則七情四端果是二物乎."

철저히 관철시키기 위하여 사단과 칠정의 구분을 없애고 모든 것을 中節과 不中節로 파악한다. 이렇게 보면 맹자의 성선론에 근거한 확충의 공부는 설자리를 잃게 된다. 사단을 처음 말한 맹자는 인간의 모든 감정을 사단이라고 한 것이 아니라, 선한 본성을 보증할 수 있는 선한 행위의 단서만을 사단이라고 하였기 때문이다.[147] 맹자의 요지에 따라 사단과 칠정을 구분하고 사단의 확충을 강조한 퇴계의 의도는 완전히 무시되는 결과를 초래한다.

3. 맺음말

이상에서 살펴본 것처럼, 퇴계학파와 율곡학파는 기본적으로 퇴계의 호발설이나 율곡의 '氣發理乘一途'를 계승·발전시키거나 그 이론 속에서 내재하는 문제들을 인식하고 해결하려고 시도하였음을 알 수 있다.

퇴계학파에서는 율곡의 비판을 극복하는 방안으로 상수설에 근거해서 주리·주기로 사단칠정의 구분을 주장하는 학자들이 있고, 적극적으로 리의 주체적인 발동을 인정하여 소종래에 따른 구분을 강조하는 학자들이 있다. '주리·주기로 해석할 경우'에는 無爲한 리가 발동한다는 비판은 벗어날 수 있지만 사단과 칠정의 소종래를 구분하여 사단의 純善性을 적극 보장하는 데는 제한이 있고, '호발로 해석할 경우'에는 무위한 리가 동정과 같은 작위적 개념으로 설명됨으로써 리와 기의 구분이 무색해지는 어려움을 겪게 된다.

율곡학파에서도 '氣發理乘一途'를 기반으로 하되, 사단과 칠정을 주

147) 안영상, 「남당 한원진과 대산 이상정의 리기·심성론」, 『동양철학연구』 제24집, 2001, p.75.

리 · 주기로 구분하여 율곡과 퇴계의 문제의식에 절충하려 했던 학자들이 있고, 퇴계의 호발설을 적극적으로 부정하면서 사단의 中節과 不中節을 강조하여 사실상 사단과 칠정의 구분을 무력화시킨 학자들이 있다. 전자는 율곡의 理無爲의 주장에서 리의 무력화 가능성을 보완하려 하였고, 후자는 율곡의 '氣發理乘一途'의 논리적 정합성을 강조하여 사단에도 중절과 부중절이 있음을 강조함으로써 율곡의 '七包四'설마저도 문제를 제기한다.

결론적으로 퇴계학파든 율곡학파든 사단칠정론에 대한 이해에서는 기질을 배제하고 사단의 순선을 확보하려는 측면과 사단이라고 해도 기질 속에서 이해하려는 측면이라는 두 부분으로 크게 구분된다는 사실을 확인할 수 있다. 이러한 논리구조는 인물성동이론에서의 본연지성에 대한 이해나 미발심체의 純善과 有善惡의 문제에서도 그대로 적용된다.

이처럼 퇴계학파와 율곡학파의 사단칠정론에 대한 해석은 퇴계와 율곡의 철학에 내재하는 근본적 문제를 인식하는 과정임과, 동시에 이 문제를 해결하기 위한 대안의 제시과정이라 볼 수 있다. 따라서 그들의 주장이 얼마나 성공적이었는가에 대해서보다는 그들의 문제를 해결하려는 진지한 노력에 더 많은 관심을 기울여야 할 것이다.

8장

조선 후기 퇴계학파의 理發說에 대한 해석

17세기 이후로 접어들면서 조선 후기 사회의 가장 뚜렷한 사상적 특징은 퇴계 이황과 율곡 이이로 대표되는 16세기 성리학자들의 논쟁을 계승하여 '퇴계학파'와 '율곡학파'라는 학파적 입장을 선명히 정립시켜 나갔다는 점이다. 이러한 학파의 형성과 동시에 각 학파의 내부에는 새로운 분파화가 일어남으로써 학문체계가 지속적으로 심화되고 확장되어 갔다. 특히 퇴계학파는 퇴계를 종주로 삼아 영남지역을 중심으로 일부 기호지역까지 광범위하게 확산하였으며 16세기 후반부터 20세기까지 400년 이상을 지속해서 계승·발전되어 오면서 한국사상사를 풍성하게 하였다.[148)]

퇴계의 理發說은 고봉 기대승과의 사단칠정논변을 전개하는 과정에서 제기된 것이다. 본문에서는 퇴계가 어떠한 의미에서 리발설을 주장하였

148) 금장태, 『조선후기의 유학사상』, 서울대학교출판부, 1998, p.3

으며, 리발설이 갖는 문제는 무엇이며, 그것이 퇴계학파에서는 어떻게 전개되었는지를 살펴보고자 한다. 비록 퇴계가 사단칠정논변을 전개하는 과정에서 리발설을 어떤 의미에 입각해서 주장하였다고 하더라도 '리가 발한다'는 것은 주자가 제기한 理無爲와 해석상의 차이를 인정하지 않을 수 없다.[149] 때문에 리발설은 고봉을 비롯한 많은 성리학자들에게 논쟁의 빌미를 제공하게 되고, 혹자는 리발설을 부인하는가 하면 혹자는 그것을 시인하면서 논란이 끊이지 않게 되었던 것이다.[150]

그렇다면 퇴계학파에서 이러한 리발설을 어떻게 해석해 나갔을까? 시대별로 구분하여 그 해석과정을 살펴보도록 한다. 즉 첫 번째는 퇴계학파의 성립 초기인 16세기 말과 17세기 초에 걸쳐 활동하던 여헌의 '理發一條說'이, 두 번째는 17세기 후반의 갈암의 '理發氣發說'이, 세 번째는 18세기의 인물인 대산의 '相須互發說'이, 그리고 마지막으로 19세기에 활동하던 한주의 '理發一路說'이 그 중심내용이 된다.

또한 '리발'을 문제 삼을 때 리와 기를 어떠한 관계 속에서 이해하느냐에 따라서 그 성립여부가 달라지므로 그 해명이 선행되어야 한다. 즉 리와 기를 不相離한 관계에서 보느냐 不相雜한 관계에서 보느냐에 따라 리발설의 성립 여부가 결정된다. 리와 기의 不相離한 관계를 강조하는 입장에서는 리발설 자체가 성립할 수 없기 때문이다.[151]

---

149) 일반적으로 리와 기의 不相離한 관계를 강조하는 입장에서는 주자의 '기는 응결조작할 수 있으나 리는 情意도 없고 計度도 없고 造作도 없다'(『朱子語類』卷1)는 말에 따라 리를 기의 所以然의 내재원리로 보고 리를 無爲한 개념으로 이해하였다.

150) 대체로 리와 기의 不相離한 관계를 강조한 율곡학파에서는 理發說 자체를 부정하였으나 퇴계학파에서는 理發說을 인정하는 범위 내에서 다양한 해석을 전개해 나갔다.

151) 일반적으로 리와 기의 不相離한 관계를 강조하는 입장에서는 리를 無爲한 원리적 개념으로 이해하였기 때문에 리에 '발한다'는 작위적 개념이 성립될 수 없다.

1. 퇴계의 理發說이 갖는 문제의식

'理發'의 문제는 태극 · 동정문제의 연장선상에서 이해할 수 있다. 태극 · 동정을 리와 기의 개념으로 이해하면서 야기되었던 '理動'의 문제가 다시 심 · 성 · 정의 문제로 심화하면서 '理發'의 문제를 제기한다. 이 '理發'의 문제를 둘러싸고 논쟁을 거듭한 것이 사단칠정논변이다. 사단칠정논변은 사단과 칠정에 대한 리기론적 해석일 뿐만 아니라 사단과 칠정을 각각 理發 · 氣發이라고 할 수 있는지를 검토하는 문제이기도 하다.

퇴계는 고봉과의 토론을 거치면서 사단과 칠정을 리와 기로 각각 갈라놓는 문제점이 있음을 인정하여 최종적으로 사단은 '理發而氣隨之'요 칠정은 '氣發而理乘之'라고 정의한다. 여기서 퇴계의 '理氣互發說' 이론이 전개된다. 물론 그것은 사단에는 리만 있고 칠정에는 기만 있다는 말이 아니다. 사단과 칠정이 모두 리와 기로 이루어진 것이지만 사단의 경우 본래 말하게 된 취지가 리가 중심이 되기 때문에 그 가리키는 바에 따라 '리발'이라 해석할 수 있고 칠정도 리기가 합쳐진 것이지만 실제로 작용하는 것은 기요, 악으로 흐르기 쉽기 때문에 '기발'이라 해석할 수 있다는 것이다. 그러므로 사단과 칠정을 구분할 경우, 칠정과 기의 관계가 사단과 리의 관계와 같다. 즉 사단과 칠정이 모두 리와 기를 겸하지만 '나아가 말하는바'에 따라 각각 主理와 主氣의 분별이 없을 수 없음을 강조한 것이다.

퇴계가 말하는 사단은 기가 없는 것이 아니지만 기를 겸하지 않고 오로지 리만을 주로 하여 말한 것이다. 즉 사단은 리를 주로 하여 말한 것이므로 '리발'이요 칠정은 기를 주로 하여 말한 것이므로 '기발'이라는 것이다. 퇴계는 이러한 입장에서 사단을 '리발'로 해석한다. 이렇게 볼 때, '리발'이란 리의 속성을 설명하기 위한 것이라기보다는 사단의 형이상학적 근거를 확립하기 위하여 제시된 명제이다. 사단의 純粹善의 논거를 절대선인 리에 근거지우기 위하여 사단을 '리발'로 규정한 것이다.[152] 이처럼 그는 사단을 맹자의 학설에 기초하여 '리가 실제적으로 自發한 것'으로 보고 인간의 마음속에 내재해 있는 선한 본성의 자발성을 강조한다. 사단은 맹자가 인간의 본성이 선하다는 것을 역설하기 위하여 말한 정으로, 선한 본성을 구체적으로 드러내는 단서가 바로 사단이다. 사단을 해석하기 위해 '리의 실제적인 自發'을 주장하는 것은 맹자가 말한 성선을 강조하려는 이외의 것이 아니다. 적어도 고봉과의 논변 당시에는 사단의 순수선의 논거로 '리발'을 말하였을 뿐이지 리 자체가 능동적으로 발한다는 의미에서 '리발'을 언급한 것 같지는 않다.

그렇지만 그는 만년에 太極說과 格物說 등에서 실제적인 '리의 自動'과 '리의 自到'를 주장한다. 이러한 예로 미루어보면 적어도 고봉과의 논변 당시는 아니더라도 만년에 이르면서 실제적인 '리의 自發'을 인정하였음을 알 수 있다. 더구나 퇴계는 "정의가 없다고 운운하는 것은 리의 본래적인 본체를 가리킨 것이고 能發能生하는 것은 리의 지극히 신묘한 작용을 가리킨다"[153]라고 말한다. 이것은 사단의 리가 칠정의 기와 마찬가지로 독자적으로 발생할 수 있음을 인정한 것이며 능히 발할 수 있는 까닭을 리에 작용의 측면이 있기 때문으로 설명한다. 단순히 '리가 기를 낳는다'는 것이 아니라 어디까지나 리의 작용이 기를 낳는다는 것이다. 그는 체용론이라는 하나의 기준을 리의 세계에 적용시켰던 것이다. 이것을 道理상의 작용이라 하면서 事物상의 작용과 구별한다.[154] 이와 같이 볼 경우,

152) 최영진, 「퇴계의 리기론과 현실인식」, 『조선조 유학사상사의 양상』, 성균관대학교 출판부, p.78

153) 『退溪全書』 卷39, 「李公浩(問目)」, "蓋無情意云云, 本然之體, 能發能生, 至妙之用也."

154) 事物상으로 체용을 말하면, 배가 물로 다닐 수 있고 수레가 땅 위로 다닐 수 있는 가

비록 리를 발하는 것이라고 하더라도 리는 형이하의 것이 아니므로 리와 기를 혼동하였다고 할 수 없다.

그럼에도 불구하고 리를 '發'이란 작위의 개념으로 해석하는 것은 문제시하지 않을 수 없다. 그리하여 혹자는 理發을 부인하는가 하면 혹자는 그것을 시인하면서 새로운 합리화의 길을 모색한다. 퇴계의 학문을 계승한 퇴계학파에서는 理發說에 대한 해석을 어떻게 전개해 나갔는지 그 해석 과정을 시대별로 살펴보자.

2. 퇴계학파에서의 理發說에 대한 해석

앞에서 언급하였듯이, 퇴계의 리발설이 갖는 문제를 퇴계학파에서는 어떻게 해석하였는지 퇴계학파의 성립 초기인 16세기부터 세기별로 17세기, 18세기, 19세기에 걸쳐 살펴보고자 한다. 퇴계 이후 퇴계학파에서는 기본적으로 퇴계의 입장을 조술하고 있지만 그 해석상에는 상당한 차이와 다양성을 드러내고 있다.

(1) 퇴계학파의 성립 초기(16~17세기) – 여헌 장현광의 '理發一條說'

여헌은 리와 기에 대해 "아직 기가 있기 전에 기의 근본은 이미 리에 있으니 바로 기가 리 속에 있는 것이요, 이미 기가 있은 다음에 리의 작용은

능성으로서의 원리를 體라 하고 배와 수레가 실제로 물과 땅에서 다니는 것(원리의 실현)을 用이라고 말하는 것과 같다. 道理상으로 체용을 말하면, '冲漠無朕 而萬象森然已具'의 경우 '冲漠無朕'을 體라 하고 萬象森然已具를 用이라고 하는 것과 같다.(윤사순, 「退溪의 太極生兩儀」, 『한국유학사상논문선집』, 불함문화사, p.117 참조

기에서 행하여지는 것이니 바로 리가 기 속에 있는 것이다"[155]라고 하여 리와 기의 不相離한 관계를 강조한다. 이에 그는 궁극적 개념으로 道를 부각해서 리와 기를 도의 體用 혹은 經緯의 양면적 성격으로 종합하는 논리를 제시한다. 즉 '리는 도의 리이요 기는 도의 기이다'[156]라고 하여 리와 기를 통합하는 존재의 근원으로서 '도'의 개념을 제시함으로써 리와 기를 '도' 속에 흡수시켜서 이해한다. 이것은 리와 기가 서로 분리되지 않는 일체의 존재요, 두 가지 존재가 아님을 강조한 것이다. 이러한 사고는 리와 기를 지나치게 분별해보려는 퇴계 학문에 대한 비판적 견해로 이해할 수 있다.

여헌은 리기의 문제뿐만 아니라 性情의 문제에서도 이러한 불상리한 관점에 주목한다.

> 칠정은 사단을 벗어나서 따로 情이 되는 것이 아니고 사단은 칠정을 떠나서 따로 端이 되는 것이 아니다. 저 칠정의 가운데 나아가 각각 그 본래의 덕에 따라 비로소 발하여 거짓됨이 없는 것을 가리킨 것이 사단이다.[157]

여기서 그는 사단과 칠정의 관계를 '七情包四端' 내지 '칠정의 善一邊'의 논리로 설명함으로써 사단과 칠정이 본래 두 근본이 아님을 강조한다. 나아가 그는 "사단과 칠정에서 四가 되고 七이 되는 것은 기에 속하지만 情이 되고 端이 되는 것은 모두 리가 발한 것이다"[158]라고 하여 사단과 칠

---

155) 『旅軒性理說』 卷5, 「經緯說(經緯說總論)」, "未有氣之前, 氣之本已在於理, 則氣在理中者是也. 旣有氣之後, 理之用乃行乎氣, 則理在氣中者是也."

156) 『旅軒性理說』 卷5, 「經緯說」, "理爲道之理, 氣爲道之氣."

157) 『旅軒性理說』 卷4, 「經緯說」, "七情不是外四端而別爲情, 四端不是離七情而別爲端也, 就夫七情之中, 指其各從本德, 始發無僞者, 是四端也."

158) 『旅軒性理說』 卷4, 「經緯說」, "四端七情之爲四爲七者, 皆屬乎氣也, 四端七情之爲情爲端

정을 모두 기에 소속시키면서도 리가 발하는 것으로 설명한다. 이에 사단과 칠정이 모두 리발이라는 '理發一條說'을 제시하여 사단과 칠정이 두 가지 다른 길이 아니라 같은 한길임을 강조한다. 즉 그는 '性發爲情'을 씨앗이 발아하여 줄기 · 잎 · 꽃 · 열매가 되는 연속과정에 비유하여 씨앗에서 열매라는 결실을 보기까지의 과정이 다른 경로를 통하지 않고 하나의 줄기를 통해 이루어진다는 '一條說'을 제기한다.[159] 이러한 '一條說'에 근거하여 성으로부터 사단을 거쳐 정에 이르는 경로의 일관성을 강조함으로써 條脈이 한결같으므로 사단과 칠정이 모두 '리발'이다. 즉 그는 性發爲情의 명제에 따라 사단과 칠정을 모두 정으로서 性發, 즉 理發로 이해하였던 것이다.

> 칠정밖에 다른 정이 없으니 사단은 결코 칠정의 영역을 벗어나지 않는다. 합하여 말하면 사단과 칠정은 모두 리가 발한 것이다. 왜냐하면 칠정은 성의 작용이기 때문이다. 사단과 칠정은 모두 기에 속한다. 왜냐하면 사단도 칠정 가운데의 已發이기 때문이다.[160]

여기서 그는 사단을 포함한 정으로서의 칠정이 已發이기 때문에 사단과 칠정이 모두 기의 영역에 속하면서도, '정은 성의 작용이요 성은 정의 본체이다'[161]는 性情體用의 논리[162]에 따라 정은 성의 작용에 해당되기 때

者, 皆理地發也."

159) 『旅軒性理說』 卷4, 「經緯說」, "所謂心如穀種, 生之理, 固有者, 性也, 因其生之理而生爲芽苗者, 情也."

160) 『旅軒性理說』 卷4, 「經緯說」, "七情之外, 無他情也, 四端斷不出七者之區域矣. 合而言之, 四端七情, 皆理之發. 何則七情爲性之用也. 四端七情, 皆屬於氣也. 何則四端亦七情中已發也."

161) 『旅軒性理說』 卷7, 「四端七情分合」, "性爲情之體, 情爲性之用."

문에 '리발'이라고 해석한다. 즉 사단과 칠정이 모두 기이면서 리발이라는 양면을 포괄하였던 것이다. 이러한 사고는 리와 기의 불상리한 관계를 염두에 둔 것이다. 따라서 그는 사단과 칠정을 理發·氣發로 분속시키는 퇴계의 호발설이 근원을 둘로 여기는 폐단이 있다고 비판한다.

> 후학으로 미달한 자가 兩發이라는 말 때문에 마침내 사단은 리를 따라서 발하여 기와 섞이지 않고 칠정은 기를 따라서 발하여 리에 매이지 않는다고 하여 사단과 칠정을 구분하여 반드시 그 근본을 둘로 하니 이 어찌 性情의 이치를 아는 것이겠는가.[163]

이처럼 여헌은 사단의 고유한 근원성을 인정하지 않음으로써 퇴계의 학설과도 다르며 '리발'의 측면을 인정함으로써 '기발'만을 주장하는 율곡의 학설과도 구별됨으로써 사단과 칠정이 모두 기에 속하면서도 '리발' 하나로 이해하는 자신의 독자적 이론을 전개한다.

(2) 17세기-갈암 이현일의 '理發氣發說'

17세기 후반의 조선 후기로 들어오면 사단칠정론에서는 퇴계의 '理氣互發說'과 율곡의 '氣發理乘一途說'이 대립적 양상을 띠면서 영남과 기호

---

162) 그는 리와 기를 經緯와 體用으로 설명함으로써 '理氣經緯說' 내지 '理氣體用說'을 제기한 것처럼, 성정의 문제에서도 經緯 내지 體用으로 설명함에 따라 '性情經緯說' 내지 '性情體用說'을 제시한다. 이러한 논리는 모두 不相離한 관점을 강조하기 위한 것이다.

163) 『旅軒性理說』 卷4, 「經緯說」, "後學之未達者, 因兩發之言, 遂以四端爲斷然從理而發, 謂不雜於氣, 七情爲斷然從氣而發, 謂不係於理, 界分四七, 必欲二其本, 此豈知性情之理者哉."

의 학풍을 주도한다. 바로 이 점에서 갈암은 율곡의 '氣發理乘一途說'이 혼륜설의 한쪽에 치우친 것임을 지적하고, 오히려 맹자 이래로 주자를 거치면서 사단과 칠정을 상대시켜 보는 분별설이 정통적 입장을 이루어왔던 것으로 파악하고 분별설의 관점에서 율곡의 성리설을 전면적으로 비판한다. 그는 "일반적으로 도리를 볼 때에 하나의 설만을 고수해서는 안 되니 혼륜설을 내세운 곳도 있고 분별설을 내세운 곳도 있다"[164]라고 하여 사물을 인식하는 방법에는 渾淪과 分別의 두 방법이 있는데도 불구하고, 율곡처럼 혼륜만을 강조하여 늘 합치기만을 좋아하고 분별해보기를 싫어하는 것은 공평성의 원칙에 어긋나는 처사라고 비판한다. 따라서 그는 분별설의 관점에서 리와 기, 사단과 칠정을 엄격히 구분해볼 것을 강조한다.

> 리와 기는 결단코 二物이다. 비록 기 속에 있다 하더라도 리는 리이고 기는 기이니 서로 뒤섞이지 않는다.[165]
>
> 사물에 감응하여 움직이게 되면 혹은 리가 동하는데 기가 사이에 끼어 있고 혹은 기가 동하는데 리가 그것을 타고 있으니 비록 리가 기 위에 있어서 혼륜하여 분개할 수 없을지라도 二物이 각각 一物되는데 방해될 것이 없다.[166]

현상적으로 일체를 이룬 혼륜(不相離)의 상태일지라도 근원적으로는 리와 기가 二物로서 분별(不相雜)되어야 한다. 즉 현실적으로 리와 기는 어떠한 경우에도 분리될 수 없지만 리와 기로 의미가 다르게 분별되는 이

164) 『葛庵集』 卷8, 「答丁君翊(別紙)」, "然凡看道理, 不可膠守一說, 有渾淪說處, 有分別說處."
165) 『葛庵集』 卷19, 「愁州管窺錄」, "理與氣決是二物, 雖其方在氣中, 理自理, 氣自氣, 不相夾雜."
166) 『葛庵集』 卷19, 「愁州管窺錄」, "其感物而動, 則或理動而氣挾之, 或氣動而理乘之, 雖在氣上, 渾淪不可分開, 然不害二物之各爲一物也."

상, 리와 기에 대한 분별적인 해석이 불가능할 것이 없다는 것이다. 리와 기의 불상리한 관계를 강조하는 입장에서는 '리발' 자체가 성립할 수 없다. 때문에 율곡학파에서는 리발설 자체가 인정되지 않는다. 따라서 갈암은 리발과 기발이 혼륜의 관점에서는 불가능할지 모르지만 분별의 관점에서는 타당함을 제시하고 혼륜설의 한쪽에만 치우치지 않는 분별설의 인식방법을 강조한다.

> 각자 주로 하는 바에 나아가 말하면 그 語勢가 이러하지 않을 수 없으니 또한 '서로 발하는 바가 있다'고 하여 비방해서는 안 된다. 대체로 문자를 볼 때는 각각 그 차원에 나아가서 가리키는 뜻이 무엇인지를 보아야 하는데, 지금 '리와 기가 서로 떨어지지 않는다'는 이유만으로 理發·氣發의 한 구절에 대해 리가 발할 때에는 기가 다른 한쪽에 있고 기가 발할 때에는 리가 다른 한쪽에 있는 것처럼 간주해서는 안 된다.[167)]

갈암은 리기의 문제에서뿐만 아니라 사단칠정론을 중심으로 하는 성정의 문제에서도 혼륜설에 치우치지 않는 분별설의 인식방법을 일관되게 주장한다. 특히 율곡의 사단칠정설을 조목별로 비판하고 퇴계 호발설의 타당성을 강조함으로써 퇴계학파의 입장을 확고하게 정립시켜 나간다. 따라서 율곡이 '칠정은 정의 전체이므로 사단은 칠정의 善一邊일 뿐이다'는 주장에 대해 다음과 같이 비판한다.

> 칠정은 진실로 성의 욕구이지만 형기에 감촉하여 대상과 맺어져 생기는 것

167) 『葛庵集』卷18, 「栗谷李氏四端七情書辨」, "然而各就所主而言之, 語勢不得不爾, 又可指謂互有所發而譏之乎. 大抵看文字, 各就地頭觀其指意之如何耳, 今以理氣不相離之故, 而將理發氣發字, 作理發時氣在一邊, 氣發時理在一邊樣."

이고, 사단이란 기를 타고 발하는 것이지만 인의예지의 성에서 곧바로 나온 것이니, 사단과 칠정은 그 所從來에 있어서 각각 주로 하는 바가 있다.[168)]

사단에도 기가 없는 것은 아니지만 주로 리만을 말한 것이고 칠정에도 리가 없는 것은 아니지만 주로 기만을 말한 것이므로 主理·主氣의 구분에 따라 형기에서 생겨나는 칠정과 인의예지의 성에서 곧바로 나온 사단은 구별되지 않을 수 없다. 인의예지에서 곧바로 나온 사단은 純善하고 형기에서 나온 칠정은 선할 수도 있고 악할 수도 있다. 그러므로 사단과 칠정은 그 근본으로부터 이미 구별되는 것이지, 발하기 전에는 一途이다가 발한 뒤에 선한 측면만을 사단이라고 하는 것이 아니다. 이처럼 갈암은 사단과 칠정의 경우, 立言한 뜻이 분명히 다르기 때문에 主理·主氣의 구분에 따른 理發·氣發의 타당성을 강조한다.

또한 율곡처럼 바깥의 사물에 감응함을 기다리지 않고 속에서부터 저절로 발하는 리는 있을 수 없으니 "어린아이가 우물에 빠지려는 것을 보면 측은지심이 발하는데 보고서 측은히 여기는 것은 기이니 이른바 기가 발한 것이다"[169)]는 주장에 대해, 분별설의 입장에서 율곡의 혼륜설을 비판한다.

대저 리와 기는 진실로 서로 떨어지지 않으나 바야흐로 어린아이가 우물에 빠지려는 것을 갑자기 보았을 때면 심속에 본래 가지고 있던 리가 감촉에 따라서 발하여 심이 그것을 감싸둘 수 없고 기가 여기에 간여할 수 없다. 그렇다면

---

168) 『葛庵集』卷18, 「栗谷李氏論四端七情書辨」, "七情固是性之欲, 然却觸形氣, 緣境而生, 四端固是乘氣而發, 然以其直出於仁義禮智之性 …… 蓋其所從來, 各有所主."

169) 『栗谷全書』卷10, 「答成浩源(壬申)」, "見孺子入井然後乃發惻隱之心, 見之而惻隱者氣也, 此所謂氣發也."

측은히 여기는 것이 어찌 리가 발한 것이 아니겠는가. 맹자의 원래 본뜻은 진실로 여기에서 나온 것인데 지금 사단을 기가 발한 것이라고 하면 옳겠는가.[170)]

사단의 발은 비록 기가 그 속에 있다고 말하지 않을 수 없지만, 심속에 본래 있던 리가 감응함에 따라 나타나는 것으로 리가 주가 되고 기는 아직 用事하지 못한 것인데, 다만 기가 움직인 것이라고 말할 뿐이고 리가 발한 것이라고 말할 수 없는 것인가.[171)]

여기에서 갈암은 사단에도 기가 없는 것은 아니지만 사단이란 바깥사물의 감촉에 따라 심속에 본래부터 있던 리가 발한 것이므로 그대로 '리발'이라고 설명한다. 맹자의 본뜻이 사단만을 끄집어내어 말한 것이기 때문에 사단을 칠정 속에 포함하거나 사단을 칠정과 마찬가지로 '기발'로 보는 입장에 반대한다. 칠정만으로 정의 전체를 말하는 경우는 혼륜설이 가능할 수 있지만 사단을 말할 때는 사단이라는 개념 자체가 칠정과 구별되는 개념인 만큼 분별설이 타당하다는 입장이다. 즉 사단과 칠정은 어디까지나 '四端對七情'이라는 상대적 관계 속에서만 가능하다는 것이다. 따라서 사단과 칠정을 상대시키면 사단은 '리를 주로 하여 말한 것'이므로 리발이 되고 칠정은 '기를 주로 하여 말한 것'이므로 기발이 된다.

이처럼 갈암은 '리와 기는 결코 二物이다'라고 하여 리와 기를 분별해서 보려는 입장에서 사단과 칠정을 주리 · 주기로 분별함으로써 퇴계 호발설의 타당성을 강조한다. 따라서 이러한 논리에서 불상리의 관점을 강

170) 『葛庵集』 卷18, 「栗谷李氏論四端七情書辨」, "夫理氣固不相離, 然方其乍見孺子入井時, 心中本有之理隨觸而發, 心包蓄不住, 氣著脚手不得. 則惻隱豈非理之發邪. 孟子元初本意固出於此, 而今以四端爲氣之發, 則其可乎哉."

171) 『葛庵集』 卷19, 「愁州管窺錄」, "四端之發, 雖不可不謂之氣便在其中, 然心中本有之理, 隨感而見, 理爲之主, 氣未用事, 則其可止謂之氣動, 而不謂之理發邪."

조하는 율곡뿐만 아니라 퇴계학파 내에서 제기되는 불상리한 경향에 대해서도 엄격히 비판한다.[172)]

(3) 18세기-대산 이상정의 '相須互發說'

대산은 갈암과 같은 학자들에 의해 퇴계학파의 학풍이 지나치게 분별설(不相雜)의 논리에 기울어지는 것을 극복하기 위하여 渾淪과 分開의 양면성을 종합하는 포용과 조화의 논리를 제기한다. 즉 분별설의 극단화에서 포괄적 입장으로 방향전환이 이루어진 것이 이 시대의 특징이라고 할 수 있다. "혼연한 가운데도 찬연한 분별이 갖추어져 있지 않음이 없고 分開하여 보더라도 혼연함을 떠나있는 것이 아니다."[173)] 그는 하나의 실재에 대한 두 가지 인식방법으로 혼륜과 분개를 동시에 강조한다.

> 리란 기를 벗어나 홀로 설 수 없는 것이요 기란 리를 벗어나 스스로 운행할 수 없는 것이니 천지의 조화나 우리 마음의 성정이 모두 이와 같다.[174)]

기와 섞이지 않는 리의 본체를 인정하면서도 그 실제는 기를 타고 있고 기를 떠나지 않는 속에 리가 있음을 강조함으로써 분개(不相雜)와 혼륜(不相離)의 양면을 동시적으로 설명한다. 이것은 "합하여 하나로 하여도 불상잡에 해롭지 않고 나누어서 둘로 하여도 불상리에 해롭지 않으니 혼륜

172) 대표적인 인물로 장현광을 들 수 있다. 장현광이 經緯로서 리기를 말하는 것도 渾淪의 관점에 입각한 것으로 리와 기가 원래 두 근본이 아님을 알게 하고자 한 것이다.

173) 『大山集』卷39, 「重答李希道」, "渾然之中, 而燦然者, 未嘗不具, 所謂分開者, 亦未嘗離夫渾然者之外也."

174) 『大山集』卷6, 「答權淸臺」, "理不可外氣而獨立, 氣不能外理而自行, 天地之造化, 吾心之性情, 固皆如此."

하여 말하여도 분개함이 그대로 있고 분개하여 보아도 혼륜함을 손상시키지 않는다"[175]는 말이다. 이처럼 대산은 실제로 리가 기를 떠나서 존재하지 않지만 인식방법에서는 혼륜과 분개의 두 가지 관점이 병행되어야 한다는 종합적 인식방법을 제시한다. 이러한 언급은 지나치게 분개의 논리에 치우친 퇴계학파의 일부 경향을 바로잡으려는 시도에 따른 것이다.

따라서 대산은 사단칠정을 중심으로 하는 性情의 문제에서도 인식방법을 혼륜설과 분개설로 구분하는 동시에 양자를 종합하는 입장을 전개한다. "측은 · 수오 · 사양 · 시비의 사단은 인의예지의 성에서 발하는데 그것이 바탕이 되어 발하는 것은 기이지만 주가 되는 것은 리에 있다. 희로애욕의 칠정은 형기의 사사로움에서 발하는데 그것이 타고 행하는 것은 리이지만 주가 되는 것은 기에 있다."[176] 사단과 칠정이 모두 리기를 겸하지만 사단은 리가 주가 되고 칠정은 기가 주가 된다. 리가 주가 되므로 '리발'이라 하고 기가 주가 되므로 '기발'이라 한다고 하여 퇴계 호발설의 타당성을 인정하면서도 서로 떠나지 않는 불상리한 원칙을 아울러 강조한다.

> 사단에서 따르는 기는 칠정의 기이고 칠정에서 타고 있는 리는 사단의 리로서 사단과 칠정이 妙合하고 混融하여 원래 서로 떠나있지 않으므로 피차에 간격이 없다. 다른 데에 나아가서 같은 것을 보기 때문에 혼륜하여 말하는 사람도 있고, 같은 데에 나아가서 다른 것을 보기 때문에 분별하여 말하는 사람도 있으니 바로 '하나이면서 둘이요 둘이면서 하나이다.' 따라서 두 정(사단과 칠

175) 『大山集』 卷20, 「答李希道」, "合而爲一, 而不害其未嘗雜, 分而爲二, 而不害其本不離, 渾淪言, 而其分開者, 固自若也. 分開看, 而其渾淪者, 又未嘗或損也."

176) 『大山集』 卷39, 「四端七情說」, "蓋惻隱羞惡辭讓是非之端, 發於仁義禮智之性, 其所資而發者氣也, 然所主則在乎理. 喜怒愛欲之情, 發於形氣之私, 其所乘而行者理也, 然所主則在乎氣."

> 정)이 발하는 것은 나란히 같이 발하는 것이 아니며 각각 한쪽을 차지하고서 스스로 동정하는 것도 아니다. 일에 따라 감응함에 서로 바탕이 되고 서로 타고 있지만 그 속에 主理 · 主氣의 분별이 있음을 볼 수 있으니 또한 어찌 둘로 갈라지는 것을 의심하겠는가.[177)]

사단이 비록 기를 타고 행하지만 그 본체는 불상리의 기에 갇혀있는 것이 아니므로 불상리한 속에서 불상잡을 보아야 한다. 사단과 칠정을 나누어 둘로 갈라볼 수도 있고 합쳐서 하나로 말할 수도 있는데, 합쳐서 보면 사단이 칠정 속에 포함되지만 나누어 보면 사단과 칠정은 主理와 主氣로 분명히 구분된다. 따라서 혼륜의 관점에서는 '七情包四端'의 논리가 성립하고 분별의 관점에서는 리발 · 기발의 분별이 가능하므로 혼륜과 분개의 두 관점이 동시에 성립한다는 것을 강조한다.

같은 맥락에서 "리가 발함에 기가 따르지 않은 적이 없고 기가 발함에 리가 타지 않은 적이 없다. 리와 기가 서로 기다리지만 리발 · 기발이라는 호발의 분별이 없을 수 없고, 호발하지만 또한 서로 기다린다."[178)] 여기에서 그는 서로 떠나지 않는 相須한 가운데 互發의 분별을 강조한다. 즉 사단이 칠정 속에 포함되지만 리발 · 기발의 분별이 없을 수 없고, 리발 · 기발의 분별이 가능하지만 사단은 칠정 속에 포함된다는 것이다. 이처럼 대산은 하나의 실재에 대한 두 가지 인식방법으로서 혼륜과 분개를 동시에

---

177) 『大山集』 卷39, 「四端七情說」, "四端之所隨, 卽七情之氣, 而七情之所乘, 卽四端之理也, 妙合混融, 元不相離, 則又豈有彼此之間隔哉. 就異而見其有同, 故渾淪言之者有之, 就同而見其有異, 故分別言之而無不可, 所謂一而二 二而一者也. 且二情之發, 非齊頭俱動, 竝轡偕出, 又非各占一邊而自爲動靜也, 隨事而感, 互相資乘, 而但於其中, 見其有主理主氣之分耳, 亦何有二岐之疑哉."

178) 『大山集』 卷20, 「答李希道(別紙)」, "理發而氣未嘗不隨, 氣發而理未嘗不乘, 蓋相須而不能無互發之分, 互發而其相須者, 又自若也."

제시하고 어느 한쪽만을 주장하는데서 따른 한계와 문제점을 지적한다. 즉 율곡처럼 혼륜에만 주목하여 '사단도 기가 발한 것이다'고 보는 입장은 하나임을 알고 둘을 모르는 것이요, 퇴계학파 내의 극단적인 분별만을 주장하여 '칠정은 성이 발하는 것이 아니다'고 말하는 입장은 다름만 보고 같음을 알지 못하는 것이라고 비판한다.[179]

결과적으로, 대산은 퇴계학파 내에서의 극단적으로 분별만을 주장하여 통일시키지 못하는 폐단과 율곡학파의 혼륜에만 치우쳐 분별하지 못하는 것은 모두 한쪽에 치우친 것으로 이것에서 벗어나서 양자를 포괄하는 종합적 논리를 제시하였던 것이다.

(4) 19세기-한주 이진상의 '理發一路說'

한주는 리와 기가 불상리이면서 불상잡이라는 리기관계를 전제하면서도 리와 기에 대한 인식관점으로 竪看 · 橫看 · 倒看의 세 가지 관점을 설정하고[180] 동시에 리기관계의 인식을 위한 추론방법으로서 順推 · 逆推의 두 가지 방법을 제시한다.[181] 여기서 그는 "逆推를 앞세우지 않으면 順推

---

179) 『大山集』卷39, 「四端七情說」, "彼見理氣之不離, 而謂四端亦氣發者, 固見一而不知二, 其弊也, 鶻圇無別, 而其或專主分開, 不相統一, 至謂七情不可謂性發, 則又見異而不知同, 其弊也, 闊疎不情."

180) 즉 태극(리)과 음양(기)의 존재양상은 인식관점에 따라 '竪看' 에서는 태극이 음양에 앞서 있고 '橫看' 에서는 태극이 음양 속에 있으며 '倒看' 에서는 기만 있고 리는 죽은 것으로 여기는 것이다.(『寒洲全書』2, 「理學綜要」卷10, "竪看則太極在陰陽之先, 橫看則太極在陰陽之中, 橫竪一理, 而新橫疑竪, 則其弊終歸於從氣倒看, 而理爲死物矣.")

181) 먼저 음양에서 태극의 리가 있음을 추론해가는 과정을 '逆推' 라 하고 이러한 逆推를 통해 만물의 근거가 되는 태극의 존재를 인식하는 관점이 '橫看' 이다. 또한 태극에서 출발하여 음양으로 추론해가는 논리과정을 '順推' 라 하고 여기에서 음양을 구체사물로 인식하는 관점을 '竪看' 이라 하며 기의 구체적인 현상에 빠져 리의 근원을 망각하는 관점을 '倒看' 이라 한다.(『寒洲集』卷33, 「理氣動靜考證後說」, "氣之所以

가 드러날 수 없고, 橫看을 앞세우지 않으면 竪看이 진실이 아니다"[182]라고 하여 逆推・橫看에서 출발하여 順推・竪看으로 가는 인식방법을 중시한다. 그것은 방법적 순서에서 逆推・橫看을 출발점으로 삼지만 최종적으로는 順推・竪看에 나아가야 한다는 입장이다. 한주는 선유들의 이론이 어느 일면만을 주장함으로써 올바른 인식을 방해하였다고 보고서 리기론뿐만 아니라 심성정론에서도 다양한 인식방법을 제시한다. 먼저 한주는 '性發爲情'의 명제에 근거하여 성과 정이 하나의 리임을 논증한다.

> 성은 未發의 리이고 정은 已發의 리이다. 성이 발하여 정이 되니 단지 하나의 리일 뿐이다. 비유하면 주인이 나가서는 손님이 되니 단지 한 사람일뿐인 것과 같다. 진실로 성과 정의 실상을 구한다면 理發만 있고 氣發은 없다.[183]

주인에 해당하는 성이 밖에 나가서는 마찬가지로 손님, 즉 칠정이 되기 때문에 손님과 주인이 두 사람이 아니듯이, 근원적으로 보면 성과 정은 모두 리가 발한 것일 뿐이다. 이에 그는 정으로서의 사단뿐만 아니라 칠정까지도 모두 '성(리)이 발한 것'으로 설명한다.

> 사단과 칠정이 모두 정이지만 성에서부터 발하지 않으면 정이라고 부를 수 없다. 정이 바로 리이니 그 실제는 다만 '理發一路'가 있을 뿐이다.[184]

虛靈聚散熏蒸發育者, 太極純一之理爲之主宰故也(逆推). 太極者 …… 此誠萬化之頭腦, 品彙之根柢(竪看), 而旣有太極, 便會動靜, 纔有動靜, 便分陰陽(順推). …… 陰陽俱屬於定體, 故陰爲主(橫看).")

182) 『寒洲集』卷33, 「理氣動靜考證後說」, "不先逆推, 則順者不可見也, 不先橫看, 則竪者非其眞矣."

183) 『寒洲全書』2, 「理學綜要」卷10, "性是未發之理, 情是已發之理, 性發爲情, 只是一理. 比如主出爲客, 只是一人. 苟求性情之實相, 則有理發而無氣發."

칠정의 경우라도, 비록 외부와의 감응은 형기로 이루어지지만 안에서 감응하여 나오는 것은 심의 리이기 때문에[185] 리가 발한 것으로 설명한다. 따라서 한주는 사단과 칠정을 각각 리발과 기발로 보는 퇴계의 호발설이 두 개의 근본을 설정하는 혐의를 갖는다고 비판한다.[186]

이어서 사단과 칠정이 모두 '리발' 하나이지만 리가 발할 때에는 그것이 홀로 발할 수 없고 사람이 말을 타고 가듯이 항상 기를 타고 발한다고 설명한다. 즉 퇴계가 말하는 理發而氣隨之는 '리가 기 없이는 발할 수 없음(理無氣則不能發)'을 말한 것이고 氣發而理乘之는 '기가 리 아니면 발하는 것이 없음(氣非理則無所發)'을 말하는 것으로써 리가 발하는 주체가 되지만 결국 자료인 기의 작용을 통해 드러난다고 말한다. 이것은 리와 기가 어느 때를 막론하고 분리될 수 없다는 불상리한 관점을 전제한 것이다. 비록 리가 기를 타고 발할지라도 그것을 '기발'이라고 부를 수 없는 것은 언제나 리가 주체(主)가 되고 기가 자료(資)가 되기 때문이다. 반대로 리가 언제나 주체가 되지만 자료인 기 없이는 또한 발할 수 없다는 것이 한주의 리기관이다.

> 리는 발하는 주체이고 기는 발하는 자료이다. 그러므로 성이 발하여 정이 되는 것으로부터 말하면 대본은 리에 있고 기에 있는 것이 아니다. 대저 정이 발할 때에 발할 것(發者)은 리이고 실제적으로 발하는 것(發之者)은 기이다.[187]

---

184) 『寒洲全書』1, 「答李器汝」, "蓋四七皆情也, 不自性發不名爲情, 情則理也, 其實則只有理發一路."

185) 『寒洲全書』2, 「理學綜要」卷10, "外物之所觸, 固是形氣 …… 而所感者畢竟是心之理."

186) 『寒洲全書』1, 「四七原委說」, "如必欲男曰父生, 女曰母生, 而不容其一本於父, 則果無二本之嫌乎."

187) 『寒洲集』卷40, 「花峽法語」, "理者, 所發之主也, 氣者, 所發之資也. 故從性爲情處說, 則大本在理而不在氣. 凡情之發, 發者理也, 發之者氣也."

성의 미발은 中의 본체가 기의 음에 세워지는데 기에 세워진 것을 함께 기라고 말할 수 없으며, 정의 이발은 和의 작용이 기의 양에서 행하는데 기에서 행하는 것을 기에 뒤섞을 수 없다.[188)]

여기에서 한주는 성이 발하여 정으로 드러나는 과정에서 기가 기반에 깔려있지만 리가 주체가 되기 때문에 사단과 칠정을 막론하고 모두 '리발' 하나로 설명한다. "정은 만 가지로 다양하지만 그 근본은 하나의 리일 뿐이니 사단과 칠정이 서로 다른 근본이 있어서 각자 발하는 것이 아니다."[189)] 이것은 리가 발하는 주체가 되고 기가 발하는 자료가 된다는 인식을 전제로 한 것으로 발하는 주체로서의 리에 역점을 둔 표현이다. 그렇다면 실제로 발하는 기는 무슨 의미를 갖는가. 여기에서 한주가 '기발'의 개념을 어떻게 이해하고 있는지 확인할 필요가 있다.

성이 외물에 감응하는 것은 비록 형기에 근거하지만 안에서 발하여 나오는 것은 심의 리이다. 그렇지만 리가 형기에 근거하여 발하기 때문에 기가 발한 것이라고 말할 수 있다.[190)]

리를 따라 발하는 것은 리가 주체가 되므로 理發이라 하고, 기를 따라 발하는 것은 기가 도리어 비중이 크기 때문에 氣發이라 한다.[191)]

사단의 경우, 외물의 감응에 따라 심속에서 본래 가지고 있던 리가 발한

188) 『寒洲全書』2, 「理學綜要」卷9, "性之未發, 中之體立於氣之陰, 立於氣者, 不可竝謂之氣. 情之已發, 和之用行乎氣之陽, 行乎氣者, 不可雜之於氣."

189) 『寒洲集』卷32, 「四七經緯說」, "情有萬殊, 其本則只是一理. …… 情豈有二本各發之實乎."

190) 『寒洲全書』2, 「理學綜要」卷10, "外感雖因形氣, 出內只是心理, 理因形氣發, 亦可曰氣之發."

191) 『寒洲全書』2, 「理學綜要」卷10, "從理而發者, 理爲主, 所以謂理發也, 從氣而發者, 氣反重, 所以謂氣發也."

것이기 때문에 '리발'이지만 그것이 형기에 근거하여 발하기 때문에 '기발'이라고 말할 수 있다는 것이다. 기발에서도 리는 주체이지만 리의 역할보다 기의 역할의 비중이 크기 때문에 기발이라고 하는 것일 뿐이지 그 발하는 주체는 여전히 리라는 점에서 칠정도 '리발'이다. 즉 '기발'이란 그 발하는 주체인 리에서 竪看하면 '리발'이지만 그 작용의 비중이 큰 기에서 橫看하면 '기발'이라 한다는 것이다. 이처럼 그는 리발과 기발이라는 인식상의 차이를 인정하면서도 결국에는 '리발' 하나만을 인정하는 '理發一路說'을 주장한다. 퇴계의 호발설도 리와 기가 각각 주체로서 발하는 것이 아니라 발하여 나타난 상황에서 '무엇을 위주로 보느냐'의 관점과 추론방법을 밝힌 것으로 보고, 竪看의 관점에서는 사단과 칠정이 모두 '리발'이지만 橫看의 관점에서는 互發로 볼 수 있다고 지적한다.[192] 그렇지만 다양한 인식방법을 인정하면서도 최종적으로는 順推의 추론과 竪看의 관점을 확립하는 데 있는 만큼 발하는 주체로서 리를 강조함으로써 퇴계의 호발설을 理철학으로 강화하는 새로운 해석을 제시하였던 것이다.

3. 맺음말

이상으로 퇴계의 리발설이 갖는 문제의식과 그것의 해석과정을 퇴계학파의 몇몇 성리학자들과 연관 지어 살펴보았다. 퇴계가 처음 리발을 언급한 것은 사단의 純善에 대한 근거로써 리발을 주장한 것이었으나 만년에 이르면서 리의 자발성을 인정함으로써 '무위인 리가 어떻게 발할 수 있는지'의 문제가 제기된다. 혹자는 그것을 부인하는가 하면 혹자는 그것

192) 『寒洲文集』卷14, 「答宋康叟(別紙)」, "合四七而竪說則皆是理發. …… 分四七而橫說 則四端理之發 …… 七情氣之發."

을 인정하면서 새로운 합리화의 길을 모색한다. 그렇지만 퇴계학파에서는 결과적으로 리의 自發을 인정하는 범위 내에서 그 실제적인 내용에서는 학자마다 관점을 달리하고 있음을 알 수 있다. 여헌이 리와 기의 불상리한 관점에 입각하여 사단과 칠정을 모두 기로 간주하면서도 性發爲情의 명제에 따라 사단과 칠정이 모두 정으로서의 性發, 즉 理發 하나만을 인정하는 '理發一條說'을 강조하였다면, 갈암은 퇴계의 호발설을 정통적 학풍으로 인식하고 불상잡의 입장에서 주리·주기의 구분에 따른 리발·기발의 타당성을 강조한다. 대산은 퇴계의 호발설을 혼륜과 분개의 통일로 재해석하여 서로 떠나지 않는 相須한 가운데 호발의 분별을 강조하였다면, 한주는 다양한 인식관점과 추론방법으로 퇴계의 호발설에 따른 리발·기발의 차이를 인정하면서도 최종적으로는 발하는 주체로서의 리를 강조함으로써 理發 하나로 보는 '理發一路說'이라는 새로운 해석을 전개한다.

이처럼 퇴계의 호발설에 대해, 퇴계학파에서는 '리발'이라는 리의 자발성을 인정하는 범위 내에서 그 시대적 요구와 해석자의 학문체계의 전개과정에서 '리발' 하나만을 인정하기도 하고 리발과 기발을 모두 인정하기도 하는 해석상에 다양한 차이를 드러낸다. 즉 퇴계학파에서는 퇴계학문에 대한 일방적인 추종이나 답습에 그치지 않고 퇴계의 리발설이 갖는 논리적인 모순을 시대적 요구에 따라 한층 정미하게 전개해 나갔던 것이다. 이러한 퇴계학문에 대한 다양한 해석상의 전개는 퇴계학파의 학문체계에 대한 이론적 발전양상으로 이해할 수 있다. 이러한 일련의 해석과정을 통해, 퇴계의 학문을 계승·발전시킨 퇴계학파에서는 리와 기의 불상리한 관계(혼륜)를 강조하면서도 근원적으로 불상잡한 관계(분개)에 한층 주안점을 두고 퇴계의 리발설을 재해석해나갔음을 알 수 있다.

3부

갈암과 우담의 심성론

9장

율곡 성리설에 대한 갈암과 우담의 비판이론

葛庵 李玄逸(1627~1704)과 愚潭 丁時翰(1625~1707)은 각각 「栗谷李氏論四端七情書辨」(1688, 62세)과 「四七辨證」(1696, 72세)을 지어 일찍이 '사단칠정을 리기로 해석한' 퇴계의 해석에 대한 율곡의 異見을 비판하였는데, 즉 퇴계설을 변호하고 율곡설을 배척함으로써 퇴계학파 형성에 주도적 역할을 한 대표적인 퇴계학파의 일원이다.

갈암의 「율곡이씨논사단칠정서변」과 우담의 「사칠변증」의 서문에는 이들이 논변을 전개하게 된 경위와 그 구성방식에 대해 간략히 밝히고 있다. 갈암은 "율곡이 우계에게 보낸 서신 내용 중에서 특히 이치에 해로운 것들을 모아서 조목조목 변론하여 당세의 미혹을 깨우치고자 한다"[1)]라고 하였으며, 우담도 "율곡의 장서 속에서 의심나는 부분을 표시하여 매 서신마다 단락을 나누고 행을 잘라서 책자에 써놓고 각각의 단락 아래에 주

1) 『葛庵集』卷18, 「栗谷李氏論四端七情書辨」序, "掇取其所與牛溪成氏書中所言尤害於理者, 輒敢逐條爲之辨, 欲以曉當世之惑."

제넘게 사견으로써 변증한다"[2]라고 하였다. 이들 두 사람의 서문 내용에서 알 수 있듯이, 논변의 구성방식은 율곡의 서신 내용 중에서 각자 나름대로 이치에 해롭거나 의심나는 부분을 조목별로 19조목과 41조목[3]으로 뽑아서 그 아래에 자신의 私見을 밝히는 형식을 취하였음을 알 수 있다.

19조목과 41조목이라는 숫자상의 차이에서도 알 수 있듯이, 이들 두 사람의 율곡비판은 분량에서도 큰 차이를 보인다. 「栗谷李氏論四端七情書辨」은 『갈암집』 권18 〈잡저〉에 일부분으로 수록되어 있으나, 「四七辨證」은 『우담집』 권7과 권8에 걸쳐있어 분량이 갈암에 비해 상대적으로 방대할 뿐만 아니라 글의 짜임도 체계적이다. 이것은 아마도 시기적으로 먼저 기술된 갈암의 「율곡이씨논사단칠정서변(1688)」을 우담이 「사칠변증(1696)」을 기술하기 전에 참고하여 기술함으로써 내용에서 충분한 보완 작업이 이루어지지 않았나 생각된다.[4]

따라서 본문에서는 갈암이 율곡을 비판하기 위해 뽑아놓은 글 19조목과 우담이 율곡을 비판하기 위해 뽑아놓은 글 41조목 중에서 서로 겹치는 내용을 중심으로 주제별로 발의 문제, 사단칠정의 문제, 인심도심의 문제를 비교 분석한다.

---

2) 『愚潭全集』卷7, 「四七辨證」序, "遂乃標出栗谷長書中可疑處, 每書分段截行書諸册子, 逐段下輒以謬見僭有辨證."

3) 김경호, 「우담의 호발설 옹호와 율곡비판-사칠변증을 중심으로」(『한국철학논집』22, 2007)에서는 "기존의 우담 연구서에서는 「사칠변증」을 41개 항목으로 기술하고 있는데, 42개 항목으로 수정되어야 한다"라고 밝히고 있으나, 필자는 기존의 우담 연구서에 따라 41개 항목으로 수정한다. 40번째 항목을 김경호는 둘로 나누어 보고 있으나, 다른 글과 달리 표시를 하고 시작하는 것으로 보아 앞글에 대한 부가설명이나 이어지는 글로 볼 수 있기 때문에 기존의 연구서와 마찬가지로 41개 항목을 따른다.

4) 우담이 戊辰(1688, 64세)년에 갈암의 거처를 방문하였다는 기록이 〈李玄逸 祭文〉에 보인다.(『우담전집』권9, 「祭李翼升文」, 참조) 이때는 갈암이 「栗谷李氏論四端七情書辨」(1688, 62세)을 완성한 시기이기도 하니 이때를 전후하여 갈암의 책을 구해보았거나 적어도 두 사람 사이에 이에 대한 담론이 있었을 것으로 보인다.

1. 發의 문제

〈사례 1〉

율곡: 발하는 것은 기이고 발하는 소이는 리이다. 기가 아니면 발할 수 없고 리가 아니면 발할 것이 없다. 先後가 없고 離合이 없으니 호발이라 말할 수 없다.[5)]

갈암: 율곡은 "기가 처음에는 리로부터 발하지만 이미 발하면 動靜 · 云爲는 기틀이 저절로 그러할 뿐이고 리는 관여함이 없다"고 보았으니, 이는 리가 리되는 소이는 그 본체가 沖漠無朕하여 만물을 낳는 근본이 되고 그 작용이 사물 사이에서 발하여 두루 미치지 않음이 없음을 알지 못한 것이다.[6)](제6조)

우담: 대개 태극이 양의를 낳아 천지가 자리를 정함에 하늘이 이 리를 얻어서 원형이정의 덕이 사계절 속에 유행하고, 歲功의 변화가 어긋나지 않고 만물이 각각 성명을 바르게 하니 이 리가 유행하는 묘가 아님이 없다. 사람은 이 리를 얻어 인의예지의 성이 일 사이에서 발현하니, 삼강오륜에 떳떳함이 있고 백가지 행실과 온갖 선이 모두 구비되어 이 리가 발현하는 작용이 않음이 없다. 이 때문에 예로부터 성현들이 입론한 밝은 이치는 어둡고 모호한데 있지 않고 반드시 리가 발현하고 유행하는 곳을 가리켰던 것이다. …… 리가 발할 때에 기가 없다고 말할 수 없기 때문에 氣隨라고 한 것이니, 어찌 리가 먼저 발하고 기가 그 뒤를 따른다는 말이겠는가? 기가 발할 때에 리가 없다고 말할 수 없기 때문에 理乘이라고 한 것이니, 어찌 기가 먼저 발하고 리가 그 뒤에 있다는 말이겠는가? 하나는 리를 주로 하여 말하였기 때문에 먼저 리를 말하면서 또한

---

5) 『栗谷全書』卷10, 「答成浩原(壬申)」, "大抵發之者氣也, 所以發者理也. 非氣則不能發, 非理則無所發(發之以下二十三字, 聖人復起不易斯言). 無先後無離合不可謂互發也.

6) 『葛庵集』卷18, 「栗谷李氏論四端七情書辨」, 第6條, "蓋其意以爲氣之始雖自理發, 及其旣發則動靜云爲機自爾也, 而理無與焉, 殊不知理之所以爲理者, 其體冲漠無朕, 而爲生物之本, 其用發於事物之間, 而無所不周也."

기를 말하지 않을 수 없었으며, 하나는 기를 주로 하여 말하였기 때문에 먼저 기를 말하면서 또한 리를 말하지 않을 수 없었던 것이다. 이로써 보면 리와 기를 나누어 말하는 속에 저절로 혼륜하여 서로 떠나지 않는 오묘함을 또한 볼 수 있다.[7)](제11조)

율곡은 "발하는 것은 기이고 발하는 소이는 리이다. 기가 아니면 발할 수 없고 리가 아니면 발할 근거가 없다"라고 하여 動靜 · 云爲의 주체를 기로 보고 기에 대한 소이연으로 리를 이해한다. '리는 無爲하고 기는 有爲하다'는 원칙에 근거하여 오직 발하는 주체를 氣發 하나로 보려는 율곡의 주장에 대해, 갈암은 "리가 리되는 소이는 그 본체가 沖漠無朕하여 만물을 낳는 근본이 되고 그 작용이 사물 사이에서 발하여 두루 미치지 않음이 없다"라고 하여 無形인 리의 세계를 體用으로 구분하여 리의 본체와 작용이 현실 속에서 현현함을 강조한다. 우담도 "하늘이 리를 얻어 원형이정의 덕이 사계절 속에 유행하고 사람이 리를 얻어 인의예지의 성이 일사이에서 발현하니 리가 유행하고 발현하는 작용이 아님이 없다"고 강조한다. 갈암과 우담은 모두 리를 현실세계에서 생생하게 현행하는 능동적 실체로 보았으니 理無爲를 주장하는 율곡과 분명한 차이를 보이며, 또한 리의 유행발현을 理發로 인정함으로써 리는 無爲하고 기는 有爲하기 때문에 氣發만 말할 수 있고 理發은 말할 수 없다는 율곡의 '氣發理乘一途'설과

---

7) 『愚潭全集』卷7, 「四七辨證」, 第11條, "夫太極是生兩儀而天地定位 天得是理而元亨利貞之德 流行於四時之中 歲功之變化不忒 萬物之各正性命 莫非此理流行之妙也. 人得是理而仁義禮智之性發現於事爲之間 三綱五典之有常 百行萬善之具備 莫非此理發現之用也. 是以從古聖賢立言明理, 不在於窈冥昏默, 而必指其發現流行之處. …… 而理發之時不可謂無氣 故謂之氣隨 豈理先發而氣隨後之謂乎. 氣發之時不可謂無理 故謂之理乘 豈氣先發而理在後之謂乎. 一則主理而言 故先言理而亦未嘗不言氣 一則主氣而言故先言氣而亦未嘗不言理. 以此觀之 亦可見分言理氣之中 自有混淪不相離之妙矣."

도 분명한 차이를 보인다.

그렇다면 갈암과 우담의 논변상의 동이점은 무엇인가? 갈암과 우담은 모두 '리발'의 뜻을 현실세계 속에서 유행하고 발현하는 작용으로 이해하였으니, 즉 『주역』에서 말한 '繼之者善'은 天心의 리가 동한 것이요, 「虞書」에서 말한 '도심'은 사람 마음의 리가 발한 것이요, 공자가 말한 '一貫'과 맹자가 말한 '四端'도 리가 동정하고 유행하는 오묘함을 열어 보인 것 등으로 이해하였던 것이다.[8] 다만 우담의 경우, 퇴계의 '理發而氣隨之 氣發而理乘之'라는 구절에 자신의 해석을 추가함으로써 '리발'과 '기발'에 선후와 이합이 있기 때문에 호발이라 말할 수 없음을 주장하는 율곡의 주장에 그렇지 않음을 분명히 밝힌다. 즉 리가 발할 때에 기가 없다고 말할 수 없기 때문에 '氣隨'라고 한 것이지 리가 먼저 발하고 기가 그 뒤를 따른다는 말이 아니며, 기가 발할 때에 리가 없다고 말할 수 없기 때문에 '理乘'이라고 한 것이지 기가 먼저 발하고 리가 그 뒤에 있다는 말이 아니다. 하나는 리를 주로 하여 말하였기 때문에 먼저 리를 말하면서 또한 기를 말하지 않을 수 없었고, 하나는 기를 주로 하여 말하였기 때문에 먼저 기를 말하면서 또한 리를 말하지 않을 수 없었다는 것이다. 따라서 율곡의 주장처럼 퇴계의 호발에 先後와 離合의 관계가 있는 것이 아니라 主理와 主氣의 구분에 따른 것임을 강조한다.

또한 分開 일변도만을 주장하는 갈암과 달리, 우담은 "리와 기를 나누어 말하는 가운데 저절로 혼륜하여 서로 떠나지 않는 오묘함을 또한 볼 수 있다"라고 하여 분개 일변도에 빠지지 않는 혼륜의 인식방법을 아울러 강조한다. 이것은 혼륜의 관점에 서 있는 율곡의 인식과 분명한 차이를 보일 뿐만 아니라 분개 일변도의 갈암과도 분명한 차이를 보인다. 우담은

8) 『愚潭全集』 卷7, 「四七辨證」, 第11條, "如大易所謂繼之者善, 是天心之理動處也, 虞書所謂道心是人心之理發處也. 孔子之言一貫, 孟子之論四端, 亦就人心上開示理之流行發現之妙."

분개 속에서 혼륜의 일면을 동시에 강조함으로써 갈암의 분개 일변도에서 벗어나 율곡의 일원적 입장을 포용하는 측면을 엿볼 수 있다. 이것은 분개와 혼륜을 동시에 강조함으로써 퇴계의 호발이 갖는 이론상의 문제에 대한 재해석으로 볼 수 있다.

〈사례 2〉

율곡: 이른바 '氣發而理乘之'라는 말이 옳다. 비단 칠정만 그러한 것이 아니고 사단도 '氣發而理乘之'이다. 왜냐하면 어린아이가 우물에 빠지는 것을 본 연후에 惻隱之心이 발하기 때문이다. 보고서 측은해하는 것이 기이니, 이것이 氣發이라는 것이다. 측은의 근본은 仁이니 이것이 理乘이라는 것이다.[9]

갈암: 대저 리와 기는 진실로 서로 떨어지지 않으나 갑자기 어린아이가 우물에 빠지는 것을 보았을 때는 심속에 본래 가지고 있던 리가 감촉에 따라서 발하여 심이 그것을 감싸둘 수 없고 기가 여기에 간여할 수 없다. 그렇다면 측은이 어찌 리가 발한 것이 아니겠는가? 맹자의 원래 본뜻은 진실로 여기에서 나온 것인데, 지금 사단을 기가 발한 것이라고 하면 옳겠는가?[10](제9조)

우담: 맹자가 말한 사단은 기품 속에서 인의예지의 성에서 곧바로 나온 것을 지적한 것이니, 이미 인의예지의 성에서 발하였다면 理發임을 쉽게 볼 수 있다. …… 만약 仁의 본체가 다만 측은에 근본이 될 뿐이고 발하여 측은이 될 수 없는 것이라면 맹자의 본뜻이 아닌 듯하다. 우물에 빠지는 것을 보는 것은 참으로 기이지만, 측은이란 것은 仁이 발한 것이다. 측은의 근본이 이미 인이라

---

9) 『栗谷全書』卷10, 「答成浩原(壬申)」 "所謂氣發而理乘之者可也, 非特七情爲然, 四端亦是氣發而理乘之也. 何則見孺子入井然後乃發惻隱之心, 見之而惻隱者氣也, 此所謂氣發也. 惻隱之本則仁也, 此所謂理乘之也."

10) 『葛庵集』卷18, 「栗谷李氏論四端七情書辨」, 第9條, "夫理氣固不相離 然方其乍見孺子入井時 心中本有之理隨觸而發 心包蓄不住 氣著脚手不得. 則惻隱豈非理之發邪. 孟子元初本意固出於此 而今以四端爲氣之發 則其可乎哉."

면, 인이 발하여 측은이 되는 것이 어찌 理發이라고 이르지 않을 수 있겠는가? 인이 진실로 발하지 않고 다만 근본이 되기만 한다면, 理乘이란 것은 어느 곳에서 타는 뜻을 보이겠는가?[11](제13조)

율곡은 칠정뿐만 아니라 사단까지도 '기발'로 이해한다. 즉 어린아이가 우물에 빠지는 것을 본 연후에 측은지심이 생기고, 보고서 측은해하는 것은 기이기 때문에 기발이라는 것이다. 이러한 율곡의 주장과는 달리, 갈암은 측은지심을 '리발'로 이해한다. 어린아이가 우물에 빠지는 것을 보면 그 부모에게 잘 보이려는 마음이나 어떤 대가를 바랄 것을 생각하지 않고 바로 달려가서 구하는데, 이것은 "마음속에 본래 가지고 있던 리가 감촉(어린아이가 우물에 빠지는 장면)에 따라 발하여 마음이 그것(마음속에 본래 가지고 있던 리)을 감싸둘 수 없고 이때는 기가 여기에 간여할 수 없기 때문에" 그대로 리가 발한 것이라고 강조한다. 맹자가 사단을 말한 뜻도 진실로 이러한 인의예지의 성에서 곧바로 나온 것을 지적한 것이니, 기가 발한 것이 아니라 리가 발한 것임을 쉽게 볼 수 있다는 것이다.

우담은 여기에서 한 걸음 더 나아가 仁과 측은의 관계를 자세히 분석한다. 우담도 율곡과 마찬가지로 측은의 근본을 '인'으로 설명하지만, 측은지심을 '기발'로 보려는 율곡과는 달리 '리발'로 이해한다. "측은지심의 근본이 仁이라면, '인'이 발하여 측은이 되는 것은 理發이 아니겠는가? '인'이 진실로 발하지 않고 다만 근본이 되기만 한다면 어디에서 理乘의 타는 뜻을 볼 수 있겠는가?" 따라서 어린아이가 우물에 빠지는 것을 보는

11) 『愚潭全集』卷7, 「四七辨證」, 第13條, "孟子之言四端, 就氣稟中指出其直發於仁義禮智之性者, 旣發於仁義禮智之性, 則其爲理發曉然易見. …… 有若仁之體徒爲本於惻隱, 而不得發而爲惻隱者, 然似非孟子之本意也. 夫見之者固氣也, 而惻隱者仁之發也. 惻隱之本旣是仁也, 則仁發而爲惻隱者, 何可不謂之理發乎. 仁苟不發而徒爲之本, 則其所謂理乘者, 又於何處見其乘之之意乎."

것은 참으로 기이지만, 측은은 '인'이 발현하여 측은이 되는 것이기 때문에 '리발'이라는 것이다.

그렇다면 갈암과 우담의 논변상의 동이점은 무엇인가? 율곡이 칠정뿐만 아니라 사단까지도 '기발'로 보려는 것에 대해, 갈암과 우담은 모두 사단을 '리발'로 볼 것을 주장한다. 이들은 사단이 비록 기를 타고 발한다고 할지라도 맹자가 가리킨 것은 기를 타는데 있지 않고 純理가 발하는 곳에 있음을 재차 강조하며, 다만 우담의 경우 仁과 惻隱의 관계를 좀 더 세부적으로 분석하고 있다는 점이 이들 사이의 이론적 차이점으로 확인할 수 있다.

2. 사단칠정의 문제

〈사례 1〉

율곡: 칠정은 사람 마음이 움직일 때 일곱 가지가 있음을 총괄하여 말한 것이고, 사단은 칠정 중에서 선한 일면만을 가려내서 말한 것이니, 진실로 인심과 도심을 상대적으로 말한 것과는 같지 않다.[12)]

갈암: 칠정은 본래 성의 욕구(性之欲)이지만 형기에 감촉되어 대상에 따라 생겨나기 때문에 中節과 不中節의 차이가 있다. 사단은 진실로 기를 타고 발하는 것이지만 인의예지의 성에서 곧바로 나온 것이기 때문에 '그 정과 같은 것은 선하다고 할 수 있으니 이른바 선하다(맹자의 말)'는 것이다. 대개 〈칠정과 사단의〉 그 所從來가 각자 주로 하는 바가 있는 것은 그 근본으로부터 이미 그러한 것이지 애당초 발하기 전에는 一途이다가 이미 발한 후에 그 선한 일면

12) 『栗谷全書』 卷9, 「答成浩原(壬申)」 "七情則統言人心之動有此七者, 四端則就七情中擇其善一邊而言也, 固不如人心道心之相對說下矣."

을 가려내어 사단이라고 하는 것은 아니다. 그러므로 사단과 칠정은 그 입언한 뜻이 서로 분명하니 이 둘을 억지로 배합시켜 一說로 삼아서는 안 된다.[13)] (제1조)

우담: 본체로 말하면 性은 선하지 않음이 없고 성에서 발하는 情도 선하지 않음이 없다. 그러나 중인은 희로애락애오욕이 밖으로 형기와 감응할 때 성정의 本善을 회복할 수 있는 자가 드물다. 이 때문에 맹자는 기질 속에 본연의 성정을 발라내어 측은·수오·사양·시비의 정이 인의예지의 성에서 곧바로 나온 것이라 말하여 본선의 성에는 불선한 정이 없음을 분명히 하여 중인들도 요순의 경지에 이를 수 있도록 하였다. …… 성인이 형기 속에서 도심을 설명하면서 형기를 따르는 인심에 상대해서 도심이란 이름을 세웠다. 사단이 비록 칠정 속에 포함되어 있지만 발라내어 말할 때는 칠정과 主理·主氣로 상대해서 말할 수 있다. 칠정은 애당초 선하지 않음이 없지만 기미에는 선악이 있어 쉽게 악으로 흘러갈 뿐이다.[14)](제2조)

이 단락은 율곡의 '七情包四端'의 주장에 대한 갈암과 우담의 견해이다. 율곡은 인심과 도심은 상대해서 볼 수 있지만 사단과 칠정은 상대해

13) 『葛庵集』卷18, 「栗谷李氏論四端七情書辨」, 第1條, "愚謂七情固是性之欲, 然却觸形氣, 緣境而生, 故有有節與無節, 中節與不中節. 四端固是乘氣而發, 然以其直出於仁義禮智之性, 故曰乃若其情則可以爲善, 乃所謂善也. 蓋其所從來, 各有所主, 自其根本而已然, 初非發則一途, 而旣發之後, 擇善一邊而爲四端也. 愚故曰四端七情, 立言命意, 自不相蒙, 不必牽引配合而强爲一說也."

14) 『愚潭全集』卷7, 「四七辨證」, 第2條, "蓋以本體言之, 性無不善, 而情之發於性者, 亦無不善. 而衆人之心, 則當喜怒哀懼愛惡欲七者之情, 外感形氣之時, 鮮能察其當否, 約以合中, 復其性情之本善. 是以孟子於氣質中剔發本然之性情, 以惻隱羞惡辭讓是非之情, 粹然直出於仁義禮智之性者言之, 以明本善之性無不善之情, 初不以聖愚而有異, 使人審幾擴充復其本性, 自衆人而可至於堯舜. …… 然而聖人說出道心於形氣之中, 相對立名於從形氣之人心. 則四端雖包在七情中, 而剔發言之之時, 豈不可與七情分主理氣相對說下乎. 然而七情亦初無不善而幾有善惡, 只易流於惡而已."

서 볼 수 없다는 것이 일관된 주장이다. 이러한 주장은 칠정에 대한 개념 정의에서 분명한 차이를 보인다. 율곡은 칠정을 인간이 가지고 있는 일곱 가지 기본 정감으로 이해한다. 이것을 선악의 개념으로 설명하면 선도 있고 악도 있다. 반면 갈암은 칠정을 성의 욕구로 이해한다. 칠정도 리와 기가 합쳐진 것이지만 형기에 감촉되어 대상에 따라 생겨나기 때문에 그대로 기가 발한 것이라고 해석한다. 갈암은 "사단과 칠정의 소종래가 각각 주로 하는 바가 있는 것은 근본으로부터 이미 그러한 것이지, 발하기 전에 一途이다가 발한 후에 선한 쪽만을 가려내어 사단이라고 하는 것이 아니다"라고 하여 철저한 이원적 체제를 견지한다. 사단과 칠정을 근원적으로 구분해 보려는 것이 갈암의 주장이다.

우담은 맹자와 주자에서 퇴계에 이르는 성정을 분석하고 分開설이 만들어진 내력을 설명한다. 즉 본체(성인)로 말하면 性發爲情의 명제에 따라 사단뿐만 아니라 칠정도 선하지 않음이 없지만, 중인 이하는 칠정이 밖으로 형기와 감응할 때 성정의 本善을 회복할 수 있는 자가 매우 드물다. 때문에 맹자는 기질 가운데서 본연의 성정만을 발라내어 사단을 인의예지의 성에서 곧바로 나온 것이라 하여 본선의 성에는 不善한 정이 없음을 분명히 하였다. 즉 애당초 성인과 중인 이하 사람 사이에 차이가 없음을 밝혀서 사람들로 하여금 기미(사단)를 살펴 본성을 회복할 수 있도록 하였다는 것이다. 그래서 주자도 그 의미를 천명하여 '사단은 리가 발한 것이요 칠정은 기가 발한 것이다(理之發 氣之發)'라고 하였고, 퇴계도 주자를 조술하여 '理發而氣隨之 氣發而理乘之'라고 하여 뒤섞여 있는 一心 속에서 상호 발하면서 따르는 妙理를 나누어 설명하였다. 때문에 우담은 사단이 비록 칠정 속에 포함되어 있지만, 발라내어 말할 때는 칠정과는 주리 · 주기로 상대시켜 말할 수 있음을 강조한다. 따라서 사단은 리를 주로 하여 선하고 칠정은 기를 주로 하여 불선하니(악으로 쉽게 흘러가니), 결국 사단과 칠정의 관계를 인심 · 도심과 마찬가지로 선악의 이원적 구조로 이해한다.

그렇다면 갈암과 우담의 논변상의 동이점은 무엇인가? 두 사람은 모두 사단과 칠정을 상대시켜 대립적 구조로 이해한다. 다만 갈암의 경우, 맹자 · 주자에서 퇴계에 이르기까지 성정에 대한 이해를 주리와 주기의 구분에 따른 분별설에 기초하여 그 내력을 분명히 밝힘으로써 분별설의 타당성을 한층 더 강조하고 있음을 볼 수 있다. 반면 우담은 심이 하나임을 전제하니, 즉 하나의 심이지만 리를 주로 하는 사단과 기를 주로 하는 칠정으로 분명히 구분해 볼 것을 강조한다. 一心에 대한 강조는 이후 갈암과 논변을 전개하면서 갈암과 우담의 분명한 견해 차이를 밝혀주는 결정적 단서가 되기도 한다.[15] 이것은 동시에 율곡의 일원적 입장을 포용하는 측면으로 해석할 수 있다. 우담은 인심도심이든 사단칠정이든 근원이 하나임을 분명히 전제하고, 그 위에 나아가 주리 · 주기의 구분에 따른 호발설을 인정하였음을 알 수 있다. 다시 말하면 우담은 율곡의 일원적 구조 위에서 사단과 칠정을 상대시켜 이해하였던 것이다. 이 점이 퇴계 호발설에 대한 우담의 이해이며, 동시에 율곡이론의 수용에 따른 퇴계 호발설에 대한 재해석으로 볼 수 있다.

〈사례 2〉

율곡: 사단을 主理라고 하면 옳으나 칠정을 主氣라고 하면 옳지 않다. 칠정은

---

15) 우담은 77세(1701) 때에 갈암이 사단칠정논변 및 문인들과 왕복한 서한을 보내준 것을 받고 인심도심설, 사단칠정설, 격물치지설 등의 문제에 대한 갈암의 견해에 의문점을 지적하고, 그도 자신의 저술인 「사칠변증」을 갈암에게 보내주어 조목별 논평을 받으면서 한 차례 왕복 토론이 전개된다. 『우담집』권4에는 갈암에게 보낸 6통의 서신이 실려있고, 『갈암집』권8에도 우담에게 보낸 14통의 서신이 실려있다.(안유경, 「정시한 성리설의 구조적 이해」, 『동양철학』제36집, 2011 참조)

리와 기를 포함하여 말한 것이니 主氣가 아니다. 자사가 성정의 덕을 논하여 "희로애락의 미발을 中이라 하고 발하여 모두 절도에 맞는 것을 和라고 한다"라고 하여 칠정만 거론하고 사단을 거론하지 않았다. 만약 형이 말한 것처럼 칠정을 '주기'라고 한다면 자사가 大本과 達道를 논하면서 리의 측면을 빠뜨린 것이니 어찌 큰 잘못이 아니겠는가?[16)]

갈암: 대체로 자사는 혼륜하게 말하여 아직 발하기 전에는 一理가 혼연하다가 이미 발한 후에 참과 거짓이 비로소 나누어짐을 밝혔고, 맹자는 도출하여 말하여 그 성만을 말하고 기질을 언급하지 않아 사람들로 하여금 源流가 모두 선하다는 것을 알게 하고자 하였다. 자사의 설은 자체로 자사의 설이고 맹자의 설은 자체로 맹자의 설이니 말의 뜻이 저절로 분명하다. 대저 하나의 사물이지만 가리켜서 말한 것에 각각 차원이 있는 것이다. …… 칠정에도 혼륜해서 말한 것이 있고 분별해서 말한 것이 있는데, 지금은 칠정을 사단에 상대시켜 말하였기 때문에 主理와 主氣의 구분이 있다.[17)](제11~12조)

우담: 혼륜하여 말하면 칠정이 사단을 포괄한다고 말할 수 있지만, 상대하여 말한 후에는 각자 하나의 뜻을 발명한 것이니 끝내 뭉뚱그려 하나로 할 수 없다. …… 퇴계가 고봉에게 답한 편지에 말하기를, "이 단락에서 인용한 「樂記」와 주자의 설은 모두 혼륜으로 말한 것이다. 이것으로써 분별하여 말하는 것을

---

16) 『栗谷全書』卷10, 「答成浩原(壬申)」, "四端謂之主理可, 七情謂之主氣則不可. 七情包理氣而言非主氣也. 子思論性情之德曰喜怒哀樂之未發謂之中, 發而皆中節謂之和, 只擧七情而不擧四端. 若如兄言七情爲主氣, 則子思論大本達道而遺却理一邊矣, 豈不爲大欠乎."

17) 『葛庵集』卷18, 「栗谷李氏論四端七情書辨」, 第11~12條, "蓋子思是渾淪言之, 以明未發之前, 一理渾然, 旣發之後, 眞妄始分, 孟子是挑出言之, 只論其性不及氣質, 要人見得源流皆善. 子思說自是子思說, 孟子說自是孟子說, 語意自不相蒙. 若孟子只就子思所說喜怒哀樂中, 擇取善一邊而爲四端, 則其誰曰孟子專指其發於理者言之, 而爲發前聖所未發乎. 夫以一个物事指而言之, 各有地頭. …… 愚亦以爲七情有渾淪說底(如中庸樂記程子好學論所說), 有分別說底(如朱子理之發氣之發, 黃勉齋氣動理隨理動氣挾之類), 今以七情對四端說故爲有主氣主理之分也."

> 공격한다면 할 말이 없다. 그러나 분별하여 말하는 것 또한 내가 없던 말을 허황되게 만들어 낸 것이 아니다. 천지간에 원래 이런 이치가 있었고 옛사람에게도 원래 이런 설이 있었다. 대개 혼륜으로 말하면, 칠정이 리기를 겸하는 것은 많은 말이 필요 없을 정도로 분명하다. …… 만약 칠정을 사단과 마주 놓고서 각각 맡은 바의 직분을 가지고 말한다면, 기에 대한 칠정은 리에 대한 사단과 같다. 그 발함에는 각각 혈맥이 있고 그 이름에는 각각 가리키는 것이 있다. 그러므로 주로 하는 바를 따라서 분속시킬 수 있다"라고 하였다.[18](제17조)

율곡은 칠정을 '주기'로 보는 문제에 반대한다. 율곡은 "『중용』에서는 희로애락만을 말하였고 사단을 거론하지 않았다"라고 하여 자사의 설로 칠정이 사단을 포함하고 있음을 설명한다. 칠정이 '주기'라면 자사가 大本과 達道를 논하면서 리의 측면을 빠뜨린 것이 되니 옳지 않다. 즉 칠정은 리와 기가 합쳐진 것이기 때문에 '주기'가 아니라는 것이다. 이러한 율곡의 주장에 갈암은 "자사는 혼륜하여 말한 것이고 맹자는 도출하여 말한 것이다." 그러므로 "자사의 설은 자체로 자사의 설이고 맹자의 설은 자체로 맹자의 설이니, 하나의 사물이지만 가리켜서 말한 것에 각각 차원이 다르다"라고 하여 자사의 설과 맹자의 설을 자체로 구분 지어 볼 것을 강조한다. 따라서 칠정의 경우도 혼륜하여 말한 것이 있고 분별해서 말한 것이 있지만, 칠정의 경우는 사단과 상대하여 말하였기 때문에 기에 대한 칠정은 리에 대한 사단과 같다는 것이다. 갈암은 사단과 칠정을 '주리'와

18) 『愚潭全集』卷7, 「四七辨證」, 第2條, "渾淪言之則, 七情雖可曰包四端, 而對說之後, 則各是發明一義, 終未可滾合爲一. …… 退溪答高峯書曰, 所引樂記朱子之說, 皆所謂渾淪言之者. 以是攻分別言之者, 不患無其說矣. 然而所謂分別言之者, 亦非滉鑿空杜撰之論. 天地間元有此理, 古之人元有此說. 今欲執一而廢一, 無乃偏乎. 蓋渾淪而言, 則七情之兼理氣, 不待多言而明矣. 若以七情對四端而各以其分言之, 則七情之於氣猶四端之於理. 其發各有血脈, 其名皆有所指. 故可隨其所主而分屬之耳."

'주기'로 구분해야 한다는 이원적 체제를 견지한다.

우담의 경우도 결론부터 말하자면, 갈암과 마찬가지로 칠정을 '주기'라 말할 수 있다는 것이다. "혼륜하여 말하면 칠정이 사단을 포괄한다고 말할 수 있지만, 상대하여 말한 후에는 각자 하나의 뜻을 밝힌 것이니 끝내 뭉뚱그려 하나로 할 수 없다"라고 하여 사단과 칠정을 분별해 볼 것을 강조한다. 칠정이라고 하여 리가 없는 것은 아니지만 사단과 상대해서 말하면 그대로 기가 발한 것이다. 그러므로 칠정만으로 정의 전체를 말하는 경우는 혼륜설이 가능하지만, 사단과 상대해서 말할 때는 사단이라는 개념 자체가 칠정과 구별되는 이상 분별설이 타당하다는 입장이다. 또한 우담은 퇴계가 고봉에게 보낸 글을 인용하여 분별설의 타당성을 한층 더 강조한다. 즉 "이 단락에서 인용한 「악기」와 주자의 설은 모두 혼륜으로 말한 것이다. 이것으로써 분별하여 말하는 것을 공격한다면 할 말이 없지만, 분별하여 말하는 것 또한 내가 없던 말을 허황되게 만들어 낸 것이 아니라 천지간에 원래 있던 이치이고 옛사람에게 원래 있던 설이다. 대개 혼륜으로 말하면 칠정이 리기를 겸하는 것은 많은 말이 필요 없을 정도로 분명하지만, 칠정을 사단과 마주 놓고서 각각 맡은 바의 직분을 가지고 말한다면 기에 대한 칠정은 리에 대한 사단과 같으니, 그 발함에는 각각 혈맥이 있고 그 이름에는 모두 가리키는 바가 있다"라고 사단과 칠정을 주리·주기의 대립적 구조 속에서 이해할 것을 강조한다.

그렇다면 갈암과 우담의 논변상의 동이점은 무엇인가? 두 사람은 모두 인식방법으로써 혼륜과 함께 분개의 일면을 중시한다. 갈암의 경우 자사의 설은 자체로 자사의 설이고 맹자의 설은 자체로 맹자의 설로 각자 차원이 다르기 때문에 구분 지어 보아야 한다는 것을 강조하며, 우담의 경우도 칠정만으로 정 전체를 말하는 경우는 혼륜설이 가능하지만 사단과 상대해서 말할 때는 사단이라는 개념 자체가 칠정과 구별되는 이상 사단의 순수선과 칠정의 상대적인 선을 분별해야 한다는 점을 강조한다. 사단과 칠정을 '주리'와 '주기'의 구분에 따라 분별해 볼 것을 강조한 점에서 두 사람의 의견이 일치하고 있음을 확인할 수 있다.

3. 인심도심의 문제

〈사례 1〉

율곡: 내 마음의 작용이 바로 천지의 조화이니, 천지의 조화에는 두 근본이 없기 때문에 내 마음이 발하는 것에도 두 근원이 없다. …… 인심과 도심이 비록 이름은 둘이지만 그 근원은 다만 하나의 마음이다. 발할 때에 혹 理義가 되고 혹 食色이 되기 때문에 발함에 따라 두 이름이 된다. 만약 보내온 편지에서처럼 理氣互發이라 한다면, 이는 리와 기가 二物이 되어 각각 마음속에 근저가 되어 발하지 않을 때에 이미 인심과 도심의 묘맥이 있어서 리가 발하면 도심이 되고 기가 발하면 인심이 되는 것이다.[19)]

갈암: 형이상의 것을 道라 하고 형이하의 것을 器라 하니 태극과 음양에 두 리가 있다고 말할 수 없지만, '형상이 없다(無象)'는 측면과 '기가 있다(有氣)'는 측면으로 말하면 '도'와 '기'의 구분이 없을 수 없다. …… 천도의 원형이정과 인성의 인의예지는 모두 형이상이고 리를 온전히 갖추고 있다. 그러므로 이로부터 나오는 것이 천에 있어서는 繼成通復의 조화가 되고 사람에 있어서는 측은 · 수오 · 사양 · 시비의 정이 된다. 천의 陰陽氣化와 사람의 血氣軀殼과 같

19) 『栗谷全書』卷10, 「答成浩原(壬申)」, "吾心之用, 卽天地之化也, 天地之化, 無二本. 故吾心之發, 無二源矣. …… 人心道心雖二名, 而其原則只是一心. 其發也或爲理義或爲食色, 故隨其發而二其名. 若來書所謂理氣互發, 則是理氣二物各爲根柢於方寸之中. 未發之時, 已有人心道心之苗脈, 理發則爲道心, 氣發則爲人心矣."

은 것은 모두 형이하이고 불순한 찌꺼기가 섞여 있다. 그러므로 천의 조화가 베풀어질 때 여름에 춥고 겨울에 더운 변고가 있고, 소생하는 인물에 厚薄美惡의 차이가 있으며, 사람의 마음이 발하는 것에도 中節과 不中節의 차이가 있는 것이다. …… 어찌 음양과 태극에 형이상과 형이하의 구분이 없고, 인심도심의 경우 과연 미발 전에 根底와 苗脈이 없다고 말할 수 있겠는가?[20](제4조)

우담: 천지가 사람에게 부여한 것은 또한 리와 기로 나누어 말할 수 있다. 오직 사람만이 천지의 리를 부여받고 천지의 기를 얻어 리와 기가 합쳐져 마음이 되니, 리와 기가 우리 마음에서 서로 발하는 것은 실제로 천지가 부여한 것에 근원한 것이다. 천지에 비록 두 근본이 없지만 그것이 사람에게 부여한 것에 이미 리가 있고 기가 있다면, 인심에 비록 두 근원이 없더라도 그것이 밖으로 발현되는 것에 어찌 主理와 主氣로 상호 말할 수 없겠는가?[21](제8조)

율곡은 천지의 조화에 두 근본이 없다는 것으로 내 마음의 작용에도 두 근원이 없음을 밝힌다. 두 근원이 없기 때문에 인심과 도심의 명칭이 비록 둘이지만 그 근원은 하나의 마음이라는 일원적 체제를 강조한다. 퇴계의 주장처럼 '理氣互發'이라고 한다면, 리와 기가 二物이 되어 각각 마음 속에 근저를 두는 것이니 발하지 않을 때도 각각 인심과 도심의 묘맥(근

---

20) 『葛庵集』 卷18, 「栗谷李氏論四端七情書辨」, 第4條, "夫形而上者謂之道, 形而下者謂之器, 太極陰陽不可謂有二理. 然以無象與有氣而言之, 則不能無道器之分. …… 天道之元亨利貞, 人性之仁義禮智, 皆是形而上而全是理. 故由是而出焉者, 在天爲繼成通復之化, 在人爲惻隱羞惡辭遜是非之情. 若天之陰陽氣化, 人之血氣軀殼, 皆是形而下而雜以渣滓. 故造化之施, 或有夏寒冬熱之變, 而所生人物, 便有厚薄美惡, 人心之發, 或有中節不中節之差. …… 夫然則豈可謂陰陽太極, 終無形而上下之殊, 而人心道心, 果無根底苗脈於未發之前邪."

21) 『愚潭全集』 卷7, 「四七辨證」, 第8條, "天地之賦與於人者, 亦有理氣之分言矣. 惟人也稟天地之理得天地之氣, 理與氣合而爲心, 則理氣之互發於吾心, 實源於天地之賦與矣. 天地雖無二本, 而其所賦與於人者, 旣有理而有氣, 則人心雖無二源, 而其所發現於外者, 豈不可以主理主氣而互言之乎."

원)이 있게 되어 옳지 않다는 것이다. 이에 갈암은 "태극과 음양에 각각 두 리가 있다고 말할 수는 없지만, '형상이 없다'는 측면과 '기가 있다'는 측면으로 말하면 道(리)와 器(기)의 구분이 없을 수 없다"라고 하여 천지의 조화에는 애당초 형이상과 형이하의 구분이 있음을 강조한다. 이러한 근원적인 구분은 天道와 人道가 모두 같다. 따라서 태극과 음양에 형이상과 형이하의 구분이 있듯이, 인심과 도심에도 未發 전부터 근저와 묘맥의 차이가 있다는 것이다. 즉 천도의 원형이정과 인성의 인의예지는 모두 형이상이고 온전한 리를 갖추고 있다. 여기에서 나오는 것이 천의 '〈도를〉 계속 이어나가는 것을 선이라 하고 이루는 것을 성이라 한다(繼之者善 成之者性)'는 조화이고 사람에 있어서는 측은 · 수오 · 사양 · 시비의 정이 된다. 반면 천의 음양기화와 사람의 혈기구각과 같은 것은 형이하이고 불순한 찌꺼기가 섞여 있다. 그러므로 천의 조화에 여름에 춥고 겨울에 더운 변고가 생기고 사람의 마음에 '중절'과 '부중절'의 차이가 있다는 것이다.

우담은 한 걸음 더 나아가 "리와 기가 우리 마음에서 상호 발하는 것은 실제로 천지가 부여한 것에 근원한다"라고 하여 호발의 이치가 없다는 율곡의 주장에 호발의 이치가 바로 천지가 부여한 것에 근원한 것이라고 밝힌다. "천지에 비록 두 근본이 없지만 그것이 사람에게 부여한 것에 이미 리가 있고 기가 있다면, 인심에 비록 두 근원이 없더라도 그것이 밖으로 발현되는 것에 '주리'와 '주기'로 말할 수 있다." 즉 리와 기가 하나의 마음속에 혼재하다가 느끼는 바에 따라서 리발할 때도 있고 기발할 때도 있어 인심과 도심으로 상호 발현된다는 것이다. 따라서 '호발' 두 글자는 마음에 두 근본이 없다는 뜻을 더욱 분명히 한 것이라고 밝히고 있다. 때문에 "인심과 도심의 경우 명칭은 둘이지만 그 근원은 다만 하나의 마음이다"는 율곡의 주장에 대해서도 "마음의 근원이 하나이다"는 것은 문제 삼지 않고, 그 위에 나아가 理義와 食色에 따라 '리발'과 '기발'로 구분할 것을 강조하였던 것이다.

그렇다면 갈암과 우담의 논변상의 동이점은 무엇인가? 이들은 율곡의 "인심과 도심이 비록 명칭은 둘이지만 그 근원은 다만 하나의 마음이다"는 구절에 대해 분명한 차이를 보인다. 갈암은 인심과 도심에 두 개의 근저가 있음을 분명히 밝혔지만, 우담은 '그 근원이 一心임'을 분명히 전제하고, 一心 위에 나아가 理義와 食色에 따라 '리발'과 '기발'로 구분할 것을 강조하였던 것이다. 이것은 우담의 경우 갈암의 이원적 체제와 달리 율곡의 일원적 입장을 포용하는 측면으로 해석할 수 있다. 따라서 갈암이 퇴계의 대립적 구조를 강화하였다면 우담은 퇴계와 율곡의 사상을 보완하는 종합적 성격을 띤다고 볼 수 있다.

4. 맺음말

지금까지 율곡이 우계에게 보낸 서신에 대해 갈암과 우담이 제기한 비판적 내용을 중심으로 이들 두 사람의 성리설을 비교 분석하여 그 같은 점과 다른 점을 살펴보았다. 먼저 두 사람의 같은 점을 살펴보면, 갈암과 우담은 모두 퇴계의 호발설을 지지하여 사단과 칠정, 인심과 도심을 모두 상대시켜 이원적 체제 속에서 이해한다는 것이다. 또한 이들의 차이점을 살펴보면, 갈암이 퇴계의 이원적(대립적) 체제를 강화하였다면, 우담은 율곡의 일원적 입장을 수용하고 있는 측면이 그 차이점으로 확인된다. 예를 들어 一心에 대한 강조나 분개 일변도에 빠지지 않는 혼륜의 인식방법을 아울러 강조하는 등에서 율곡의 일원적 관점을 수용하고 있음을 알 수 있다.

그렇다면 우담과 율곡과의 차이는 무엇인가? 율곡은 일원적 체제를 견지하고 호발을 비판하였으나, 우담은 一心이라는 하나의 근원을 인정하는 전제 위에서 사단과 칠정을 '주리'와 '주기'로 구분함으로써 '리발'과 '기발'의 타당성을 강조한다. 즉 우담은 퇴계의 분개방법을 율곡의 혼륜의 관점 속에서 전개하였으니, 왜냐하면 율곡은 一源·一心 등 혼륜의 일면에 얽매어 인간의 심성론을 분개하여 설명하는 방법을 적용하지 못하였고, 퇴계도 분개의 일면에 얽매어 존재의 근원이 하나라는 사실을 놓치는 잘못을 범하였다고 보았기 때문이다. 따라서 17세기 같은 퇴계학파의 일원이면서 갈암이 이원적 체제를 강화한 것과 달리, 우담은 퇴계와 율곡의 성리설이 갖는 이론상의 결함을 보완하여 절충하려 하였음을 확인할 수 있다. 이러한 우담의 종합적 특징은 퇴계학설을 그 시대에 제기되는 이론으로 재해석하였다고 할 수 있다.

10장

갈암과 우담의 인물성동이론

葛庵 李玄逸(1627~1704)과 愚潭 丁時翰(1625~1707)이 살았던 17세기 후반에서 18세기 전반에 걸쳐 가장 두드러진 성리학적 특징 중의 하나로는 영남학파와 기호학파의 테두리 안에서 각각 人性과 物性이 같은지 다른지에 따르는 인물성동이론이 학설상의 중요한 쟁점으로 대두하여 이 시대의 성리학적 성격을 뚜렷이 형성하여 갔다는 것이다. 16세기의 사단칠정론이 인간의 情이 발단하는 근원을 찾아가서 도덕성의 실천적 단서로서의 天理를 확인하고자 하는 문제라면, 17~18세기 성리학의 기본과제인 인물성동이론은 도덕성의 근원인 천리가 사람과 사물의 性 속에 어떠한 양상으로 내재하는가를 확인하는 문제이다.[22] 즉 17~18세기 성리학의 전통에서는 사단칠정논변을 더욱 깊이 천착하는 과정에서, 그 이해의 근원적 성찰을 위해 칠정이라는 '정'의 현상을 넘어서 '정'이 발하여 나오는 원천인 '성'에 대한 인식으로 심화되어 가지 않을 수 없었다. 따라서 '성'의

22) 금장태, 『조선후기의 유학사상』, 서울대학교출판부, 1998, p.6

개념에 대한 인식문제가 제기되어 사람의 성과 사물(동물 · 식물도 포함)의 성이 같은지 다른지를 다루는 '인물성동이논변'이 전개되면서 성리학의 이론적 근거를 '성'의 근원에까지 심화시켜 나갔다.

한편 갈암과 우담이 살았던 17세기는 1592년부터 1598년까지 이어진 임진왜란과 두 차례 호란(1627년의 정묘호란과 1637년의 병자호란)의 여파로 사회적 · 경제적 혼란과, 이후 벌어진 왕위계승과 예송문제 등 정치적 사안의 첨예한 갈등으로 학파적 분기가 가속화되던 격랑의 시대였다. 따라서 조선의 17세기는 정치적 불안정 속에 민심의 離叛이 가속화되어 이를 통제하고 규제할 새로운 지도이념이 모색되던 시기였다. 이 시기에 정치적 주도권을 잡은 서인세력은 율곡의 학술사상을 통해 성리학적 지도이념을 확산하려고 하였다. 이러한 일련의 흐름은 우암(宋時烈, 1607~1689)이 주도한 율곡학파의 '율곡과 우계의 문묘종사' 시도와 互發說을 중심으로 한 퇴계의 철학사상에 대한 비판을 통해서 더욱 구체화되었다. 율곡학파의 정치적 공세와 학술적 동향에 위기의식을 느낀 퇴계학파에서도 율곡과 우계의 문묘종사에 반대 입장을 표방하고, 퇴계를 宗師로 하여 자신들을 정통으로 다른 학파에 배타적인 학풍을 형성함으로써 대립적 양상을 드러냈다. 이러한 일련의 과정에서 율곡의 성리학 비판을 통해 퇴계학파 형성에 주도적 역할을 한 인물이 갈암과 우담이다. 이들은 퇴계 이후 퇴계학파 형성에 首長적 역할을 한 대표적 인물로서, 본문에서는 이들 두 사람의 인물성동이론을 비교 · 고찰함으로써 그 동안 활성화된 기호학파 인물성동이론의 연구에서 상대적으로 약화된 퇴계학파의 인물성동이론에 대한 연구를 살펴보고자 한다.

1. 갈암 이현일의 인물성이론

갈암의 인물성동이론의 발단은 1658년에서 1664년 사이에 존재(이휘일)[23] · 갈암(이현일) · 항재(이숭일)[24] 3형제 사이의 논변에서 시작된다. 갈암은 형인 존재와 인물성이론을 제시하여 인물성동론을 주장하는 아우 항재와 토론을 벌임으로써 인물성동이논변을 중요한 쟁점으로 등장시킨다. 이들의 논변은 주로 '인간과 동물의 성이 같은가 다른가, 동물도 五常을 갖추고 있는가'의 문제에 집중되어 있다. 동생 항재는 '각각 하나의 태극을 가지고 있다(各具一太極)'는 입장에서 천명과 오상을 같은 것으로 간주하고 리는 하나(一)이므로 사람과 동물은 기질의 차이에도 불구하고 리는 모두 같다는 인물성동론을 주장한다.[25] 性卽理의 명제에 따라, 성을 천명이나 태극과 같은 우주본원으로서의 리에 중점을 두고, 사람이든 동물이든 모두 이 리를 동일하게 갖추고 있다는 입장에서 논리를 전개한다. 반면 갈암은 아우 항재의 인물성동론을 비판하면서 '성' 개념을 기질 가운데 떨어진 이후의 단계로 파악하고, 기질적 차이에 따라 인간과 동물의 성에 차이가 존재한다는 인물성이론을 주장한다.

대체로 이 理가 기질 속에 떨어져 저절로 하나의 성이 되니 비록 만물의 영

23) 李徽逸: 1619(광해군 11)~1672(현종 13). 조선 후기의 학자. 본관은 載寧. 자는 翼文, 호는 存齋. 부친은 이조판서에 추증된 李時明이며, 모친은 안동장씨로 張興孝의 딸이다. 李玄逸의 형이다. 저서로는 『存齋集』·『求仁略』·『洪範衍義』가 있다.

24) 李嵩逸: 1631(인조 9)~1698(숙종 24). 조선 후기의 문신 학자. 본관은 載寧. 자는 應中, 호는 恒齋. 부친은 이조판서에 추증된 李時明이며, 모친은 안동장씨로 張興孝의 딸이다. 이현일의 동생이다. 저서로는 『항재문집』8권 4책이 있다.

25) 『恒齋續集』卷1, 「上葛庵兄」, "蓋物物各具五常之理, 則所謂各具一太極也. …… 以命言之則謂之元亨利貞, 以性言之則所謂五常之德也. 是故在人在物者, 雖有氣稟之異, 而理未嘗不同也."

장이라는 사람이라도 그 기질에 따라서 仁에 가까운 사람, 義에 가까운 사람의 차이가 있을 수밖에 없다. 더욱이 금수와 초목의 성은 형기에 구속되어 전체를 관통할 수 없는데, 그렇다면 리가 비록 다 갖추어져 있을지라도 그 성이 되는 것에는 치우치고 온전한 차이가 없을 수 없다.[26]

갈암은 '성' 개념을 기질에 내재된 이후의 단계로 파악하고, 사람과 동물의 기질적 차이가 곧 성의 차이로 이어진다고 본다. 『대학혹문』에서 말한 것처럼, 사람과 동물이 모두 인의예지의 오상을 동일하게 부여받았으나 기품의 차이에 따라 기의 바르고 통한 것을 얻은 것은 사람이 되고 기의 치우치고 막힌 것을 얻은 것은 동물이 된다는 것이다.[27] 이러한 기질적 차이는 만물의 영장인 사람의 경우에도 仁에 가까운 사람, 義에 가까운 사람과 같은 차이가 존재한다는 것이다. 이것은 또한 聖凡不同論, 즉 사람 중에서도 성인과 범인의 성이 다르다는 견해로 이해할 수 있다. 갈암은 인의예지의 오상을 온전하게 부여받은 사람의 경우에도 차이가 없을 수 없거늘, 하물며 금수 · 초목과 같이 형기에 구속된 것들에 있어서는 그 차이를 말할 필요가 없다는 이론을 주장한다.

물론 금수와 초목의 경우도 천명으로서의 온전한 리를 부여받았지만, 기의 많고 적음과 어둡고 밝음의 차등에 따라 그 속에 들어있는 리 또한 치우치고 온전한 차이가 생기지 않을 수 없다는 것을 분명히 한다.[28] 즉

26) 『葛庵集』 卷17, 「與應中(甲辰)」, "大凡此理墮在氣質中, 自爲一性, 則雖以最靈之人, 不免隨其氣質而有近仁近義之殊, 况禽獸草木之性, 梏於形氣, 而不能有以通貫乎全體, 則理雖具足, 而其所以爲性, 不能無偏全之異."

27) 『大學或問』, "然以理而言之, 則萬物一原, 固無人物貴賤之殊; 以氣言之, 則得其正且通者爲人, 得其偏且塞者爲物, 是以或貴或賤而不能齊也."

28) 『葛庵集』 卷17, 「與應中(甲辰)」, "陰陽五行之氣無物不具, 但有多少昏明之等, 理之在是者, 不免有全不全之異."

같은 천명이 부여될지라도 사람의 형기는 바르고 동물의 형기는 치우쳤기 때문에 각각의 형기에 따라 천명을 부여받은 성에도 차이가 없을 수 없다. 『맹자집주』에서 말한 것처럼, 인의예지와 같은 오상의 성은 동물이 얻어서 온전히 가질 수 있는 것이 아니라는 것이다. 갈암은 그 원인을 기질적 차이에 둔다. 이러한 기질은 태어나면서 결정되는 것이며, 한번 결정되면 절대로 바뀔 수 없는 것으로 설명한다.

> 기질이란 한번 결정되면 바뀔 수 없기 때문에 쇠를 깎아서 나무로 쓸 수 없고 나무를 녹여서 쇠로 쓸 수 없으며, 말을 부려서 밭을 갈 수 없고 소를 부려서 타고 달릴 수 없으며, 벌과 개미는 단지 임금을 호위하는 義만을 알 뿐이고 이리와 수달은 단지 조상의 은혜에 보답하는 禮만을 알 뿐이다.[29)]

이것은 주자가 말한 "기가 치우치면 리 또한 치우친다"는 것을 설명한 것으로, 동물은 기의 많고 적음과 어둡고 밝음의 차이에 따라 오상을 온전히 부여받지 못한다는 사실을 논증한 것이다. 사람은 온전하고 통한 기를 부여받았고 동물은 치우치고 막힌 기를 부여받았기 때문에 오상의 성에 치우치고 온전한 차이가 없을 수 없다는 것이다. 쇠를 깎아서 나무로 쓰거나 나무를 녹여서 쇠로 쓸 수 없으며 말을 부려서 밭 갈게 하거나 소를 부려서 달리게 할 수 없는 것처럼, 이러한 기질은 한번 결정되면 절대로 바뀔 수 없다. 즉 바뀔 수 없는 기질의 차이가 사람과 사물에 있어서 성의 차이를 결정한다는 것이다. 기질이 바르고 통한 사람은 온전한 성을 얻고 기질이 치우치고 막힌 동물은 치우친 성을 얻는다. 비록 동물도 오상의 성을 부여받았을지라도, 사람과 기질이 다르기 때문에 기질의 차이

29) 『葛庵集』卷17, 「與應中(甲辰)」, "氣質是一定而不可易者, 故金不可削做木用, 木不可鎔做金用, 馬不可使耕, 牛不可使馳, 蜂蟻只知衛君之義, 豺獺但知報本之禮."

에 따라 부여받은 것이 적거나 부분적인 것으로 사람의 경우처럼 인의예지의 오상을 온전하게 갖추고 있지 못하다는 것이다.

> 그러므로 사람의 성을 따르면 父子의 사랑과 君臣의 의리는 五倫에 속하는 것으로 모두 사람의 도이다. 소의 성을 따르면 논밭을 가는 것이 그 도이고, 말의 성을 따르면 사람을 태우는 것이 그 도이며, 개가 집을 지키거나 닭이 새벽을 알리는 것이며, 나무의 曲直과 쇠의 從革에 이르러서도 모두 도가 아님이 없다.[30]

치우친 기질을 얻은 소에게는 경작하는 성만 있고, 치우친 기질을 얻은 말에게는 사람을 태우는 성만 있으며, 치우친 기질을 얻은 개에게는 집을 지키는 성만 있고, 치우친 기질을 얻은 닭에는 새벽을 알리는 성만 있을 뿐이니, 온전한 기를 얻은 사람에게 온전히 부여된 오상의 성과는 차이가 없을 수 없다.

인물성동이론은 애초에 인성과 물성이 같은가 다른가의 문제가 주요한 쟁점을 이루었으나 논변을 거치면서 인간의 정감이 발동하기 이전의 미발상태에서의 선악문제로 심화된다. 이에 미발상태가 '純善'하다는 입장과 '有善惡'의 입장으로 크게 대립한다. 미발상태의 '순선'을 주장하는 동론에서는 기의 본연이 갖는 순수성(외암의 大本底未發)에서 순선을 확보하고자 하였으며, '유선악'을 주장하는 이론에서는 기에 의존하지 않고 오로지 리에 의지하여(남당의 未發之中) 순선을 확보하려고 하였다. 즉 미발이 심이요 심이 기인 이상, 아무리 사려가 싹트지 않는 미발의 상태

30) 『葛庵集』卷17, 「與應中(甲辰)」, "故率人之性, 則父子之親, 君臣之義, 凡五倫之屬, 皆人之道也, 率牛之性則耕其道也, 率馬之性則乘其道也, 至於犬之守, 雞之晨, 木之曲直金之從革, 無非道也."

일지라도 기적인 차원을 배제할 수 없기 때문에 순선할 수 없다는 입장이다. 그렇지만 갈암의 인물성동이론은 말 그대로 사람과 동물의 성이 같은지 다른지, 동물도 오상을 갖추고 있는지를 중심으로 논의를 전개한다. 이것은 기호학파에서 인물성동이론을 발전시켜 미발단계로까지 심화시킨 것과는 구별되지 않을 수 없다.[31]

총괄하면, 갈암은 기질에 떨어진 이후의 단계만을 성으로 명명하는 기준으로 삼음으로써 사람과 사물의 성이 기질에 따라 다르다는 입장을 재차 확인한다.

> 사람이 태어나면서 고요하여 미발 전에는 리가 찬연히 모두 갖추어져 있어 불선이 있지 않으나, 사물에 감응하여 움직여서 이발한 뒤에는 혹 지나치기도 하고 혹 모자라기도 하여 선악이 비로소 나누어진다. 이 때문에 사람에게 不善이 있는 것은 항상 움직이는 데서 잘못이 있으니, 만약 그 근본을 미루어 궁구하여 리만 가리켜서 말하면 진실로 人物과 貴賤의 차이가 없지만, 이루어진 성으로부터 기를 겸하여 말하면 통하거나 막히고 온전하거나 온전하지 못한 차이가 있다.[32]

31) 17세기 후반에서 18세기 전반기에 걸쳐 영남학파와 기호학파의 테두리 안에서 각각 인성과 물성이 같은지 다른지에 따르는 '인물성동이론'이 학설상에 중요한 쟁점으로 대두하여 이 시대의 성리학적 성격을 뚜렷하게 형성해갔다. 이 쟁점은 영남학파에서 먼저 발생하였지만 제한된 범위에서 벌인 토론에 머물고 말았는데, 이에 비해 기호학파에서는 '인물성동이론'의 논쟁이 지속적으로 심화되어 호서지역(湖論)과 서울 주위(洛論)로 확산되면서 이 시기 성리학의 가장 큰 이론적 특징을 보여주었다.(琴章泰, 『朝鮮後期의 儒學思想』, 서울대학교출판부, 1998, p.5)

32) 『葛庵集』卷17, 「與應中(甲辰)」, "人生而靜, 未發之前, 粲然全具, 無有不善, 感於物而動, 既發之後, 或過或不及, 善惡始分. 是故人之有不善, 常失之於動. 若乃推原其本, 指理而言, 則固無人物貴賤之殊, 由其成性, 兼氣而言, 則便有通塞全不全之異."

인물성동이론에서 동론과 이론으로 대표되는 상반된 입장을 전개하는 근본원인은 본연지성과 기질지성 가운데 어느 쪽을 진정한 '성' 개념으로 볼 것인가에 따른 '성'에 대한 개념정의를 달리하는데 있다. 본연지성을 성으로 볼 경우, 性卽理의 명제에 따라 성을 리와 일치시킴으로써 인물과 귀천의 차이가 있을 수 없다. 반면 성을 기질에 떨어진 이후에 성립하는 것으로 보아 기질지성을 성으로 볼 경우, 기질의 차이에 따라 통하거나 막히고 온전하거나 온전하지 못하는 차이가 생기지 않을 수 없다. 이러한 기질의 차이로 말미암아 기질 속에 내재한 성에도 차이가 없을 수 없다는 것이 갈암의 일관된 주장이다.

결론적으로, 갈암은 성 개념을 리가 기질 속에 떨어진 이후에 이루어지는 것으로 파악하고, 사람과 사물이 모두 같은 리를 갖고 있지만 기질에 따라 성이 다르다는 인물성이론의 입장을 견지한다.

2. 우담 정시한의 인물성이론

우담의 인물성동이론은 1700년에서 1702년까지 3년 동안 그의 문인 외암(이식)[33] 사이의 논변에서 시작된다. 물론 이 시기에 문인 李泰道·金季望 등과 나눈 인물성동이론의 글도 있지만 한두 마디의 단편적이거나 외암에 답한 글에 포함되는 것에 지나지 않기 때문에 본문에서는 외암과의 서신 내용을 그 중심 대상으로 삼는다. 앞에서 다룬 갈암의 인물성동이론

33) 李栻: 1659(효종 10)~1729(영조 5). 조선 후기의 학자. 본관은 延安. 자는 敬叔, 호는 畏庵. 이천 출신. 李齊憲의 아들이며, 정국공신 坤의 7세손이다. 효행이 뛰어났으며, 어버이를 섬기는 일을 비롯하여 자기 수양에 대한 실천이나 마음에 느끼는 것이 있으면 기록하여 후일의 참고로 하였다. 성리학에 있어서 선인들이 미처 발명하지 못한 四端七情에 관해 연구하여 『四七附說』 1권을 저술하였다.

과 마찬가지로, 이들 논변도 인간과 동물의 성이 같은가 다른가, 동물도 오상을 갖추고 있는가에 집중되어 있다. 먼저 외암이 스승의 학설 중에서 미진하다고 여긴 부분을 질문함으로써 논변이 시작된다.

> 대개 리란 그 하나의 근본이 되는 곳으로부터 본다면 달이 하늘에 있는 것과 같아 천하의 만물이 이 한 개의 달을 모두 포함하고 있는 것과 같습니다. 그 만 가지가 다른 곳으로부터 본다면 만물의 淸濁虛實이 각자 같지 않고 월광의 偏全厚薄도 각각 같지 않습니다. 그러나 그 편전후박이 드러나 쉽게 볼 수 있는 것은 비록 같지 않으나 이 한 개의 달을 포함하고서 無形에 숨어있는 것은 진실로 피차가 다를 게 없습니다. 대개 이 리가 천지와 인물에 대해서 用이 있다고 하여 주는 것이 많지 않고 用이 없다고 하여 주는 것이 적지 않기 때문입니다. 이 단락에서 말한 '본체의 가운데 유행이 갖추어져 있다'는 것은 진실로 옳습니다. '유행의 가운데 본체가 존재한다'는 것도 또한 어찌 틀린 것이겠습니까?[34]

외암이 우담의 학설 중 받아들이기가 어려웠던 것은 우담이 율곡의 理通氣局을 비판한 내용 중의 일부분이다. 즉 '본체 가운데 유행이 갖추어져 있고 유행 가운데 본체가 존재한다'는 율곡의 주장에 대하여, 우담이 「四七辨證」 말미에서 "본체 가운데 유행이 갖추어져 있다는 것은 옳지만 유행 가운데 본체가 존재한다는 것은 잘못된 것이다"[35]고 비판하였기 때

34) 『愚潭全集』 卷4, 「答李敬叔別紙(庚辰)」, "蓋理之爲物自其一本處而觀之, 則譬如月在天上, 而天下萬物共含此一個月也. 自其萬殊處而觀之, 則萬物之淸濁虛實各自不同, 而月光之偏全厚薄亦各不同也. 然其偏全厚薄顯然易見者雖有不同, 而其含此一個月隱於無形者, 固無彼此之殊, 蓋此理之於天地人物, 亦不以有用而與之多, 不以無用而與之少故也, 此段所謂本體之中流行具焉者固爲是矣, 流行之中本體存焉者亦豈誤耶."

35) 『愚潭全集』 卷8, 「四七辨證」, "其曰本體之中流行具焉者是矣, 而其曰流行之中本體存焉者

문이다. '본체 가운데 유행이 갖추어져 있다'는 것은 본체의 리(태극)에서 모든 현상의 원인을 찾는 주자학의 일반적 사고방식이기 때문에 우담의 경우도 문제가 되지 않았던 것으로 보인다. 그러나 우담은 율곡의 '유행 가운데 본체가 존재한다'는 부분에 대해서는 옳지 않다고 여긴 반면, 외암은 율곡의 이 부분을 전적으로 지지한다. 율곡은 '유행 가운데 본체가 존재한다'는 부분에 대해, 둥근 그릇과 네모난 그릇은 다르지만 그릇 속에 있는 물(리)은 하나라고 설명하였다.[36] 그는 유행하는 현상계는 다를지라도 내재해 있는 본체의 리는 같다고 보았다. 즉 리가 기 가운데 떨어진 이후에 성이라고 말할지라도, 이때의 성은 기질에 의해 제약된 성일 뿐이지 성의 본모습이 아니요, 성의 본모습은 어디까지나 리(본연지성)이며 '리'라는 측면에서는 사람과 사물이 동일하다는 것이다. 때문에 외암은 위의 인용문에서 말한 것처럼 "만 가지가 다른 곳으로부터 본다면 만물의 淸濁虛實이 각각 같지 않고 偏全厚薄도 각각 같지 않지만, 하늘에 있는 한 개의 달을 모두 포함하고 있다는 것은 진실로 피차에 다를 게 없다"거나 "이 리가 천지와 인물에 대해서 用이 있다고 하여 주는 것이 많지 않고 用이 없다고 하여 주는 것이 적지 않고 리는 한결같다"는 인물성동론의 입장을 견지한다.

그러나 우담은 율곡의 '유행 가운데 본체가 존재한다'는 부분을 인정하지 않았으며, 그 원인을 월광의 청탁허실로써 설명한다.

> 그러나 이미 각자 갖추어진 이후로는 오직 사람의 성은 전체가 自足하나 초목의 성은 전부 막혀 통하지 않으며 금수의 성은 혹 한길로 통하여 한번 정해지면 바뀌지 않는 법칙이 있지 않음이 없다. 이는 주자가 말한 "사람이 품부받

非矣."

36) 『栗谷全書』卷10, 「答成浩原」, "方圓之器不同 而器中之水一也."

은 것은 홀로 그 빼어남을 얻었기 때문에 그 마음이 가장 신령하고 그 성의 완전함을 잃지 않았다"는 것이며, 보내준 편지 속에서 "만 가지 다른 곳으로부터 본다면 만물의 청탁허실은 각자 같지 않으며 월광의 편전후박이 또한 각각 같지 않다"는 것이 또한 이 뜻에서 벗어나지 않다. 그렇다면 만물이 비록 '이 한 개의 달을 모두 포함하고 있다'고 말하지만 청허한 곳은 월광이 드러나 막힘이 없고 탁실한 곳은 월광이 숨어 드러나지 않으며, 하늘 위의 월광은 비록 사물의 淸濁虛實에 두루 비추지 않는 것은 아니지만 탁실한 가운데 이미 달의 광영이 보이지 않는다면 탁실한 가운데 월광의 본체가 존재한다고 말할 수 없다. 만약 無形에 숨는다고 하여 탁실한 가운데 월광의 본체가 존재한다고 말한다면 이는 허공의 用이 없는 곳에서 이치를 구하는 것이니 그가 말한 '본체의 밝음'은 어디에서 볼 수 있겠는가?[37]

우담은 '성' 개념을 각자 갖추어진(各具) 이후의 단계, 즉 기품에 내재된 이후의 단계로 파악하였으며, 이러한 기품은 한번 정해지면 절대로 바뀔 수 없기 때문에 사람의 성은 전체가 자족하나 초목의 성은 전부 막혀 통하지 않으며 금수의 성은 한 길로 통하여 인성과 물성이 서로 다르다는 인물성이론을 주장한다. 그리고 그 근거로 제기한 것이 "만물이 비록 '이 한 개의 달을 모두 포함하고 있다'고 말하지만 청허한 곳은 월광이 드러나 막힘이 없고 탁실한 곳은 월광이 숨어 드러나지 않으며, 하늘 위의 월

---

37) 『愚潭全集』卷4, 「答李敬叔別紙(庚辰)」, "然而旣已各具之後, 則惟人之性全體自足, 而草木之性全塞不通, 禽獸之性或通一路, 莫不各有一定不易之則, 此朱子所謂人之所稟獨得其秀, 故其心最靈不失其性之全者, 而來諭中自其萬殊處觀之, 萬物之淸濁虛實各自不同, 而月光之偏全厚薄亦各不同者, 亦不外於此意也. 然則萬物雖曰共含此一個月, 而淸虛之處月光呈露無礙, 濁實之所月光隱而無見, 天上之月光, 雖不以物之淸濁虛實照有不遍, 而濁實之中旣不見月之光影, 則不可謂濁實之中月光之本體存焉. 若以隱於無形, 謂濁實之中月光之本體存焉, 則是求理於懸空無用之地, 而其所謂本體之明於何見得乎.

광이 비록 사물의 淸濁虛實에 두루 비추지 않는 것이 아니지만 탁실한 가운데 이미 달의 광영이 보이지 않는다면 탁실한 가운데 월광의 본체가 존재한다고 말할 수 없다"는 것이다. 외암의 주장처럼 '유행 가운데 본체가 존재한다', 즉 '탁실한 가운데 월광의 본체가 존재한다'고 말한다면 그가 말한 본체의 밝음은 어디에서 볼 수 있겠는가?라고 반문한다. 사실적으로 탁실하여 월광이 숨어 드러나지 않는 곳에서는 본체의 밝음이 있는지 없는지 알 수 없다는 말이다. 예를 들어 사람은 청허하여 월광이 드러나 막힘이 없는 경우에 해당되고 금수와 초목은 탁실하여 월광이 숨어 드러나지 않는 경우에 해당된다고 볼 수 있는데, 그렇다면 탁실하여 월광이 숨어 드러나지 않는 금수와 초목에는 처음부터 월광의 본체가 존재한다고 말할 수 없다는 것이다.

이처럼 외암은 '유행 가운데 본체가 존재한다'는 말에서 알 수 있듯이, 드러나는 用이 비록 기품의 차이에 따라 다름이 있으나 본체가 모두 갖추어져 있는데 해가 되지 않는다고 보았다.[38] 즉 탁실한 가운데도 월광의 본체가 모두 갖추어져 있다는 인물성동론을 주장한다. 그러나 우담의 생각은 달랐으니 "그 用의 발현으로 그 본체가 온전한지 온전하지 않는지 여부를 징험할 수 있으니, 用이 두루하지 못하면서 본체가 저절로 온전한 것이 있을 수 있겠는가"[39]라고 비판한다. 우담은 체가 있으면 반드시 용이 있고 용이 있으면 반드시 체가 있으나, 경험적으로 용의 발현을 보고서 그 체가 온전히 갖추어져 있는지 여부를 추리할 수 있다. 바꾸어 말하면, 용이 온전하지 못하면 용 속에 내재해 있는 본체도 온전하지 못하다는 것이다. 따라서 온전하고 통한 사람에는 본체인 四德이 모두 갖추어져 있으나

38) 『愚潭全集』 卷4, 「答李敬叔別紙(庚辰)」, "用雖有異本體則不害其皆備云云."

39) 『愚潭全集』 卷4, 「答李敬叔別紙(庚辰)」, "以其用之發見, 驗其本體之全否焉, 有用之不周而本體自全者乎."

치우치고 막힌 사물에는 애초에 사덕이 갖추어져 있지 않다는 인물성이론을 주장한다. 따라서 외암이 사물에도 사덕이 있으나 기질의 차이 때문에 발휘되지 못한 까닭으로 이해하였으나, 우담은 사람에게만 사덕이 가능하고 금수와 초목에는 애당초 사덕이 존재하지 않는다고 보았다.

> 애초에 사람이 되고 애초에 금수가 되는 것을 가지고 살펴보면 하나의 정혈 속에 태극의 리가 본래 이미 갖추어져 있는데, 사람의 정혈 속에는 四德 전체의 리가 포함되어 있기 때문에 사람이 태어날 때에는 사덕의 전체를 지니며 발하여 사단의 순선함이 되는 것이다. 금수의 정혈 속에 날고 달리는 일단의 리가 포함되어 있기 때문에 역시 태어날 때에는 날고 달리는 일단의 성을 갖추어서 날기도 하고 달리기도 하는 것이다. 초목이 싹트는 경우에도 역시 줄기와 기둥, 꽃과 잎사귀가 생기는 리가 포함되어 있기 때문에 땅을 뚫고 나온 뒤에 줄기와 기둥, 꽃과 잎사귀가 차례차례 모두 갖추어지는 것이다. 이것을 통해 살펴보면 사람과 금수의 정혈이나 초목의 싹에 모두 지각의 작용이 없다면 기가 다른 경우는 진실로 거의 드물고, 내포된 리는 절대로 서로 같지 않다. 내포된 리가 절대로 서로 같지 않기 때문에 얻은 성에 각기 통하고 막힘이 있다.[40]

우담은 애초에 사람이나 금수 · 초목으로 태어날 때에 이미 사람이나 금수 · 초목에 내포된 리가 절대로 같지 않지 않기 때문에 이들이 얻은 성에 이미 통하고 막히는 차이가 있다고 보았다. 따라서 사람에게 내포된

40) 『愚潭全集』卷5, 「答李敬叔」, 卽此始爲人始爲禽獸, 一點精血之中, 太極之理固已具在, 而人之精血之中含四德全體之理, 故及其生也有是四德之全體, 而發爲四端之純善. 禽獸精血之中含飛走一端之理, 故及其生也亦具飛走一端之性, 而或飛且走. 至於草木之萌芽, 亦含榦株花葉之生理, 故出地之後榦株花葉次弟皆備. 由是觀之, 人與禽獸之精血, 草木之萌芽, 俱無知覺作用, 則其氣之異者固幾希, 而其所含之理, 則絶不相同. 由其所含之理絶不相同, 故所得之性各有通塞.

리는 四德의 전체이며, 금수에게는 날고 달리는 일단의 리만 내포되어 있고 초목의 경우도 이와 다름이 없다는 것이다. 이것은 금수·초목이라는 기질적 차이에 따라 성이 달라지는 것에 그치지 않고 그 이상으로 하늘에서 부여받은 리로부터 본질적인 차이가 있다. 즉 금수·초목의 경우는 금수·초목의 막히고 치우친 리가 금수·초목으로 태어날 때에 이미 처음부터 부여되어 있었다는 말이다. 또한 위의 인용문에서 말한 "기가 다른 경우는 진실로 거의 드물고 내포된 리는 절대로 서로 같지 않다"는 구절은 주자의 "만물의 異體에서 보면 기는 오히려 서로 비슷하나 리는 절대로 같지 않다"[41]는 구절과 비슷하다. 주자는 이 구절을 기질적 차이에 따라 부여받은 리도 다르다는 말로 이해하였으나 우담은 기질적 차이에 따라 부여받은 리가 달라진다는 그 이상으로 이미 막히고 치우친 사물에는 막히고 치우친 리(본연지성)가 처음부터 부여되어 있다는 것으로 이해한다. 즉 "닭이 하늘에서 받은 것은 우는 이치이기 때문에 그 본연지성에 따라 울고, 개가 하늘에서 받은 것은 짖는 이치이므로 그 본연지성에 따라 짖는 것과 같다는 것이다."[42] 우담은 닭의 우는 리와 개가 짖는 일단의 리를 바로 하늘에서 부여받은 본연지성으로 이해한다. 이러한 사물의 울고 짖는 일단의 본연지성은 사람의 인의예지 四德의 본연지성과 본질적으로 구분된다. 이처럼 우담은 사람과 사물의 본질적인 차이를 하늘이 부여한 본연지성의 차이로 설명한다.

> 지금 본연지성과 기질지성을 가지고 통틀어 논하면 萬象이 각기 바른 체이고 태극의 본체 중에 삼연히 갖추어진 물이 아님이 없다. 그러나 태극의 用이

---

41) 『朱熹集』 卷46, 「答黃商伯四」, "觀萬物之異體, 則氣猶相近而理絶不同也."

42) 『愚潭全集』 卷5, 「答李敬叔」, "如雞之所受於天者鳴之理, 故因其本然之性而鳴, 犬之所受於天者吠之理, 故因其本然之性而吠."

> 만상의 가운데 유행하므로 본연지성이 단지 사람에게만 있는 것이 아니라 물에도 있지만, 기질의 淸濁에 따라 자연히 사람과 물의 통하고 막힘이 나누어지는 것이다. 사람은 통한 것을 얻어 하늘이 부여한 본연지성이 기질의 淸濁에 차이가 없다. 그러므로 사람에 대해서는 性善을 剔發하여 〈본연지성과 기질지성을〉 나누어 말할 수 있지만, 사물은 그 막힌 것을 얻어 하늘이 부여한 본연지성이 이미 한쪽에 치우쳐서 온전히 갖추어지지 못하였기 때문에 애초에 기질에서 〈본연지성을〉 척발하여 나누어 말할 수 없는 것이다.[43]

일반적으로 본연지성과 기질지성은 별개의 두 성이 아니라, 본연지성은 오로지 '리'만을 가리킨 성이요 기질지성은 리와 기를 섞어서 가리킨 성을 말한다. 따라서 본연지성은 사람과 사물이 모두 가지고 있는 리의 보편성, 즉 기질을 초월한 보편적인 리의 관점으로 이해할 수 있다. 그러나 우담은 인물성동이의 문제를 본연지성과 기질지성과 연관 지어 설명하면서, 하늘이 부여한 본연지성이 사람과 사물(금수 · 초목)에 있어 서로 같지 않다고 주장한다. 즉 사람과 사물로 태어나면서 서로 다른 본연지성을 갖는다는 말이다. 예를 들어 사람은 인의예지 四德의 본연지성을 갖지만, 닭과 개의 경우는 울고 짓는 일단의 본연지성만을 갖는다는 것이다. 물론 본연지성이 사람에게만 있는 것이 아니라 사물에도 있다는 것을 인정하지만, 사람과 사물도 태어날 때에 하늘이 부여한 본연지성에 차이가 없을 수 없음을 분명히 한다. 때문에 사람은 性善만을 척발하여 본연지성과 기질지성을 나누어 말할 수 있지만, 사물은 막힌 것을 얻어 하늘이 부

43) 『愚潭全集』卷5, 「答李敬叔」, "今以本然之性氣質之性統而論之, 萬象各正之體, 莫非太極本體中森具之物. 而太極之用流行萬象之中, 故本然之性, 非但在人物亦有之, 而隨其氣質之淸濁, 自分人物之通塞. 人得其通, 而本然之性天之所賦者無間於氣質之淸濁. 故於人則可以剔發性善而分言, 物得其塞, 而本然之性天之所賦者, 已倚於一偏不能全具, 故初無可以剔發於氣質而分言之者."

여한 본연지성이 이미 치우쳐 있으므로 본연지성만을 척발하여 말할 수 없다는 것이다. 여기서 우리는 우담이 본연지성을 기질과 연결시켜 이해하고 있음을 알 수 있다.

이처럼 우담은 기질지성은 말할 것도 없이 하늘이 부여한 본연지성조차도 기질과 연관 지어 파악함으로써 사람과 사물이 본질적으로 구분된다고 본다. 이것은 외암이 사물의 경우 기질에 따라 비록 치우치고 막히는 차이가 있으나 그 본연지성은 가장 신령스러운 사람의 경우와 조금의 차이가 없다고 보는 것과 구분된다. 물론 이것은 동론을 주장하는 외암뿐만 아니라 같은 이론을 주장하는 갈암의 생각과도 구분된다.

이런 까닭에 옛날의 성현들이 '모두 성명을 바로 한다'고 말하지 않고 '각각 성명을 바로 한다'고 하였고 '모두 그 성을 하나로 한다'고 말하지 않고 '각각 그 성을 하나로 한다'고 하였다. 이른바 '各正性命'과 '各一其性'은 생명과 형체를 품부받은 처음에 하늘이 부여한 명과 만물이 받은 성에는 저절로 치우침과 온전함, 통하고 막힘의 차이가 있어 각기 한번 정해지면 바꾸지 못하는 법칙이 있어 서로 섞이지 않고 서로 侵亂하지 않음을 밝힌 것일 뿐이다. 이 태극의 조리와 맥락은 純一하고 둘이 아니어서 일찍이 치우치고 온전하며 통하고 막히는 성에 따라 유행하여 흩어지고 서로 다른 용을 드러내지 않은 적이 없다. 그러므로 물의 성은 사람의 성이 될 수 없고 사람의 성은 물의 성이 될 수 없으며, 복숭아나무 위에 배꽃을 피우지 못하고 말이 소를 낳지 못하는 것이다.[44]

44) 『愚潭全集』 卷5, 「答李敬叔」, "是故古之聖賢, 不曰同正性命, 而乃曰各正性命, 不曰同一其性, 而乃曰各一其性. 其所謂各正性命各一其性者, 明其稟生賦形之初, 天所賦之命物所受之性, 自有偏全通塞之異, 各具一定不易之則, 不相混雜不相侵亂云爾. 此太極之條理脈絡純一不貳, 未嘗不因其偏全通塞之性, 流行呈露其散殊之用. 而物之性不可爲人之性, 人之性不可爲物之性, 桃樹上不發梨花, 馬不生牛者也."

우담은 생명과 형체를 품부받는 처음에 하늘이 부여한 명과 만물이 받은 성에는 저절로 치우침과 온전함, 통하고 막힘의 차이가 있다고 설명한다. 사람과 사물 간에는 하늘에서 부여받은 리(본연지성)에 이미 본질적인 차이가 있다는 것이다. 따라서 하늘이 부여한 명과 만물이 받은 성이 각각 다르기 때문에 '同正性命'이라 하지 않고 '各正性命'이라 하였으며 '同一其性'이라 하지 않고 '各一其性'이라 하였다는 것이다. '동'이라는 보편성보다는 '각'이라는 차별성을 강조한다. 이것은 인물성동론을 주장하는 자들이 '각일기성'을 天命과 五常을 같은 것으로 간주하고 사람과 동물의 기질적 차이에도 불구하고 모두 하나의 리(오상)를 갖추고 있다고 해석하는 것과 구분된다. 때문에 사물의 성은 사람의 성이 될 수 없고 사람의 성은 사물의 성이 될 수 없으며, 복숭아나무 위에 배꽃을 피우지 못하고 말이 소를 낳지 못한다는 인물성이론을 제기한다. 이것이 우담의 일관된 주장이다.

3. 맺음말

이상에서 살펴본 것처럼 갈암과 우담은 모두 인물성이론을 주장한다. 그러나 이들이 주장하는 이론에도 분명한 차이가 있음을 발견할 수 있다. 갈암은 사람과 사물에 같은 천명이 부여될지라도 사람의 기질은 바르고 사물의 기질은 치우쳤기 때문에 천명을 부여받은 성에도 차이가 없을 수 없다고 설명한다. 예를 들어 사물도 五常의 성을 부여받았지만 기품의 차이에 따라 부여받은 것이 적거나 부분적인 것으로 사람의 경우처럼 인의예지의 오상을 온전하게 갖추고 있지 못하다. 즉 기질의 차이가 성의 차이를 결정한다는 것이다. 이러한 기질은 태어나면서 결정되는 것으로 한번 결정되면 절대로 바뀔 수 없다. 반면 우담은 사람과 사물 간에는 기품의 차이에 그치지 않고 그 이상으로 부여받은 리로부터 본질적 차이가 있다고 설명한다. 예를 들어 닭이 하늘에서 부여받은 것은 우는 리이기 때문에 그 본연지성에 따라 울고 개가 하늘에서 부여받은 것은 짖는 리이기 때문에 그 본연지성에 따라 짖는 것과 같다. 기품의 차이에 따라 닭에는 우는 리가 있고 개에는 짖는 리가 있는 것이 아니라, 하늘에서 부여받을 때 애당초 닭에는 우는 리만 부여되었고 개에는 짖는 리만 부여되었다는 말이다. 우담의 말에 의하면, 사물이 울거나 짖는 일단의 본연지성은 사람의 인의예지 四德의 본연지성과 본질적으로 구분된다는 것이다. 물론 이와 같을 경우에는 성리학의 기본 명제의 하나인 '각각 하나의 태극을 가지고 있다(各具一太極)'는 사실에 저촉되는 문제가 발생하기도 한다. 즉 사람과 동물의 기질적 차이에도 불구하고 모두 하나의 태극(리 혹은 오상)을 가지고 있기 때문에 리(태극) 혹은 오상의 입장에서 말하면 사람과 동물에는 차이가 있을 수 없다는 것으로써, 특히 인물성동론의 기본 입장이다. 이처럼 갈암이 인성과 물성의 차이를 기질적 차이로 이해한 반면, 우담은 그들의 차이를 애초부터 부여받은 본연지성이 다르기 때문이라는 본질적 차이로 이해한다. 이것이 갈암과 우담의 인물성동이론이 갖는 이론적 차이이다.

이들의 논변은 주로 인간과 동물의 성이 같은가 다른가, 동물도 오상을 갖추고 있는가의 문제에 집중되어 있다. 물론 우담은 五常이라는 말 대신 四德이라는 표현을 쓰고 있다. 이것은 기호학파에서 인물성동이론을 발전시켜 未發心體, 聖凡同異로까지 심화시킨 것과는 구별되지 않을 수 없다. 이것은 갈암과 우담을 시작으로 '17세기 인물성동이논변이 발단되었다'고 보는 오늘날 학술계의 일반적 평가에서처럼, 초기 학설이 갖는 이론적 한계로 보는 것이 타당할 것이다. 그렇지만 퇴계학파의 일원인 갈암과 우담을 중심으로 17세기 중반에서 18세기 초에 걸쳐 영남학파 안에서 발생한 인물성동이 논변은 18세기 초부터 활발하게 일어난 기호학파의 인물성동이논변과 비교하면 먼저 발생한 것으로서, 비록 논쟁의 범위나 활기의 규모는 작았지만 그 쟁점의 논리적 전개는 분명하게 드러냈다고 평가할 수 있을 것이다.

11장

갈암과 극재의 사단칠정론

이 글은 葛庵 李玄逸(1627~1704)과 克齋 申益愰(1672~1722)의 서신 내용에 대한 분석을 통해 그들의 사단칠정론에 대한 해석상의 차이를 밝힌 것이다.

먼저 갈암에 대해서는 학계에서 이미 많은 연구 성과가 이루어져 왔기 때문에 그에 대한 별도의 소개는 필요하지 않을 것 같다. 일반적으로 갈암에 대한 학계의 평가는 당시 남인과 서인의 대립이 격렬하던 시기에 영남 남인을 대표하는 위치에서 퇴계학파를 결집하는데 주도적 역할을 하였으며, 특히 성리학 이론에서 퇴계의 설을 옹호하고 율곡의 설을 배척하여 퇴계학파의 성리설이 이론적으로 심화되는데 중요한 기여를 한 것으로 평가하고 있다.

반면 극재는 생소한 인물이어서 약간의 소개가 있어야 할 것 같다. 극재의 본관은 平山이며 자는 明仲이다. 그의 조상은 원래 개성에서 살다가 중간에 서울로 옮겼으며 5대조 때 경상북도 仁同으로 옮겼다. 일찍이 朴蕃에게서 글을 배웠으며, 21세에 향시에 합격한 뒤에는 과거를 단념하고 학문에만 전념한다. 이에 經傳 · 子史 · 雜志 · 稗說에 이르기까지 널리 통독하였으며 만년에는 성리학에 뜻을 두고 리기설을 연구하였다. 그의 학문은 스승인 갈암으로부터 큰 영향을 받았다. 27세(1698) 되던 해에 갈암을 光陽의 유배지로 찾아가 만나는 것을 계기로 여러 차례 면대하여 가르침을 받기도 하고, 또한 십여 차례 서신질의를 통한 학문적 논의가 이루어졌다. 이들이 특히 문제 삼은 것은 당시 학계의 주요 관심사였던 리기, 사단칠정, 인심도심 등의 문제였다. 극재가 갈암을 만나기 이전에는 이들 문제에 대하여 퇴계의 학설보다는 율곡의 학설에 기울어져 있었으나, 갈암과의 학문적 교섭을 통하여 결국 율곡의 학설을 버리고 퇴계의 이론을 견지하게 된다.[45] 그와 학문적으로 교유한 영남의 대표적 유학자들로는 權斗寅 · 權斗經 · 李栽 · 丁思愼 · 權重道 등이 있다. 저서에는 『克齋集』 · 『敬齋集解』 · 『性理徽言』 · 『理氣性情通看圖』 · 『雲谷陶山徽音』 등이 있다.[46]

『극재집』 권2와 권3에는 갈암에게 보낸 11통의 편지가 있고, 『갈암집』 권12와 권13에도 극재에게 보낸 12통의 편지가 실려 있다. 본문에서는 이들이 주고받은 서신내용을 중심으로 두 사람의 사단칠정론에 대한 해석을 고찰한다. 물론 본문에서는 갈암과 극재의 사단칠정론에 대한 해석상의 차이를 전개한 것이지만, 결국 이 글을 통해 퇴계와 율곡의 사단칠정론의 이론적 차이를 확인할 수 있다. 왜냐하면 극재는 율곡의 관점에서 사단칠정론을 전개하였으며 갈암은 퇴계의 관점에서 사단칠정론을 전개하였기 때문이다. 그리고 극재는 율곡 이론의 타당성의 논거로서 혼륜설을 제시하며, 갈암 역시 퇴계 이론의 타당성의 논거로써 분별설을 강조한다.

45) 그렇지만 본문에서 다루는 이들 서신내용에서는 갈암이 퇴계의 입장에서 사단칠정을 해석하려는 것과 달리, 극재는 율곡의 입장에서 사단칠정을 해석하고자 한다.

46) 『한국민족대백과사전』 권13(한국정신문화연구원)의 내용을 참고한다.

1. 갈암 이현일의 사단칠정론

갈암 사단칠정론의 특징은 '칠정의 중절한 것은 사단과 다르지 않다'고 보는 극재와 달리, 사단과 칠정을 별개의 정으로 보려는데 있다. 그리고 그 이론적 논거로써 극재가 혼륜설을 강조하는 것과 달리 분별설을 강조한다. 때문에 '칠정 밖에 다시 다른 정은 없으며 사단은 칠정의 선일변이다'는 극재의 주장에 대해 다음과 같이 비판한다.

> 사단은 품수받은 인의예지의 마음이고 칠정과 인심은 형기가 화합해서 이루어진 것으로 그 근본으로부터 이미 그러하여 각기 묘맥이 있으니, 〈율곡의 말처럼〉 인심과 도심이 본래 근원이 둘이 아니고 사단과 칠정이 단지 一途만 있을 뿐인 것은 아니다.[47]

사단은 인의예지의 성에 근원한 것이고 칠정은 형기에서 나온 것이므로 둘은 본질적으로 구분된다. 때문에 극재의 말처럼 '칠정 밖에 다시 사단이 없고 칠정의 선일변이 사단인 것'이 아니라, 사단은 칠정이 아니고 칠정은 사단이 아니다. 이것은 극재가 사단과 칠정을 하나의 정으로 이해한 것과 달리, 갈암은 사단과 칠정을 서로 다른 별개의 정으로 해석한 것이다. 이것을 선악으로 표현하면, 극재는 정을 칠정 하나로 보고 선한 부분만을 사단으로 보기 때문에 칠정은 불선이 될 수 없다. 왜냐하면 칠정은 리기를 겸하기 때문이다. 반면 갈암은 사단은 인의예지의 성에 근원하고 칠정은 형기에 근원하므로 사단은 선이 되고 칠정은 불선이 된다.[48] 여

---

47) 『葛庵集』卷12, 「答申明仲(別紙)」, "蓋四端是稟受得仁義禮智之心, 七情與人心是形氣和合做成, 自其根本而已然, 各有苗脈, 不是人心道心本無二源, 四端七情只有一途."

48) 물론 칠정 하나만을 두고 말할 때는 不善으로 볼 수 없지만, 사단과 상대해서 말할 때

기에서 '그 근본으로부터 그러하여 각기 묘맥이 있다'는 말은 所從來가 서로 다르다는 말의 다른 표현이다. 갈암은 사단과 칠정을 소종래에 따른 근원적 차이로 설명한다.[49] 물론 소종래라는 말도 율곡의 비판처럼 〈실제적으로〉 근원이 둘이라는 의미가 아니라, 사단과 칠정의 근원을 〈논리적으로〉 추론해가면 사단의 소종래는 리가 되고 칠정의 소종래는 기가 되어 둘이 근본적으로 구분된다는 말이다. 왜냐하면 사단은 인의예지의 성에 근원한 것이고 칠정은 형기에서 생겨난 것이기 때문이다. 결국 극재가 사단과 칠정이 모두 하나의 정이므로 둘로 나누어 보아서는 안 된다고 하는 반면, 갈암은 사단과 칠정이 이미 그 근본으로부터 구분되는 별개의 정이므로 상대시켜 보아야 한다는 것이다.

이러한 사단과 칠정에 대한 서로 다른 해석은 인심과 칠정에 대한 인식의 차이로 이어진다. 갈암은 인심과 도심의 관계에서와 마찬가지로, 사단과 칠정을 같은 대립적 범주로 이해한다. 그러나 극재는 인심과 칠정의 관계를 동일한 범주로 보는 것에 반대한다. 따라서 극재가 '인심과 칠정에 차이가 없지 않다'고 보는 것과 달리, 갈암은 '인심과 칠정에 차이가 없다'라고 설명한다.

> 정자가 '인심은 인욕이다'고 하였으니 이는 인심을 칠정으로 여긴 것이고, 주자가 '喜怒(칠정)는 인심이다'라고 하였으니 이는 칠정을 인심으로 여긴 것이다. 인심 하나만 두고 말한다면 모두 좋지만 도심과 상대해서 말하기 때문에 병통이 생길 수 있다.(주자의 말)[50] 마찬가지로 칠정을 사단과 상대해서 말하

의 칠정은 어디까지나 氣發로 보려는 것이 갈암의 입장이다.

49) 『葛庵集』 卷18, 「栗谷李氏論四端七情書辨」, "蓋其所從來, 各有所主, 自其根本而已然, 初非發則一途, 而旣發之後, 擇善一邊而爲四端也."

50) 『朱子語類』 卷62, "朱子曰, 如單說人心則都是好, 對道心說著, 便是便是勞攘物事, 會生病痛底."

기 때문에 자기의 사사로움을 극복하기 어려운 폐단이 있다.[51]

이것은 정자가 인심을 칠정으로 보았으며 주자도 칠정을 인심으로 보았으니 인심과 칠정을 지나치게 구분해서는 안 된다는 말이다. 인심 하나만을 두고 말하면 모두 좋은 것이지만 도심과 상대해서 말하면 병통이 생길 수 있듯이, 마찬가지로 칠정 하나만을 두고 말하면 리기를 겸한 것일지라도 사단과 상대시켜 말할 때는 자기의 사사로움을 극복하기 어려운 폐단이 있다. 여기에서 '병통이 생길 수 있다'거나 '자기의 사사로움을 극복하기 어려운 폐단이 있다'는 것은 不善의 다른 표현이다. 때문에 극재의 '인심과 도심에 대해 하나는 형기에서 나오고 하나는 성명에서 근원한다고 말할 수는 있겠지만, 그것을 사단과 칠정으로 말할 수 없다'는 주장에 대해, 갈암은 '성명에 근원하는 도심과 형기에서 나오는 인심으로 구분해볼 수 있듯이, 성명에 근원하는 사단과 형기에서 생겨나는 칠정으로 구분해볼 수 있다고 말한다.[52] 이것을 선악으로 표현하면, 도심과 상대해서 말할 때의 인심이 不善이 되듯이, 사단과 상대해서 말할 때의 칠정도 不善이 된다. 즉 칠정 그 자체만으로는 선악을 겸할지라도 사단과 상대해서 말할 때는 그대로 불선이라는 말이다. 이렇게 볼 때 인심과 칠정에는 차이가 없다는 것이다. 때문에 인심은 심의 지각운용의 측면에 나아가 말한 것이고 칠정은 정이 외물에 감응하여 움직이는 곳에서 말한 것으로 그 名義상에 약간의 차이가 있을 뿐이지[53] 인심과 칠정은 애초에 다른 적이

51) 『葛庵集』卷12, 「與申明仲(別紙)」, "程子曰人心人欲也, 是以人心爲七情也. 朱子曰喜怒人心也, 是以七情爲人心也. 且單說人心則都是好, 對道心說, 故會生病痛(此朱子說). 亦猶七情之對四端說, 故有己私難克之弊."

52) 『葛庵集』卷12, 「答申明仲(戊寅 · 別紙)」, "但以四端爲原於性命, 七情爲生於形氣, 則恐不可並加譏斥."

53) 『葛庵集』卷12, 「答申明仲(別紙)」, "特以爲心字就知覺運用上說, 情字從感物而動處說, 其

없다고 말한다.[54] 이것은 '인심과 칠정에 차이가 없는 것이 아니니 인심은 도심과 상대해서 말할 수 있으므로 불선이라 할 수 있으나 칠정은 리기를 겸하기 때문에 불선으로 볼 수 없다'는 극재의 주장과 구분된다.

또한 공부 방법에서도 인심과 칠정은 단속의 공부로, 사단과 도심은 확충의 공부로 구분한다. 즉 사단과 도심은 리로부터 발하기 때문에 확충해 가면 되고, 칠정과 인심은 기로부터 발하기 때문에 단속하여 中에 맞게 해야 한다는 것이다.[55]

여기에서 갈암은 사단과 칠정을 상대시켜 보아야 하는 논거로써 분별설의 논리를 강조한다.

> 칠정을 혼륜해서 말하면 리기를 겸하여 말할 수 있겠지만, 사단과 상대해서 말하면 형기의 사사로움에서 나온 것으로 사단과 나란히 놓고 말할 수 없다.[56]

칠정이 혼륜해서 말하면 리기를 겸한다고 말할 수 있지만, 분별해서 말하면 리기를 겸한다고 말해서는 안 된다. 왜냐하면 사단에 상대되는 칠정은 어디까지나 형기의 사사로움에서 나온 것이기 때문이다. 따라서 성명에 근원하는 사단과는 나란히 놓고 말할 수 없다. 다시 말하면 극재가 칠정을 혼륜설의 관점에서 리기를 겸하는 것으로 보는 반면, 갈암은 분별설의 관점에서 형기의 사사로움에서 나온 氣發(不善)로 본다는 것이다. 때문에 "희로애락이 만약 혼륜설에서는 리기를 겸하여 말할 수 있겠지만, 분

名義有些不同耳."

54) 『葛庵集』卷12, 「答申明仲(別紙)」, "竊恐人心與七情, 初未嘗不同也."

55) 『葛庵集』卷12, 「答申明仲(別紙)」, "愚意以爲擴充與節約工夫自別. 蓋自理而發, 故擴而充之, 自氣而發, 故約之使合於中."

56) 『葛庵集』卷13, 「答申明仲」, "愚亦謂七情若渾淪說, 則可以兼理氣說, 若對四端說, 則便是出於形氣之私, 不可與四端比並爲說也."

별설에서는 氣發이라고 말해야지 리기를 겸한다고 말해서는 안 된다고 말한다.”[57)]

이어서 갈암은 분별설의 타당성을 성현들의 말로써 설명한다.

> 맹자의 말에 ‘사람마다 모두 요순이 될 수 있다’고 하였으니 이것은 기질을 섞지 않고 성을 말한 것이다. 또한 ‘그 정으로 말하면 선하다고 할 수 있다’고 하였으니 이것은 기질을 섞지 않고 정을 말한 것이다. 만약 기질을 섞어서 말한다면 어찌 사람마다 모두 요순이 될 수 있고 정이 모두 선할 수 있는 이치가 있겠는가?[58)]

이것은 현실적으로는 리와 기가 분리될 수 없지만 분별하여 말할 수 있다는 것이다. 예를 들어 맹자가 ‘사람마다 요순이 될 수 있다’는 말이나 ‘그 정으로 말하면 선하다고 할 수 있다’는 말은 모두 기질과 섞지 않고 기질 속에서 성의 본체(리)만을 발라내어 말한 것이다. 이것이 바로 맹자가 성을 말하고 사단을 말하면서 기질을 섞지 않고 말했다는 증거라는 것이다. 만약 기질을 섞어서 말한다면 기질에 따라 어질고 지혜로운 사람과 어리석고 불초한 사람이 달라지니 사람마다 모두 堯舜이 될 수 없으며, 성이 발하여 정으로 드러날 때도 기질의 영향으로 모두 선한 정이 될 수 없다. 따라서 비록 리와 기가 분리되지 않고 합쳐져 있지만 리만을 발라내어 말할 수 있다. 『중용』에서 말한 ‘天命之謂性’도 마찬가지다. 이것도 기가 그 안에 포함되어 있지만 오로지 리만을 말한 것이다. 이러한 사례에

---

57) 『葛庵集』卷13, 「答申明仲(癸未)」, “愚亦以爲喜怒哀樂若從渾淪說, 則可以兼理氣而爲言, 若分別說, 則似當專言氣發, 不宜合理氣而爲說也.”

58) 『葛庵集』卷13, 「答申明仲(癸未)」, “孟子之言曰, 人皆可以爲堯舜, 是不雜氣質而言性也. 又曰乃若其情則可以爲善矣, 是不雜氣質而言情也. 若雜氣質而言之, 則豈有人皆可以爲堯舜, 情皆可以爲善之理乎?”

서 볼 때 一物이지만 리와 기로 나누어볼 수 있듯이, 하나의 정이지만 사단과 칠정으로 분별해서 말할 수 있다는 것이다.

그리고 사단과 칠정을 분별해서 보아야 하는 이유로써 그들의 내력이 서로 다르기 때문이라고 설명한다. 즉 『중용장구』에서 말한 '미발은 성이고 이발은 정이다'는 것은 혼륜하여 말한 것으로써, 맹자에 이르러 정 가운데 오직 사단만을 발라내어 말함으로써 마침내 사단과 칠정이 둘로 나누어지게 되었다. 그러므로 주자는 '사단은 리가 발한 것이고 칠정은 기가 발한 것(理之發 氣之發)'이라고 하여 둘을 구분하였으며, 퇴계는 사단에도 기가 없지 않고 칠정에도 리가 없지 않음을 겸하여 말하였기 때문에 '理發氣隨 氣發理乘'이라 하였으니 사단과 칠정의 내력이 근본적으로 같지 않다는 것이다.[59] 그런데도 후세의 학자들이 이 뜻을 알지 못하고 '천하에 리 없는 기가 없고 기 없는 리가 없다'고 하여 사단을 기질과 섞어서 말하여 '칠정의 중절한 것이 사단이요 사단은 칠정의 선일변이다'고 말하지만, 이것은 혼륜하여 말한 것으로써 맹자가 사단만을 발라내어 기질에 섞지 않고 말한 뜻을 해석한 것이 아니다. 때문에 '칠정 속에도 리가 있으니 칠정의 중절한 것은 사단과 다르지 않다'는 말은 합당하지 않다는 것이다.

따라서 갈암은 극재의 兩是論을 비판한다. 극재가 퇴계와 율곡의 이론을 모두 옳다고 보는 兩是論을 주장하는 것과 달리, 갈암은 율곡과 퇴계의 이론을 향초와 악초, 얼음과 숯이 서로 용납할 수 없는 관계로 설명한다. 즉 하나가 옳으면 하나는 그르게 마련이어서 둘 다 옳아 병존할 수 없으니 비록 향초와 악초, 얼음과 숯처럼 서로 합치되지 않는다고 하더라도

---

59) 『葛庵集』卷12, 「答申明仲(己卯)」, "故朱子以爲四端理之發, 七情氣之發, 至於老先生, 兼言氣亦包在其中, 故乃曰四端理發而氣隨之, 七情氣發而理乘之, 以明其來歷不同, 自其根本而已然."

지나치지 않다고 말한다.[60] 이어서 이러한 생각은 갈암 자신만의 생각이 아니라 율곡도 이미 퇴계의 설과는 용납할 수 없는 관계로 보았다고 설명한다. 즉 "두 가지 설은 하나가 옳으면 하나가 옳지 않으니 둘 다 옳아 병존할 수는 없다. 만일 도리가 이미 이러한데 또 저러한 것이 있다고 한다면, 이는 단 것을 쓰다고 하고 흰 것을 검다고 하는 격이다."[61] 이것은 율곡이 퇴계의 설과는 단것이 쓴 것이 될 수 없고 흰 것이 검은 것이 될 수 없는 것처럼, 하나가 옳으면 하나가 옳지 않아 둘 다 옳아 병존할 수 없는 관계라는 것이다. 이처럼 옳고 그름은 서로 뒤섞일 수 없는지가 오래되어 옳은 것은 그 자체로 옳고 그른 것은 그 자체로 그르니 사단과 칠정의 논변도 향초와 악초, 얼음과 숯처럼 서로 합치되지 않는다.[62] 다시 말하면 사단과 칠정은 율곡의 혼륜설로 보아서는 안 되고 퇴계의 분별설로 말해야 한다는 것이다.

물론 갈암도 혼륜설은 혼륜설대로 분별설은 분별설대로 각자의 역할이 있음을 인정한다. 때문에 『중용』과 「악기」의 설은 자체로 『중용』과 「악기」의 설이고 『맹자』의 설은 자체로 『맹자』의 설이니 나란히 놓고 하나의 뜻으로 보아서는 안 된다고 말한다.[63] 이것은 『중용』과 『예기』 「악기」의 칠정은 혼륜해서 말한 것이고 『맹자』의 사단은 분별해서 말한 것이니 둘을 구분해보아야 한다는 말이다. 때문에 맹자의 사단을 『중용』·『예

---

60) 『葛庵集』 卷12, 「答申明仲(己卯)」, "雖謂之薰蕕氷炭之不相合, 不爲過矣."

61) 『栗谷全書』 卷10, 「答成浩原(壬申)」, "二說, 一是則一非, 不可兩可而俱存也. 若道理旣如此, 而又有如彼者, 則是甘亦可喚做苦, 白亦可喚做黑也."

62) 『葛庵集』 卷12, 「答申明仲(別紙)」, "夫是非之不可相混也久矣, 是者還他是, 非者還他非. 今此四七理氣之辨, 判然如薰蕕冰炭之不相合."

63) 『葛庵集』 卷13, 「答申明仲」, "若孟子所言 則不會說到氣質 專以理言. 故朱子於集註中 但言物欲之蔽而不及氣質. 又嘗曰 四端是理之發 七情是氣之發 分明劈做兩片說. 旣劈做兩片 則其不以四端爲七情中發而中節也者決矣. 故中庸樂記說, 自是中庸樂記說, 孟子說, 自是孟子說, 恐不可賺連比竝, 作一意看也."

기』「악기」의 설과 섞어서 말한다면 결국 이해할 수 없게 되므로[64], 子思가 말한 차원에 나아가 저런 도리(혼륜설)를 이해하고 孟子가 말한 차원에 나아가 이런 도리(분별설)를 이해하면 혼륜설과 분별설의 뜻이 저절로 분명해질 것이라고 말한다.[65] 결국 맹자가 말한 사단의 설은 분별설의 관점에서 보아야 한다는 말이다.

이것은 극재가 퇴계와 율곡의 설이 모두 옳다는 兩是論을 제기하면서 퇴계의 분별설보다 율곡의 혼륜설을 취하듯이, 갈암도 혼륜설은 혼륜설대로 분별설은 분별설대로 각자의 뜻이 있음을 인정하면서도 결국은 분별설을 강조한다. 때문에 갈암은 이러한 분별설의 관점에서 극재가 혼륜설에 치우쳤음을 비판한다.

> 제가 늘 리기의 분별설을 주장하기 때문에 이렇게 한쪽으로 치우치는 병폐가 있다고 생각하는 것이겠지만, 저 또한 현자(극재)께서 항상 혼륜설을 주장하기 때문에 이렇게 합하는 것을 좋아하고 나누는 것을 싫어하는 논의가 있다는 생각이 든다.[66]

이것은 극재가 갈암의 이론이 분별설 한쪽에 치우쳤다고 생각하는 것처럼, 갈암도 역시 극재의 이론이 혼륜설 한쪽에 치우치는 병폐가 있다고 생각한다는 것이다. 이렇게 볼 때, 이들 두 사람은 사단칠정에 대한 이론적 차이를 혼륜설과 분별설이라는 관점의 차이로 해석하고 있음을 알 수

64) 『葛庵集』卷13, 「答申明仲」, "今若以孟子四端之說, 合中庸樂記說, 滾同說來, 則畢竟恐無理會處."

65) 『葛庵集』卷12, 「答申明仲(己卯)」, "於今且就子思所言地頭, 理會那邊道理, 就孟子所言地頭, 理會這邊道理, 則渾淪說分別說之義, 各自分明, 無所疑晦."

66) 『葛庵集』卷12, 「與申明仲(別紙)」, "乃謂淺陋常主理氣分別說, 故有此一偏之弊, 淺陋亦恐賢者常主渾淪說, 故有此喜合惡離之論也."

있다. 결국 갈암과 극재는 분별설과 혼륜설을 인정하면서도 갈암은 분별설의 관점에서 극재는 혼륜설의 관점에서 사단과 칠정을 해석해야 한다고 주장한다. 다시 말하면 갈암은 분별설의 관점에서 사단과 칠정은 별개의 정이므로 상대시켜 보아야 한다고 주장하는 반면, 극재는 혼륜설의 관점에서 하나의 정이므로 '칠정의 중절한 것이 사단이요 사단은 칠정의 선일변'으로 보아야 한다고 주장한다.

2. 극재 신익황의 사단칠정론

극재 사단칠정론의 특징은 율곡과 마찬가지로 '칠정 중에도 리가 있기 때문에 중절한 것은 사단과 다름이 없다'고 보려는데 있다. 그 이론적 논거로 갈암이 분별설을 강조하는 것과 달리 혼륜설을 강조한다. 따라서 극재는 혼륜하여 말할 때는 '칠정의 중절한 것은 사단이며 사단은 칠정의 선일변이다'고 설명한다.

> 혼륜하여 말하면 칠정이 大用이 되고 사단은 그 속에 있으므로 칠정의 중절한 것이 곧 사단이니 또 어찌 剔出의 설이 있을 수 있겠는가? 오직 분별하여 말할 때라야 이 설은 비로소 쓸 수 있을 뿐이다. 그러나 '사단은 곧 칠정의 선일변이다'는 설은 비록 혼륜하여 말할 때라도 쓸 수 있다.[67]

'사단이 칠정의 선일변이다'는 말은 혼륜하여 말할 때에 쓸 수 있으며,

67) 『克齋集』卷2, 「答上葛庵先生(別紙)」, "渾淪言之, 七情爲大用, 而四端在其中, 則七情之中節者, 便是四端, 又安有剔出之說乎. 惟分別言時, 此說方可用耳. 然道心四端, 卽七情之善一邊也之說, 雖渾淪言時, 亦可用矣."

맹자가 사단만을 발라내어 말한 剔出의 설은 분별하여 말할 때라야 쓸 수 있다. 여기에서 극재가 혼륜설의 관점을 견지하려는 결정적인 이유는 사단과 칠정에 대한 개념적 정의를 갈암과 달리하기 때문이다. 갈암은 사단과 칠정을 서로 대립되는 별개의 정으로 이해한 반면, 극재는 칠정이 사단을 포함하는, 즉 칠정을 정의 전체를 총칭하는 개념으로 이해한다. 때문에 극재는 칠정을 제외하고 사단만을 구하려고 한다면 구할수록 얻을 수 없게 된다고 말한다.[68] 왜냐하면 사단은 칠정 속에 내포되어 있으므로 칠정을 제외하고 사단만을 구할 수 없기 때문이다. 또한 剔發이란 것도 칠정을 벗어나서는 어디에도 剔發이 있을 수 없다고 말한다.[69] 왜냐하면 칠정 가운데서 선한 부분만을 발라낸 것이 사단이기 때문이다. 이처럼 사단이 칠정 속에 내포되어 있으므로 칠정의 중절한 것이 사단이 되며 사단은 칠정의 선일변이 된다. 때문에 "사단은 칠정 중에서 발하여 중절한 것인데 사단과 칠정을 리와 기로 나누어 對句로 만들어 만한다면 말뜻이 편중된다."[70] 물론 이것은 갈암이 사단과 칠정을 상대시켜 해석한 것에 대한 비판이다. 극재의 이러한 사단과 칠정에 대한 해석을 선악으로 표현하면, 사단은 선이 되고 칠정은 有善惡이 된다. 왜냐하면 칠정은 정의 총체적 표현이며 그 가운데 선한 부분만이 사단이기 때문이다. 이것은 갈암이 사단을 선으로 칠정을 불선으로 보려는 것과 구분된다.

이처럼 사단과 칠정에 대한 서로 다른 해석은 인심과 칠정의 차이에 대한 논변으로 이어진다. 갈암이 '인심과 칠정에 차이가 없다'고 보는 것과 달리, 극재는 '인심과 칠정에 차이가 있다'고 설명한다.

---

68) 『克齋集』卷2, 「答上葛庵先生(別紙)」, "欲外七情而求之, 則愈求而愈不可得矣."

69) 『克齋集』卷2, 「答上葛庵先生(別紙)」, "所謂剔發者, 是於何剔發."

70) 『克齋集』卷3, 「答上葛庵先生(附葛庵先生答書)」, "乃謂四端是七情中發而中節者, 以四端七情, 分理氣作對句說者, 爲語意偏重."

대개 칠정 외에 다른 정이 없으니, 사단과 도심은 그 발함이 道義를 위하니 곧 칠정의 선일변이다. 인심은 그 발함이 口體를 위하니 곧 칠정의 私一邊이다. 그렇다면 칠정의 발함이 혹은 道義를 위하기도 하고 혹은 口體를 위하기도 하니 어찌 인심이 단지 口體만을 위하여 발한 것과 같고 다름이 없겠는가?[71]

갈암이 '칠정과 인심이 다름이 없다'고 주장한 것과 달리, 극재는 칠정과 인심이 다름이 없지 않다고 말한다. 왜냐하면 인심은 다만 口體만을 위해 발하지만 칠정은 道義를 위해 발하기도 하고 口體를 위해 발하기도 하므로 口體만을 위해서 발하는 인심과는 다르기 때문이다. 즉 私一邊인 인심과는 달리, 칠정에는 道義를 위하여 발하는 칠정의 선일변이 있다는 것이다. 이것은 갈암이 칠정을 私一邊(口體만을 위하는 것)으로 보는 것과 구분된다. 그러므로 형기에서 나오는 인심과 성명에 근원하는 도심은 상대시켜 말할 수 있겠지만, 그것을 사단과 칠정에 그대로 적용시킬 수는 없다.[72] 왜냐하면 칠정은 리기를 겸하므로 私一邊(口體만을 위하는 것)이 아니라 道義를 위하여 발할 때도 있기 때문이다. 이것은 율곡이 사단과 칠정의 관계를 인심과 도심처럼 상대적으로 말한 것과는 같지 않다는 주장과 일치한다. 즉 사단이란 칠정 가운데서 선일변을 택하여 말한 것이니 진실로 인심과 도심을 상대해서 말한 것과는 같지 않다는 것이다.[73]

---

71) 『克齋集』卷2, 「上葛庵先生(論權參判四端七情說)」, "蓋七情之外無他情, 四端與道心, 其發爲道義, 卽七情之善一邊也. 人心其發爲口體, 卽七情之私一邊也. 然則七情之發, 或爲道義, 或爲口體, 豈可與人心之只爲口體而發者, 同而無異哉?"

72) 『克齋集』卷2, 「上葛庵先生(戊寅)-心統性情圖」, "且人心道心, 可謂之出於形氣原於性命, 不可以說四端七情."

73) 『栗谷全書』卷9, 「答成浩原(壬申)」, "四端則就七情中擇其善一邊而言也, 固不如人心道心之相對說下矣." 이러한 예는 여러 곳에서 찾아볼 수 있다. 즉 칠정이 이미 사단을 그 안에 포함하고 있으므로 사단은 칠정이 아니고 칠정은 사단이 아니라고 말할 수는 없으니 어찌 두 쪽으로 나눌 수 있겠는가?("若七情則已包四端在其中, 不可謂四端非七

여기에서 극재는 인심과 칠정을 같지 않다고 보아야 하는 논거로서 혼륜설을 강조한다. 즉 인심과 칠정이 같지 않다는 것을 논할 때에는 혼륜한 곳에서 말할 수 있으니 이것은 사단과 칠정을 상대시켜 말하는 것과 그 뜻이 저절로 구분된다.[74] 이것은 사단과 칠정을 상대시켜 보는 분별설과 달리, 혼륜설의 관점에서는 인심과 칠정이 같지 않다는 말이다. 또한 혼륜하여 말할 때는 '칠정 밖에 다시 사단이 없다'는 말도 가능하며[75] 혼륜하여 말할 때는 剔出의 설을 쓸 수 없다. 퇴계의 理發 · 氣發도 분별하여 말할 때는 이렇게 나눌 수 있으나 혼륜하여 말할 때는 이렇게 나눌 수 없으며[76], 主理 · 主氣의 구분도 혼륜하여 말할 때는 옳지 않고 분별하여 말할 때만 가능하다.[77] 고봉과 율곡이 퇴계의 호발설을 비판한 것도 혼륜설의 관점에 따른 것이다. 따라서 극재는 고봉과 율곡의 설이 혼륜설로 보아도 그르다고 말할 수 있는지 의문을 제기한다.[78] 즉 혼륜하여 말할 때는 고봉과 율곡의 설이 틀리지 않다는 말이다. 이러한 이유에서 극재는 사단과 칠정을 혼륜해서 보아야 하는 이유를 설명한다.

情, 七情非四端也, 烏可分兩邊乎."『栗谷全書』卷10, 「答成浩原(壬申)」) 칠정 밖에 다시 사단이 없으니 사단은 오로지 도심만을 말한 것이고 칠정은 인심과 도심을 합하여 말한 것이다. 인심과 도심이 저절로 둘로 나누어지는 것과 어찌 확연히 다르지 않겠는가?("七情之外, 更無四端矣. 然則四端專言道心, 七情合人心道心而言之也, 與人心道心之自分兩邊者, 豈不逈然不同乎?"『栗谷全書』卷10, 「答成浩原(壬申)」)라는 것이다.

74) 『克齋集』卷2, 「答上葛庵先生(別紙)」, "况鄙說方論人心七情之不同, 則可就渾淪處言之, 而與四七對擧之說, 其義又當自別. 然則七情之外, 更無他情云者, 恐亦不至甚謬矣."

75) 『克齋集』卷2, 「答上葛庵先生(別紙)」, "渾淪言時, 雖曰七情之外無四端, 亦可也."

76) 『克齋集』卷2, 「答上葛庵先生(別紙)」, "且李先生所謂四端理發七情氣發者, 其旨意宗主處, 蓋謂對擧分別言時, 乃有此分, 而渾淪言時, 則不可有此分."

77) 『克齋集』卷2, 「答上葛庵先生(別紙)」, "渾淪言之, 安有主理主氣之分, 由對擧分別言時, 有此分耳."

78) 『克齋集』卷2, 「答上葛庵先生(別紙)」, "於高峯栗谷所論, 雖作渾淪說看, 而亦非乎? 抑以其遺却分別說, 而不可乎?"

리와 기 두 가지가 떨어짐만 있고 합함이 없다면 五性이 미발의 大本이 될 수 없고 칠정이 이발의 大用이 될 수 없으니 그 폐단은 장차 말로 다할 수 없을 것이다.[79]

리와 기가 분리될 수 없듯이, 사단과 칠정도 하나의 정이므로 둘로 분별해서 말할 수 없다. 때문에 분별해서 말하고 혼륜해서 말하지 않으면 성은 미발의 大本이 될 수 없고 정은 이발의 大用이 될 수 없으므로 그 폐단은 말로 다할 수 없게 된다. 왜냐하면 사단과 칠정은 모두 하나의 근원(성)에서 나오지 않음이 없기 때문이다. 즉 性發爲情의 명제에 근거하여 사단이든 칠정이든 모두 성이 발하여 드러난 하나의 정으로 이해한 것이다. 이것은 갈암이 인의예지의 성에서 나온 것은 사단이 되고 형기에서 생겨난 것은 칠정이 된다고 하여 둘을 상대시킨 것과 구분된다. 때문에 극재는 혼륜설과 분별설 둘 중에 하나를 폐기하라고 하면 분별설을 폐기하겠다고 말한다.

성 · 정을 논할 때에 혼륜설과 대거설이 모두 없을 수 없다. 그러나 만약 두 가지 중에서 하나를 폐하고자 한다면 마땅히 먼저 대거설을 폐해야 한다. 왜냐하면 혼륜설 가운데에는 善惡 · 公私의 설이 저절로 갖추어져 있지 않음이 없기 때문이다.[80]

성정을 논할 때는 혼륜설과 분별설(대거설)이 없을 수 없는데, 그중에

---

79) 『克齋集』卷2, 「答上葛庵先生(別紙)」, "理氣二者, 有離而無合, 五性不得爲未發之大本, 七情不得爲已發之大用, 而其流之弊, 將有不可勝言者."

80) 『克齋集』卷2, 「答上葛庵先生(別紙)」, "論性情時, 渾淪說對擧說, 皆不可無. 然若於二者, 欲廢其一, 則當先廢對擧說. 何者, 渾淪說之中, 善惡公私之說, 自無不備故也."

서 하나를 없애고자 한다면 분별설을 없애야 한다. 이것은 사단과 칠정을 혼륜해서 보아야 한다는 말이다. 갈암이 분별설의 관점에서 사단과 칠정을 상대시켜 별개의 정으로 보는 것과 달리, 극재는 혼륜설의 관점에서 칠정의 중절한 것이 사단이요 사단은 칠정의 선일변이라는 것이다. 만약에 갈암처럼 사단과 칠정을 상대시켜 본다면, 칠정은 불선한 부분만을 취하게 됨으로써 칠정의 선한 부분을 빠뜨리게 된다. 때문에 사단과 칠정은 혼륜해서 말해야 하니, 왜냐하면 혼륜설 속에는 칠정의 선악이 모두 갖추어져 있기 때문이다.

또한 사단이 칠정의 선일변이 아니라면 이는 칠정의 선한 것 외에 다시 하나의 선, 즉 사단의 선이 있어 두 개의 선이 있게 된다고 비판한다.[81] 이것은 율곡이 퇴계의 사단의 선과 칠정의 선을 二善이라고 비판한 대목과 일치한다. 즉 "퇴계가 이미 선을 사단에 귀속시키고 또한 '칠정도 역시 선하지 않은 것이 없다'라고 하였으니, 그렇다면 사단 이외에 또 선한 정이 있는 것인데 이 정은 어디에서 나오는 것인가? …… 선한 정에 이미 사단이 있고 또 사단 밖에 선한 정이 있다면, 이것은 사람의 마음에 두 가지 근본이 있는 것이니 옳겠는가?"[82] 즉 퇴계의 말처럼 '사단을 선에 귀속시키고' 또한 '칠정도 선하지 않음이 없다'고 한다면, 사단의 선 이외에 또 칠정의 선이라는 두 개의 선이 있게 되므로 옳지 않다는 것이다.[83] 때문에

---

81) 『克齋集』卷2, 「答上葛庵先生(別紙)」, "道心四端, 若非七情之善一邊者, 則是七情之善者外, 別有一善二善者, 是道心四端乎."

82) 『栗谷全書』卷9, 「答成浩原(壬申)」, "且退溪先生旣以善歸之四端, 而又曰七者之情, 亦無有不善. 若然則四端之外亦有善情也, 此情從何而發哉. 孟子擧其大槩, 故只言惻隱羞惡辭讓是非, 而其他善情之爲四端, 則學者當反三而知之. 人情安有不本於仁義禮智而爲善情者乎. (此一段當詳究精思) 善情旣有四端而又於四端之外有善情, 則是人心有二本也, 其可乎."

83) 여기에서 물론 퇴계가 '칠정도 역시 선하지 않은 것이 없다' 라고 하였으나, 퇴계가 말하려는 칠정은 선악의 개념으로 표현하면 어디까지나 不善을 의미한다. 따라서 율곡이 퇴계의 사단과 칠정을 二善으로 비판한 것은 퇴계의 본뜻을 헤아린 것이 아니

사단과 칠정은 분별해서 보아서는 안 되고 혼륜해서 보아야 하는데, 혼륜하여 말할 때는 칠정 밖에 다시 사단이 없으며 인심과 칠정에도 차이가 있다.

이처럼 극재는 율곡의 혼륜설을 강조하면서도 퇴계와 율곡의 설이 모두 옳다는 兩是論을 제기한다. 퇴계는 詳備(자세히 갖춤)하고 율곡은 直截(명료함)하니 그들의 주장은 병행하고 서로 모순되지 않는다. 천하의 이치가 둘 다 옳은 것은 없으나 이 경우는 둘 다 옳다는 것이다.[84] 이어서 퇴계와 율곡의 설이 어떤 부분에서 옳은지를 각각 설명한다.

> 퇴계선생의 理發·氣發이란 사단에 기가 없고 칠정에 리가 없다고 말하는 것이 아니라, 다만 사단은 리가 주가 되고 칠정은 기가 된다고 말하는 것일 뿐이다. 또한 성정을 혼륜하여 말할 때에 이미 이런 구분이 있다고 말하는 것이 아니라, 다만 사단과 칠정을 대거하여 말할 때에 이런 구분이 있다고 말하는 것이다.[85]

이것은 퇴계의 호발설이 主理·主氣에 따른 분별설의 관점에서는 가능하다는 말이다. 즉 사단에도 기가 없는 것이 아니고 칠정에도 리가 없는 것은 아니지만, 사단은 리를 주로 하여 말한 것이므로 '리발'이 되고 칠정은 기를 주로 하여 말한 것이므로 '기발'이 된다는 것이다. 이렇게 볼 때 퇴계가 사단과 칠정을 리발과 기발로 해석하는 것은 타당하다는 말이다.

라 드러나는 표현을 비판한 것에 불과하다.

84) 『克齋集』卷2, 「上葛庵先生(論權參判四端七情說)」, "退溪則詳備, 栗谷則直截, 恐並行而不相悖. 天下之理, 固無兩是, 而此則兩是."

85) 『克齋集』卷2, 「答上葛庵先生(別紙)」, "於是乎知先生所謂理發氣發者, 實非謂四端無氣, 七情無理, 特謂四端理爲主, 七情氣爲主耳. 亦非謂就性情渾淪言時, 已有此分, 特謂以四七對擧言時, 乃有此分耳."

때문에 리발과 기발은 혼륜하여 말할 때에 이런 구분이 있다는 말이 아니라, 분별하여 말할 때에 이런 구분이 있다. 이렇게 볼 때 퇴계선생의 설은 참으로 의심할 것이 없다는 것이다.[86] 물론 여기에서 극재가 퇴계의 리발과 기발을 주리 · 주기로 해석하는 부분은 율곡과 구분된다. 율곡은 "사단을 主理라 하면 옳지만 칠정을 主氣라 하면 옳지 않은데, 왜냐하면 칠정은 리기를 포함하여 말한 것이므로 主氣가 아니다"[87]는 것을 분명히 하였기 때문이다.

이처럼 극재는 퇴계의 호발설을 주리 · 주기에 따른 분별설의 관점에서 그 타당성을 인정하면서도 다른 한편으로는 율곡의 '氣發一途'설의 입장에서 사단과 칠정을 해석한다.

> 성은 體이고 심의 리이며, 정은 用이고 기의 動이다. 그러므로 그 발하는 곳으로써 말하면 사단도 역시 기이나 근본하는 리가 이미 直遂할 수 있으면 그 선됨에 방해될 것이 없다. 근본하는 곳으로써 말하면 칠정도 역시 리이니 발하는 기가 가리거나 빼앗는 바가 없다면 또한 악이 되는데 이르지 않는다. 이와 같다면 둘로 말하여 혹 두 근본의 의혹이 있는 것보다는 하나로 말하면서도 또한 不備의 걱정이 없는 것이 낫지 않겠는가?[88]

이것은 사단과 칠정이 모두 리기를 겸한다는 것을 강조하는 표현이다.

---

86) 『克齋集』 卷2, 「答上葛庵先生(別紙)」, "如是則先生之說, 固自無疑."

87) 『栗谷全書』 卷10, 「答成浩原(壬申)」, "且四端謂之主理, 可也, 七情謂之主氣, 則不可也. 七情包理氣而言, 非主理也."

88) 『克齋集』 卷2, 「答上葛庵先生(別紙)」, "性者體也, 心之理也; 情者用也, 氣之動也. 故以其所發處言之, 則四端亦氣, 而所本之理旣能直遂, 則不害其爲善. 以其所本處言之, 則七情亦理, 而所發之氣無所掩奪, 則亦不至爲惡矣. 如是則與其兩下說, 而或有二本之疑, 孰若一直說而亦無不備之患乎."(이것은 율곡의 말을 직접 인용한 것이 아니고 극재가 이해한 율곡의 사단칠정설의 요지를 말한 것이다.)

따라서 칠정과 마찬가지로 사단도 발하는 것은 기이고 사단과 마찬가지로 칠정도 리에 근원하므로 '氣發理乘一途'가 된다. 이것을 선악으로 표현하면, 사단에도 기가 없는 것이 아니므로 발할 때에 근본하는 리가 直遂하지 못하면 불선이 될 수 있고, 칠정에도 리가 없는 것이 아니므로 발할 때에 형기의 방해를 받지 않으면 선이 될 수 있다는 것이다. 이러한 氣發一途의 관점에서, 퇴계처럼 나누어 말하여(분별설) 근본이 둘이라는 의혹에 빠지기보다는 율곡처럼 하나로 합쳐서 말하여(혼륜설) 不備의 걱정이 없는 것이 낫다고 말한다. 다시 말하면 사단과 칠정을 둘로 나누어 별개의 정으로 보는 퇴계의 설보다는, 사단과 칠정을 하나로 보고 그 가운데 선한 부분만을 사단으로 보는 율곡의 설이 더 타당하다는 말이다. 결국 극재는 퇴계와 율곡의 설이 모두 옳다는 兩是論을 제기하지만, 사단과 칠정의 해석에서 퇴계의 분별설보다는 율곡의 혼륜설의 관점을 취한다. 때문에 혼륜설의 관점에서는 율곡의 설에 잘못이 없다는 것을 재차 강조한다.

> 〈율곡이〉 "천하에는 리 없는 기가 없고 기 없는 리가 없으므로 사단과 칠정을 막론하고 발하는 것은 기이고 발하는 소이는 리이니, 기가 아니면 발할 수 없고 리가 아니면 발하는 것이 없다. 다만 발하는 즈음에 탁한 기에 가리면 불선으로 흐르게 된다"라고 하였는데, 이 설이 의리에 무슨 불가함이 있겠는가?[89)]

여기에서 '천하에는 리 없는 기가 없고 기 없는 리가 없다'는 말은 사단과 칠정이 모두 리기를 겸한다는 뜻이다. '사단과 칠정을 막론하고 발하는 것은 모두 기이다'는 말은 사단이든 칠정이든 모두 기가 아니면 발할

89) 『克齋集』卷2, 「上葛庵先生」, "其大意以爲天下無無理之氣, 亦無無氣之理, 無論四端七情, 發之者氣也, 所以發者理也, 非氣則不能發, 非理則無所發, 特其發之之際, 掩於濁氣則流爲不善, 此說於義理, 有何不可哉?"

수 없으니 사단도 기가 발한 것이요 칠정도 기가 발한 것이라는 뜻이다. 이것은 갈암이 사단은 리가 발한 것이요 칠정은 기가 발한 것이라고 해석하는 것과 구분된다. 또한 '발할 적에 탁한 기에 가려지면 불선으로 흐르게 된다'는 말은 사단과 칠정에 본래 두 근원이 없음을 강조한 표현이다. 즉 사단과 마찬가지로 칠정도 리에 근원하지만 탁한 기에 가려지면 不善이 된다는 말로써, 이것은 갈암이 리가 발한 사단은 선이 되고 기가 발한 칠정은 불선이 된다고 해석하는 것과 구분된다. 이것은 혼륜설의 관점에서는 율곡의 설을 해석한 것이며, 이러한 혼륜설의 관점에서는 율곡의 설이 결코 의리에 어긋나지 않는다는 것이다.

때문에 "이치란 한 사람이 소유할 수 있는 것이 아니며 사람의 소견도 저마다 다르므로 진실로 같지 않은 것을 억지로 끌어다가 맞출 수는 없는 것이다. 따라서 퇴계의 설과 다르다는 이유만으로 죄를 물어서 그 사람을 판단해서는 안 된다고 말한다."[90] 즉 퇴계의 분별설만 옳고 율곡의 혼륜설은 그르다고 해서는 안 된다는 말이다. 물론 이것은 지나치게 분별설만을 주장하는 갈암에 대한 경계이기도 하다. 그 이유로써 혼륜해서 사단과 칠정을 말하지 않으면 성은 미발의 大本이 될 수 없고 정은 이발의 大用이 될 수 없기 때문이다.[91] 이렇게 볼 때 퇴계는 분별해서 말한 것을 후회할 것이고, 고봉도 자기의 주장을 지키지 못한 것을 후회할 것이며, 율곡도 끝내 굴복하지 않을 것이다.[92] 결국 갈암(또는 퇴계)이 분별설의 관점에서 사단과 칠정을 상대시켜 보려고 한 것과 달리, 극재는 혼륜설의 관점

---

90) 『克齋集』 卷2, 「答上葛庵先生(別紙)」, "然理非一家之所得私, 人之所見亦各不同, 固不可强其所不同而就其所同, 此豈必可罪而爲其人之斷案哉?"

91) 『克齋集』 卷2, 「答上葛庵先生(別紙)」, "是理氣二者有離而無合, 五性不得爲未發之大本, 七情不得爲已發之大用."

92) 『克齋集』 卷2, 「答上葛庵先生(別紙)」, "如是則老先生, 當悔其發此論, 高峯亦悔其不守己見, 而栗谷之心, 終不可服矣."

에서 사단과 칠정을 하나로 보고자 하는 것을 알 수 있다. 물론 극재가 兩是論을 제기하여 퇴계의 분별설과 율곡의 혼륜설을 모두 옳다고 보기도 하지만 결국 율곡의 혼륜설을 취한다.

3. 맺음말

갈암은 퇴계와 마찬가지로 사단과 칠정을 별개의 정으로 해석한다. 칠정의 중절한 것이 사단이요 사단은 칠정의 선일변이 아니라, 사단은 인의예지의 성에 근원하고 칠정은 형기에서 생겨난 것이므로 둘은 근본적으로 구분된다. 때문에 사단은 칠정이 될 수 없고 칠정은 사단이 될 수 없다. 또한 사단과 칠정에 대한 이러한 대립적 사고는 그대로 인심과 도심의 관계로 연결된다. 인심 하나만을 두고 말하면 좋은 것이지만 도심과 상대해서 말하면 병통이 생길 수 있듯이(불선), 마찬가지로 칠정 하나만을 두고 말하면 리기를 겸할지라도 사단과 상대해서 말할 때는 자기의 사사로움을 극복하기 어려운 폐단이 있다(불선). 이렇게 볼 때 인심과 칠정은 차이가 없다는 것이다.

그리고 그 논거로써 분별설을 강조한다. 그 이유로써 사단과 칠정의 내력이 서로 다르다는 것을 기술하고, 선유들의 설로써 분별설의 타당성을 논증한다. 이어서 극재의 퇴계와 율곡의 설을 모두 옳다고 보는 兩是論을 비판하고, 둘의 관계를 향초와 악초, 얼음과 숯처럼 용납할 수 없는 관계로 설명한다. 이것은 퇴계의 설이 옳으면 율곡의 설은 그르다는 말로써, 율곡의 혼륜설이 아니라 퇴계의 분별설의 관점에서 사단과 칠정은 상대시켜 보아야 한다는 것이다. 물론 갈암도 혼륜설은 혼륜설대로 분별설은 분별설대로 각자의 역할이 있음을 인정한다. 그렇지만 사단과 칠정의 관계에서는 분별해서 보아야 한다는 것이다. 왜냐하면 맹자가 사단을 말할 것은 리만을 발라내어 말했기 때문이다.

반면 극재는 사단과 칠정에 대해 '칠정의 중절한 것이 사단이요 사단은 칠정의 선일변' 이라고 해석한다. 그리고 이러한 사단과 칠정의 관계를 인심과 도심의 관계와 구분해서 이해한다. 즉 극재는 율곡과 마찬가지로 '인심과 도심은 상대시켜 볼 수 있지만 사단과 칠정은 상대시켜 볼 수 없다는 입장' 에서 인심과 칠정에는 차이가 있다고 주장한다. 왜냐하면 칠정은 리기를 겸하기 때문에 도심과 상대되는 인심과 동일한 범주로 볼 수 없다는 것이다. 그리고 그 논거로써 혼륜설을 강조한다. 갈암이 분별설의 관점에서 사단과 칠정을 상대시켜 보는 것과 달리, 혼륜설의 관점에서는 사단과 칠정을 하나의 정으로 보아야 한다는 것이다. 물론 극재도 퇴계의 호발설을 주리 · 주기로 해석하는 분별설의 관점을 인정하여 兩是論을 전개하기도 한다. 그렇지만 결국 분별설보다는 혼륜설의 관점을 취하며, 둘 중의 하나를 버리라면 분별설을 버려야 한다고 말한다.

결국 갈암은 분별설의 관점에서 사단과 칠정은 별개의 정이므로 상대시켜 보아야 한다고 주장한 반면, 극재는 혼륜설의 관점에서 '칠정의 중절한 것은 사단이요 사단은 칠정의 선일변' 으로 보아야 한다고 주장한다. 이를 통해 볼 때, 같은 퇴계학파 내에서도 퇴계설을 그대로 묵수한 것이 아니라 율곡의 이론을 수용하여 다양한 관점에서 퇴계의 이론을 재해석하려고 하였음을 알 수 있다. 따라서 이들의 논변은 퇴계의 이론이 퇴계학파를 거치면서 다양하게 전개되어 나갈 수 있는 하나의 동력으로 작용하였다고 볼 수 있다.

12장

갈암과 우담의 인심도심론

인심과 도심이라는 말은 『書經』「大禹謨」에 "인심은 오직 위태롭고 도심은 오직 은미하니 오직 정밀히 하고 오직 한결같이 하여 진실로 그 중을 잡으라"[93]는 말에서 유래한다. 정자는 인심과 도심을 천리와 인욕으로 연결시켜 인심을 인욕으로 도심을 천리로 해석한다.[94] 그런데 주자가 「中庸章句序」에서 或原或生(或生於形氣之私 或原於性命之正)으로 인심과 도심의 차이를 설명함으로써 인심도심설이 새로운 성리학적 주제로 부각된다. 이러한 인심도심의 문제는 조선성리학에서 리와 기의 구조로 해석하면서 보다 심층적으로 논의된다.

먼저 주자는 심의 지각작용을 하나로 전제하고서, 인심이란 형기에서 생겨나는 것이요 도심이란 성명에 근원하는 것으로 둘을 구분한다.

> 심의 虛靈知覺은 하나일 뿐인데 인심과 도심의 차이가 있는 것은 혹은 形氣

93) 『書經』卷2, 「大禹謨」, "人心有危, 道心有微, 惟精惟一, 允執厥中."
94) 『二程全書』, 「河南程氏外書(2)」, "人心人欲, 道心天理."

의 사사로움에서 생기고 혹은 性命의 올바름에 근원하여 지각하는 것이 같지 않기 때문이다. 그러므로 혹은 위태하여 불안하고 혹은 은미하여 보기가 어렵다.[95]

주자가 인심과 도심의 차이를 '或原或生'으로 정의하지만 조선의 학자들은 '或原或生'에 대한 해석을 달리한다. 대표적인 학자가 퇴계와 율곡이다. 퇴계는 "인심이 인욕의 근본이 된다"[96]는 이유에서 '或原或生'을 도심=혹원=리, 인심=혹생=기로 차원을 달리하는 두 마음으로 해석한다. 반면 율곡은 '氣發理乘一途'에 근거하여 인심과 도심이 모두 리에 근거한 기의 발동으로 봄으로써 '或原或生'을 이미 발한 이후에 나타나는 마음의 두 양상으로 설명한다.[97] 이후 조선 성리학계는 이 둘의 학설을 종지로 삼은 퇴계학파와 율곡학파를 두 축으로 다양한 이론들이 전개된다.

갈암 이현일은 62세에 「栗谷李氏論四端七情書辨」(1688)을 지어 율곡에 대해 비판적인 견해를 표명한 대표적인 퇴계학파의 일원이다. 우담 정시한도 72세에 「四七辨證」(1696)을 저술하여 율곡비판의 계보를 이은 퇴계학파의 수장이다. 갈암과 우담은 동시대의 인물로 생몰연대도 거의 일치하는데, 그들의 「栗谷李氏論四端七情書辨」과 「四七辨證」은 율곡설을 배척하는데서 출발하여 퇴계설을 옹호하는 것으로 일관한다. 그러나 둘 다 퇴계학파의 일원으로 퇴계의 학설을 옹호하였음에도 불구하고 둘의 이론에는 차이가 있음을 볼 수 있다. 둘은 퇴계의 호발설을 적극 옹호하지만 갈암은 분별의 관점에서 퇴계의 호발설을 해석하고 우담은 율곡의 혼륜의

95) 『中庸章句』序, "心之虛靈知覺, 一而已矣, 而以爲有人心道心之異者, 則以其或生於形氣之私, 或原於性命之正, 而所以爲知覺者不同, 是以或危殆而不安, 或微妙而難見耳."

96) 『退溪全書』卷40, 「答審姪問目(中庸)」, "人心者人欲之本, 人欲者人心之流. 夫生於形氣之心, 聖人亦不能無, 故只可謂人心, 而未遽爲人欲也. 然而人欲之作, 實由於此, 故曰人欲之本."

97) 『栗谷全書』卷10, 「答成浩原(壬申)」, "其所謂或原或生者, 見其旣發而立論矣."

관점에서 퇴계의 호발설을 해석한다. 여기에서 같은 퇴계학파의 일원이면서 그들의 이론이 서로 달라지는 원인이 소재한다.

1. 갈암 이현일의 인심도심론

갈암의 인심도심론은 우계와 율곡의 왕복 서신 중에서 퇴계의 이론과 맞지 않다고 생각되는 내용을 중심으로 율곡을 비판한 「栗谷李氏論四端七情書辨」[98]과 우담과의 왕복 편지[99]에 자세히 기술되어 있다. 갈암의 인심도심론의 특징은 인심과 도심을 리와 기에 분속시켜 대립적 구조로 이해한다는 것이다. 때문에 인심과 도심을 의리를 따라 나오는 것과 혈기를 따라 나오는 것으로 분명히 구분하고, 그 근거를 주자의 '或原或生'으로 설명한다.

> 심의 허령지각에 두 체가 있는 것이 아니지만, 그 지각이 의리를 따라 나오는 것을 도심이라 하고 혈기를 따라 나오는 것을 인심이라 한다. 지각은 하나이지만 所從來에 각각 주로 하는 바가 있으니 하나의 마음으로 두 모양을 가지는 것을 해치지 않는다.[100]

---

98) 갈암은 율곡의 사단칠정론을 비판하기 위하여 「栗谷李氏論四端七情書辨」을 저술한다. 19조로 나누어 논평 형식으로 전개되는 「栗谷李氏論四端七情書辨」은 퇴계의 호발설을 옹호하는 입장에서 율곡의 氣發理乘一途說을 비판하는 내용이다. 『갈암집』권18에 실려있다.

99) 『갈암집』권8에는 우담에게 보낸 14통의 서신이 실려있다.

100) 『葛庵集』卷18, 「栗谷李氏論四端七情書辨」, "愚謂心之虛靈知覺非有二體, 而其知覺從義理上去者謂之道心, 從血氣上去者謂之人心. 知覺則一, 而所從來者各有所主, 則不害其以一心而有兩樣也."

지각의 기능과 허령한 특징을 가지고 있는 마음은 본래 하나이지만 그 소종래에 따라 둘로 구분할 수 있다. 왜냐하면 하나의 마음이지만 그 所從來로 미루어 가면 각각 주로 하는 바가 따로 있기 때문이다.[101] 그래서 하나의 마음이지만, 그것이 의리를 따라 나오면 도심이 되고 혈기를 따라 나오면 인심이 된다. 하나의 마음인데 어째서 의리를 따라 나오는지를 묻는다면 주자가 말한 것처럼 '성명에 근원하기 때문'이고, 어째서 혈기를 따라 나오는지를 묻는다면 '형기에서 생겨나기 때문'이다. 여기에서 '성명에 근원한다'는 말은 리에 근원한다는 말의 다른 표현이고, '형기에서 생겨난다'는 말은 기에 근원한다는 말의 다른 표현이다. 때문에 인심과 도심은 애당초 두 마음이 있는 것은 아니지만, 그 소종래로 미루어 가면 리에 근원하는 도심과 기에 근원하는 인심으로 구분된다. 이것을 선악의 개념과 연결하면 리에 근원하는 도심은 선하지만 기에서 근원하는 인심은 쉽게 악으로 흘러갈 수 있다. 때문에 도심=或原=理=善, 인심=或生=氣=不善이라는 상대적인 대립관계가 성립된다. 이것이 바로 갈암(퇴계)이 인심과 도심을 리와 기로 상대시켜 보는 구도이다.

그래서 마음은 하나이지만, 그 소종래를 따라가면 형기(기)에서 생겨나는 인심과 성명(리)에 근원하는 도심이라는 두 모양을 가지게 된다. 왜냐하면 도심은 본래부터 성명에 근원하고 형기에서 생겨나는 것이 아니요, 인심은 형기에서 생겨나고 성명에 근원하는 것이 아니기 때문이

101) 여기에서 所從來에 대한 이해가 전제되어야 할 것 같다. 소종래라는 말은 주자가 理先氣後를 논하면서 제시한 개념이다. "리와 기는 본래 선후를 말할 수는 없지만, 所從來를 추론하면 모름지기 먼저 리가 있다고 말해야 한다.(理與氣本無先後之可言, 然必欲推其所從來, 則須說先有是理.『朱子語類』卷1)"는 글에 보인다. 주자는 실제로 리와 기는 서로 떨어질 수 없지만 논리적인 관점에서 선후를 말할 수 있다는 입장이다. 따라서 所從來란 근원이 둘이라는 말이 아니라 논리적 관점에서 추론해가면 氣보다는 理를 우위에 두지 않을 수 없듯이, 리를 주로 하는 도심과 기를 주로 하는 인심도 근원적으로 구분되어야 한다는 말이다.

다.[102] 따라서 인심과 도심은 처음부터 성명과 형기로써 그 발출 근거가 분명히 다르다. 다시 말하면, 인심은 형기(기)에 근원하고 도심은 성명(리)에 근원하므로 둘은 근본으로부터 구별된다는 것이다. 이러한 사고는 인심으로 시작했다가 도심으로 마치거나 도심으로 시작했다가 인심으로 마치기도 하는 율곡의 '人心道心相爲終始說'과 분명히 대조된다. 그렇다면 도심에는 리만 있고 기가 없으며 인심에는 기만 있고 리는 없는 것인가?

> 인심에도 리가 없는 것은 아니지만 기가 주가 되므로 '형기에서 생겨난다'고 하고, 도심에도 기가 없는 것은 아니지만 리가 주가 되므로 '성명에 근원한다'고 하는 것이니, 이것이 어찌 리와 기 둘이 마음속에 서로 대립하고 있다가 이것을 발하고 또한 저것을 발한 것이겠는가?[103]

물론 갈암도 인심이든 도심이든 모두 리와 기가 함께 작용한다는 것을 전제한다. 인심에도 리가 없는 것은 아니고 도심에도 기가 없는 것은 아니지만, 인심은 기를 주로 하여 말한 것이고 도심은 리를 주로 하여 말한 것이다. 왜냐하면 인심은 형기에서 생겨난 것이므로 리가 없는 것은 아니지만 기가 주가 되며, 도심은 성명에 근원한 것이므로 기가 없는 것은 아니지만 리가 주가 되기 때문이다. 율곡이 말한 것처럼 아직 발하지 않았을 때는 인심과 도심의 묘맥이 따로 있다가 리가 발하면 도심이 되고 기가 발하면 인심이 되는 것[104]이 아니라, 리를 주로 하여 말한 것은 도심이

102) 『葛庵集』 卷18, 「栗谷李氏論四端七情書辨」, "道心本原於性命而不生於形氣也, 人心本生於形氣而不原於性命."

103) 『葛庵集』 卷18, 「讀金天休論李大柔理氣性情圖說辨」, "人心非無理也而氣爲之主, 則謂之生於形氣, 道心非無氣也而理爲之主, 則謂之原於性命, 此豈理氣二者, 相對於心中, 旣發此又發彼邪."

104) 『栗谷全書』 卷10, 「答成浩原(壬申)」, "所謂理氣互發, 則是理氣二物各爲根底於方寸之中,

고 기를 주로 하여 말한 것은 인심이라는 말이다. 때문에 기가 주가 되는 인심과 리가 주가 되는 도심은 근원적으로 구분해서 보아야 한다. 이렇게 볼 때 인심의 소종래는 기가 되고 도심의 소종래는 리가 된다.

여기에서 갈암은 主理·主氣의 논리를 끌어들여 인심과 도심을 리와 기로 분속시켜 볼 것을 설명한다. 원래 주리·주기는 퇴계 호발설의 타당성을 설명하기 위해 제시된 개념이다. 주리와 주기란 리와 기의 떨어질 수 없는(渾淪) 관계를 전제로 한 용어이다. 현실적으로 리와 기는 혼륜하여 섞여있어 서로 나눌 수 없지만 혼륜하여 섞여있는 속에 나아가 나누어 말할 수 있으니 이것이 바로 분별설의 논리이다.[105] 분별설이란 리와 기의 혼륜한 관계를 전제로 한 상황에서 전개되는 하나의 인식방법이다. 물론 이러한 사고는 어디까지나 논리적(또는 이론적)으로만 가능하다. 현실적으로 리와 기는 서로 떨어질 수 없는 관계에 있는 것이지만, 이들을 떨어뜨려 설명하므로 논리적 관점이라고 말하는 것이다. 분별설의 논리에서는 리는 자체로 리이고 기는 자체로 기로써 둘의 구분이 가능하다. 리만을 주로 해서 보거나 기만을 주로 해서 보는 주리·주기의 인식방법은 분별설의 논리에서만 가능하다. 따라서 갈암은 一物이라도 분별해보아야 한다는 분별설의 논리를 강조한다.

未發之時, 已有人心道心之苗脈, 理發則爲道心, 氣發則爲人心矣."

105) 분별설의 논리는 주자의 理先氣後의 사고와도 연결된다. 주자는 현실적으로 리와 기는 선후가 없다는 것을 인정하면서도 리를 기의 앞에 두려고 한 것은 인간의 도덕(선악의 가치)문제를 그 중심에 놓았기 때문이다. 리=선(절대선), 기=유선악(상대선)의 도식에서 리와 기를 질적으로 구분함으로써 인간의 도덕적 근거를 절대선인 리에 근거지우려는 시도에서이다. 절대선을 확보하기 위해서 리를 기 앞에 두어 리가 기에 앞선다는 사실을 인정하였던 것이다. 분별설의 논리도 같은 맥락에서 이해할 수 있다.

리와 기는 妙合하여 엉겨 있어서 분개하여 각각 한곳에 있게 할 수는 없으나, 또한 一物이라고 하여 분별이 없어서는 안 된다.[106)]

현실적으로 리와 기는 잠시라도 떨어져 있을 수 없으므로 리 없는 기가 없고 기 없는 리가 없다. 그렇지만 리와 기로 합쳐져 있는 一物 속이라도 리와 기로 분리하여 말할 수 있다. 그 논거로써 태극과 음양을 형이상과 형이하의 측면에서 道(리)와 器(기)로 구분할 수 있다는 주자의 말을 인용한다. "태극은 음양 속에 있으니 음양을 떠날 수 없으나, 태극을 지론하면 태극은 자체로 태극이고 음양은 자체로 음양이다. 성과 심도 마찬가지이니 하나이면서 둘이고 둘이면서 하나이다."[107)] 태극과 음양이 一物이지만 형이상과 형이하로 구분할 수 있듯이, 마음도 하나이지만 리를 주로 하는 도심과 기를 주로 하는 인심으로 구분할 수 있다. 즉 분별설의 논리에서는 주리·주기에 따라 인심과 도심을 근원적으로 구분해볼 수 있다는 말이다.

그렇다면 갈암은 왜 분별설의 논리를 강조하였는가? 물론 이것은 퇴계의 호발설에 대한 율곡의 비판 때문이다. 율곡이 퇴계의 호발설을 비판한 '氣發理乘一途'설이 혼륜의 관점에 바탕을 두고 있다고 보았기 때문이요, 동시에 주리·주기에 따른 분별설의 논리 하에서만이 인심과 도심을 근원적으로 구분할 수 있다고 보았기 때문이다. 그래서 갈암의 전체 글에서는 분별설의 타당성을 강조하는 내용이 곳곳에 등장한다.

성현의 말에는 각각 의도하는 뜻이 따로 있고 그들이 말한 차원이 다른데 억지로 끌어다 합치기만을 좋아하고 분별의 뜻을 살피지 않으면 안 된

106) 『葛庵集』 卷8, 「答丁君翊」, "理與氣雖是妙合而凝, 不宜分開, 各在一處, 然亦不可認爲一物而無所分別."

107) 『朱子語類』 卷5, "太極只在陰陽之中, 非能離陰陽也. 然至論太極 則太極自是太極, 陰陽自是陰陽. 惟性與心亦然, 所謂一而二, 二而一也."

다. 예를 들어 『중용』은 혼륜하여 말한 것이고 『맹자』는 분별하여 말한 것이므로 글자를 볼 때는 융통성 있게 보아야한다.[108] 이것은 이것에 나아가 말한 것이고 저것은 저것에 나아가 말한 것인데, 만약 이것을 끌어다 저것에 합친다면 곳곳에서 막히게 될 것이다.[109] 그러므로 子思가 말한 차원에 나아가 혼륜의 도리를 이해하고 孟子가 말한 차원에 나아가 분별의 도리를 이해하면, 혼륜설과 분별설의 의미가 저절로 분명해질 것이다. 따라서 도리를 볼 때는 하나의 설만 고수해서는 안되니 혼륜을 말한 곳도 있고 분별을 말한 곳도 있다.[110] 물론 인심 하나만을 말할 경우는 혼륜설도 가능하지만, 인심과 도심을 상대시켜 말할 경우는 분별해서 말해야 한다. 그런데 지금 리와 기가 혼륜하다는 이유만으로 인심과 도심을 一途로만 본다면, 천리와 인욕을 하나로 섞어서 性(리)과 氣 두 글자를 변별해 내지 못하는 병폐에 빠지게 된다.[111]

> 사람이 태어나는 것은 성과 기가 합쳐진 것이지만, 이미 합쳐진 것에 나아가 분석하여 말하면 성은 리를 주로 하여 형체가 없고 기는 형체를 주로 하여 질이 있으니 그 근본으로부터 이미 그러한 것이다.[112]

우리 몸의 경우도 性과 氣가 합쳐져 있지만 리를 주로 하는 성과 형체를 주로 하는 기를 구분할 수 있듯이, 우리 마음도 리를 주로 하는 도심과

---

108) 『葛庵集』 卷11, 「李粹彦(琓)」, "中庸是渾淪說, 孟子是分別說. 朱子嘗言文字須活看."

109) 『葛庵集』 卷11, 「李粹彦(琓)」, "此且就此說, 彼則就彼說, 若牽此合彼, 便處處有礙."

110) 『葛庵集』 卷8, 「答丁君翊」, "然凡看道理, 不可膠守一說, 有渾淪說處, 有分別說處."

111) 『葛庵集』 卷18, 「栗谷李氏論四端七情書辨」, "今以理氣渾淪不可分開之故, 而謂人心道心之發本是一途云爾, 則是以天理人欲渾爲一區, 有辨別性氣兩字不出之病."

112) 『葛庵集』 卷8, 「與丁君翊」, "人之有生,, 性與氣合而已, 然卽其已合而析言之, 則性主於理而無形, 氣主於形而有質, 蓋自其根本而已然."

기를 주로 하는 인심으로 각각 상대시켜 말할 수 있다. 따라서 리(성명)가 주가 되는 도심은 기로써 말할 수 없고, 기(형체)가 주가 되는 인심은 리로써 말할 수 없다. 인심과 도심을 리와 기로 각각 상대시켜 볼 수 있다는 말이다. 그러므로 마음은 하나이지만 모름지기 두 쪽으로 나누어 말해야 하니 인심이 그 한쪽이 되고 도심이 다른 한쪽이 된다.[113] 지각이 하나라고 하더라도 반드시 양쪽으로 구분해보아야 하며 혼륜하다고 하더라도 반드시 분별해보아야 한다. 분별의 관점에서 인심과 도심는 천리와 인욕의 관계와 동일하게 된다.

때문에 갈암은 인심과 도심의 관계를 천리와 인욕의 관계와 동일시하여 인심을 도심(천리)에 대립하는 개념으로 간주한다. 정이의 "인심은 인욕이고 도심은 천리이다"[114]는 말과 주자의 "인심만을 말할 때에는 인심도 좋은 것이지만 도심에 상대해서 말하면 혼란스러운 물건이다"[115]라는 말을 인용하면서 인심을 인욕과 동일시한다. 즉 인심 자체만으로 말할 때는 인심도 좋은 것이지만, 도심과 상대해서 말하면 물리쳐야 할 대상이다. 이러한 사고는 사단과 칠정의 관계에서도 그대로 적용된다. 칠정이라고 하여 리가 없는 것은 아니지만 사단과 상대해서 말하면 그대로 기가 발한 것이다. 그러므로 칠정을 리와 기가 합쳐진 것이라고 말해서는 안 된다.[116] 사단과 상대해서 말한 칠정은 어디까지나 기가 발한 것으로 보아야 한다. 왜냐하면 인심과 칠정은 모두 형기에서 생겨나기 때문이다.[117]

---

113) 『葛庵集』 卷8, 「與丁君翊」, "心只是一箇心, 須是分別兩邊說, 人心便成一邊, 道心便成一邊."

114) 『二程全書』, 「河南程氏外書(2)」, "人心人欲, 道心天理."

115) 『朱子語類』 卷62, "如單說人心, 則都是好, 對道心說著, 便是勞攘物事, 會生病痛底."

116) 『葛庵集』 卷13, 「答申明仲(癸未)」, "渾淪說, 則可以兼理氣而爲言, 若分別說, 則似當專言氣發, 不宜合理氣而爲說也."

117) 『葛庵集』 卷12, 「與申明仲(別紙)」, "人心與七情, 皆是發於形氣."

따라서 천리와 인욕이 혼동될 수 없는 것처럼, 인심과 도심도 아무리 같은 하나의 마음에서 나온 것이라 할지라도 상대시켜 보아야 한다. 도심은 성명(리)을 주로 하기 때문에 공정하여 선하지 않음이 없으나, 인심은 형체(기)를 주로 하기 때문에 사사로워 불선하다. 공정하여 선하기 때문에 발하는 것이 모두 천리가 되고 사사로워 불선하기 때문에 발하는 것이 모두 인욕이 된다. 설령 인심이 곧장 악으로 결부되지 않는다고 하더라도 형기에서 생겨나는 인심보다는 성명에 근원하는 도심을 더 중시하지 않을 수 없었던 것이다.

여기에서 갈암은 주자가 천리와 인욕을 同體로 보는 호굉의 관점을 비판한 내용을 인용하면서 천리와 인욕의 관계를 상대적인 대립구조로 설명한다. 주자는 호굉의 '天理人欲同體而異用'의 주장에 대해 "천리는 나면서부터 있는 것이고 인욕은 형체에 얽매이고 기에 섞인 뒤에 있는 것이니 지금 천리와 인욕을 섞어서 하나로 만들려는 것은 합당하지 않다"[118]라고 비판한다. 이것은 천리와 인욕이 본체는 같고 작용만 다른 것이 아니라, 천리는 보존해야 할 대상이고 인욕은 제거해야 할 대상이므로 둘을 대립적 구조로 보아야 한다는 말이다. 천리와 인욕이 혼동될 수 없다면 인심과 도심도 아무리 하나의 마음에서 나온 것이라고 할지라도 분별하지 않을 수 없다.

> 대체로 도심은 천리의 공정한 것이고 인심은 형기의 사사로운 것인데, 지금 '인심을 리 속의 고유한 것'이라고 말하니, '천리와 인욕은 본체가 같으나 작용은 다르다(天理人欲同體而異用)'는 설과 부절을 합한 듯하다.[119]

118) 『朱熹集』卷73, 「胡子知言疑義」, "蓋天理生而有之矣, 人欲者梏於形雜於氣而後有者也, 今以天理人欲混爲一區混, 恐未允當."

119) 『葛庵集』卷8, 「答黃用五(癸未)」, "蓋道心是天理之公也, 人心是形氣之私也. 今日人心是

천리와 인욕에서처럼 도심은 천리의 공정한 것에 근원하고 인심은 형기의 사사로운 것에 근원하므로 둘로 상대시켜 보아야 한다. 즉 인심을 인욕으로 보고 도심을 천리로 보아 인욕을 막고 천리를 보존해야 한다는 말이다. 천리와 인욕을 同體로 보는 호굉의 관점은 인심과 도심을 一源으로 보는 율곡의 관점과 같은 맥락에 있다. 율곡은 인심과 도심이 모두 리에 근거한 기의 발동임을 강조하여 도심과 마찬가지로 인심의 근원을 리로써 설명한다.

그러나 갈암은 인심과 도심의 근원에 대한 이해를 율곡과 달리한다. 도심은 천리의 공정한 것이고 인심은 형기의 사사로운 것이므로 마음이 발할 때에 형기에 근원하는 것과 성명에 근원하는 두 원천이 따로 있다는 것이다. 이 둘을 구분하지 않고 一源으로 보려는 것은 하나로 합치는 것을 좋아하고 분리하는 것을 싫어하는 그릇된 인식방법이라고 말한다.[120] 그러므로 인심과 도심의 구별은 그 근본으로부터 이미 그러한 것이니 어찌 발하기 전에는 천리와 인욕이 한곳에 뒤섞여 있다가 발한 뒤에 리와 기가 비로소 나누어지는 것이 아니다.[121] 때문에 비록 마음은 하나이지만 분별해서 보면 그 소종래에 각각 근원과 묘맥이 따로 있는 것이니 '인심과 도심은 원래 一源이 아니다'거나 '리와 기는 二物이다'라고 하여 양쪽으로 나누어 말하더라도 결코 지나치지 않다.[122] 그 근본으로부터 이미 그러하여 각각 묘맥이 있기 때문에 인심과 도심이 지각이 동일하다는 이유로 양쪽으로 나눌 수 없다고 해서는 안된다.[123] 이것은 인심과 도심을 근원적

理中固有之物事云, 則其與天理人欲同體異用之說, 如合符節."

120) 『葛庵集』卷8, 「答丁君翊(別紙)」, "且不離不外等語, 每有喜合惡離之意, 此亦不可不察也."

121) 『葛庵集』卷18, 「讀金天休論李大柔理氣性情圖說辨」, "蓋人心道心之別, 自其根本而已然, 豈可謂未發之前天理人欲混爲一區, 及其旣發而後理氣始分而不相夾雜邪."

122) 『葛庵集』卷8, 「答丁君翊(別紙)」, "心雖一也, 而其所從來, 各有根源苗脈, 則雖曰人心道心, 本非一源, 理氣二物, 分作兩邊說, 不爲過矣."

으로 구분해보더라도 지나치지 않다는 말이다.

그렇다면 갈암은 왜 분별설의 논리까지 끌어들이면서 인심과 도심을 상대시켜 보려고 하였는가? 그 이유는 인심과 도심을 가치우열의 관계로 보았기 때문이다. 가치개념은 선악문제와 연결된다. 인심과 도심을 선악의 문제와 연결하면, 도심은 리를 주로 하기 때문에 공정하여 선하지 않음이 없고 인심은 기를 주로 하기 때문에 사사롭거나 불선하다. 이렇게 볼 때 도심=或原=理=公=善, 인심=或生=氣=私=不善으로 도식화할 수 있다. 따라서 도심에 상대되는 인심이란 어디까지나 물리쳐야 할 사적인 대상이 된다. 기(불선)에 근원하는 인심과 리(선)에 근원하는 도심으로 질적으로 구분하지 않을 수 없었던 것이다. 물론 이것은 분별의 논리에서 인심도심을 해석한 것이다.

때문에 갈암은 성인이 인심과 도심을 상대시켜 말하는 것도 인심과 도심을 정밀하게 살피고 전일하게 지키게 하려는 이유 때문이라고 설명한다.[124] 정밀하게 살펴야 둘의 경계가 분명해지고, 둘의 경계가 분명해야 도심을 전일하게 지킬 수 있으므로 더 이상 인심이 침범하지 못한다. 따라서 주자가 「中庸章句序」에서 말한 것처럼, "도심으로 하여금 늘 자신을 주재하도록 하고 인심으로 하여금 항상 도심에게서 명령받도록 한다면 위태로운 것은 편안하게 되고 은미한 것은 드러나게 되어 말하고 행동함에 지나치거나 모자라는 잘못이 없게 될 것이다."[125] 인심과 도심의 경계를 분명히 구분함으로써 천리에 근원하는 선을 인욕에 근원하는 악으로부터 분명히 구분하여 인욕을 막고 천리를 보존하려고 하였던 것이다. 때

---

123) 『葛庵集』 卷8, 「與丁君翊」, "故今改之曰自其根本而已然, 各有苗脈, 不當以人心道心同一知覺之故, 不可分作兩邊說."

124) 『葛庵集』 卷11, 「答李國材(壬午 · 別紙)」, "聖人以此二者對待而言, 欲其察之精而守之一也."

문에 갈암은 인심과 도심을 서로 상대시켜 대립구조 속에서 이해함으로써 둘을 근원적으로 구분하였던 것이다.

2. 우담 정시한의 인심도심론

우담의 인심도심론은 우계와 율곡의 왕복 서신중에서 퇴계의 이론과 맞지 않다고 생각되는 내용을 중심으로 율곡을 비판한 「四七辨證」(1696)[126]과 갈암과의 왕복 편지[127]에 자세히 기술되어 있다. 우담의 「사칠변증」은 율곡의 '人心道心相爲終始說'에 대한 비판으로 시작한다. 율곡의 인심도심론은 도심도 기를 떠나지 않고 인심도 리에 근원한다[128]는 혼륜의 관점을 전제로 한다. 인심과 도심은 모두 근원이 같으므로(一源) 인심과 도심은 언제나 상호 전환이 가능하니 이것이 바로 '人心道心相爲終始說'이다. 도심이 처음에 성명의 바름에서 나왔더라도 욕심이 끼어들면 인심이 되고, 인심도 처음에 형기에서 나왔더라도 욕심을 따르지 않으면 도심이 된다. 즉 처음에 인심으로 시작했다가 도심으로 마치기도 하고 도심으로 시작했다가 인심으로 마치기도 한다는 것이다.[129]

그러나 우담은 율곡의 '人心道心相爲終始說'은 주자가 '或原或生'으로 인심과 도심을 상대시켜 설명한 의도에 어긋난다고 보고[130], 갈암과 마찬

125) 『中庸章句』序, "使道心常爲一身之主, 而人心每聽命焉, 則危者安, 微者著, 而動靜云爲自然過不及之差矣."

126) 『愚潭集』卷7-8에 실려있다.

127) 『愚潭集』卷4에는 갈암에게 보낸 6통의 서신이 실려있다.

128) 『栗谷全書』卷14, 「人心道心圖說」, ."道心雖不離乎氣, 人心雖亦本於理."

129) 『栗谷全書』卷9, 「答成浩原(壬申)」, "人心道心相爲終始者, 何謂也. 今人之心直出於性命之正, 而或不能順而遂之, 間之以私意, 則是始以道心而終以人心也. 或出於形氣而不拂乎正理, 則固不違於道心矣. 或拂乎正理而知非制伏不從其欲, 則是始以人心而終以道心也."

가지로 인심과 도심을 상대시켜 설명한다. 인심과 도심은 상대해서 이름을 만든 것이니 이미 도심이라고 말하면 인심이 아닌 것이요 이미 인심이라고 말하면 도심이 아닌 까닭에 양쪽으로 나누어 말할 수 있다.[131] 율곡처럼 도심에서 인심으로 인심에서 도심으로 상호 전환이 가능한 것이 아니라, 인심은 더 이상 도심이 될 수 없고 도심은 더 이상 인심이 될 수 없다는 말이다. 우담은 그 이유를 주자의 '或原或生'의 논리로써 설명한다.

> 도심은 본래 형기를 벗어나지 않지만, 주자가 의리에서 발하여 나온 것으로 여겼으니 도심은 기와 섞어서 말할 수 없다. 인심은 또한 성명을 떠나지 않지만, 주자가 사람의 몸에서 발하여 나온 것으로 여겼으니 인심은 성명에 근원한다고 말할 수 없다.[132]

형체에서 나오는 인심과 성명에서 나오는 도심은 분명히 구분해야 한다는 말이다. 물론 우담도 인심이든 도심이든 모두 마음인 이상 리와 기가 함께 작용한다는 것을 전제한다. 그래서 도심도 본래 형기를 벗어나지 않으며 인심도 성명을 떠나지 않는다고 말한다. 이것은 인심에도 리가 없는 것이 아니고 도심에도 기가 없는 것이 아니라는 말이다. 따라서 도심이라고 해서 기가 없는 것은 아니지만 성명에 근원하는 것이므로 기와 섞어서 말할 수 없으며, 인심에도 리가 없는 것은 아니지만 형기에서 생겨난 것이므로 리와 섞어서 말할 수 없다. '기와 섞어서 말할 수 없다'는 것은 리가 주가 된다(主理)는 말이요, '리와 섞어서 말할 수 없다'는 것은 기

---

130) 『愚潭集』卷7, 「四七辨證」, "且此書中首言人心道心相爲終始者, 似違朱子相對說下之本意."

131) 『愚潭集』卷7, 「四七辨證」, "蓋人心道心相對立名, 旣曰道心則非人心, 旣曰人心則非道心, 故可作兩邊說下."

132) 『愚潭集』卷8, 「四七辨證」, "蓋道心固非外於形氣, 而朱子以爲義理上拔出底, 則道心上不可雜氣而爲言. 人心亦非離於性命, 而朱子以爲人身上發出底, 則人心上不可原性而爲言."

가 주가 된다(主氣)는 말이다. 다시 말하면 도심은 리가 주가 되고 인심은 기가 주가 되므로 둘은 구분해보아야 한다는 것이다.

> 마음을 총괄하면 리와 기가 합쳐진 것이지만, 인심과 도심으로 상대시켜 나누어서 말하면 리를 주로 하여 기와 섞지 않는 것은 도심이 되고, 기를 주로 하여 리와 섞지 않는 것은 인심이 된다.[133]

도심에도 기가 없는 것은 아니고 인심에도 리가 없는 것은 아니지만, 主理와 主氣의 구분에 따라 인심과 도심을 상대시켜 말할 수 있다. 왜냐하면 마음은 리와 기가 합쳐진 것이므로 오로지 리로만 말할 수도 없고 기로만 말할 수는 없지만[134], 선유들이 마음을 논할 때는 혹 리로써 말하는 사람도 있고 혹 기로써 말하는 사람도 있다.[135] 여기에서 '리로써 말한다'는 것은 리를 주로 하여 말하는 主理의 관점이요, '기로써 말한다'는 것은 기를 주로 하여 말하는 主氣의 관점이다. 따라서 우담은 주리 · 주기의 구분에 따라 인심과 도심을 상대시켜 볼 것을 말한다.

> 사람은 천지의 리를 부여받고 천지의 기를 얻어 리와 기가 합쳐져서 심이 되니 리와 기가 우리 마음에 상호 발하는 것은 실제로 천지가 부여한 것에 근원한 것이다. 천지에 비록 두 근본이 없지만 그것이 사람에게 부여한 것에는 리가 있고 기가 있다면, 사람의 마음에 두 근원이 없지만 밖으로 발현되는 것은 어찌 主理 · 主氣로 상호 말할 수 없겠는가?[136]

---

133) 『愚潭集』卷8, 「四七辨證」, "統言心則心固合理氣, 而以人心道心對擧分言, 則主理而不雜乎氣者卽是道心."

134) 『愚潭集』卷8, 「四七辨證」, "故先儒之論心, 或有以理言者, 或有以氣言者."

135) 『愚潭集』卷8, 「四七辨證」, "不專是理不專是氣, 只是理氣之合也."

천지에 두 근원이 없지만 마음이 리와 기로 구성된 이상, 리를 주로 하는 도심과 기를 주로 하는 인심으로 구분할 수 있다. 천지에 두 근본이 없듯이 마음에도 두 근원이 있을 수 없지만, 그것이 발하는 것에 따라 두 가지 이름을 갖게 되니 理義를 따라 발하면 도심이 되고 食色을 따라 발하면 인심이 된다. 때문에 주자도 성명에 근원하고 형기를 따르는 것으로 인심과 도심을 나누어 말하였던 것이다. 이렇게 보면 마음의 근원은 하나이지만 밖으로 드러날 때는 리를 주로 하는 도심과 기를 주로 하는 인심으로 구분된다. 이것은 우담이 일원적 관점 위에서 주리·주기의 논리로써 도심과 인심을 구분한 것이다. 그리고 이것을 그대로 理發과 氣發로 해석한다. 도심은 리를 주로 하고 기와 섞어서 말할 수 없으므로 리가 발한 것이요 인심은 기를 주로 하고 리와 섞어서 말할 수 없으므로 기가 발한 것이다.

> 리와 기가 하나의 마음속에 섞여 있다가 지각에 따라 혹은 성명에 근원하고 혹은 형기에 생겨나와 각각 가리켜 말하는 묘맥이 있다. 성명에 근원하는 것은 도심이라 하니 理發이 그것이고, 형기에서 생겨나는 것은 인심이라 하니 氣發이 그것이다. 어찌 오로지 마음을 기로 보아 或原或生을 모두 氣發에 귀속시킬 수 있겠는가?[137]

우담은 율곡처럼 '발하는 것은 기요 발하는 까닭이 리이다'는 논리에 따라 或原或生(또는 인심도심)을 모두 기발에 귀속시키는 것에 반대하고,

---

136) 『愚潭集』 卷7, 「四七辨證」, "惟人也稟天地之理得天地之氣 理與氣合而爲心 則理氣之互發於吾心 實源於天地之賦與矣. 天地雖無二本 而其所賦與於人者 旣有理而有氣 則人心雖無二源 而其所發現於外者 豈不可以主理主氣而互言之乎."

137) 『愚潭集』 卷8, 「四七辨證」, "理與氣渾淪於一心之中, 而所以爲知覺者, 或原性命或生形氣, 各有所指言之苗脈. 原性命者謂之道心而理發是也, 生形氣者謂之人心而氣發是也. 何可專以心爲氣, 而以或原或生皆歸之氣發耶."

성명에 근원하는 도심은 리발한 것이요 형기에서 생겨나는 인심은 기발한 것이라고 해석한다. 여기에서 우담은 인심과 도심을 리발과 기발로 해석하는 퇴계의 호발설을 긍정한다. 우담은 퇴계의 호발설을 주자의 '或原或生'에 근거하여 해석하는데, 성명에 근원하는 도심은 리가 주가 되므로 리발한 것이요 형기에서 생겨나는 인심은 기가 주가 되므로 기발한 것이다. 여기에서 잠시 율곡의 '或原或生'에 대한 해석을 살펴보자.

> 或原或生은 이미 발한 것을 보고 말을 한 것이다. 그것이 발할 때에 理義가 되는 것은 그 까닭을 추구하면 어디로부터 이 理義의 마음이 있는 것인가? 이것은 성명이 마음에 있기 때문으로부터 도심이 있는 것이다. 그것이 발할 때에 食色이 되는 것은 그 까닭을 추구하면 어디로부터 이 食色의 생각이 있는 것인가? 이것은 혈기가 형체를 이루기 때문으로부터 인심이 있는 것이다. 이는 리가 발하고 혹 기가 발하여 大本이 하나가 아닌 것과는 같지 않다.[138]

여기에서 율곡은 주자의 '或原或生'을 이미 발한 이후에 나타나는 마음의 두 양상으로 설명한다. 마음이 발하는 것에 따라 두 가지 이름을 갖게 되니 理義에 따라 발하는 것은 도심이고 食色을 따라 발하는 것이 인심이다. 어째서 발할 때에 理義가 되는지 그 까닭을 미루어 가면 마음에 성명이 있기 때문이요, 어째서 발할 때에 食色이 되는지 그 까닭을 미루어 가면 혈기가 형체를 이루기 때문이다. 결국 마음에 성명이 있기 때문에 도심이 되고 마음에 형체가 있기 때문에 인심이 된다는 것이다. 이것이 율

---

138) 『栗谷全書』卷10, 「答成浩原(壬申)」, "其所謂或原或生者, 見其旣發而立論矣. 其發也爲理義, 則推究其故, 何從而有此理義之心乎. 此由於性命在心故有此道心也. 其發也爲食色, 則推究其故, 何從而有此食色之念乎. 此由於血氣成形故有此人心也云爾. 非若互發之說, 或理發或氣發而大本不一也."

곡의 '或原或生'에 대한 해석이다.

그러나 우담은 주자의 '或原或生'에 대한 율곡의 관점을 그대로 리발과 기발로 해석한다. 율곡의 말대로 '마음에 성명이 있기 때문에 도심이 있다'라고 하였으니 성명으로부터 발하는 것이 理發이 아니겠는가? '혈기가 형체를 이루었기 때문에 인심이 있다'라고 하였으니 형기로부터 발하는 것이 氣發이 아니겠는가? 혹 성명에서 발하고 혹 형기에서 발한다면 互發이 아니겠는가?[139] 이렇게 보면 성명에서 발한 도심은 그대로 리발한 것이요 형기에서 발한 인심은 그대로 기발한 것이다. 이것은 율곡의 '或原或生'에 대한 해석을 그대로 퇴계의 호발설과 연결시켜 설명한 것이다. 율곡의 말대로, 어째서 理義가 발하고 食色을 발하는지 그 까닭을 미루어가는 것이 바로 퇴계가 말한 소종래라는 것이다. 그 까닭을 미루어가 본 결과 하나는 성명에서 발하고 하나는 형기에서 발하므로 리발과 기발이다. 즉 소종래를 추론해가면 도심은 리가 주가 되어 발한 것이므로 '리발'한 것이요 인심은 기가 주가 되어 발한 것이므로 '기발'한 것이라는 말이다. 때문에 우담은 퇴계의 호발설을 '마음속에 리와 기가 두 갈래로 상대해 있다가 각각 나온다'는 율곡의 주장을 비판한다.

> 마음속에 리와 기가 섞여 있다가 느끼는 바에 따라 서로 발현한다. 그러므로 서로 발현할 때에 각각 주로 하는 바에 나아가서 상대하여 말하였을 뿐이니, 어찌 마음속에 리와 기가 두 갈래로 상대해 있다가 각각 나온다고 말하겠는가?[140]

---

139) 『愚潭集』卷7,「四七辨證」, "旣曰性命在心故有此道心, 則由性命而發者非理發乎. 旣曰血氣成形故有此人心, 則由形氣而發者, 非氣發乎. 或發於性命或發於形氣, 則非互發乎."

140) 『愚潭集』卷7,「四七辨證」, "蓋理與氣渾淪無間於一心之中, 而隨其所感互相發現. 故於其互相發現之時, 各就其所主相對立說而已. 豈相對爲二歧於方寸之中, 各自出來云乎哉."

실제로 율곡은 퇴계의 호발설을 "리와 기 두 물건이 마음속에 각각 근저가 되어 발하지 않았을 때에 이미 인심도심의 묘맥이 있다가 리가 발하면 도심이 되고 기가 발하면 인심이 된다"[141]라고 비판한다. 그렇지만 우담은 퇴계의 호발설이 율곡이 비판하는 것처럼, 마음이 발하기 전에 리와 기가 따로 상대해 있다가 마음이 발할 때에 〈따로 상대해 있던〉 그 리가 발하여 도심이 되고 그 기가 발하여 인심이 되는 것이 아니라고 말한다. 다만 마음속에 리와 기가 혼륜하여 섞여 있다가 마음이 발할 때에 기를 주로 하는 것과 리를 주로 하는 것에 따라서 인심과 도심으로 구분된다는 것이다.

여기에서 중요한 것은 마음이 발하기 전에 리와 기가 혼륜하여 섞여 있음을 전제한다는 사실이다. 다시 말하면 혼륜(一源) 속에서 인심과 도심을 상대시켜 보아야 한다는 것이다. 여기에서 갈암(퇴계)과의 차이가 드러난다. 갈암은 리와 기를 구분시켜 보는 분별의 관점에서 인심과 도심을 상대시켜 보려고 하기 때문에 소종래에 따른 근원적인 구분도 가능하다고 보는 것이다. 실제로 갈암은 인심과 도심이 一源이 아니므로 둘로 나누더라도 지나치지 않다고 말한다.[142] 그러나 이것은 어디까지나 분별설의 관점에 따른 논리적인 분석이다. 갈암도 실제로 리와 기가 나누어진다고는 보지 않는다. 그렇지만 분별설의 관점에서 논리적으로 그렇게 볼 수 있으며, 그렇게 나누어보아야 인심과 도심의 본뜻에 부합하게 된다는 것이다. 그러나 우담은 리와 기가 섞여있는 혼륜의 관점에서 인심과 도심을 상대시켜 보려고 한다. 때문에 하나의 마음을 전제하고, 그 위에 나아가

---

141) 『栗谷全書』卷10, 「答成浩原(壬申)」, "若謂理氣互發, 則是理氣二物各爲根底於方寸之中, 未發之時, 已有人心道心之苗脈, 理發則爲道心, 氣發則爲人心矣."

142) 『葛庵集』卷8, 「答丁君翊(別紙)」, "心雖一也, 而其所從來, 各有根源苗脈, 則雖曰人心道心本非一源, 理氣二物, 分作兩邊說, 不爲過矣."

서 리를 주로 하는 것은 도심이 되고 기를 주로 하는 것은 인심이 되며, 도심은 리가 주가 되므로 그대로 '리발' 한 것이요, 인심은 기가 주가 되므로 그대로 '기발' 한 것이다. 때문에 우담은 혼륜과 분별을 동시에 강조하는 논리를 전개한다.

> 도심은 본래 형기의 밖에서 따로 유행하는 것이 아니다. 그런 까닭에 사람이 태어나면서 형체를 부여받은 이후에야 나누어 말할 수 있는 것이다. 그렇지만 성인이 형기 속에서 도심을 설명하면서 형기를 따르는 인심에 상대해서 도심이란 이름을 세웠다.[143)]

도심이라 하여 형기를 벗어나는 것이 아니요 인심이라 하여 성명을 떠나는 것이 아니기 때문에 리와 기가 함께 섞여있는 혼륜의 관점에서 인심과 도심을 말해야 한다. 여기에서 '형기 속' 이라는 말은 리와 기가 섞여있는 혼륜의 관점을 의미한다. 그렇지만 성명에 근원하는 도심과 형기를 따르는 인심은 분명히 구분해야 한다. 때문에 성인이 형기 속에 나아가서, 즉 혼륜의 관점에서 형기를 따르는 인심과 성명에 근원하는 도심을 상대시켜 보았다는 것이다. 아래의 인용문도 같은 맥락에 있다.

> 대개 性命과 形氣는 한 근원에서 함께 나왔고 이목구비의 법칙은 저절로 一性의 혼연한 가운데 갖추어져 있다. 애당초 서로 상대하여 두 근원이 되는 이치는 없으나, 사물에 감응할 때에 성명의 발함은 미묘하여 보기가 어렵고 형기의 발함은 위태하여 어긋나기가 쉽다.[144)]

---

143) 『愚潭集』卷7, 「四七辨證」, "道心固無別爲流行於形氣之外者. 則亦就人生賦形以後分言. 然而聖人說出道心於形氣之中, 相對立名於從形氣之人心."

144) 『愚潭集』卷4, 「與李翼升(玄逸)」, "蓋性命形氣同出一原, 耳目口鼻之則自具於一性渾然

인심과 도심이 성명과 형기로 구분되지만 모두 一源에서 나왔으므로 애당초 두 근원이 되는 이치가 없다. 주자가 '或原或生'으로 인심과 도심을 나눈 것은 두 근원을 의미하는 것이 아니라, 하나의 마음이지만 형기에 따라 발하는 인심과 성명에 따라 발하는 도심으로 구분하였을 뿐이다. 그러므로 인심과 도심을 양쪽으로 말하는 것을 가지고 인심과 도심은 一源이 아니라고 말해서는 안 된다.[145] 즉 인심과 도심의 근원은 어디까지나 一源이라는 말이다. 결국 우담은 一源 위에서 인심과 도심을 상대시켜 보려고 하였음을 알 수 있다.

때문에 우담은 혼륜과 분별의 관점을 동시에 제시한다. "혼륜하지만 각각 분별의 묘맥이 있고 분별하지만 실제로 혼륜의 一源에 말미암는다."[146] 혼륜의 관점에서 근원이 하나임을 보아야 하고, 분별의 관점에서 인심과 도심으로 상대시켜 보아야 한다는 말이다. 이것은 물론 지나치게 분별만을 주장하는 갈암(퇴계)에 대한 경계이기도 하다. 때문에 인심과 도심을 상대시켜 말할 때는 인심은 자체로 인심이고 도심은 자체로 도심이니 섞어서 말할 수는 없지만, 혼륜으로 말하면 一心 가운데 형기를 따르는 인심은 성명을 떠나지 않고 성명에 근원하는 도심은 형기를 벗어나지 않는다.[147] 즉 분별의 관점에서는 인심과 도심을 상대시켜 보아야 하나, 혼륜의 관점에서는 도심도 형기를 벗어나지 않고 인심도 성명을 떠나지 않는다는 말이다.[148] 이러한 사고는 율곡의 "도심도 기를 떠나지 않고 인심도

之中. 初無相對爲二源之理, 而感物之際, 性命之發微妙而難見, 形氣之發危殆而易差."

145) 『愚潭集』卷4, 「與李翼升(玄逸)」, "而亦不可以人心道心兩邊說下之故, 不謂之人心道心一原也."

146) 『愚潭集』卷4, 「與李翼升(玄逸)」, "此所謂渾淪而各有分開之苗脈, 分開而實由渾淪之一源者也."

147) 『愚潭集』卷4, 「答李翼升(別紙)」, "以人心道心對擧分言之時, 則人心自是人心, 道心自是道心, 不可夾雜爲言. 若以心之全體渾淪言之, 則一心之中, 從形氣之人心不離於性命, 原性命之道心不外於形氣."

리에 근원한다"[149]는 말과 별 차이가 없다.

이처럼 우담의 인심도심에 대한 일원적 이해와 혼륜에 대한 강조는 율곡의 이론과 별 차이가 없어 보인다. 우담은 인심도심의 근원이 하나임을 분명히 전제하고, 그 위에 나아가서 주리 · 주기의 구분에 따라 인심과 도심을 상대시켜 볼 것을 말한다. 다시 말하면 이것은 율곡의 일원적 구조 속에서 퇴계의 호발설을 재해석한 것이라고 볼 수 있다.

그렇다면 우담은 왜 혼륜과 분별을 동시에 강조하였는가? 율곡이 퇴계의 호발설을 마음에 두 근본이 있다고 비판했던 것처럼, 분별이 너무 지나쳐서 사람들이 참으로 인심과 도심에 두 근원이 있는 것처럼 생각할 수 있다는 것을 우려했기 때문이 아닐까. 그래서 혼륜의 관점을 인정하지 않을 수 없었던 것이다. 동시에 성현들이 인심과 도심을 상대시켜 말한 본뜻, 예를 들어 우임금과 순임금이 인심과 도심을 위태하고(危) 은미한(微) 것으로 구분한 사실, 주자가 인심도심을 형기를 따르고 성명에 근원한 것으로 구분한 사실, 그리고 주자의 '或原或生'에 근거하여 퇴계가 인심도심을 理發과 氣發로 해석한 사실 등으로 미루어볼 때 인심과 도심을 상대시켜 보지 않을 수 없었던 것이다.

3. 맺음말

이상에서 살펴본 것처럼, 갈암과 우담은 율곡의 이론을 비판하고 퇴계를 옹호한 17세기의 대표적인 퇴계학파의 수장들이다. 이들이 모두 율곡을 비판하고 퇴계를 옹호하였지만 둘 사이에도 학설상의 차이가 있음을

148) 『愚潭集』 卷8, 「四七辨證(總論)」, "夫混淪一心之中, 道心不外於形氣, 人心不離於性命."
149) 『栗谷全書』 卷14, 「人心道心說」, "但道心雖不離於氣 …… 人心雖亦本於理."

확인할 수 있다. 먼저 갈암과 우담은 모두 인심과 도심을 대립적 관계 속에서 상대시켜 보려는 입장은 동일하다. 때문에 그들은 모두 퇴계의 호발설을 긍정한다. 그리고 그 근거를 주자의 '或原或生'으로 설명한다. 도심은 성명에 근원하는 것이므로 리를 주로 하여 말할 수 있으니 '리발'한 것이고 인심은 형기에서 생겨난 것이므로 기를 주로 하여 말할 수 있으니 '기발'한 것이다.

그렇지만 그 이론을 전개하는 과정에서 약간의 차이가 발생한다. 갈암은 퇴계의 호발설의 타당성을 설명하기 위해 분별설의 논리를 더 강조하고, 분별설의 논리에서 인심과 도심을 근원으로부터 구분시켜 보려고 한다. 때문에 갈암은 인심과 도심이 원래 一源이 아니라고 하더라도 그 표현이 지나치지 않다고 말한다. 물론 이것은 어디까지나 분별설의 관점에 따른 논리적인 분석이다. 이러한 분별의 관점에서는(논리적으로는) 인심과 도심을 근원적으로 구분해볼 수 있다는 것이다. 때문에 갈암은 여러 곳에서 분별설의 타당성을 강조한다. 그리고 분별의 관점에서 인심과 도심을 상대시켜 보아야만 인심과 도심이라는 두 이름이 생겨난 뜻이 더 분명해진다는 것이다. 이렇게 인심과 도심을 상대시켜 보기 때문에 인심을 인욕과 동일시한다. 인심 자체만으로 말할 때는 인심도 좋은 것이지만 도심과 상대해서 말할 때는 그대로 물리쳐야 할 대상이다. 따라서 천리와 인욕이 혼동될 수 없듯이, 인심과 도심도 아무리 하나의 마음에서 나온 것일지라도 상대시켜 보아야 한다는 것이다.

우담도 갈암처럼 인심과 도심을 상대시켜 보려는 입장은 동일하다. 그러나 우담은 천지의 조화가 하나이듯이 인심과 도심도 한 근원(一源)이라는 사실을 전제하고, 그 위에 나아가서 리를 주로 하는 도심과 기를 주로 하는 인심으로 구분한다. 그리고 이것을 그대로 리발과 기발로 해석한다. 도심은 리를 주로 하여 말한 것이므로 리발한 것이요, 인심은 기를 주로 하여 말한 것이므로 기발한 것이다. 그렇지만 그 근원은 어디까지나 一源임을 전제한다. 때문에 인심과 도심을 상대시켜 말하는 것을 가지고 인심과 도심의 근원이 하나가 아니라고 말해서는 안 된다고 강조한다. 물론 이것은 분별만을 강조하는 갈암(퇴계)에 대한 경계이기도 하다. 지나치게 분별해가면 근원으로까지 구분이 이어지기 때문이다. 이것은 율곡의 일원적 관점 속에서 퇴계의 호발설을 재해석한 것으로 볼 수 있다. 갈암이 분별의 논리를 강조한 것과 달리, 우담은 혼륜과 분별의 논리를 동시에 강조한다. 때문에 인심과 도심을 상대시켜 말할 때는 인심은 자체로 인심이고 도심은 자체로 도심이니 섞어서 말할 수 없지만, 혼륜으로 말하면 一心 가운데 형기를 따르는 인심은 성명을 떠나지 않고 성명에 근원하는 도심은 형기를 벗어나지 않는다고 말한다. 이처럼 우담은 혼륜의 관점을 견지하면서 인심과 도심을 상대시켜 보았던 것이다. 혼륜의 관점에서는 인심과 도심의 근원이 하나임을 밝히고 분별의 관점에서는 인심과 도심을 상대시켜 보았으니, 즉 퇴계의 분별의 관점을 인정하면서도 동시에 분별의 관점이 야기할 수 있는 二源의 문제를 외면하지 않았던 것이다.

총괄하면 갈암은 분별설의 논리를 강조함으로써 퇴계의 이론을 더 강화시켜 나갔다면, 우담은 혼륜과 분별을 동시에 강조함으로써 퇴계와 율곡의 이론을 절충하는 종합적 성격을 띤다고 볼 수 있다. 이러한 갈암과 우담의 이론적 특징은 17세기 퇴계학파 성리설의 다양한 전개양상의 한 측면으로 이해할 수 있다.

13장

졸재와 우담의 「心統性情圖」에 대한 해석

「심통성정도」는 퇴계 『성학십도』의 여섯 번째 도설이다. 『성학십도』 중 제1「太極圖」, 제2「西銘圖」, 제3「小學圖」, 제4「大學圖」, 제5「白鹿洞規圖」가 우주와 인간사회의 문제를 다루고 있다면, 제6「心統性情圖」, 제7「仁說圖」, 제8「心學圖」, 제9「敬齋箴圖」, 제10「夙興夜寐箴圖」는 주로 마음의 문제를 다루고 있으며, 특히 「심통성정도」는 마음 문제의 서두를 여는 역할을 한다.[150)]

퇴계는 자신의 학문을 집약하여 만년에 『성학십도』(1568)를 저술하고, 그 속에 자신의 사단칠정론을 중심으로 하는 성리설을 압축하여 제6도인 「심통성정도」에 수록하였다. 제6도는 세 개의 圖를 수록하고 있는데, 程復心(林隱)의 「심통성정도」를 上圖에 두고, 퇴계 자신이 그린 2圖를 中圖와 下圖에 배치하였다. 이 중도와 하도는 퇴계 자신이 그린 작품으로, 퇴

150) 한국사상사연구소 편, 『역주와 해설 성학십도』, 예문서원, 2011, p.231

계가 1553년 추만(정지운)의 「天命圖」를 개정하면서 사단칠정에 대한 정의를 내렸던 사실에 발단하고, 그 후 8년간(1559~1566)에 걸친 고봉(기대승)과의 사단칠정논변을 포함하여 성리학적 탐구의 오랜 역정을 거친 결론적 입장이 함축되어 있다. 특히 제6도의 中圖와 下圖에 관해서는 1570년 12월에 세상을 떠나기 직전까지도 집중적으로 토론과 수정을 계속하였다.[151] 이러한 사실은 제6도가 『성학십도』 중에서도 가장 예민한 철학적 쟁점을 내포하고 있음을 보여준다.

퇴계는 「심통성정도」에서 중도와 하도를 리기론적 구조 속에서 두 가지 입장에서 분석하였다. 즉 중도는 "기품 속에서 본연지성만을 지적해내어 기품과 섞지 않고 말한 것"이고 하도는 "리와 기를 합하여 말한 것"이다.[152] 이어서 중도에서 리만을 가리켜서 말한 것은 "기를 아울러 말하면 성이 본래 선함을 드러낼 수 없기 때문이니"[153] 중도에서의 성은 본연지성을 가리켜서 말한 것이므로 정에서도 칠정은 사단을 포함하여 모두 선하다. 하도에서도 성은 본래 하나이지만 淸濁粹駁의 차이가 있는 기품 속에 있기 때문에 본연지성과 기질지성의 두 가지 명칭으로 구분되며, 정에서도 사단과 칠정이 구분되어 사단은 '理發而氣隨之'가 되고 칠정은 '氣發而理乘之'가 된다.[154] 여기서 퇴계의 사단칠정론이 주로 하도의 문제라

151) 퇴계는 제자인 金就礪(潛齋)에게 보낸 편지에서 중도와 하도의 표기한 내용을 개정해가고 있었으며, 이 개정안을 고봉과의 토론을 거쳐 확정하였다. 퇴계의 중도와 하도에 대한 개정은 3차례에 걸쳐 이루어졌는데, 이를 初圖 · 次圖 · 後圖로 구분하고 있다.(금장태, 「퇴계의 심통성정도와 한주의 새로운 해석」, 『성학십도와 퇴계철학의 구조』, 서울대학교출판부, 2003, p.132 참조)

152) 『聖學十圖』, 「第6心統性情圖」, "其中圖者, 就氣稟中指出本然之性, 不雜乎氣稟而爲言. …… 其下圖者, 以理與氣合而言之."

153) 『聖學十圖』, 「第6心統性情圖」, "只指理言者, 非不備也, 以其幷氣而言則無以見性之本善故爾, 此中圖之意也."

154) 『聖學十圖』, 「第6心統性情圖」 그림 참조.

하더라도 중도와 하도를 동시에 포용하는 입장을 지닌다는 사실을 확인할 수 있다.

이처럼 퇴계의 「심통성정도」는 퇴계의 사단칠정론에 대한 해석이 집약되어 있는 것으로, 조선 후기에는 가장 활발한 논의의 대상이 되었다. 특히 17세기 후반부터는 「심통성정도」에 대한 유학자들의 해석이 풍부해지면서 퇴계학파 내에서 「심통성정도」에 대한 해석이 집중적으로 나타나고 있음을 주목할 필요가 있다.[155] 따라서 본문에서는 퇴계학파 내의 대표인물인 拙齋 柳元之(1598~1674)와 愚潭 丁時翰(1625~1707)의 「심통성정도」에 대한 해석을 중심으로 퇴계의 「심통성정도」가 17~18세기 조선의 유학자들에 의해 어떻게 해석되었는지를 고찰한다.

1. 졸재 류원지의 「心統性情圖」 해석

졸재는 73세(1670) 때의 저술인 「理氣說」에서 퇴계 『성학십도』 가운데 제6도인 「심통성정도」의 중도 · 하도 2도와 율곡의 「심성정도」를 함께 수록함으로써 퇴계와 율곡을 대비시켜 심성정의 문제를 분석하고 있으며,

155) 대표적인 인물을 열거하면 첫째, 鄭經世의 문인으로 퇴계학파의 일원인 류원지는 「심통성정도」 중에서 퇴계의 중도 · 하도와 율곡의 「心性情圖」를 대비시키면서 율곡설을 비판하였으며, 그 내용이 「退溪先生心統性情中下二圖」(『拙齋集』 卷10)에 수록되어 있다. 둘째, 정시한도 퇴계의 중도 · 하도 2도와 율곡의 「心性情圖」를 비교 · 분석하였으며, 그 내용이 「退溪先生心統性情圖」(『愚潭集』 권7)에 수록되어 있다. 셋째, 崔斗柄(1663~1726)도 21개의 도상체계를 구성하면서 퇴계의 중도 · 하도와 율곡의 「심성정도」를 수록하고 자신의 입장을 밝혔는데, 그 내용이 「聖學圖中心統性情圖」(『坪菴集』 권2)에 수록되어 있다. 율곡학파에서도 송시열을 사숙한 姜碩慶(1666~1731)은 퇴계의 「심통성정도」와 율곡의 「심성정도」를 모두 비판하면서 자신의 「心性情理氣脈絡圖」를 제시하여 난점을 해결하려고 시도하였다(『喫眼窩集』 별집 권2).

그 내용은 「退溪先生心統性情中下二圖」(『졸재집』 권10)에 자세히 나타나 있다. 졸재의 「심통성정도」에 대한 해석은 크게 두 가지로 구분해볼 수 있다. 하나는 퇴계 「심통성정도」 내용에 대한 해석이고 다른 하나는 율곡 「심성정도」에 대한 비판이다. 즉 졸재는 퇴계가 작성한 「심통성정도」 하도의 내용에 따라 사단과 칠정을 구분해 볼 것을 강조하였으며 율곡이 작성한 「심성정도」에 惡자가 들어가서는 안 된다고 지적한다.

(1) 퇴계의 「心統性情圖」 해석

먼저 졸재는 퇴계의 「심통성정도」를 후생 말학이 논의할 수 없는 정론으로 간주한다. 특히 퇴계의 리기호발설, 즉 「심통성정도」 하도에 대한 해석은 "정정당당하여 부족함이 없고 남음도 없으며 이전의 성인에게 질의해도 의심이 없고 백세동안 성인을 기다려도 의혹이 없다"[156]라고 말한다. 졸재는 퇴계가 理發과 氣發로 사단칠정을 해석한 것은 정확하고 올바른 견해로써 전대의 성인들이 전한 핵심을 얻었으며 주자의 설과 합치된다고 확신한다.[157] 퇴계가 주자의 학설을 정통으로 계승했음에도 불구하고, 이를 율곡이 비판하고 우계가 동조함으로써 결과적으로 많은 문제가 야기되었다는 것이다.[158] 이것이 바로 그가 활동하던 시대의 학문경향에

156) 『拙齋集』 卷9, 「人心道心四端七情」, "此正正當當無欠無剩, 可以質諸前聖而無疑, 百世以俟聖人而不惑, 烏可謂失於名理, 而有二情之嫌乎."

157) 『拙齋集』 卷8, 「四端七情辨後說」, "夫先生之以理發氣發, 指四端七情者, 蓋其的知灼見, 深得夫前聖相傳之旨訣, 而與朱子暗合者也."

158) 졸재는 무엇에 근거하여 우계가 율곡에 동조하였다고 말하였는지를 본 글을 통해서는 정확히 확인할 수 없다. 사실 〈우계와 율곡의 사칠논변 왕복서〉를 살펴보더라도, 우계는 사단칠정과 인심도심을 같은 구조 속에서 이해하였다. "사단칠정은 성에서 발한 것을 말한 것이고 인심도심은 심에서 발한 것을 말한 것이니 그 명목과 의미 사이에 약간의 차이가 있을 뿐이다(『牛溪集』 卷4, 「第2書」, 四端七情, 以發於性

대한 그의 기본적 인식이다. 이러한 졸재의 철학적 문제의식은 다음의 글을 통해서 확인할 수 있다.

> 오른쪽은 퇴계 선생의 「심통성정도 및 후설」 한 통이다. 그 설은 선생이 기고봉과 주고받은 왕복 편지 속에 실려 있는데, 변론이 하나로 귀결되는 과정이 상세함을 다하였으니 후생 말학이 어찌 다시 논의할 수 있겠는가. 그 후에 율곡이 비난하고 우계가 동조하면서 세상에서 그 말을 조술한 자들이 또한 잘못된 것을 답습하여 헛소리가 그치지 않아 점차 학술이 여러 갈래로 나누어지고 기준이 일치하지 않아 배우는 선비들로 하여금 따를 곳을 알지 못하게 하였다. 우리 도에 누가 됨이 이미 심하고 극에 달하였으니 일찍이 논변하지 않을 수 없다.[159]

졸재는 퇴계의 심성정설을 후생들이 논의할 수 없는 정론으로 보았으나 율곡이 비판하고 우계가 율곡을 따름으로써 異說이 만연하게 되었고, 결과적으로 유가의 도에 누가 됨이 극에 달했다는 것이다. 때문에 유학자로서 이러한 사태를 수수방관하지 않고 잘못을 바로잡을 방도를 생각하지 않을 수 없었으며,[160] 특히 심성정의 문제는 유가학설의 근본으로서

者而言也, 人心道心, 以發於心者而言也, 其名目意味之間, 有些不同焉.)"라는 구절이 대표적인 예이다. 인심도심과 마찬가지로 사단칠정도 '七包四' 의 논리가 아니라 '七對四' 의 논리로 이해하자는 말이다. 이것은 졸재의 사단칠정과 인심도심에 대한 이해와 별 차이가 없다. (최영진 · 안유경, 「우계 성혼 성리설의 구조적 이해」, 『우계학보』 제27호, 2008, pp.10-14 참조)

159) 『拙齋集』 卷8, 「四端七情辨後說」, "右退溪先生心統性情圖幷後說一通. 其說具載於先生與奇高峯往復書中, 所以辨論歸一者, 詳且盡矣, 後生末學, 何容更議. 其後李栗谷非之, 牛溪成公從而和之, 世之祖述其言者, 又承訛襲謬, 說夢不已, 馴致學術多岐, 統紀不一, 使蒙學之士, 莫知所從. 其爲吾道之累, 旣深且極, 則又不可以不早辨也."

160) 『拙齋集』 卷8, 「四端七情辨後說」, "爲吾徒者亦烏可袖手傍觀, 不思所以救正之道乎."

유교와 불교가 갈라지는 분기점이므로 더더욱 명확히 하지 않으면 안 되었던 것이다. 이렇게 볼 때 졸재의 심성정에 대한 문제의식은 더욱 분명해진다. 그는 심성정의 문제가 성리학적 문제의 중심과제임을 거듭 확인한다. 그리고 심성정이 성리학의 핵심과제인 만큼 심성정의 문제에 잘못이 있으면 이로부터 모든 것이 잘못된다고 강조한다.

> 심성정은 우리 유학이 相傳하던 家法으로 근본이 여기에 있으니 〈심성정의 문제에〉 잘못이 있으면 잘못되지 않을 것이 없다. 유교와 불교가 이로부터 구분되고, 정의와 거짓이 이로부터 판별되며, 어둠과 밝음의 기미가 같지 않으며, 세상의 도가 그로써 올라가기도 하고 내려가기도 하며, 선비들의 풍습이 그로써 더럽혀지기도 하고 융성해지기도 하니, 그 연계되는 바의 중대함이 이처럼 가볍지 않다.[161]

졸재는 기본적으로 사단과 칠정이 리발과 기발로 구분된다고 본다. 퇴계는 '사단은 理發而氣隨之요 칠정은 氣發而理乘之'라는 리기호발설을 주장하였다. 그러나 율곡은 퇴계 리기호발설에 대해 다양한 비판을 하였는데[162], 그 비판 가운데 졸재가 가장 중요하게 여긴 것은 '두 개의 정이 있

161) 『拙齋集』卷8, 「四端七情辨後說」, "心性情是吾儒相傳家法原頭所在於此, 而有誤則無所不誤, 儒釋之所由分, 正僞之所由判, 晦明之幾不一, 而世道以之升降, 士習以之汚隆, 其所繫之重, 若是其不輕."

162) 율곡의 퇴계 리기호발설 비판은 몇 가지로 구분해볼 수 있다. 첫째, 사단을 主理라고 하는 것은 옳지만 칠정을 主氣라고 하는 것을 옳지 않으니 왜냐하면 칠정도 리기를 포함하기 때문이다. 둘째, 理發과 氣發에 있어서 氣發을 말한 것은 옳지만 理發을 말한 것은 잘못이니 왜냐하면 리는 無爲하여 그것 자체의 발용은 있을 수 없기 때문이다. 셋째, 사단은 '理發而氣隨之' 요 칠정은 '氣發而理乘之' 라고 한다면, 사단은 리가 먼저 발하고 기가 나중에 따르게 되며 칠정은 기가 먼저 발하고 리가 나중에 타게 되어 시간적 선후가 있게 된다. 넷째, 칠정 속에서 사단을 이해하지 않고 사단칠정을 理發과 氣發로 구분한다면 두 개의 정이 있는 것으로 오해할 수 있다는 등이다.

다'는 부분이다. 졸재는 정이 본래 하나라는 것을 당연한 전제로 받아들인다. 그렇다면 왜 하나의 정을 사단과 칠정으로 나누었는지에 대해 해명하지 않으면 안 된다.

> 그림은 사단칠정을 情圈 가운데 두고 사단을 '理發而氣隨之'라 하고 칠정을 '氣發而理乘之'라 하였다. 이것은 혼연한 가운데 나아가서 정의 體段을 바로 가리켜서 어떤 것은 리가 되고 어떤 것은 기가 되는지를 밝힌 것이지 리기가 분명히 二物임을 말한 것이 아니다. 그렇다면 사단을 理發이라 하고 칠정을 氣發이라 하는 것은 발하는 즈음에 느끼는 것이 동일하지 않아 발하는데 리나 기의 차이가 있다는 것이다. 각각 중한 것에 나아가 말한 것이니 어찌 별도로 두 개의 정이 안에 있어 혹 앞이 되고 혹 뒤가 되어 둘로 대립하여 각자 나와서 율곡이 말한 설과 같겠는가.[163)]

이것은 칠정 속에서 사단을 이해하지 않고 사단과 칠정을 둘로 구분하면 두 개의 정으로 오해할 수 있다는 율곡의 비판에 따른 것이다.[164)] 그러나 졸재는 정이 비록 하나이지만 발할 때에 리와 기의 차이가 있기 때문에 사단과 칠정을 구분해 보아야 한다고 설명한다. 이것은 퇴계 「심통성정도」 하도에 대한 해석이다. 사단은 리가 발한 것이고 칠정은 기가 발한 것이기 때문에 둘로 나눈 것일 뿐이다.[165)] 즉 정은 하나이지만 리가 발한

---

163) 『拙齋集』 卷8, 「四端七情辨後說」, "蓋其爲圖, 以四端七情, 置諸情圈之中, 而以四端爲理發而氣隨之, 以七情爲氣發而理乘之. 此蓋就渾淪中直指情之體段而明其某爲理某爲氣也, 非謂理氣之判然爲二物也. 然則以四端爲理發, 以七情爲氣發者, 亦謂其發之之際, 所感有不一, 而其發有或理或氣之不同. 蓋各就其所重而言, 何嘗謂別有二情在內, 或先或後, 相對爲兩岐, 各自出來, 如栗谷所云之說乎."

164) 율곡은 "칠정 외에 다른 정이 없으며 칠정 중 인욕과 섞이지 않고 순수하게 천리에서 나온 것이 사단이다"라고 하여 사단과 칠정이 원래 두 개의 정이 아니며 칠정 가운데 선일변이 사단이라고 보았다.

것은 사단이고 기가 발한 것은 칠정이라는 의미이다. 리가 발한 것이기 때문에 사단은 본연한 정이고 기가 발한 것이기 때문에 칠정은 기에 섞인 정이다. 본연하기 때문에 선하지 않음이 없고 기에 섞였기 때문에 악으로 흘러가기 쉽다. 이것이 사단과 칠정을 구분해보는 까닭이다.[166] 그러므로 사단의 정과 칠정의 정은 별개의 것이니 분명히 구분해야 한다는 것이다.

> 사단은 성명의 바름에 근원한 것이니 예를 들어 仁이 부자에 있어서와 義가 군신에 있어서와 禮가 빈주에 있어서와 智가 현자에 있어서와 같은 것이다. 칠정은 형기의 사사로움에서 생겨난 것이니 예를 들어 눈이 색을 원하는 것과 귀가 소리를 원하는 것과 코가 냄새를 원하는 것과 입이 맛을 원하는 것과 四肢가 안일을 원하는 것과 같은 것이다. 사단은 천리의 공공한 것이고 칠정은 나만의 사사로운 것이다. 이것은 純理와 雜氣로 진실로 틈이 있으니 진흙탕에 뒤섞여 있더라도 구별이 없을 수 있겠는가.[167]

심이 하나이지만 인심과 도심으로 구분되듯이, 정이 하나이지만 사단과 칠정으로 구분된다는 말이다. 졸재는 성명의 바름과 형기의 사사로움이라는 주자의 '或原或生'의 구조로 사단칠정의 구분을 정당화한다. 사단은 천리의 공공한 것이고 칠정은 나만의 사사로운 것이다. 인심도심과 사

165) 『拙齋集』 卷9, 「人心道心四端七情」, "夫情之本一, 老先生豈有不知而爲此說乎. 亦以其發之或理或氣, 而有此云云耳."

166) 『拙齋集』 卷8, 「四端七情辨後說」, "蓋四端之情, 情之本然者也, 七情之情, 情之雜氣者也. 本然故純理而無不善, 雜氣故易差而流於惡. 此其所以不同者."

167) 『拙齋集』 卷8, 「四端七情辨後說」, "蓋四端者, 原於性命之正者也, 如所謂仁之於父子, 義之於君臣, 禮之於賓主, 智之於賢者之類是也. 七情者, 生於形氣之私者也, 如所謂目之欲色, 耳之欲聲, 鼻之欲臭, 口之欲味, 四肢之欲安佚之類亦是也. 是知四端者, 天理之所公共者也, 七情者, 有我之所獨私者也. 此其純理與雜氣, 固有間矣, 其可和泥帶水滾合而無別乎."

단칠정의 작동 메커니즘이 같다고 설명한다. “인심도심은 사단칠정의 총괄한 이름이고 사단칠정은 인심도심의 조목이다. 명칭이 비록 다르지만 이치는 같다”[168], “도심을 인심이라 할 수 없으니 사단을 칠정이라 할 수 있겠는가”[169]라고 한 것이 그 단적인 예이다. 인심도심과 마찬가지로 사단의 純理와 칠정의 雜氣에는 반드시 차이가 있으므로 진흙탕에 뒤섞여 있더라도 반드시 구분되어야 한다는 것이다. 이처럼 졸재는 사단과 칠정이 하나의 정이지만 리와 기로 이분해서 볼 것을 강조한다. 이것은 율곡이 ‘인심도심을 논할 것 같으면 오히려 이와 같이 말할 수 있으나 사단칠정과 같은 것은 이와 같이 말할 수 없다’라고 하여 인심도심과 사단칠정의 구조를 다르게 본 것과는 구분된다. 이어서 퇴계가 「심통성정도」 하도에서 사단과 칠정을 구분한 이유를 구체적으로 설명한다.

> 사단을 말하지 않으면 사람들이 성이 본래 선하다는 것을 알지 못하여 혹 所從來에 어둡고, 칠정을 말하지 않으면 사람들이 기에 섞여 쉽게 잘못되어 혹 흘러서 악이 되는 것을 알지 못하므로, 반드시 두 가지를 모두 들어서 그 뜻을 함께 논의하여 한편으로는 도에 들어가는 좁은 길을 보여주었고, 다른 한편으로는 다른 길로 쉽게 흘러가는 것을 경계하였다. 때문에 분별하여 말하여 만세에 드러낸 것이니 남김없이 다 갖추어져서 조금도 새지 않은 가득 찬 물이라고 할 수 있다. 본래 ‘두 개의 정이 없다’는 말과 같은 것은 선생이 이미 자주 말하였으니 선생이 어찌 모르고 말한 것이겠는가.[170]

---

168) 『拙齋集』 卷8, 「四端七情辨後說」, “人心道心者, 四端七情之摠名也, 四端七情者, 人心道心之條目也. 名雖異而理則一者也.”

169) 『拙齋集』 卷8, 「四端七情辨後說」, “況不可以道心爲人心, 則又可以四端爲七情乎.”

170) 『拙齋集』 卷8, 「四端七情辨後說」, “蓋不言四端則人不知其性之本善而或昧於所從, 不言七情則人不知雜氣之易差而或流而爲惡, 故必須兼擧二者, 並論其義, 一以示入道之蹊逕, 一以戒他歧之易流. 所以剖判爲說, 昭揭萬世者, 可謂備盡無餘, 盛水不漏矣. 若其本無二

퇴계 역시 정이 본래 하나라는 사실을 모를 리가 없었지만, 사단을 말하여 성이 본래 선하다는 것을 알게 하였으며 칠정을 말하여 쉽게 악으로 흘러가는 것을 경계하기 위하여 사단과 칠정을 구분하였다는 것이다. 이것은 퇴계가 사단칠정을 理發과 氣發로 나누어 본 것이 타당하다는 주장이다. "퇴계가 리발과 기발로 사단칠정을 가리킨 것은 견해가 명철하여 이전 성인이 전해주는 요지를 깊이 얻었다"[171]라고 하여 퇴계의 「심통성정도」 하도에 대한 해석이 萬古의 진리임을 확신한다. 때문에 퇴계의 이론을 조금도 새지 않은 가득찬 물, 즉 모든 이치가 다 갖추어져 있는 완벽한 이론에 비유하였던 것이다. 반면 율곡에 대해서는 "성에 두 개의 정이 없다는 견해를 주장하여 리발과 기발의 차이를 살피지 않고 사단칠정을 섞어서 말하였기 때문에 변설이 더욱 많아지고 뜻이 더욱 멀어졌다"[172]라고 비판한다. 이처럼 졸재는 퇴계의 「심통성정도」 하도의 내용에 따라 사단과 칠정을 구분해 볼 것을 강조하였으며 동시에 율곡의 '七包四'의 논리를 비판하였던 것이다.

(2) 율곡의 「心性情圖」 비판

졸재는 「리기설」에서 퇴계의 「심통성정도」와 율곡의 「심성정도」를 나란히 수록하고 율곡의 「심성정도」가 잘못되었음을 비판한다. 그는 율곡의 「심성정도」를 『通書』 주석에 나오는 「善惡幾圖」를 모방하여 지은 것으로 전혀 근거가 없는 것은 아니지만[173], 「선악기도」에 근거해서 「심성정

情, 則先生固已屢言之矣, 先生豈不知而言者哉."

171) 『拙齋集』 卷8, 「四端七情辨後說」, "夫先生之以理發氣發, 指四端七情者, 蓋其的知灼見, 深得夫前聖相傳之旨訣."

172) 『拙齋集』 卷8, 「四端七情辨後說」, "栗谷但主性無二情之見, 而不察理發氣發之異, 以四端七情滾合爲說, 故辨說愈多而意愈相遠."

도」를 그린 것은 잘못이라고 지적한다.

> 지금 보아하니 칠정을 善情의 아래에 직렬하고 '인의예지의 단서'라고 말한 것을 그 아래에 연결시켰으며, 또한 칠정을 惡情의 아래에 횡렬하고 '인의예지에 근원하나 도리어 인의예지를 해친다'는 말을 그 아래에 연결시켰다. 율곡의 이 그림을 생각하면 주렴계 『통서』 誠幾德章에서 주석한 「善惡幾圖」를 모방하여 그린 것이나 명리를 잃는 폐단을 면치 못하였다.[174]

「선악기도」는 趙致道[175]가 『통서』의 '誠無爲 幾善惡(성은 작위함이 없으나 선과 악이 갈라지는 기미이다)'을 해석하면서 호굉의 '同體異用'의 설[176]과 구분하기 위해 그린 그림이다.

---

173) 『拙齋集』 卷8, 「理氣說」, "栗谷心性情圖, 蓋倣通書註善惡幾圖而作, 固不爲無所本矣, 然其實有不然者何也."

174) 『拙齋集』 卷8, 「四端七情辨後說」, "今見其以七情直列於善情之下, 而以所謂仁義禮智之端者繫其下, 又以七情橫列於惡情之下, 而以已說所謂原於仁義禮智而反害仁義禮智者繫其下. 竊想栗谷此圖, 蓋倣周濂溪通書誠幾德章註善惡幾圖而作之者也. 然似未免有失於名理之弊."

175) 조치도의 본명은 趙師夏로 자는 致道이고 호는 遠庵이며 黃巖 사람이다.

176) 胡宏(?~1146)의 자는 仁仲, 호는 五峰으로 衡山의 사람이다. 아버지 胡安國의 철학을 계승 발전시켰다. 호굉에 의하면, 천리와 인욕은 모두 성의 본체에서 나오지만 그 작용은 다르다. 천리와 인욕이 모두 하나의 성에서 나오지만(同體) 천리는 도와 연관되어 公이 되고 인욕은 몸과 연관되어 私가 된다(異用)고 보았다. 즉 성에는 천리와 인욕이 함께 있기 때문에 사람에게는 인욕이 없을 수 없으며, 그렇기 때문에 인욕의 존재가 객관적이라는 것이다. 이에 대해 眞德秀는 『西山讀書記』와 『心經附註』에는 善惡(천리와 인욕)이 비록 병칭되기는 하지만 賓主 또는 宗孽의 관계로 이루어진 것임을 파악해야 한다고 강조하였다. 즉 惡은 마음의 고유한 것이 아니라 '客寓'일 뿐이니, 이를 상대적인 개념으로 파악하여 천리와 인욕이 같은 근원에서 나온다고 한다면 옳지 않다는 것이다. 주희도 "본체는 실제로 하나의 천리일 뿐이므로 어떠한 인욕도 없다"라고 하여 천리와 인욕의 분별을 강조하였다.(안유경 옮김, 『리의 철학』, 예문서원, 2004, p.228 참조)

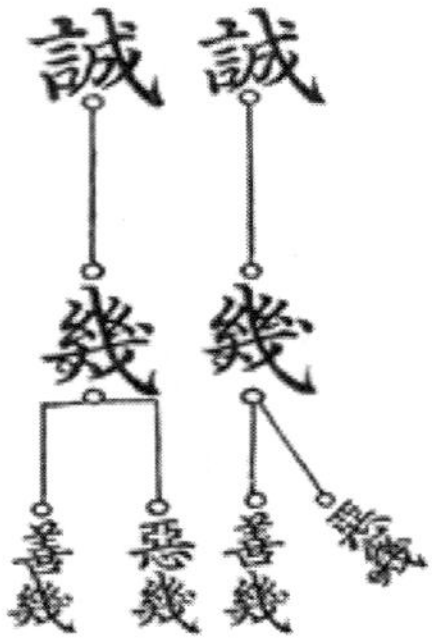

「선악기도」

이 그림의 특징은 善幾를 똑바로 쓰고 惡幾를 횡으로 씀으로써 선과 악이 誠의 대등한 두 가지 드러남이 아니라 선이 본래 드러남이고 악은 곁가지일 뿐임을 밝힌 것이다.[177] 이 그림에서 조치도는 선악이 비록 병칭되기는 하지만 賓主 또는 宗孽의 관계로 이루어진 것임을 파악해야 한다고 강조한다.[178] 즉 악은 마음의 고유한 것이 아니라 '客寓'일 뿐이니 악을 선과 대등한 개념으로 파악하여 같은 근원에서 함께 나온다고 한다면 옳지 않다는 것이다.

〈기미가〉 바르게 나오는 것은 천리가 되지만 옆으로 나오는 것은 인욕이 되며, 바르게 나오는 것은 선이 되지만 옆으로 나오는 것은 악이 됩니다. 바르게 나오는 것은 본래부터 있는 것이지만 옆으로 나오는 것은 횡으로 생긴 것이며, 바르게 나오는 것은 근본이 있지만 옆으로 나오는 것은 근원이 없으며, 바르게 나오는 것은 순조로운 것이지만 옆으로 나오는 것은 거스르는 것이며, 바르게 나오는 것은 올바른 것이지만 옆으로 나오는 것은 사특한 것입니다. 따라서 바르게 나오는 것은 잘 인도하고 옆으로 나오는 것은 막아서 끊어야 합니다.[179]

이것은 선악이 서로 대립적으로 생기는 것이 아님을 말한 것이며, 그런

177) 권정안 · 김상래 역주, 『通書解』, 청계, 2000, pp.93-94. "선과 악이 비록 서로 대립하더라도 마땅히 손님(賓)과 주인(主)으로 나누어야 하고, 천리와 인욕이 비록 나누어 갈라졌지만 반드시 적자(宗)와 서자(孽)를 구분해 살펴야 한다.

178) 周敦頤, 『通書』「誠幾德 第三」, "善惡雖相對, 當分賓主, 天理人欲雖分派, 必省宗孽."

179) 『通書』「誠幾德 第三」, "凡其直出者爲天理, 旁出者爲人欲, 直出者爲善, 旁出者爲惡, 直出者固有, 旁出者橫生, 直出者有本, 旁出者無源, 直出者順, 旁出者逆, 直出者正, 旁出者邪, 而吾於直出者利導之, 旁出者遏絶之."

까닭에 선악을 말할 때는 항상 선을 먼저 말하고 악을 뒤에 말하는 것도 이러한 이유 때문이다. 만약 선악을 서쪽과 동쪽처럼 상대하여 대립시키면 천리와 인욕을 하나의 근원에서 함께 나온 것으로 아직 드러나기 이전(未發)에는 이미 천리와 인욕과 같은 두 가지 실마리가 갖추어진 꼴이 되니 이것이 바로 호굉이 말한 '체는 같으나 용이 다르다'는 뜻이 된다.

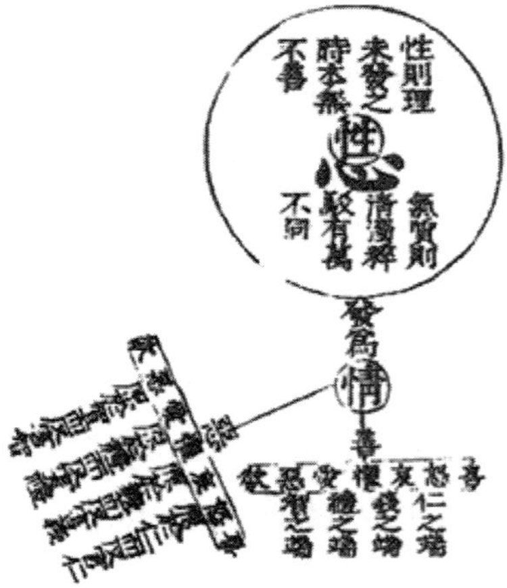

「심성정도」

율곡도 「심성정도」에서 정을 선한 정과 악한 정으로 나누어 선한 정을 곧바로 아래에 쓰고 악한 정을 횡으로 써놓았다.

그 이유는 선한 정, 즉 사단은 형기에 엄폐되지 않아 성의 본연을 곧바로 성취한 반면에 악한 정은 형기에 엄폐되어 성의 본연을 잃었기 때문이라고 설명한다.[180] 따라서 율곡의 「심성정도」가 『통서』의 「선악기도」를 본뜬 것이라는 주장은 근거가 없지 않아 보인다. 그렇다면 졸재는 주자가 받아들인 「선악기도」를 왜 문제 삼은 것인가? 졸재는 율곡이 「심성정도」에서 정을 선한 정과 악한 정으로 나눈 것이 잘못되었다고 비판한다. 왜냐하면 정은 본래 선할 뿐이지 악하지 않기 때문이다. 졸재는 정이 본래 선하다는 것을 강조한다.

180) 『栗谷全書』卷9, 「答成浩原」, "此情之發而不爲形氣所揜直遂其性之本然, 故善而中節, 可見其爲仁義禮智之端也, 直發故直書. 此情之發而爲形氣所揜失其性之本然, 故惡而不中節, 不見其爲仁義禮智之端也, 橫發故橫書."

맹자가 말한 性善에서 성이 선하다는 것을 알 수 있고 '성이 발하여 정이 되는 것(性發爲情)' 에서 정이 선하다는 것을 또한 알 수 있으니, 이것으로 미루어 가면 칠정이 본래 선하지 않음이 없다는 것은 논변을 기다리지 않고도 분명하다. 하물며 주자가 어떤 사람의 질문에 답하기를, '정이 아직 오염되지 않았을 때는 선하지 않음이 없다' 라고 하였고, 또한 '칠정이 발한 것에는 본래 당연의 법칙이 있다' 라고 하였으며, 또한 '형기의 사사로움에서 발하면 바로 악이 되는 것이 아니고 발한 후에 흘러서 악이 된다' 라고 하였으니 이 몇 가지 말에서 또한 칠정의 처음에 선하지 않음이 없음을 알 수 있다.[181]

퇴계는 고봉과의 논변과정에서 처음에 칠정을 선악이 아직 정해지지 않은 것(七情善惡未定也)이라고 했다가 "본래 선하지만 악으로 흘러가기 쉽다" [182]라고 수정한 적이 있다.[183] 졸재는 칠정이 본래 선하다는 퇴계의 설을 정설로 받아들인다.[184] 때문에 칠정이 본래 선하다는 점을 강조하여 율곡의 「심성정도」를 정 그 자체에 대한 논의로 이해한다. 그래서 정의 본래 모습은 성인과 중인 할 것 없이 모두 선하므로 악을 「심성정도」에 넣어 선한 본래 모습을 어지럽혀서는 안 된다고 강조한다.

---

181) 『拙齋集』卷8, 「四端七情辨後說」, "孟子道性善, 性之善可知, 性發而爲情, 情之善亦可知, 以此推之則七情之本無不善, 不待辨而明矣. 況朱子嘗答或人之問曰情未染著時, 無不善, 又曰七情之發, 本有當然之則, 又曰非發於形氣之私便爲惡, 乃發後流而爲惡, 於此數說, 又可見七情之初無不善矣."

182) 『退溪全書』卷16, 「答奇明彥(改本)」, "七情, 本善而易流於惡."

183) 사실 퇴계가 칠정을 본래 선하다고는 하였지만 강조점은 악으로 흘러가기 쉽다는 데 있다. 왜냐하면 악으로 흘러가기 쉽기 때문에 리발한 사단과 달리 칠정을 기발로 보아 둘을 구분해보려는 것이 퇴계의 기본 생각이다. 즉 칠정이라고 하여 리가 없는 것은 아니지만 사단과 상대해서 말하면 그대로 기가 발한 것이라고 이해한다. 이 점이 바로 율곡으로부터 많은 비판을 받게 되었던 부분이다.

184) 김용헌, 「졸재 류원지의 심성론과 퇴계학설 옹호」, 『동양고전연구』제33집, 2008, p.317

幾의 움직임이 비록 성인과 우인이 같으나 성인의 幾는 혼연한 천리여서 순선하고 악이 없으니 다만 중인이 된 뒤에야 비로소 불선의 섞임이 있다. 그러나 섞이는 것은 바로 기품이 시켜서 그러한 것이지 정의 본래 실상이 그러한 것이 아니다. 그렇다면 「심성정도」를 만든 자가 그 안에 하나의 惡자를 추가해 넣어 본선의 체를 혼란시킨 것인가. 만약 惡자를 추가할 수 있으면 주자가 말한 '칠정이 발함에 본래 당연의 법칙이 있다'는 것도 심히 잘못되어 의리를 이루지 못한다. 하물며 중인의 신분상에 나아가서 논하면 비단 정만 그렇게 되는 것이 아니고 성에도 기품의 잡박하고 혼탁함에 구애되어 악이 혹 있게 됨을 면치 못하니 이와 같음을 보고 마침내 惡자를 성의 권역 안에 추가하면 어찌 크게 놀라지 않겠는가. 여기에 옳고 그름이 있으니 한 마디로 결단할 수 있다. 이것으로 말하면 율곡이 惡자를 정권의 그림 안에 추가해 넣은 것은 매우 근거가 없음을 볼 수 있다.[185)]

정의 본래 실상에는 불선의 섞임이 없기 때문에 율곡이 惡자를 情圈의 그림 안에 추가해 넣은 것은 매우 잘못되었다는 것이다. 악이 생기는 것은 정의 본래 실상이 아니라 기품이 시켜서 그러한 것이니 이것은 정만 그렇게 되는 것이 아니다. 성에도 기품의 잡박하고 혼탁함에 구애되어 악이 있음을 면치 못하는데, 그렇다고 惡자를 性圈 안에 추가할 수 없는 것과 같은 경우라는 말이다. 만약 惡자를 추가할 수 있으면 주자의 '칠정이

185) 『拙齋集』 卷8, 「右栗谷圖辨後說」, "蓋幾之動, 雖聖愚所同, 而聖人之幾, 渾是天理, 純善無惡, 惟衆人然後方有不善之雜. 而其所雜者, 乃其氣稟之使然, 非情之本相固然. 則爲心性情之圖者, 可參入一惡字於其內, 以亂其本善之體耶. 若可加惡字, 則朱子所謂七情之發, 本有當然之則者, 亦甚汙雜, 不成義理矣. 況但就衆人分上論之, 則非獨情爲然. 其於性也, 亦有爲氣稟駁濁之所拘, 不免於惡者亦或有之, 見其如此而遂以惡字, 加於性圈之內, 則豈不大可駭耶. 此其是非所在, 一言可決. 以此言之則栗谷之參入惡字於情圈圖內者, 可見其無據甚矣."

발함에 본래 당연의 법칙이 있다'는 것도 틀린 말이 된다. 그러므로 하나의 악한 정을 별도로 덧붙여서 횡으로 나오게 그림을 그린 것은 더욱 마땅하지 않다는 것이다.[186] 결국 퇴계의 「심통성정도」가 정이 발함에 선악의 구분이 있는 율곡의 「심성정도」(혹은 주돈이의 「선악기도」)와는 다르다고 지적한다.

> 선생(퇴계)이 이 그림을 만든 것은 정의 當體를 가리켜서 요순과 길가는 사람을 구분하지 않고 말한 것이요 주돈이의 幾善惡이 중인에 나아가서 말하여 정이 발함에 선악의 구분이 있는 것과는 다르니, 이것은 그 의미가 가리키는 것에 각각 마땅한 바가 있어 절대로 억지로 갖다 붙여 그림을 만들 수 없음이 이미 분명하다. 또한 순이 말한 인심에 어찌 기미에 하나의 惡자가 있겠는가. 정자가 논한 칠정에도 기미에 어찌 하나의 惡자를 말한 것이 있겠는가. 오직 인심이 흘러서 돌아가지 못한 연후에 비로소 악에 들어가니 칠정이 타올라서 더욱 방탕한 연후에 비로소 그 본연의 선을 잃을 뿐이다. 그렇다면 인심과 도심의 그림을 그린 자가 그사이에 惡자를 첨가할 수 없거늘 성정의 그림을 그린 자가 유독 그 안에 惡자를 첨가할 수 있겠는가.[187]

『서경』「대우모」의 기록에서 따르면, 순임금이 우임금에게 선양할 때 '人心惟危 道心惟微 惟精惟一 允執厥中'라고 하였는데, 이때 인심은 위태

---

186) 『拙齋集』卷8, 「四端七情辨後說」, "尤不當別添一箇惡情橫出爲圖."

187) 『拙齋集』卷8, 「右栗谷圖後說」, "蓋先生之爲此圖, 是指出情之當體, 不分堯舜路人而言, 與周子之幾善惡, 就衆人而言, 其情之發, 有善惡之分者不同, 此其意義所指, 各有攸當, 斷不可牽合爲圖, 亦已明矣. 且大舜之言人心何嘗有幾微一惡字. 程子之論七情, 亦何嘗有幾微一惡字說來耶. 惟人心流而不返然後始入於惡, 七情熾而益蕩然後始失其本然之善耳. 然則爲人心道心之圖者, 自不可添入惡字於其間, 則爲性情之圖者, 獨可添入惡字於其內耶."

로울 뿐이지 악이라고 하지 않았다는 것이다. 형기에서 발한 것이 갑자기 악이 될 수 없고 반드시 악으로 흘러간 연후에 비로소 악이라고 말할 수 있기 때문에 위태롭다고 하였다. 위태로운 것은 악으로 쉽게 흐르나 아직 악에 들어가지 않은 것이다.[188] 인심이라고 하여 위태로울 뿐이지 악이라고 하지 않은 것처럼, 칠정도 타올라 더욱 방탕한 후에 본연의 선을 잃기 때문에 악이라고 할 수 없다는 말이다. 그러므로 인심에도 惡자를 쓸 수 없듯이 성정의 그림에도 惡자를 써서는 안된다는 것이다. 때문에 율곡이 이 그림을 그리는데 선택이 정밀하지 못하고 말이 자세하지 못한 병폐가 있다고 비판한다.[189] 이처럼 졸재는 율곡의 「심성정도」에서 정을 선악으로 구분하여 '악'자를 추가한 것이 잘못되었다는 것이다.

2. 우담 정시한의 「心統性情圖」 해석

우담도 퇴계의 중도 · 하도 2도와 율곡의 「심성정도」를 비교 분석하였으며, 그 내용이 「退溪先生心統性情圖」(『우담집』 권7)에 자세히 나타나 있다. 내용은 크게 두 가지로 구분할 수 있으니, 퇴계 「심통성정도」에 대한 지지와 율곡 「심성정도」에 대한 비판이다. 우담의 퇴계 「심통성정도」에 대한 평가를 살펴보기에 앞서, 먼저 우담은 퇴계 「심통성정도」와 율곡 「심성정도」가 만들어진 경위를 간단하게 언급한다.

당초에 기고봉은 그림에서 정의 권역 속의 사단칠정을 리기로 분속시킨 것

188) 『拙齋集』卷8, 「四端七情辨後說」, "蓋形氣所發, 未可遽以爲惡, 必其流入於惡然後方可謂惡, 故曰危. 危者易流於惡而未入於惡者也."

189) 『拙齋集』卷8, 「右栗谷圖後說」, "栗谷之爲此圖, 有擇焉不精, 語焉不詳之病."

을 편치 않게 여겨 여러 차례 의논하고 질의하다가 마침내 귀일되기에 이르렀다. 그 후에 퇴계 선생이 이 그림에 담긴 뜻을 연역하여 「심통성정도」 중도와 하도를 그렸다. '理發氣隨' 와 '氣發理乘' 의 말로써 하도에 있는 사단칠정 두 권역의 옆에다 나누어 주를 달았다. 율곡도 심에 二本과 兩岐의 변통이 있다고 여겨 스스로 「심성정도」를 그려 퇴계의 의견에 반대하였다. 이에 우계와 다소간의 논의가 있었다. 지금 퇴계 선생 「심통성정도」와 율곡 「심성정도」의 同異와 得失을 논하여 율곡의 長書에 다다르고자 한다.[190]

사단칠정논쟁의 발단은 추만(정지운)의 「천명(구)도」의 내용 중 '四端發於理 七情發於氣' 를 퇴계가 '四端理之發 七情氣之發' 로 수정하면서 비롯된다. 후에 고봉(기대승)이 사단칠정을 지나치게 리기로 분속시키는 것을 불편하게 여겨 퇴계와 8년간에 걸친 논변과정을 거쳤는데 이것이 바로 유명한 '사단칠정논변' 이다. 후에 퇴계가 이 그림(「천명신도」)에 담긴 뜻을 연역하여 「심통성정도」 중도와 하도를 그렸다. 중도에서와 달리[191], 하도에서는 정을 사단과 칠정으로 구분하여 사단은 '理發而氣隨之' 로 규정하고 칠정은 '氣發而理乘之' 로 규정하였다. 반면 율곡은 사단과 칠정을 '理發而氣隨之' 와 '氣發而理乘之' 로 분속시킬 경우, 리와 기에 선후가 있게 되어 사단은 리가 발한 뒤에 기가 따르고 칠정은 기가 발한 뒤에 리가 타서[192] 두 갈래가 되어 심에 두 개의 근본(二本)이 있게 된다고 반대하였

---

190) 『愚潭集』卷7, 「四七推原」, "當初奇高峯以圖之情圈中四端七情, 分屬理氣爲未安, 屢次講質, 終至歸一. 其後退溪先生演繹此圖之意, 畫成心統性情中下二圖. 以理發氣隨氣發理乘之語, 分註於下圖四端七情兩圈之傍. 栗谷又以爲心有二本兩岐之病, 自著心性情圖, 以反其意. 仍與牛溪有多少議論. 今將論退溪先生心統性情圖, 栗谷心性情圖之同異得失, 以及栗谷長書所論.

191) 중도의 경우, 성은 본연지성을 가리켜 말한 것이므로 정에서도 칠정은 사단을 포함하여 모두 선하다.

다. 즉 "사단은 '理發而氣隨之'이고 칠정은 '氣發而理乘之'라면 리와 기가 어떤 것은 앞이 되고 어떤 것은 뒤가 되어 상대하여 두 갈래가 되어서 각자 나오니 사람의 심에 두 개의 근본이 있는 것이 아니겠는가?"[193] 때문에 스스로 「심성정도」를 그려서 퇴계 「심통성정도」의 의견에 반대하였다는 것이다. 따라서 퇴계의 「심통성정도」와 율곡의 「심성정도」의 同異와 得失을 아래와 같이 비교 고찰하게 되었음을 밝히고 있다.

우담은 퇴계의 「심통성정도」가 전체적으로 아주 정밀하고 일목요연하며 모든 이치를 다 갖추고 있다고 평가한다.

> 퇴계의 그림은 눈이 가는 대로 생각을 따르게 하여 천지간에 원래 이러한 이치가 있음을 본다. 〈이러한 이치에〉 따라 그려서 그 배열과 위치는 사람의 힘을 들이지 않고도 자연히 질서정연하니 아무런 조짐이 없는 가운데 삼연한 이치가 모두 갖추어지지 않은 것이 없으며, 감통할 즈음에 유행하는 정에는 모두 맥락이 있어 책을 펼쳐보면 일목요연하고 반듯반듯하다.[194]

퇴계의 「심통성정도」는 천지간에 원래 있던 이치대로 그려져서 그 배열과 위치가 인위적인 작위 없이 자연히 질서정연하고 반듯반듯하다고 보았다. 이어서 「심통성정도」의 중도와 하도를 설명한다.

---

192) 『栗谷全書』 卷10, 「答成浩原(壬申)」, "若曰, 理發氣隨, 則是纔發之初, 氣無干涉, 而旣發之後, 乃隨而發也, 此豈理耶."

193) 『栗谷全書』 卷9, 「答成浩原(壬申)」, "今若曰, 四端理發而氣隨之, 七情氣發而理乘之, 則是理氣二物, 或先或後, 相對爲兩岐, 各自出來矣, 人心豈非二本乎."

194) 『愚潭集』 卷7, 「四七推原」, "退溪之圖, 寓目尋思, 便見天地間元有此理. 而因以畫成, 其排列位寘, 不費人力, 自然齊整, 無眹之中, 森然之理, 莫不畢具, 感通之際, 流行之情, 皆有脈絡, 開卷瞭然, 井井方方."

중도는 기품 속에서 본성만을 가리켜서 말하였기 때문에 발하여 정이 되고, 또한 선악의 기미에서 善一邊을 말하여 사단이 칠정 속에 포함되어 하나로 합해져 있고 성이 기에 섞이지 않아 정이 선하지 않음이 없음을 밝혔다. 하도는 성은 본래 하나이나 기 속에 있기 때문에 두 가지 이름을 지니게 되었다. 그러므로 본연·기질 네 글자 가운데에 성이라는 하나의 글자만을 두었다. 그것이 발하여 정이 되어 '理發氣隨'와 '氣發理乘'으로 사단과 칠정 옆에다 나누어 주를 달았다. 그리고 일직선으로 배열하여 사단을 위에 놓고 칠정을 아래에 두어 혼연한 一心 가운데에 그 감응하는 바에 따라 상호 발현되어 성찰과 용공하는 절목에 각각 마땅한 바가 있음을 밝혔을 따름이다. 그러나 아무리 반복해서 음미해보아도 율곡이 말한 '상대하여 두 갈래가 되어 각자 나오는 모양'이라는 것은 끝내 분명하지 않다.[195]

퇴계의 「심통성정도」 가운데 중도는 기품(현상의 사물) 속에서 본성만을 가리켜서 말한 것이므로 정에서도 사단이 칠정에 포함되어 하나로 합쳐져 있어도 기질에 섞이지 않아 모두 선하지 않음이 없다. 하도에서도 성은 하나이지만 清濁粹駁의 차이가 있는 기질 속에 있기 때문에 본연지성과 기질지성의 두 가지 명칭으로 구분되며, 정에서도 사단과 칠정이 구분되어 위에 있는 사단은 '理發而氣隨之'가 되고 아래에 있는 칠정은 '氣發而理乘之'이 되어 감응에 따라 다르게 발현된다. 다시 말하면, 중도에서는 리기불상잡의 조건 아래 리만을 가리킴으로써 성과 정의 순선한 본래

---

195) 『愚潭集』卷7, 「四七推原」, "其中圖則就氣稟中, 指言本性, 故其發而爲情, 亦就善惡幾, 言善一邊, 以四端包在七情中滚合爲一, 以明性之不雜乎氣而情之無不善. 其下圖則以性本一, 因在氣中有二名. 故本然氣質四字之中, 寘一性字, 其發爲情也, 以理發氣隨氣發理乘, 分註於四端七情之傍. 而一直排列, 四端在上, 七情在下, 以明渾淪一心之中, 隨其所感, 互相發現, 而省察用工之節, 各有攸當而已. 反復翫繹, 終未曉栗谷所謂相對爲兩岐, 各自出來之模樣."

의 모습을 강조하였으며, 하도에서는 리기불상리의 조건 아래 리와 기가 합쳐져 있는 것을 가리킴으로써 성이 발현하는 기미에서 선악이 혼재하는 현상적 모습을 강조하였다는 것이다. 이처럼 우담은 퇴계 「심통성정도」의 중도와 하도를 해석하였으며, 특히 하도에서 사단칠정을 리발과 기발로 해석하여 리기호발설의 타당성을 강조한다. 또한 "상대하여 두 갈래가 되어 각자 나온다"[196]라는 율곡의 비판에 대해서는 다음과 같이 설명한다.

> 리가 발할 때에 기가 없다고 말할 수 없기 때문에 氣隨라고 한 것이니, 어찌 리가 먼저 발하고 기가 그 뒤를 따른다는 말이겠는가? 기가 발할 때에 리가 없다고 말할 수 없기 때문에 理乘이라고 한 것이니, 어찌 기가 먼저 발하고 리가 그 뒤에 있다는 말이겠는가? 하나는 리를 주로 하여 말하였기 때문에 먼저 리를 말하면서 또한 기를 말하지 않을 수 없었고, 하나는 기를 주로 하여 말하였기 때문에 먼저 기를 말하면서 또한 리를 말하지 않을 수 없었던 것이다.[197]

우담은 퇴계의 '理發而氣隨之'와 '氣發而理乘之'가 리와 기에 선후가 있게 되어 두 갈래로 각자 나오는 것이 아니라 主理와 主氣의 구분에 따른 것이라고 설명한다. 리가 발할 때 기가 없다고 말할 수 없기 때문에 氣隨라고 한 것이며, 기가 발할 때 리가 없다고 말할 수 없기 때문에 理乘이라고 한 것이다. 즉 氣隨와 理乘은 율곡이 강조한 不相離의 상수관계를 강조하는 말에 불과하기 때문에 선후의 관계로 보아서는 안된다는 말이다. 반

196) 『栗谷全書』卷9, 「答成浩原(壬申)」, "四端理發而氣隨之, 七情氣發而理乘之, 則是理氣二物, 或先或後, 相對爲兩岐, 各自出來矣, 人心豈非二本乎."

197) 『愚潭集』卷7, 「四七辨證」, "理發之時不可謂無氣, 故謂之氣隨, 豈理先發而氣隨後之謂乎. 氣發之時不可謂無理, 故謂之理乘, 豈氣先發而理在後之謂乎. 一則主理而言, 故先言理而亦未嘗不言氣, 一則主氣而言故先言氣而亦未嘗不言理."

대로 율곡의 「심성정도」가 오히려 말을 하지 않아야 할 곳을 해석하여 많은 오류가 있으며 예로부터 성현들이 도설을 그리던 방법이 아니라고 비판한다.

율곡의 그림은 심성이라는 한 권역 가운데 森然하게 이미 갖추어진 인의예지를 빠뜨리고 오히려 말이 없어야 할 곳에 언어로써 풀이해 놓았으니, 이미 예로부터 성현들이 그림을 만든 체도가 아니다. 또한 성이 발하여 정이 됨에 선악의 기미를 말하지 않고 곧바로 아래에 선이란 글자를 쓰고 옆으로 악이란 글자를 써놓았으며, 선과 악이란 글자 아래에 모두 칠정을 써놓았다. 선한 칠정 아래에는 '인의예지 네 가지의 단서'라고 써놓고, 악한 칠정 아래에는 '인에 근원하나 도리어 인을 해치고, 의에 근원하나 도리에 의를 해친다'는 등의 말을 써 놓았다. 측은 · 수오 · 사양 · 시비에 이르러서는 곧 맹자가 인의예지의 단서를 발명하여 이전 성인이 밝히지 못한 것을 확충한 것인데, 지금 모두 버려두고 쓰지 않았다. 다만 심의 권역 가운데에 쓰지 않았던 인의예지를 선하거나 악한 칠정의 아래에다 썼으니, 성정이 고요히 감발하는 소이연과 소당연의 조리와 맥락이 모두 분명하지 않다. 또한 악의 기미가 이미 드러나서 정이 왕성하여 악이 된 뒤에는 사단은 없어지고 칠정은 어그러져서 칠정의 아래에다 '仁에 근원한다'느니 '義에 근원한다'느니 하는 따위의 말을 악한 칠정의 아래에 다시 말하는 것은 용납되지 않는다. 그리고 도리어 仁을 해치고 義를 해치는 까닭도 말할 필요가 없다. 그리고 배열한 위치도 천연의 어떤 사물에서 나온 것 같지 않고 사사로운 지혜로 꾸민 것처럼 여겨진다. 뒷날 이를 보는 사람들이 퇴계의 그림과 서로 참조하고 밝게 분별해보면 그 진위를 알 수 있을 것이다.[198]

---

198) 『愚潭集』卷7, 「四七推原」, "栗谷之圖, 於心性一圈中, 遺却森然已具之仁義禮智, 乃於無言處, 以言語解釋, 已非從古聖賢建圖之體. 且其發而爲情也, 不言善惡幾, 而直書善字,

인용문이 다소 길지만 내용은 율곡의 「심성정도」에 대한 우담의 비판이다. 내용을 정리하면 다음과 같다. 첫째, 인의예지는 심성의 권역 안에 소재해야 하는데 율곡은 이것을 심성의 밖에 두었다는 것이다. 퇴계의 「심통성정도」에서처럼 인의예지가 심성 속에 내재되어 있어야 한다는 말이다. 둘째, 성이 발하여 정이 될 때에 선악의 기미를 말하지 않고 곧바로 아래에 선이란 글자를 쓰고 옆으로 악이란 글자를 써놓은 것은 잘못이다. 셋째, 측은 · 수오 · 사양 · 시비는 맹자가 인의예지의 단서를 발명하여 이전 성인들이 발명하지 못한 것을 확충한 것인데, 「심성정도」에서는 모두 이걸 빼버리고 쓰지 않았다. 넷째, 심의 권역 속에 쓰지 않았던 인의예지를 선악이 있는 칠정의 아래에 써놓았다. 다섯째, 정이 치열해져서 악이 된 뒤에는 사단이 없어지고 칠정이 어그러지기 때문에 악한 칠정의 아래에다 '인에 근원한다'느니 '의에 근원한다'는 말을 쓸 필요가 없으며 '도리어 인을 해친다'느니 '도리어 의를 해친다'는 말도 불필요하다는 것이다. 그러므로 율곡의 「심성정도」는 성정이 감발하는 소이연과 소당연의 조리와 맥락이 모두 분명하지 않기 때문에 배열한 위치도 자연스럽지 못하고 사사로운 지혜로 꾸며져서 잘못되었다고 비판한다.

橫書惡字. 善惡下, 皆書七情. 善七情下, 書仁義禮智四者之端, 惡七情下, 書源於仁而反害仁原於義而反害義等語. 至於惻隱羞惡辭讓是非, 卽孟子所以發明仁義禮智之端, 擴前聖之所未發者, 而今皆捨而不書. 只書心圈中所不書之仁義禮智於善惡七情之下, 其於性情寂感所以然所當然之條理脈絡, 皆不分曉. 且又惡幾已著, 情熾爲惡之後, 則四端滅息, 七情乖反, 不容更說原仁原義等語於惡七情之下. 而其所以反害仁反害義者, 又不須說矣. 排列位寘, 似非出於天然自有底物事, 而有似乎私智杜撰者然. 後之觀者, 與退溪圖相參明辨, 則可知眞贗矣."

3. 맺음말

이상에서 살펴본 것처럼 졸재의 「심통성정도」의 해석은 크게 두 가지로 구분해볼 수 있는데, 하나는 퇴계 「심통성정도」의 내용에 대한 해석이고 다른 하나는 율곡 「심성정도」에 대한 비판이다. 졸재는 퇴계 「심통성정도」 하도의 내용에 따라 사단과 칠정을 구분해 볼 것을 강조한다. 정은 하나이지만 리가 발한 것은 사단이고 기가 발한 것은 칠정이라는 의미에서 둘로 구분해 본다. 사단의 정과 칠정의 정은 별개의 것이니 분명히 구분해야 한다는 것이다. 한 걸음 더 나아가서 심이 하나이지만 인심과 도심이 구분되듯이, 정이 하나이지만 사단과 칠정으로 구분해야 한다. 즉 성명의 바름과 형기의 사사로움이라는 주자의 '或原或生'의 구조로 사단칠정의 구분을 정당화한다. 인심도심과 사단칠정의 작동 메커니즘이 같다고 설명한다. 이러한 사유구조는 우계의 사단칠정에 대한 이해와 비슷하다고 볼 수 있다.[199] 사단을 말하여 성이 본래 선하다는 것을 알게 하고 칠정을 말하여 쉽게 악으로 흘러가는 것을 경계하기 위하여 사단과 칠정을 구분해보려고 하였던 것이다. 또한 율곡의 「심성정도」에 대해서는 『통서』의 「선악기도」를 모방하여 그린 것으로 전혀 근거가 없는 것은 아니지만, 정을 선한 정과 악한 정으로 나눈 것이 잘못되었다고 지적한다. 졸재는 칠정이 본래 선하다는 점을 강조하여 율곡의 「심성정도」를 정 그 자체에 대한 논의로 이해한다. 정의 본래 실상에는 불선의 섞임이 없기 때문에 율곡이 惡자를 정권의 그림 안에 추가해서는 안 된다는 것이다. 그러므로 율곡의 그림은 정밀하지 못하고 말이 자세하지 못한 병폐가 있다고 비판한다.

199) 최영진 · 안유경, 「우계 성혼 성리설의 구조적 이해」, 『우계학보』제27호, 우계문화재단, 2008, pp.12-14

우담의 「심통성정도」에 대한 해석도 크게 두 가지로 구분해볼 수 있는데, 하나는 퇴계 「심통성정도」에 대한 지지이고 다른 하나는 율곡 「심성정도」에 대한 비판이다. 우담은 퇴계의 「심통성정도」가 전체적으로 아주 정밀하고 일목요연하며 모든 이치를 다 갖추고 있다고 평가한다. 졸재와 마찬가지로, 「심통성정도」 하도에서 사단칠정을 리발과 기발로 해석하여 리기호발설의 타당성을 강조한다. 하도에서도 성은 하나이지만 淸濁粹駁의 차이가 있는 기질 속에 있기 때문에 본연지성과 기질지성의 두 가지 명칭으로 구분되며, 정에서도 사단과 칠정이 구분된다고 설명한다. 그리고 율곡의 「심성정도」에 대해서는 인의예지는 심성의 권역 안에 있어야 하는데 심성의 밖에 두었기 때문에 잘못이며, 측은 · 수오 · 사양 · 시비는 맹자가 인의예지의 단서를 발명하여 이전 성인들이 발명하지 못한 것을 확충한 것인데 「심성정도」에서는 모두 이걸 빼버리고 쓰지 않았으며, 심의 권역 속에 쓰지 않았던 인의예지를 선악이 있는 칠정의 아래에 써놓았기 때문에 배열과 위치가 자연스럽지 못하다고 비판한다.

이처럼 졸재와 우담은 퇴계 「심통성정도」 하도의 내용에 따라 사단과 칠정을 리발과 기발로 구분해볼 것을 강조하면서 동시에 율곡의 「심성정도」를 강하게 비판한다. 졸재와 우담의 「심통성정도」에 대한 해석은 전반적으로 퇴계의 이론을 답습하는 정도에 그치는 아쉬움이 없지 않으나, 다만 율곡의 퇴계 비판에 대해 퇴계 「심통성정도」의 해석을 중심으로 율곡을 재비판하는 역할을 하였다는 점에서는 새로운 의미를 부여할 수 있다. 즉 퇴계 「심통성정도」에 대한 퇴계학파의 해석은 퇴계와 구별되는 새로운 해석을 제시하기보다는 퇴계의 「심통성정도」를 인정하는 기반 위에서 율곡의 비판에 대응해 나갔음을 알 수 있다.

14장

우담 성리설의 구조적 이해

愚潭 丁時翰(1625~1707)과 葛庵 李玄逸(1627~1704)이 활동하던 17세기는 통칭 '예학의 시대'라고 불리기도 하는데, 이때는 퇴계 당시의 사변적 논쟁 위주의 태도는 줄어들고 實踐과 力行을 지향하는 공부가 일반화되어 예학이 동시적으로 심화되는 현상이 발생한다.[200] 이와 관련하여 사단칠정론과 같은 논쟁 위주의 이론적 대립보다는 심성함양 위주의 예학 발전을 이루지만, 우담과 갈암의 율곡 성리설 비판을 계기로 퇴계학파와 율곡학파라는 학파적 대립이 심화되는 양상이 전개된다.

우담은 72세에 「四七辨證」(1696)을 저술하여 율곡에 대해 비판적인 견해를 표명한 대표적인 퇴계학파의 일원이다. 갈암도 62세에 「栗谷李氏論四端七情書辨」(1688)을 지어 율곡비판의 계보를 이은 퇴계학파의 수장이다. 우담과 갈암은 동시대의 인물로 생몰연대도 거의 일치하는데, 그들의 「四七辨證」과 「栗谷李氏論四端七情書辨」은 율곡설을 배척한대서 출발하

200) 유권종, 『예학과 심학』, 한국학술정보, 2009, pp.19-20 참조

여 퇴계설을 옹호하는 것으로 일관한다. 그러나 우담과 갈암 사이에 전개된 왕복 서신을 살펴보면, 우담의 경우는 율곡에 대한 비판적 내용보다 율곡의 일원적 관점을 인정하는 입장에 서 있음을 볼 수 있다. 그렇지만 우담은 갈암과 마찬가지로 퇴계의 主理·主氣에 따른 리기호발설을 적극 지지하고 있다. 그렇다면 이들의 퇴계 호발설에 대한 해석상에도 차이가 있는가? 즉 분개 일변도의 갈암이 본 퇴계 호발설과 율곡의 일원적 관점을 인정하는 우담이 본 퇴계 호발설에는 어떠한 해석상의 차이가 있는가?

우담은 77세(1701년) 때에 갈암이 사단칠정논변 및 문인들과 왕복한 서한을 보내준 것을 받고 인심도심, 사단칠정, 격물치지의 문제에 대한 갈암의 견해에 의문점을 지적하고, 그도 자신의 저술인 「사칠변증」을 갈암에게 보내 조목별 논평을 받으면서 한 차례 왕복 토론이 전개된다. 『우담집』 권4에는 갈암에게 보낸 6통의 서신이 실려 있고, 『갈암집』 권8에도 우담에게 보낸 14통의 서신이 실려 있다. 본문에서는 이들 사이에 전개된 왕복 서신을 중심으로 우담 성리설의 구조적 특징을 분석하여 같은 퇴계학파의 일원인 갈암과 학설상에 어떤 이론적 차이가 무엇인지를 확인하며, 이러한 차이를 통해 퇴계 이후 퇴계학파 내의 성리설이 갖는 다양한 이론적 전개양상을 고찰한다.

학계에 발표된 우담에 관한 논문은 주로 「四七辨證」을 중심으로 전개되었는데[201], 우담과 갈암의 왕복 서신은 「사칠변증」(1696, 72세)이 저술된 5년 후 1701(77세)~1704(80세)에 걸쳐 이루어졌고, 그의 죽음이 1707(숙종 33, 83세)년인 것을 참작하면 거의 만년 정론에 해당한다고 해도 무방할 것이다. 우담이 갈암에 보낸 첫 번째 서신 말미에는 갈암과 왕복 논변을 전개하게 된 경위를 간략하게 밝히고 있다.

---

201) 우담과 관련된 많은 논문들은, 즉 리기호발설, 사단칠정설, 인심도심설, 인물성동이론 등은 모두 「四七辨證」의 내용을 중심으로 논문을 전개하고 있다.

> 제가 공을 처음 만났을 때(戊辰: 1688, 64세)[202], 율곡의 학문이 진실을 어지럽힌다고 말하는데 이르러서는 공께서 분명하게 밝혀 줄 것을 깊이 권면하였습니다. 그러나 저의 좁은 소견을 차마 끝내 버리지 못하고 6~7년 전에 사사로이 기록해 두었습니다. 얼마 후 그것을 보았으나 마음에 심히 차지 않았기 때문에 초고인 채로 내버려두고 다시 정리하지 않았습니다. 지금 공이 분별한 것을 보니 명백하고 단순 명쾌하여 사람을 탄복시키니 진실로 감히 찬사를 반복하지 못하겠습니다. 그러나 근래에 남은 목숨이 끊어지려 하여 아침저녁으로 몸을 보전하기 어렵습니다. 만약 평소에 그릇되고 망령된 의견을 지금 우러러 묻지 않는다면 다시는 기다릴 때가 없어서 장차 눈을 감지 못하는 서운함이 있을 것입니다.[203]

우담이 처음에는 율곡의 혼륜설이 후인들의 이목을 현혹하기에 충분하다고 여겼기 때문에 갈암에게 分開의 방법으로 분명하게 밝혀 줄 것을 권하였으나, 끝내 평소에 품었던 몇 가지 의심을 떨쳐버릴 수 없었다는 내용이다. 그 의심이 무엇인지는 이 단락에서 언급하지 않고 있지만, 아마도 앞으로 전개될 내용이 아닌가 생각된다. 죽기 전에 이 문제를 짚고 넘어가지 않으면 죽어도 눈을 감을 수 없을 것이라는 극단적인 표현으로 보아서 의견을 질정하게 된 것이 매우 절실하였음을 알 수 있다.

---

202) 우담이 戊辰(1688, 64세)년에 갈암의 거처를 방문하였다는 기록이 '이현일 祭文'에 보인다.(『愚潭全集』 卷9, 「祭李翼升文」, 참조) 이때는 갈암이 「栗谷李氏論四端七情書辨」(1688, 62세)을 완성한 시기이기도 하니, 이들 사이에 사단칠정논변에 대한 담론이 있었을 것으로 짐작할 수 있다.

203) 『愚潭全集』 卷4, 「與李翼升(玄逸)」, "翰之始遇台兄, 也語及栗學之亂眞, 深(深)勸台兄之辨明. 而區區蠡管之窺測, 亦未忍終棄, 乃於六七年前私有所記. 旣而觀之, 甚不滿意, 故置諸亂藁不復收拾矣. 今見台兄所卞, 明白直截令人歎服, 固不敢復贊一辭. 而邇來殘命奄奄朝暮難保. 若不以平日謬妄之見及今仰質, 則更無可待之時, 將有不瞑之憾."

1. 인심과 도심은 一源이다

우담은 주리 · 주기에 따른 퇴계 호발설의 타당성을 인정하지만, 율곡이 퇴계의 호발설에 대해 '두 근본으로 본 혐의가 있다'고 비판한 대목에도 일리가 있다고 인정한다. 따라서 갈암의 사단칠정논변 내용 중에 '인심과 도심은 본래 두 근원이 없는 것이 아니다(人心道心不是本無二源者)'라고 한 표현이 '분별이 너무 지나쳐 사람들이 참으로 인심과 도심에 두 근원이 있는 것처럼 생각할 수 있다'는 우려를 시작으로 갈암과 왕복 서신을 전개한다.

> 인심과 도심은 이미 형기에서 나오고 성명에 근원하는 구별이 있고 사단과 칠정도 理發과 氣發의 구분이 있으니, 주자가 말한 '두 조각으로 쪼갠다'는 설과 퇴계선생이 말한 '각각 묘맥이 있다'는 것은 진실로 옳습니다. 그러나 공의 변론 중에 '인심과 도심은 본래 두 근원이 없는 것이 아니다'라고 한 것은 분별이 너무 지나쳐서 참으로 인심과 도심에 두 근원이 있는 것을 옳다고 여기는 것과 같습니다. 대개 性命과 形氣는 한 근원에서 함께 나왔고 이목구비의 법칙은 스스로 一性의 혼연한 가운데 갖추어져 있으니, 이것이 이른바 '沖漠無朕萬象森具'라는 것입니다. 애당초 서로 상대하여 두 근원이 되는 이치는 없으나, 사물에 감응할 때에 성명의 발함은 미묘하여 보기가 어렵고 형기의 발함은 위태하여 어긋나기가 쉽습니다. 그러므로 성인은 一性 속의 리기가 妙合한 마음에 나아가서 主理 · 主氣로 구분하여 말하여 사람들로 하여금 기미를 살펴 공부하게 하였을 뿐입니다. 그렇다면 '주자가 두 조각으로 쪼개고 퇴계가 각각 묘맥이 있다'는 설은 마음에 두 근원이 있다고 한 것이 아니라는 것을 자연히 알 수 있을 것입니다. 지금 만약 이 두 조각과 묘맥의 설을 근거로 '인심과 도심에 본래 두 근원이 없다'는 설을 배척한다면, 천도와 인심이 한 근본이라

는 뜻에 어긋날 뿐만 아니라 또한 퇴계의 말을 마음에 두 근본이 있다고 기롱한 율곡의 설을 변명하지 못할까 걱정입니다.[204]

여기에서 주자의 '두 조각으로 쪼갠다'는 설은 '인심은 형기에서 생겨나고 도심은 성명에 근원한다'는 『중용』 서문에 나오는 '或生於形氣之私 或原於性命之正'을 말하고, 퇴계의 '각각 묘맥이 있다'는 것은 '사단은 理發이요 칠정은 氣發이다'는 리기호발설을 말한다. 이 단락의 내용이 우담 성리설의 요지가 소재한다고 보아도 무방할 것이다. 이 단락에서 우담은 한편으로 퇴계(갈암)의 分開의 입장을 지지하면서 다른 한편으로는 分開의 입장이 인심도심을 二源으로 볼 우려가 있다고 분명히 지적한다. 때문에 갈암의 '인심과 도심에 두 근원이 없는 것이 아니다'는 표현에 대해, "분별이 너무 지나쳐서 참으로 인심과 도심에 二源이 있는 것을 옳다고 여기는 것 같다"는 우려를 나타내면서, 동시에 인심도심의 근원이 하나라는 사실을 분명히 하여 "성명과 형기는 一源에서 함께 나왔고 이목구비의 법칙은 자연히 一性의 혼연한 가운데 갖추어져 있다"는 것을 강조한다. 만약 그렇지 않고 "주자의 두 조각으로 쪼개거나 퇴계의 각각 묘맥이 있다는 설을 근거로 '인심과 도심에 본래 두 근원이 없다'는 설을 배척한다면, 천도와 인심이 한 근원이라는 뜻에 어긋날 뿐만 아니라 퇴계의 말을 心에 두 근본이 있다고 기롱한 율곡의 설을 변명하지 못할까 걱정된

204) 『愚潭全集』 卷4, 「與李翼升(玄逸)」, "人心道心旣有生形氣原性命之別, 四端七情亦有理發氣發之分, 朱夫子所謂劈做兩片說, 退溪先生所謂各有苗脈者, 固其然矣. 而台辨中以爲不是人心道心本無二源者, 則分別太過, 有若眞以人心道心爲有二源者然. 蓋性命形氣同出一原, 耳目口鼻之則自具於一性渾然之中, 此所謂沖漠無朕萬象森具者也. 初無相對爲二源之理, 而感物之際, 性命之發微妙而難見, 形氣之發危殆而易差. 故聖人就一性中理氣妙合之心, 主理主氣而分言之, 使人審幾用工而已. 然則朱子劈做兩片, 退溪各有苗脈之說, 非以爲心有二源者, 自可默契矣. 今若只據此兩片苗脈之說, 以斥人心道心本無二源之論, 則非但有違於天道人心一本之意, 亦恐未足以卞明栗谷之以退溪之言爲心有二本之譏也."

다"고 우려한다.

이 단락의 내용을 다시 정리하면 크게 세 가지로 구분할 수 있으니, ① 인심과 도심은 形氣와 性命의 구별이 있고 사단과 칠정도 理發과 氣發의 구분이 있으며, ② 성명과 형기는 한 근원에서 함께 나왔고 이목구비의 법칙은 一性의 혼연한 가운데 갖추어져 있으며, ③ '주자가 두 조각으로 쪼개고 퇴계가 각각 묘맥이 있다'는 설은 마음에 두 근원이 있다고 한 것이 아니라, 一性 속에 리기가 묘합한 마음에 나아가서 主理와 主氣로 구분하여 말함으로써 사람들로 하여금 둘 사이를 분명하게 구분하도록 하였다는 것이다.

외형상보더라도 ①과 ②의 내용은 분명히 구분되니, ①은 인심과 도심을 形氣와 性命으로, 사단과 칠정을 理發과 氣發의 대립관계로 이해한 퇴계의 주장이고 ②는 인심과 도심, 사단과 칠정을 一源·一性으로 보려는 율곡의 주장이다. 그리고 ③에서는 一性 속의 리기가 묘합한 마음에서 主理·主氣로 구분해볼 것을 말하였으니, 이것은 ①+②의 종합이라 할 수 있다. 다시 말하면, 우담은 인심도심이든 사단칠정이든 근원이 하나임을 분명히 전제하고, 그 위에 主理와 主氣에 따른 호발설을 인정하였음을 알 수 있다. 율곡의 일원적 구조 속에서 인심(칠정)과 도심(사단)을 대립시켜 이해하였던 것이다. 이 점이 바로 퇴계 호발설에 대한 우담의 이해이며, 동시에 율곡이론의 수용에 따른 퇴계 호발설에 대한 재해석으로 볼 수 있다.

그러나 갈암은 우담의 이러한 주장이 혼륜의 관점에 따른 것이라 지적하고, 선현들이 논한 것을 근거로[205] 心은 비록 하나이지만 그 所從來에

205) 선현이 논한 것으로는, "어떤 사람이 주자에게 물었다. '명도 선생이 성은 곧 기이고 기는 곧 성이라고 하였는데, 둘로 나누어 말할 수 없는 말인지'를 묻자, '그것은 성이 기품상에 있는 것을 가지고 말했기 때문에 그렇게 말한 것이다. 만약 기가 곧

根源과 苗脈이 있기 때문에 '인심과 도심은 본래 한 근원이 아니요 리와 기는 二物이다'고 하여 두 쪽으로 나누어 말하더라도 지나치지 않다고 반론한다.[206] 인심과 도심이 따라 나온 내력(소종래)에 각각 근원이 있으니 '인심과 도심이 두 근원이다'는 설이 근거없는 말은 아니라는 것이다.[207] 물론 갈암도 '각각 묘맥이 있다'는 것을 一心에 대립하는 두 근원이 있다는 것으로 보지는 않았다. 갈암이 말한 '각각 묘맥이 있다'는 것은 인심과 도심이라는 명칭이 얻어지게 된 내력이 처음부터 달랐다는 말이다. 즉 순임금이 처음으로 인심과 도심을 나누어 말하여 '人心惟危 道心惟微'라고 하였고, 주자가 이 말을 해석하여 '或生於形氣之私 或原於性命之正'이라 하였으니 인심과 도심이라는 명칭이 따라 나온 내력이 처음부터 달랐다는 것이다. 인심과 도심이라는 명칭에 이미 근원적인 내력(소종래)이 있기 때문에 지각이 동일하다(근원이 하나이다)는 이유로 주리·주기로 구분하지 않아서는 안 된다는 것이다. 그렇다면 우담이 '인심과 도심은 한 근원이다'에서의 '근원'과 이현일의 '각각 묘맥이 있다'에서의 '묘맥'에

성이고 성이 곧 기라고만 말하면 분명하지 못한 것이다' 라고 하였다. 또한 劉叔文에게 답하는 편지에서 '리와 기는 결코 二物이다. 그러나 物上에서 보면 혼륜하여 분개할 수 없으나, 二物이 각각 一物되는 것을 방해하지 않는다' 거나 '다만 하나의 마음일 뿐인데, 두 쪽으로 나누어 말하면 인심이 한쪽이 되고 도심이 다른 한쪽이 된다' 라고 하였다"는 등이다.(『葛庵集』 卷8, 「答丁君翊(別紙)」, "嘗觀或人有問於朱子曰, 明道先生有云性卽氣氣卽性, 便是不可分兩段說. 答曰那箇是就性在氣稟上說故云然. 若只管說氣便是性性便是氣, 沒分曉. 又答劉叔文書曰, 理與氣此決是二物, 但在物上看則渾淪不可分開, 然不害二物之各爲一物也. 又曰 只是一箇心, 只是分別兩邊說, 人心便成一邊, 道心便成一邊.)

206) 『葛庵集』 卷8, 「答丁君翊(別紙)」, "蓋高明之意, 以爲理氣二物本自渾淪不可分開各在一處, 故有所云云. 然凡看道理不可膠守一說, 有渾淪說處有分別說處. 請得援據先賢所論, 以申其說. …… 由此觀之, 心雖一也, 而其所從來各有根源苗脈, 則雖曰人心道心本非一源理氣二物, 分作兩邊說不爲過矣."

207) 『葛庵集』 卷8, 「與丁君翊」, "竊詳朱夫子所論前後諸說, 則人心道心所從來歷各有其源, 淺陋所云人心道心二源之說, 似非無稽之言."

는 분명한 차이가 있음을 알 수 있다. 우담의 근원이 존재일반에 따른 표현이라면, 갈암의 묘맥은 명칭이 있게 된 근원적인 내력, 즉 개념적인 차원임을 알 수 있다.

그렇지만 우담은 뜻이 아무리 원만할지라도 표현상(논리상)의 논쟁의 단서를 야기할 수 있는 문제를 고려하지 않을 수 없었다. 따라서 그는 '인심과 도심이 한 근원이다'는 주장이 리기가 혼륜하여 서로 떨어지지 않는다(不相離)는 관점상의 이유 때문만이 아니라, 천지의 조화에 원래 두 근본이 없기 때문이라는 보다 근원적인 이유를 들어 인심과 도심이 한 근원이라는 사실을 설명한다.

> '인심과 도심이 두 근원이다'는 비유는 선유들의 여러 설을 인용한 것을 두세 차례 반복하여 읽었으나, 제 생각에는 끝내 옳은 것 같지만 실제로 옳지 않다는 의심이 듭니다. 제 생각은 감히 '리와 기가 혼륜하여 서로 떨어지지 않는다'는 〈혼륜의〉 이유 때문에 '성명과 형기가 양변으로 쪼개지고 각각 묘맥이 있다'는 설에 의심이 생긴 것이 아닙니다. 무릇 천도는 한 근본이나 만화가 발육하고, 인심은 한 근원이나 만사가 유행합니다. 그러므로 주자는 『중용』의 서문에서 먼저 '마음의 허령지각은 하나일 뿐이다'라고 말하여 큰 근원(大源頭)인 지각이 한 근본임을 밝히고, 그 가운데 나아가 인심과 도심이 서로 지각이 있다고 나누어 말하였습니다. 이는 제 말에 이른바 '혼륜하지만 각각 분개의 묘맥이 있고, 분개하지만 실제로 혼륜의 一源에 말미암는다'는 것입니다. 만약 천명이 부여한 가운데 형기를 따라 발하는 것을 '그 근원이 一性 가운데 근본하지 않는다'고 의심한다면, 이는 萬化와 萬事가 발육하고 유행하는 이유 때문에 도리어 본원이 같지 않다고 의심하는 것입니다.[208]

---

208) 『愚潭全集』 卷4, 「答李翼升」, "人心道心二源之喩, 伏讀所引先儒諸說再三反復, 而於鄙意終有似然, 而實不然之疑. 鄙意非敢以理氣渾淪不相離之故, 有疑於性命形氣之劈做兩邊

‘천도는 한 근본이나 만화가 발육하고 인심은 한 근원이나 만사가 유행한다’는 것은 본체 속에서 유행을 보고 유행 가운데에 본체를 보는 일원적 관점이다. 따라서 우담은 주자의 ‘마음의 허령지각은 하나일 뿐이다’는 말을 인용하여 心의 근원이 하나임을 분명히 밝히고, 그 속에 나아가 인심과 도심이 서로 지각이 있다는 것을 주리 · 주기로 구분 지어 해석한다. 이러한 구조를 우담은 ‘혼륜하지만 각각 분개의 苗脈이 있고, 분개하지만 실제로 혼륜의 一源에 말미암는다’라고 한다. 여기에서 혼륜과 분개를 동시에 강조하는 모습을 볼 수 있다. 즉 율곡의 일원적 구조 속에서 퇴계의 주리 · 주기에 따른 호발설을 재해석한 것으로 해석할 수 있다. 이것은 또한 분개 일면만을 주장하는 갈암에 대한 경계이기도 하다. 이처럼 우담은 먼저 마음의 허령지각이 하나임을 인정한 다음에 인심과 도심을 구분 지어 볼 것을 말하고, 먼저 一性의 혼연함을 밝힌 다음에 사단과 칠정을 구분 지어 볼 것을 강조한다.

이러한 우담의 지적에, 갈암은 자신의 주장이 “말을 구사하면서 뜻은 원만한데 말이 막혀 논쟁의 단서를 야기한 것 같다”[209]는 다소 완화된 표현을 하면서 전체적인 논변을 끝맺는다. 그렇지만 이러한 개정은 말 그대로 완화된 표현에 불과하지 인심과 도심을 근원적으로 구분해보아야 한다는 것을 부정한 것은 아니다. 왜냐하면 인심과 도심은 그 명칭이 있게 된 내력이 근원적으로 다르기 때문이다. ‘근원적으로 구분해보아야 한다’는 것은 갈암의 표현에 따르면, ‘인심과 도심에 두 근원이 있다’는 말

各有苗脈之說也. 夫天道一本而萬化發育, 人心一源而萬事流行. 故朱子中庸序首言心之虛靈知覺一而已矣, 以明大源頭知覺之一本, 而就其中分言人心道心之互有知覺. 此鄙說所謂渾淪而各有分開之苗脈, 分開而實由渾淪之一源者也. 若以天命賦與中從形氣而發者, 疑其源之不本於一性之中, 則是乃以萬化萬事之發育流行之故而反疑本源之不一.”

209) 『葛庵集』卷8, 「與丁君翊」, “竊恐下語之際, 意圓而語滯惹起爭端.”

과 별반 차이가 없다. 결국 근원이 둘이기 때문에 구분해보아야 한다는 뜻이다. 때문에 갈암은 "그 근본으로부터 이미 그러하여 각각 묘맥이 있기 때문에 인심과 도심이 지각이 동일하다는 이유로 두 쪽으로 나눌 수 없다고 해서도 안 되고, 사단과 칠정이 본래부터 혼륜하다고 해서 리와 기에 분속시킬 필요가 없다고 해서도 안 된다"[210]라고 하여, 지각이 하나라 해도 반드시 두 쪽으로 구분해보아야 하고 혼륜하다고 해도 반드시 분속해보아야 한다는 것을 강조한다.

결과적으로 보면, 우담과 갈암은 같은 퇴계학파의 일원이면서 동시에 분개를 주장하였으나, 둘 사이에는 학설상에 차이가 없지 않음을 알 수 있다. 그 차이는 바로 천지의 조화가 하나이듯이 인심과 도심도 한 근원으로 봐야 한다는 것과, 인심과 도심이라는 명칭이 생겨난 내력이 근원적으로 다르기 때문에 구분해서 봐야 한다는데 있다. 우담이 인심과 도심이 한 근원임을 전제한 뒤에 그 위에 나아가 인심과 도심을 구분 지어 말할 것을 강조하였다면, 갈암은 인심과 도심이 따라서 나온 내력이 서로 다르기 때문에 근본적으로 둘을 대립관계 속에서 이해해야 한다고 보았던 것이다. 이처럼 우담은 퇴계의 分開의 관점을 인정하면서 동시에 分開의 관점이 야기할 수 있는 二源의 문제를 외면하지 않았으니, 이것이 바로 우담과 갈암이 왕복 서신을 전개하게 된 발단이 소재하는 곳이요 동시에 그들 두 사람 학설상의 차이를 엿볼 수 있는 곳이기도 하다.

210) 『葛庵集』卷8, 「與丁君翊」, "故今改之曰自其根本而已然, 各有苗脈, 不當以人心道心同一知覺之故不可分作兩邊說, 不當言四端七情本自渾淪不必分屬理氣云云, 未知此意如何."

2. 인심과 도심은 同體이다

이 단락의 내용은 앞에서 논변한 '인심과 도심은 한 근원(一源)이다'와 같은 선상에서 전개된 것이다. 갈암이 사단칠정논변에서 '인심과 도심은 동체일 수 없다'는 주장에 대해, 우담은 호굉의 '天理人欲同體而異用'[211]에 대한 주자의 해석을 인용하여 그렇지 않다고 반론한다.

> 주자가 「知言」속에서 천리와 인욕은 '同體異用'설을 옳지 않다고 여긴 것은, 대개 천리와 인욕이 同體일 수 없다고 여긴 것이지, 인심과 도심이 同體일 수 없다고 여긴 것이 아닙니다. 무엇 때문이겠습니까? 정자의 인심과 인욕, 도심과 천리의 논의는 주자도 처음에 따랐으나 나중에 깨달아서 '인심은 인욕이라 말할 수 없다'라고 하였고, 『중용』의 서문에서도 '비록 가장 지혜로운 사람(上智)이라도 인심이 없을 수 없다'라고 하였습니다. 그렇다면 공의 논변 가운데 번번이 인심을 인욕이라 한 것은 온당하지 않은 듯하며, 또한 인심과 도심을 두 쪽으로 말하는 까닭으로 '인심과 도심이 同體이고 한 근원이 아니다'고 말할 수는 없습니다.[212]

---

211) 호굉(胡宏, 1105~1161, 호는 五峰)의 天理人欲同體而異用은 천리와 인욕이 모두 하나의 體에서 나온다는 것으로, 여기서의 體는 性을 가리킨다. '천리와 인욕은 모두 一性에서 나오지만 천리는 道와 연계하여 公이 되고 인욕은 몸과 연계하여 私가 된다'라고 하여 천리와 인욕의 절대적 대립에 반대하였다. 주자는 호굉의 관점이 '천리와 인욕을 하나로 뒤섞었기 때문에 옳지 않다'라고 지적하고, '본체는 실제로 하나의 천리일 뿐이고 어떠한 인욕도 없다'라고 하여 천리와 인욕을 분별할 것을 강조하였다.(張立文주편, 안유경옮김, 『리의 철학』, 예문서원, 2004, pp.227-228 참조)

212) 『愚潭全集』卷4, 「與李翼升」, "朱子以知言中天理人欲同體異用之說爲非者, 蓋以爲天理人欲不可以同體, 非以爲人心道心不可以同體也. 何者. 程子人心人欲道心天理之論, 朱子初亦從之, 而末乃覺悟, 至以爲人心不可謂人欲, 中庸序亦以爲雖上智不能無人心. 然則台辨中輒以人心爲人欲者似涉未安, 而亦不可以人心道心兩邊說下之故, 不謂之人心道心同體一源也."

우담은 주자가 호굉의 '천리와 인욕이 본체는 같으나 작용이 다르다(天理人欲同體而異用)'설이 옳지 않다고 비판한 것은 천리와 인욕에 해당되는 것이지 인심과 도심을 두고 한 말이 아니라고 주장한다. 천리와 인욕은 상대시켜 대립구조 속에서 이해할 수 있지만, 인심과 도심은 그렇게 볼 수 없다는 것이다. 왜냐하면 인심은 바로 인욕이 아니기 때문이다. 주자도 처음에는 정자(이천)의 주장대로 인심을 인욕으로 이해하였으나,[213] 만년에는 인심을 곧바로 인욕으로 보지 않고 인심과 인욕을 구분하였다고 해명한다. 때문에 주자는 『중용』 서문에서 '上智의 사람이라도 인심이 없을 수 없다'라고 하여, 인심을 사람이면 누구나 가지고 있는 보편적 중립개념으로 이해하였다는 것이다.

이에 갈암은 먼저 주자가 문인의 질문에 대답한 말을 인용하여 인심과 인욕의 차이가 크지 않음을 밝히고, 더 나아가 인심뿐만 아니라 인욕도 모두 좋지 않은 것이 아님을 밝힌다. 즉 "'음식과 남녀에 대한 욕구가 올바름에서 나온 것이면 바로 도심이라 할 수 있습니까?'라는 주자 문인의 질문에, 주자는 '이것은 결국 血氣에서 나온 것이다'라고 대답하였고, 또한 주자는 '인욕도 바로 좋지 않은 것은 아니니 예를 들어 내가 仁을 하고자 함이라든가 외물에 감응하여 움직이는 것은 성의 욕구(性之欲)'이니 이러한 것들이 어찌 사람에게 없을 수 있겠는가?'라고 대답하였다."[214] 이에 갈암은 인심뿐만 아니라 인욕도 모두 나쁜 것은 아니지만, 도심과는 확연히 구분되어야 한다는 것으로 이해한다. "칠정이 비록 성에서 나와서 애초에 不善이 없다고 하더라도, 만약 사단과 상대해서 말하면 그대로 기

213) "人心人欲, 道心天理."(『二程全書』「二程外書」2, "人心惟危, 人欲也, 道心惟微, 天理也."(『二程遺書』卷11)

214) 『葛庵集』卷8, 「答丁君翊(別紙)」, "朱子雖嘗有所云云, 而其於答門人飮食男女之欲出於正, 卽是道心也之. 問曰這箇畢竟是生於血氣. 又曰人欲未便是不好, 如所謂我欲仁, 感物而動性之欲, 此豈人之所能無."

가 발한 것이다"[215]라고 하여, 칠정 자체만으로는 不善이라 할 수 없지만 리발인 사단과 상대해서 말하면 不善(氣發)이라 하지 않을 수 없다는 것이다. 따라서 사단(=純善=理發)과 칠정(=有善惡=氣發)을 상대시켜 이해해야 하는 것과 마찬가지로, 인심과 도심도 인심(=不善=私=인욕), 도심(=善=公=천리)라는 대립적 구조 속에서 이해해야 의미가 더욱 분명해진다고 설명한다. 천리와 인욕이 혼동될 수 없는 것처럼 인심과 도심의 경우도 아무리 같은 심의 지각에서 나온 것이라 할지라도 분별되지 않을 수 없다는 것이다. 따라서 갈암은 "만약 인심과 인욕에 대단한 차이가 없고 도심이 본래 의리에 근본하는 것이라면, 노형(우담)께서 말한 '인심과 도심이 한 근원이다'는 뜻과 '천리와 인욕이 동체이다'는 설은 서로 멀지 않을 듯하다"[216]라고 하여, 천리와 인욕이 동체일 수 없다면 인심과 도심도 동체일 수 없다고 주장한다.

그러나 우담은 이러한 주장에 천지의 조화에 대한 근원적인 이해와 혼륜의 관점에 입각하여 인심과 도심이 동체임을 거듭 강조한다.

> 하늘이 음양과 오행으로 만물을 생겨나게 하고 기로써 형체를 이루고 이치가 또한 부여됩니다. 하늘이 백성을 내심에 사물이 있으면 법칙이 있으니, 형기가 발동함에 〈절제를 잃어서〉 법칙에 상반되면 진실로 천리와 병행할 수는 없으나 스스로 갖추어진 법칙은 一性 속에 삼연한 것이니, 어찌 동체라고 말하지 않을 수 있겠습니까?[217]

---

215) 『葛庵集』 卷8, 「答丁君翊(別紙)」, "七情則雖亦出於性而初無不善, …… 若與四端相對說下, 則依舊是氣之發."

216) 『葛庵集』 卷8, 「答丁君翊(別紙)」, "若人心與人欲無甚異同, 道心本是原於義理, 則老兄所謂人心道心一原之義, 與天理人欲同體之說, 似不相遠也."

217) 『愚潭全集』 卷4, 「答李翼升」, "天以陰陽五行化生萬物, 氣以成形理亦賦焉. 天生烝民有物有則, 形氣之發流而反則, 則固不可與天理竝行, 而其所自具之則森然於一性之中者, 何可

인심과 도심을 對擧하여 나누어 말할 때는 인심은 자체로 인심이고 도심은 자체로 도심이니 뒤섞어 말할 수는 없습니다. 만약 마음의 全體와 渾淪으로 말한다면, '一心 가운데 형기를 따르는 인심은 성명을 떠나지 않고, 성명에 근원하는 도심은 형기를 벗어나지 않는다'고 말한 것은 마음이 본래 한 근원이고 성명과 형기가 허령지각 가운데 同體이기 때문입니다.[218)]

우담은 주자의 『중용장구』 구절인 '기로써 형체를 이루고 이치가 또한 부여된다'는 말을 인용하여 인간뿐만 아니라 우주만물을 리기의 妙合구조라고 설명한다. 인간과 우주만물은 리와 기를 떠나서 존재할 수 없을 뿐만 아니라 결국 그것에 의해 인간이 형성되고 우주만물이 존재하게 된다. 때문에 사물이 있으면 법칙(理)이 있다고 하였으니, 이러한 법칙은 사물이 사물 되는 근거로 이해할 수 있다. 그런데 형기가 발동함에 절제를 잃어서 법칙에 상반되면 인욕이 자라나고 천리가 소멸되는 것 같지만, 이때에도 실제로 법칙과 형기가 서로 떠난 적이 없이 一性 속에 삼연히 갖추어져 있기 때문에 '동체'라 말하지 않을 수 없다는 것이다. 인심과 도심을 상대하여 말할 수도 있지만 혼륜의 관점에서 말하면, 형기와 성명이 一心 가운데 섞여있기 때문에 '형기를 따르는 인심도 성명을 떠나지 않고 성명에 근원하는 도심도 형기를 벗어나지 않으니' 마음이 본래 한 근원이고 성명과 형기가 동체라는 것이다.

그러나 갈암은 호굉의 '天理人欲同體而異用'의 설을 비판하였던 주자의 말을 인용하여 우담의 '인심과 도심이 동체'라는 주장에 이의를 제기한

不謂之同體也."

218) 『愚潭全集』 卷4, 「答李翼升(別紙)」, "以人心道心對擧分言之時, 則人心自是人心, 道心自是道心, 不可夾雜爲言. 若以心之全體渾淪言之, 則一心之中, 從形氣之人心不離於性命, 原性命之道心不外於形氣云者, 心本一源而性命形氣同體於虛靈知覺之中故也.

다. 즉 "천리는 나면서부터 있는 것이고 인욕은 형체에 얽매이고 기에 섞인 뒤에 있는 것이니, 지금 천리와 인욕을 섞어서 하나로 만들려는 것은 합당하지 않다. 호굉은 사람이 천리 속에서 인욕을 간별해 내거나 또한 인욕 속에서 천리를 보고자 하였으나, 성인은 일찍이 사람들로 하여금 인욕에 빠진 속에서 천리를 구하여 알도록 가르친 적이 없었다"[219]라는 주자의 말을 인용하여, 우담의 '성명과 형기가 묘합하여 심이 된다'거나 '스스로 갖추어진 법칙이 一性 속에 森然하니 어찌 동체라 아니할 수 있겠는가'라는 말은 결국 성명과 형기를 섞어서 一物로 만드는 것으로 주자의 뜻에 어긋난다고 비판한다. 갈암은 주자가 인욕 속에서 천리를 회복하려고 했던 것이 아니라 인욕의 객관성을 인정하지 않고 천리와 인욕을 병존할 수 없는 근본적 대립관계로 보았기 때문에 인욕을 제거하고 천리를 회복할 것을 강조하였다. 즉 주자는 인욕 속에서 천리를 보는 병존관계로 여긴 것이 아니라 천리와 인욕을 하나가 왕성해지면 하나가 쇠퇴해지는 대립적 관계로 이해하였다는 것이다. 따라서 천리와 인욕을 대립적 구조 속에서 이해해야 하는 것과 마찬가지로, 인심과 도심도 상대시켜 보아야 하고 동체일 수 없다는 것이 갈암의 주장이다. 이에 대해 우담은 '마음이 본래 한 근원이고 성명과 형기가 허령지각 가운데 동체'임을 재차 강조한다.

우담이 인심과 도심을 同體로 보는 관점은 인심과 도심을 一源으로 보는 관점의 연장선상에 있음을 알 수 있다. 우담은 율곡이 퇴계를 비판한 것과 동일한 방법으로 갈암과 논변을 전개하였던 것이다. 이렇게 볼 때, 갈암과 동시대의 퇴계학파의 일원이면서 우담의 우주만물에 대한 일원적 이해와 혼륜의 관점에 대한 강조는 율곡의 이론과 별 차이가 없어 보인다.

---

219) 『朱熹集』 卷73, 「胡子知言疑義」, "蓋天理 …… 生而有之矣, 人欲者梏於形雜於氣 …… 而後有者也, …… 今以天理人欲混爲一區混, 恐未允當. …… 胡子之言蓋欲人於天理中揀別得人欲, 又於人欲中便見得天理, …… 聖人未嘗教人求識天理於人欲汨沒之中也."

3. '物格'과 '知至'는 하나의 일이다

먼저 우담은 格物과 物格의 설은 퇴계 만년의 정론이 고봉에게 답한 편지에 실려 있는데, 이는 매우 명백하여 주자의 본뜻을 깊이 얻었음을 분명히 밝히고 있다.[220] 그러면서 갈암이 艮齋 李德弘 『溪山(記善)錄』[221]의 기록이 혹 잘못된 것이 아닌가 의심한 내용을 두고 잘못되지 않았음을 변호한다. 즉 갈암은 이덕홍 『계산록』의 기록[222] 중에 "리를 궁구하면 리의 작용이 내 가슴속에 환하게 모두 이를 것이다"는 구절에서 '이른다'는 '到'자를 쓸 경우 '저기에서 여기에 이른다'는 뜻이 있게 되어 인식주체인 心과 인식대상인 物理 사이에 主客과 物我의 구분이 생길 수 있기 때문에

220) 『愚潭全集』 卷4, 「與李翼升(玄逸)」, "格物物格之說, 退溪先生晩年定論載於答高峯書者, 極其明白深得朱子本意."

221) 이덕홍이 평소 그의 스승 퇴계 이황으로부터 보고 들었던 것을 종류별로 모아 엮은 책. 2권 1책 필사본. 16절 115조항으로 저자의 초본이 전해지던 것을 저자의 외증손 金萬烋가 1666년(현종 7)에 편찬하여 필사본으로 전해지는데, 부분적으로 산삭한 흔적이 보인다. 퇴계의 다른 제자들의 기록과 함께 『退溪先生言行錄』의 자료가 되었다. 현재는 『陶山及門諸賢錄』 제3권과 『艮齋先生文集』 가운데 수록되어 있다.(『한국민족문화대백과사전』 참조)

222) 이덕홍의 『계산기선록』에 기록된 퇴계의 物格說은 다음과 같다. 즉 "내가 일찍이 『대학』 物格의 뜻을 '사물에 이른다(於物格: 물리의 극처에 이른다)'라고 풀었는데, 奇明彦이 이르기를, '주자가 일찍이 리가 이르고 사물이 이른다(理到物至)는 말을 하였으니, 마땅히 사물이 이른다(物其格: 물리의 극처가 이른다)라고 풀어야 한다'라고 하였다. 그로 인하여 다시 생각해보니, 리의 본체는 사물상에 갖추어져 실제로 나에게 올 수가 없으나 그 작용의 미묘함은 실제로 한 사람의 마음을 벗어나지 않으니, 만약 이 리를 궁구한다면 리가 내 가슴속에 환하게 모두 이를 것이다. '사물이 이른다'는 설이 참으로 좋다"라고 하였다.(여기에 기재된 것이 퇴계선생의 본서(本書: 答高峯書)에서 논한 것보다 간략하긴 하지만, 뜻은 실제로 서로 부합한다.)(『葛庵集』 卷12, 「答申明仲(益愰)」, "有曰某嘗釋大學物格之義曰於物格, 奇明彦謂朱子嘗有理到物至之說, 當釋之曰物其格. 因更思之, 理之體具於物上固不得來到於我, 然其用之微妙實不外一人之心, 若窮此理, 則昭昭然盡到我胸中矣. 物其格之說, 甚善云云.(此錄所記, 與先生本書所論, 雖有詳略之不同, 意實相符.)

'이른다'는 표현을 쓰지 말고 '다한다(盡)'는 표현을 쓸 것을 주장한다. 그러나 우담은 '저기에서 여기에 이른다'는 표현에 근거하여 이덕홍 『계산록』의 기록이 잘못되었다고 의심할 수는 없다고 반론한다.

무릇 천지만물은 나누어지면 다르지만 이치는 하나입니다. 이는 천지만물이 나의 한 몸에 근본하고, 만물의 이치가 한 사람의 마음에 모두 갖추어져 있지 않음이 없는 것이기 때문입니다. 그렇지만 사람은 氣稟과 物欲에 구속되어 스스로 통달할 수 없기 때문에 성인이 가르침을 베풀어 格物에서 시작하고 내가 이미 아는 이치에 말미암아 저 사물에 있는 이치를 궁구하니, 오늘 一物을 궁구하고 내일 一物을 궁구하여 쌓인 것이 이미 많아 다함이 충분하면, 산재한 만물의 이치는 사람의 마음이 이르는 바를 따라서 이르지 않는 것이 없을 것입니다. 物理와 내 마음은 하루아침에 막혀있던 나머지 것에 관통하여 마치 와서 만나는 것이 있을 것입니다. 그러나 이는 이른바 '사물이 이른다(物其格)'는 것이고, 이는 이른바 '밝게 내 흉중에 모두 이른다'는 것이니, '리에는 반드시 작용이 있다(理必有用)'와 '리의 신묘한 작용이다(理之神用)' 등의 말과 서로 꼭 들어맞습니다. 어찌 '저기로부터 여기에 이른다'는 뜻에 따라 기록의 잘못을 의심하겠습니까?[223)]

우담은 "천지만물은 나누어지면 다르지만 이치는 하나이니(理一分殊), 이는 천지만물이 나의 일체에 근본하고 만물의 이치가 한 사람의 마음에

223) 『愚潭全集』卷4, 「與李翼升(玄逸)」, "夫天地萬物其分殊而其理則一. 此所以天地萬物本吾一體, 而萬物之理莫不畢具於一人之心者也. 然而人爲氣稟物欲所拘, 不能自達, 故聖人設敎始於格物, 因吾已知之理, 格彼在物之理, 今日格一物明日格一物, 積累旣多以盡十分地頭, 則散在萬物之理, 隨人心所至而無所不到. 物理與吾心一朝貫通於隔礙之餘者, 有若來會者. 然此所謂物其格, 此所謂昭昭然盡到我胸中者也, 而與理必有用理之神用等語正相脗合. 何可歸之於自彼到此之意, 而致疑於記錄之誤哉.

모두 갖추어져 있지 않음이 없기 때문이다"라고 하여 나와 천지만물의 근원을 하나로 보는 일원적 관점에서 格物과 物格의 차이를 설명한다. 격물이란 하나의 리를 궁구하면 만 가지 리에 통한다는 말도 아니고 반드시 천하의 리를 모두 궁구해야 한다는 말도 아니지만, 내가 알고 있는 리를 출발점으로 하여 점진적으로 궁구하여 알지 못하던 이치로 추급해가면, 즉 오늘 一物을 궁구하고 내일 一物을 궁구해가면 알지 못하던 이치도 알게 되어 알지 못하는 것이 없는데 이르게 된다(격물). 알지 못하는 것을 알아가는 누적공부의 과정이 일정 정도의 수준에 이르면 누적된 만물의 이치는 사람의 마음이 이르는 바를 따라서 이르지 않음이 없게 되어 物理와 내 마음이 하루아침에 막혀있던 것을 관통하여 와서 만나는 것이 있다(물격). 즉 활연관통의 경지에 이르게 된다는 것이다. 우담은 이러한 활연관통의 경지가 바로 『계산록』의 기록에서 말한 '사물이 이른다'거나 '밝게 내 흉중에 모두 이른다'는 경지에 해당한다고 설명한다. 따라서 이것은 기록의 잘못이 아니라 물리가 능동적으로 다가오는 것을 인정하고 이것을 리의 신묘한 작용의 결과로 해석하였던[224] 퇴계 理到說의 뜻임을 밝히고 있다. 즉 無爲한 리의 본체적 측면만을 보고 물리가 인식대상에 고정되어 있고 주관적 마음만이 인식주체로 활동한다는 기존의 생각을 버리고, '이 理(물리)가 궁구하는 바에 따라 모두 발현되어 이르지 않음이 없는 것을 '理必有用', '理之神用'의 말로 이해한 퇴계 이도설의 뜻이라는 것이다. 여기에서 우담은 '밝게 내 흉중에 이른다'의 '到'자를 '저기에서 여기에 이른다'는 뜻에 너무 얽매일 필요가 없다고 지적한다. 비록 '도'자가

224) "정의와 조작이 없는 것은 이 理의 본연의 본체이고 그 궁구하는 바에 따라 발현되어 이르지 않음이 없는 것은 이 理의 지극히 신묘한 작용이다. 이전에는 다만 본체가 無爲하다는 것만을 보고 신묘한 작용이 顯行할 수 있다는 것을 알지 못하였다." (『退溪全書』卷18, 「答奇明彦(別紙)」, "是知無情意造作者, 此理本然之體也, 其隨寓發見而無不到者, 此理至神之用也. 向也但有見於本體之無爲, 而不知妙用之能顯行."

저기(물리의 극처)에서 여기(내 마음)에 이른다는 뜻으로 해석되어도 '물격'의 뜻에 전혀 방해되지 않는다는 것이다. 이어서 그는 '물격'과 '지지'의 단계를 설명하고 물리의 극처가 내 흉중에 모두 이르는 물아일체의 경지에 이르면 이 둘의 구분이 없게 되는 하나의 구조임을 설명한다.

> 무릇 格物이라는 것은 내 마음의 앎(知)으로 저 사물의 이치를 궁구하는 것입니다. 物我는 오히려 간격이 있지만, 사물이 궁구된 이후에는 물리의 극처가 밝게 내 흉중에 모두 이르러 物我는 하나가 됩니다. 그러므로 物格과 知至는 다만 한때의 일이나, 사물은 마음에서 궁구되고 앎은 사물에서 지극하게 되는 것입니다. 지금 만약 다만 물리가 극처에 이르는 것을 物格이라 하고, 나의 앎이 극처에 이르는 것을 知至라고 한다면 분별이 너무 심하니, 물리의 극처가 내 마음의 앎에 이르고 내 마음의 앎이 물리의 극처에 밝아지는 경계를 상세하게 이해하지 못한 것 같습니다.[225)]

우담은 '격물'이 내 마음의 앎으로 사물의 이치를 궁구하는 것이라면(物我有間), '물격'은 사물이 궁구된 이후에 물리의 극처가 밝게 내 흉중에 모두 이르는 것(物我一體)이라고 이해한다. 물아일체의 단계에 이르면 '물격'과 '지지'는 하나의 일로 둘의 구분이 없게 되어 '물리의 극처가 내 마음의 앎에 이르고 내 마음의 앎이 물리의 극처에 밝아지는 경지'에 도달한다는 것이다. 그러나 갈암의 '물격'과 '지지'에 대한 이해는 『대학』 '物格而後知至'의 내용에 충실하여 절차과정을 중시하였음을 알 수 있

---

225) 『愚潭全集』卷4, 「與李翼升(玄逸)」, "夫格物云者以吾心之知格彼物之理. 物我猶是有間, 而物格之後則物理之極處昭昭然盡到我胸中而物我爲一. 故物格知至只是一時事, 而物格於心知至於物. 今若只以物理到極處爲物格, 吾之知到極處爲知至, 則分別太甚, 似未融會於物理之極處到於吾心之知, 吾心之知明於物理之極處之境界."

다.[226] 갈암은 "물론 물리의 극처에 이른 뒤에야 내 마음의 본체와 작용이 모두 밝아지지만, 내 마음의 본체와 작용을 밝히기 위해서는 먼저 물리를 궁구하고 그 극처에 이르는 절실한 공부를 거쳐야 한다"[227]라고 하여 '물격'과 '지지'단계를 분명히 구분한 후 물리를 궁구하고 그 극처에 이르는 절실한 공부단계를 강조한다. 그러나 우담은 이러한 절차과정이 '물격'과 '지지'를 지나치게 둘로 구분하여 物我가 하나 되는 뜻을 해칠 염려가 있다고 지적한다. 결국, 갈암이 활연관통의 경지에 이르는데 물리를 궁구하여 그 극처에 이르는 공부단계를 중시하였다면, 우담은 물아일체가 하나 되는 활연관통의 단계를 중시하였음을 알 수 있다. 이러한 우담의 주장은 율곡의 "物格과 知至는 하나의 일이니 물리로써 말하면 物格이라 하고, 내 마음으로써 말하면 知至라고 하는 것이니 두 가지 일이 아니다"[228]는 '물격'과 '지지'에 대한 이해와도 일치한다. 이것은 一心·一性·一源·同體 등을 구조로 하는 일원적 사고에 따른 것이다.

4. 맺음말

이상에서 살펴본 것처럼 우담은 갈암의 '인심과 도심이 본래 두 근원이 없는 것이 아니다'는 주장에 인심과 도심이 한 근원임을 강조하고, '인

---

226) 안유경, 「이현일의 '격물치지' 설」, 『동양철학』 제30집, 한국동양철학회, 2008, pp.31-34 참조

227) 『葛庵集』 卷12, 「答申明仲·別紙」, "夫人心之靈莫不有知, 天下之物莫不有理. 學者之始, 固當推吾之知窮物之理, 然及其終也, 亦必物理之極處無不到, 然後吾心之體用無不明. 故朱子曰惟於理有未窮, 故其知有不盡."

228) 『栗谷全書』 卷32, 「語錄(下)」, "物格知至只是一事, 以物理言之謂之物格, 以吾心言之謂之知至, 非二事也."

심과 도심이 동체일 수 없다'는 주장에 인심과 도심은 동체임을 강조한다. 또한 갈암이 '物格'과 '知至'단계를 구분하여 물리를 궁구하여 그 극처에 이르는 절실한 공부과정을 강조한 데 반해, 우담은 '물격'과 '지지'를 구분할 경우 物我가 하나 되는 뜻을 해칠 염려가 있기 때문에 '물격'과 '지지'를 하나의 일로 볼 것을 주장한다. 이러한 우담의 주장은 인간과 천지만물을 하나의 근원으로 이해하려는 일원적 관점으로 율곡의 이론과 맥을 같이 한다. 우담은 갈암과의 왕복 서신에서 율곡이 퇴계를 비판한 것과 동일한 방법으로 갈암과 논변을 전개하였던 것이다.

지금까지의 내용을 종합하여 우담의 성리학적 특징을 한 마디로 개괄하면, 퇴계와 율곡의 사상을 보완하는 종합적 성격을 띤다고 볼 수 있다. 즉 우담은 존재의 근원을 하나로 보면서 인간의 심성정을 분별하여 해석하였으니 이것이 바로 '혼륜해 볼 때도 각각 분개의 묘맥이 있고 분개해 볼 때도 실제로 혼륜의 일원에 말미암는다'는 것이다. 결국 우담은 퇴계와 율곡의 성리설이 갖는 이론상의 결함을 보안하여 종합하려 하였음을 알 수 있다.

이러한 우담의 종합적 특징은 퇴계학설을 그 시대에 제기되는 이론으로 재해석하였다고 할 수 있다. 다른 말로 표현하면, 17세기 퇴계학파 성리설의 다양한 전개양상의 한 측면으로 이해할 수 있다. 우담 이후 18세기에 활동한 퇴계학파의 대표 인물인 성호(이익)이나 대산(이상정)으로 내려가면서 이러한 종합적 입장은 좀 더 강화되었으니, 즉 율곡의 일원적 관점을 한층 체계적으로 수용해나갔다고 볼 수 있다.

참고 문헌

1. 경전류

『論語』
『孟子』
『大學』
『中庸』
『孟子集註』
『中庸章句』
『朱熹集』
『朱子語類』
『二程全書』
『陸九淵集』
『張子全書』
『入學圖說』
『聖學十圖』
『大學或問』
『中庸或問』
『退溪先生言行錄』
『陶山及門諸賢錄』
『退溪全書』
『高峯集』
『栗谷全書』
『葛庵集』
『愚潭集』
『大山全書』
『清臺集』
『星湖全集』
『拙修齋集』
『農巖集』
『宋子大全』
『南塘集』
『拙齋集』
『恒齋續集』
『克齋集』
『旅軒全書』
『寒洲全書』
『艮齋先生文集』
『書經』

『국역 송자대전』, 민족문화추진회, 1980
『국역 고봉집』, 민족문화추진회, 1988
『국역 여헌집』, 민족문화추진회, 1996
『국역 순암집』, 민족문화추진회, 1996
『국역 율곡집』, 민족문화추진회, 1997
『국역 퇴계전서』, 퇴계학연구원, 2001
『국역 농암집』, 민족문화추진회, 2001
『국역 갈암집』, 민족문화추진회, 2006
『국역 성호전집』, 한국고전번역원, 2007
『국역 우담전집』, 나주정씨월헌공파종회, 2007
『국역 대산집』, 한국고전번역원, 2008

『국역 존재선생문집』, 한국국학진흥원, 2009

2. 단행본

陳大齊, 『孟子待解錄』, 臺灣商務印書館, 1970
유정동, 『퇴계의 생애와 사상』, 박영사, 1974
현상윤, 『조선유학사』, 현음사, 1982
배종호, 『한국유학사』, 연세대학교 출판부, 1983
유명종, 『조선후기 성리학』, 이문출판사, 1985
배종호, 『한국유학의 철학적 전개』, 연세대학교 출판부, 1985
현상윤, 『조선유학사』, 현암사, 1986
가노 나오키 저, 오이환 역, 『중국철학사』, 을유문화사, 1988
陳立夫 지음, 정인재 옮김, 『중국철학의 인간학적 이해』, 민지사, 1988
이병도, 『한국유학사』, 아세아문화사, 1989
김형효, 『맹자와 순자의 철학사상』, 삼지원, 1990
민족과 사상, 『사단칠정론』, 서광사, 1992
윤사순, 『한국유학논구』, 현암사, 1992
윤사순, 『한국유학사상론』, 예문서원, 1993
유명종, 『퇴계와 율곡의 철학』, 동아대학교 출판부, 1993
장윤수, 『정주철학원론』, 이론과 실천, 1994
方東美 저, 정인재 역, 『중국인의 인생철학』, 탐구당, 1994
한국사상사연구회, 『인성물성론』, 한길사, 1994
한국철학회, 『한국철학사』, 동명사, 1994
윤사순, 『퇴계철학의 연구』, 고려대학교출판부, 1995
채무송, 『퇴계 율곡철학의 비교연구』, 성균관대학교 출판부, 1995
윤천근, 『퇴계철학을 어떻게 볼 것인가』, 온누리, 1995
황의동, 『한국의 유학 사상』, 서광사, 1995
몽배원, 이상선 옮김, 『중국 심성론』, 법인문화사, 1996
금장태, 『퇴계학파의 사상(I · II)』, 집문당, 1996
한국사상사연구회, 『조선유학의 학파들』, 예문서원, 1996
한국동양철학회, 『동양철학의 본체론과 인성론』, 연세대학교 출판부, 1996
정태윤, 『맹자의 사상』, 문경출판사, 1997
최영성, 『한국유학사상사』, 아세아문화사, 1997
오하마 아키라, 이형성 옮김, 『범주로 보는 주자학』, 예문서원, 1997
한국사상사연구회, 『조선유학의 학파들』, 예문서원, 1997
진래, 안재호 옮김, 『송명 성리학』, 예문서원, 1997
이완재 · 백도근, 『주자학의 세계』, 이문출판사, 1997

금장태, 『조선후기의 유학사상』, 서울대학교출판부, 1998
이상익, 『기호성리학연구』, 한올아카데미, 1998
김수중외, 『인간이란 무엇인가』, 민음사, 1998
이상은, 『퇴계의 생애와 학문』, 예문서원, 1999
황의동, 『율곡학의 선구와 후예』, 예문서원, 1999
이상익 역주, 『四七新編』, 도서출판 다운샘, 1999
채인후 저, 천병돈 역, 『맹자의 철학』, 예문서원, 2000
금장태, 『퇴계학파의 理철학의 전개』, 서울대학교출판부, 2000
권정안 · 김상래 역주, 『通書解』, 청계, 2000
안길환, 『공자와 맹자의 철학사상』, 명문당, 2001
이형성 옮김, 『다카하시 도루의 조선유학사』, 예문서원, 2001
이광호 역, 『성학십도』, 홍익출판사, 2001
한국철학사상연구회, 『논쟁으로 보는 한국철학』, 예문서원, 2001
민족문화연구소, 『밀암 이재 연구』, 영남대학교 출판부, 2001
이완재, 『공자에서 퇴계까지』, 이문출판사, 2001
진래, 이종란외 옮김, 『주희의 철학』, 예문서원, 2002
금장태, 『성학십도와 퇴계철학의 구조』, 서울대학교출판부, 2003
한국사상사연구회, 『圖說로 보는 한국 유학』, 예문서원, 2003
최영진, 『유교사상의 본질과 현재성』, 성균관대학교 유교문화연구소, 2003
금장태, 『한국유학사의 이해』, 한국학술정보(주), 2003
금장태, 『퇴계의 삶과 철학』, 서울대학교 출판부, 2003
장립문 주편, 안유경 옮김, 『리의 철학』, 예문서원, 2004
금장태, 『심과 성-다산의 맹자해석』, 서울대학교출판부, 2005
최영진, 『조선조 유학사상사의 양상』, 성균관대학교출판부, 2005
楊澤波 저, 안유경 역, 『맹자의 성선론 연구』, 도서출판 기창, 2005
나광 저, 안유경 번역, 『유가의 형이상학』, 도서출판 기창, 2006
이형성, 『한주 이진상의 철학사상』, 심산, 2006
이천승, 『농암 김창협의 철학사상연구』, 한국학술정보, 2006
최영갑, 『공자와 맹자의 도덕철학』, 한국학술정보, 2006
최영진외, 『한국철학사』, 새문사, 2009
황준연외 역주, 『역주 사단칠정논쟁(2)』, 학고방, 2009
유권종, 『예학과 심학』, 한국학술정보, 2009
안유경, 『갈암 이현일의 철학사상』, 한국학술정보, 2009
고려대 민족문화연구원, 『역주와 해설 성학십도』, 예문서원, 2011
윤사순, 『조선, 도덕의 성찰』, 돌베개, 2011
이상호, 『사단칠정 자세히 읽기』, 글항아리, 2011

조원일, 『맹자의 철학사상』, 전남대학교출판부, 2012
모종삼 지음, 황갑연 옮김, 『심체와 성체』, 소명출판, 2012
도성달, 『서양윤리학에서 본 유학』, 한국학중앙연구원 출판부, 2012
장윤수, 『경북 북부지역의 성리학』, 심산, 2013
유정동, 『퇴계의 삶과 성리학』, 성균관대학교 유교문화연구소, 2014
안유경, 『성리학이란 무엇인가』, 새문사, 2015

3.논문류

공영립, 「주자학에 있어서 심통성정 문제」, 『동양문화연구』5, 경북대학교 동양문화연구소, 1978
류인희, 「주자철학연구」, 연세대학교 박사학위, 1980
금장태, 「갈암 이현일의 사칠론」, 『동양학국제학술회의논문집』2, 성균관대학교 대동문화연구원, 1980
유명종, 「영남 퇴계학파의 주리설 형성」, 『석당논총』9, 동아대학교부설 석당전통문화연구원, 1984
유명종, 「우담 정시한의 理主氣補說과 인물성동이논변」, 『한국사상대계(IV)』, 성균관대학교출판부, 1984
오석원, 「퇴계학파의 형성과 전개-안동지방을 중심으로」, 『동양철학연구』7, 동양철학연구회, 1986
오영민, 「맹자의 인간본성론」, 『신학전망』79, 광주가톨릭대학교 신학연구소, 1987
양승무, 「주자의 심성론에 관한 연구」, 『동양학논총』, 1990
박승현, 「맹자의 성선론에 대한 고찰」, 『철학탐구』10, 중앙대학교부설 중앙철학연구소, 1993
이광률, 「주자의 심성론에 관한 연구」, 동아대학교 박사학위, 1994
김낙진, 「정시한과 이식의 理체용론 연구」, 고려대학교 박사학위, 1995
유초하, 「성리학적 인물성동이론에 대한 정약용의 비판」, 『태동고전연구』12, 한림대학교 태동고전연구소, 1995
손세제, 「맹자의 성선론」, 『동양철학연구』16, 동양철학연구회, 1996
김용헌, 「고봉 기대승의 四七論辨과 천명도」, 『전통과 현실』8, 고봉학술원, 1996
유권종, 「갈암의 이기론에 대한 고찰」, 『철학논총』12, 새한철학회, 1996
송석준, 「갈암의 율곡비판」, 『철학논총』12, 새한철학회, 1996
장민기, 「맹자의 심성론에 관한 연구」, 성균관대학교 박사학위, 1997
김세정, 「맹자 심성론의 일원적 체계」, 성균관대학교 박사학위, 1997
안영상, 「퇴계학파의 상수설과 호발설의 흐름」, 『퇴계학보』93, 퇴계학연구원, 1997
설석규, 「졸재 유원지의 이기심성론 변설과 정치적 입장」, 『조선시대사학보』6, 조선시대사학회, 1997

박홍식, 「인물성동이론」, 『경산대학논문집』16, 경산대학교, 1998
양정근, 「맹자 성선론에 관한 윤리학적 연구」, 경북대학교 박사학위, 1998
황인모, 「맹자에 있어서 인간의 본성에 관한 고찰」, 성균관대학교 박사학위, 1998
윤사순, 「한국 성리학과 천명사상」, 『조선시대 성리학의 연구』, 고려대학교 민족문화연구원, 1998
설석규, 「17세기 퇴계학파 리기심성론의 정치적 변용」, 『경북사학』21, 경북사학회, 1998
안영상, 「성호 이익의 사단칠정설」, 『동양철학』11, 한국동양철학회, 1999
조남호, 「퇴계학파와 율곡학파의 인심도심논변」, 『퇴계학보』101, 퇴계학연구원, 1999
심규하, 「맹자의 성선론 연구」, 성균관대학교 석사학위, 2000
성균관유도회안동지부, 「한말퇴계학통의 정맥 서산 김흥락」, 2000
김호종, 「서애 유성룡과 안동 · 상주지역의 퇴계학맥」, 『퇴계학과 유교문화』28, 경북대학교 퇴계학연구소, 2000
권오영, 「학봉 김성일과 안동지역의 퇴계학맥」, 『퇴계학과 유교문화』, 경북대학교 퇴계학연구소, 2000
최재목, 「우복 정경세와 상주지역의 퇴계학맥」, 『퇴계학과 유교문화』28, 경북대학교 퇴계학연구소, 2000
이희평, 「여헌 장현광의 철학사상 연구-「性理說」을 중심으로」, 성균관대학교 박사학위, 2000
이형성, 「한주 이진상의 성리학 연구」, 성균관대학교 박사학위, 2001
안영상, 「남당 한원진과 대산 이상정의 이기 · 심성론」, 『동양철학연구』24, 동양철학연구회, 2001
안재호, 「맹순 인성론의 체계와 의미」, 『동서철학연구』24, 한국동서철학회, 2002
황갑연, 「맹자의 心性情才에 대한 주자의 이해」, 『철학논총』28, 새한철학회, 2002
유권종, 「천명도 비교 연구-추만, 하서, 퇴계」, 『한국사상사학』19, 한국사상사학회, 2002
김기주, 「사단칠정론으로 본 기호학파의 3기 발전」, 『철학연구』87, 대한철학회, 2003
김용헌, 「졸수재 조성기의 리기심성론-김창협에 끼친 영향을 중심으로」, 『새한철학회 학술대회 발표논문집』11, 2003
박경훈, 「맹자의 성선론 연구」, 성균관대학교 석사학위, 2004
김기현, 「외암과 남당의 미발론이 갖는 도덕철학상의 배경」, 『동양철학연구』39, 동양철학연구회, 2004
이동희, 「퇴계학파는 퇴계의 성리학을 어떻게 이해하고 계승했는가-갈암 이현일의 율곡비판을 중심으로」, 『철학연구』89, 대한철학회, 2004
안영상, 「퇴계학파 내 호발설의 이해에 대한 일고찰-성호 · 청대 · 대산의 논쟁 비교를 통하여」, 『퇴계학보』115, 퇴계학연구원, 2004
안영상, 「여헌 장현광과 성호 이익의 성리설 비교 연구-사단칠정론과 인심도심론을 중심으로」, 『유교사상연구』24, 한국유교학회, 2005

리기용, 「퇴계학파의 율곡 인심도심론 비판」, 『동서철학연구』37, 한국동서철학회, 2005
윤사순, 「하서 김인후의 천명사상」, 『하서 김인후의 사상과 문학』1, 하서학술재단, 2006
김옥연, 「하서 김인후의 성리설 연구-천인관의 의미를 중심으로」, 『하서 김인후의 사상과 문학』3, 하서학술재단, 2006
안유경, 「갈암 이현일의 성리학 연구」, 성균관대학교 박사학위, 2006
안병걸, 「갈암 이현일의 유학적 삶과 경세론」, 『민족문화연구』29, 한국고전번역원, 2006
문석윤, 「갈암 이현일의 성리설」, 『민족문화연구』29, 한국고전번역원, 2006
김형수, 「갈암 이현일의 리학과 현실인식」, 『국학연구』9, 한국국학진흥원, 2006
이한방, 『영남지역 문화권역의 구분-성리학맥의 지역적 전개』, 대구대학교, 2007
손홍철, 「우담의 리기 · 사칠론 소고」, 『우담 정시한선생의 생애와 사상』, 연세대학교 근대한국학연구소, 2007
김태년, 「17~18세기 율곡학파의 사단칠정론」, 『동양철학』28, 한국동양철학회, 2007
김경호, 「우담의 互發說 옹호와 율곡비판-四七辨證을 중심으로」, 『한국철학논집』22, 한국철학사연구회, 2007
이상익, 「갈암 이현일의 理能發論과 理氣分開論」, 『퇴계학보』122, 퇴계학연구원, 2007
최영진, 「남당/외암 미발논변의 재검토-퇴계/고봉의 사단칠정논쟁과 비교하여」, 『동양철학』29, 한국동양철학회, 2008
안유경, 「이현일의 격물치지설」, 『동양철학』30, 한국동양철학회, 2008
이기용, 「갈암 이현일의 율곡 성리학 비판」, 『율곡사상연구』16, 율곡학회, 2008
김용헌, 「졸재 유원지의 심성론과 퇴계학설 옹호」, 『동양고전연구』33, 동양고전학회, 2008
최영진 · 안유경, 「우계 성혼 성리설의 구조적 이해」, 『우계학보』27, 우계문화재단, 2008
박승현, 「맹자의 성선론과 도덕적 악의 문제」, 『철학탐구』26, 중앙대학교 중앙철학연구소, 2009
김우형, 「우담 성리학의 특징과 대산 이상정에 미친 영향」, 『한국철학논집』26, 한국철학사연구회, 2009
이상호, 「정재학파 성리학의 지역적 전개양상과 사상적 특징」, 『국학연구』15, 한국국학진흥원, 2009
최영진 · 안유경, 「고봉 사단칠정론의 이기론적 기반에 대한 구조적 접근」, 『고봉 기대승 연구』, 고봉학술원, 이화, 2009
김경호, 「갈암 이현일과 우담 정시한의 율곡 사칠론 비판-그 접점과 간극」, 『율곡사상연구』19, 율곡학회, 2009
김우형, 「우담 성리학의 특징과 대산 이상정에 미친 영향」, 『한국철학논집』26, 한국철학사연구회, 2009
김낙진, 「정시한 · 이식과 이간 · 한원진의 인물성동이론 비교」, 『한국철학논집』26, 한국철학사연구회, 2009

나대용, 「이기호발설의 이기융합구조에 관한 연구」, 성균관대학교 박사학위, 2009
김영민, 「맹자의 심성론 연구」, 강원대학교 석사학위, 2010
손흥철, 「善의 보편성과 실현근거에 관한 우담과 녹문의 이해」, 『한국철학논집』28, 한국철학사연구회, 2010
유연석, 「율곡학의 확산과 심화(2)-우암 송시열의 율곡 심성론 이해」, 『율곡사상연구』22, 율곡학회, 2011
나대용, 「근기 퇴계학파의 율곡철학비판」, 『퇴계학보』130, 퇴계학연구원, 2011
강보승, 「율곡 인심도심설에서 도덕성 실현과 현실의 관계」, 『유교사상문화연구』46, 한국유교학회, 2011
안유경, 「정시한 성리설의 구조적 이해-이현일과의 왕복 서신을 중심으로」, 『동양철학』36, 한국동양철학회, 2011
김낙진, 「갈암 이현일 성리설과 경세론의 특색」, 『퇴계학』20, 안동대학교 퇴계학연구소, 2011
안유경, 「율곡 성리설에 대한 갈암과 우담 비판이론의 대비적 고찰」, 『유교문화연구』20, 성균관대학교 유교문화연구소, 2012
나대용, 「갈암 이현일의 理氣二源說-우담과의 논변을 중심으로」, 『퇴계학보』133, 퇴계학연구원, 2013
유정동, 「천명도설에 관한 연구」, 『유교의 근본정신과 한국유학』, 성균관대학교 유교문화연구소, 2014
유정동, 「하서 김인후의 천명도에 관하여」, 『유교의 근본정신과 한국유학』, 성균관대학교 유교문화연구소, 2014
이정환, 「퇴계 천명도설과 천명도에 대한 철학적 도상적 재검토」, 『퇴계학보』135, 퇴계학연구원, 2014
곽우철, 「퇴계 心統性情圖의 철학적 의미와 경영학적 응용 연구」, 성균관대학교 박사학위, 2015

찾아보기

ㅇ

ㅈ

ㅊ